PREFACE

우리나라 기업들은 1960년대 이후 현재까지 비약적인 발전을 이루었다. 이렇게 급속한 성장을 이룰 수 있었던 배경에는 우리나라 국민들의 근면성 및 도전정신이 있었다. 그러나 빠르게 변화하는 세계 경제의 환경에 적응하기 위해서는 근면성과 도전정신 이외에 또 다른 성장 요인이 필요하다.

최근 많은 공사·공단에서는 기존의 직무 관련성에 대한 고려 없이 인·적성, 지식 중심으로 치러지던 필기전형을 탈피하고, 산업현장에서 직무를 수행하기 위해 요구되는 능력을 산업부문별·수준별로 체계화 및 표준화한 NCS를 기반으로 하여 채용공고 단계에서 제시되는 '직무 설명자료'에서 제시되는 직업기초능력과 직무수행능력을 측정하기 위한 직업기초능력평가, 직무수행능력평가 등을 도입하고 있다.

한국공항공사에서도 업무에 필요한 역량 및 책임감과 적응력 등을 구비한 인재를 선발하기 위하여 고유의 필기시험을 치르고 있다. 본서는 한국공항공사 신입사원 채용대비를 위한 필독서로 한국공항공사 필기시험의 출제경향을 철저히 분석하여 응시자들이 보다 쉽게 시험유형을 파악하고 효율적으로 대비할 수 있도록 구성하였다.

신념을 가지고 도전하는 사람은 반드시 그 꿈을 이룰 수 있습니다. 처음에 품은 신념과 열정이 취업 성공의 그 날까지 빛바래지 않도록 서원각이 수험생 여러분을 응원합니다.

STRUCTURE

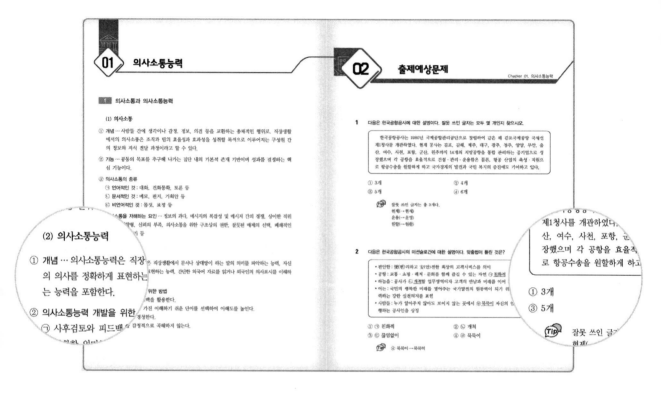

핵심이론정리 및 출제예상문제

NCS 기반 직업기초능력평가 영역에 대해 핵심적으로 알아야 할 이론을 체계적으로 정리하여 단기간에 학습할 수 있도록 하였습니다. 출제가 예상되는 다양한 문제를 수록하여 실전에 대비할 수 있습니다.

공항소방상식

필기전형에 포함된 공항비상계획 및 공항안전운영기준의 핵심이론을 체계적으로 정리하고 출제가 예상되는 문제를 수록하여 실전에 대비하도록 하였습니다.

인성검사 및 면접

성공취업을 위한 실전 인성검사와 면접의 기본, 면접기출을 수록하여 취업의 마무리까지 깔끔하게 책임집니다.

CONTENTS

PART

I

한국공항공사 소개

01 공사소개

1 한국공항공사 소개

한국공항공사는 김포, 김해, 제주, 대구, 광주, 청주, 양양, 무안, 울산, 여수, 사천, 포항, 군산, 원주까지 14개의 지방공항을 통합 관리하는 공기업으로 각 공항을 효율적으로 건설·관리·운영, 항공 산업의 육성·지원으로 항공수송을 원활하게 하고 국가경제의 발전과 국민 복지의 증진에 기여한다.

2 주요 업무

① 공항의 관리·운영 및 주변지역 개발사업

② 공항시설 및 비행장시설의 관리·운영사업

③ 공항운영상 필요한 시설 등의 신설·증설·개량사업

④ 공항시설 건설·관리·운영 관련 조사·연구 및 기술개발

⑤ 항공종사자 양성 교육훈련 및 훈련시설의 설치·운영

⑥ 개발 장비 제작·판매 및 수출, 해외공항사업 시행·투자

⑦ 공항 소음대책사업 및 주민 지원사업 시행

⑧ 항공기 취급업 및 정비업

3 **미션**

① **설립목적**(한국공항공사법 제1조)

공항을 효율적으로 건설 · 관리 · 운영하고, 항공산업의 육성 · 지원에 관한 사업을 수행하도록 함으로써 항공수송을 원활하게 하고, 나아가 국가경제 발전과 국민복지 증진에 기여

② **사업범위**(한국공항공사법 제9조)

㉠ 공항의 관리 · 운영 및 이에 필요한 주변지역의 개발사업

㉡ 항공종사자의 양성을 위한 교육훈련사업 및 이에 필요한 훈련시설의 설치 · 운영사업

㉢ 공항시설의 관리 · 운영사업

㉣ 공항개발사업 중 항공기, 여객 · 화물처리시설 및 공항 운영에 필요한 시설 등을 신설 · 증설 · 개량하는 사업

㉤ 항공기정비업으로서 대통령령으로 정하는 대상지역 · 범위 등 세부 기준에 부합하는 사업

㉥ 항공교통과 육상 · 해상교통을 연계하기 위한 터미널 등 복합 교통시설의 설치 및 운영사업

㉦ 위 항공사업에 관한 조사 · 연구 및 기술개발 및 개발된 장비의 제작 · 판매 및 수출

㉧ 공항소음대책사업, 주민지원사업

㉨ 공항의 건설 및 관리 · 운영과 관련하여 국가 또는 지방자치단체가 위탁하는 사업

③ **미션 슬로건**

KAC 편안한 공항, 하늘을 여는 사람들

④ **의미**

㉠ 편안한 : 便(편)리하고 安(안)전한 최상의 고객서비스를 의미

㉡ 공항 : 교통 · 쇼핑 · 레저 · 문화를 함께 즐길 수 있는 자연 친화적 복합문화 공간

㉢ 하늘을 : 공사가 개척할 업무영역이자 고객의 만남과 미래를 이어 주는 통로

㉣ 여는 : 국민의 행복한 미래를 열어주는 국가발전의 원동력이 되기 위해 끊임없이 노력하는 강한 실천의지를 표현

㉤ 사람들 : 누가 알아주지 않아도 보이지 않는 곳에서 묵묵히 자신의 임무를 성실히 수행하는 공사인을 상징

4 비전2030 전략체계

KAC VISION 2030 고객에게는 새로운 경험을, 지역은 세계 속으로				
안전·서비스 최상위	여객 1.2억명	매출 2조원	글로벌 도심항공교통 선도	KAC 사회가치 지수 100점
안전기반 매력적인 공항	"모두가 찾고 싶은 공항"			
안전기반 매력적인 공항	01. 국민 안전 최우선 02. 무단절 융합 서비스 03. 최적화 공항 운영 04. 공항 활성화 패러다임 전환 05. C.L.E.E.N 공항 구현			
미래성장동력 창출	"함께하는 성장"			
미래성장동력 창출	06. 국내외 신공항 건설, 운영 07. 신성장거점 공항 및 주변지역 개발 08. D.N.A 기반 스마트 공항 09. 항공산업 발전 지원사업 10. 도심공항 모빌리티 사업			
행복사회 구현 기여	"모두가 행복한 사회"			
행복사회 구현 기여	11. 공정하고 투명한 경영 12. 자립 지원형 고용안전망 확충 13. 동반성장 14. 민첩하고 실행력 강한 조직 15. 행복한 일터 구현			

5 핵심가치

핵심가치	의미
무결점 안전	국민들이 안심하고 편안하게 이용할 수 있는 무결점 안전한 공항을 만들겠습니다.
무단절 서비스	고객에게 집에서부터 목적지까지 단절 없는 최상의 서비스 제공을 위해 최선을 다하겠습니다.
무한 도전	새로운 기술과 새로운 분야를 접목하여 기존의 틀에 안주하지 않고 변화와 혁신을 위해 끝없이 도전하겠습니다.

02 채용안내

1 KAC 인재상

① 전문인 … 글로벌 스탠더드를 목표로 노력하는 사람

② 융합인 … 다양한 분야에 유연하게 반응하는 사람

③ 배려인 … 타인을 존중하며 공동체 발전에 기여하는 사람

2 소방원 및 응급구조사 채용 안내

① 채용분야 및 인원

채용분야		채용인원
공항안전직	소방원	34명
	응급구조사	4명

※ 근로형태 : 정규직(일근 또는 교대근무)
※ 급여수준 : 기본연봉 약 22,920천원(우리 공사 직원연봉규정에 따름)
 - 성과급 별도 지급 : 기본 월봉의 250%~500%
  단, 성과급은 입사년도에는 지급하지 않으며, 다음 해 성과급 지급 시 인사발령일 기준으로 일할 계산하여 지급
※ NCS(국가직무능력표준)에 기반하여 분야별로 채용하며, 모집 분야별 중복지원은 불가합니다.
※ 근무장소는 우리 공사 전 사업장입니다.

② 지원자격

　㉠ 연령 : 제한 없음(단, 공사 내부규정의 정년(만 60세)을 초과할 수 없음)

　㉡ 학력 : 제한 없음

　㉢ 경력 : 제한 없음

　㉣ 자격(면허)증

채용분야	자격(면허)사항
소방원	제1종 운전면허(대형)소지자
응급구조사	제1종 운전면허(보통 또는 대형)소지자로서, 응급구조사(1급 또는 2급), 의사, 간호사 면허(자격)증 중 하나 이상을 소지한 자

ⓜ **병역** : 남자의 경우, 병역필 또는 면제자

ⓗ **기타** : 인사규정 제19조(임용결격사유)에 해당하지 않는 자

〈공사 인사규정 제19조(임용결격사유)〉

1. 피성년후견인 또는 피한정후견인
2. 파산자로서 복권되지 아니한 자
3. 금고 이상의 형을 받고 그 집행이 종료되거나, 집행을 받지 아니하기로 확정된 후에 5년을 경과하지 아니한 자
4. 금고 이상의 형을 받고 그 집행유예의 기간이 완료된 날로부터 2년을 경과하지 아니한 자
5. 금고 이상의 형의 선고유예를 받은 경우에 그 선고유예기간 중에 있는 자
6. 법원의 판결 또는 법률에 의하여 자격이 상실 또는 정지된 자
7. 전직 근무기관에서 징계에 의하여 해고의 처분을 받은 날로부터 3년을 경과하지 아니한 자
8. 병역법에 의한 병역을 기피한 자
9. 개인신상에 관한 이력사항을 허위로 기재하거나 은폐하여 위장한 자
10. 채용신체검사 결과 불합격 판정을 받은 자
11. 「부패방지 및 국민권익위원회의 설치와 운영에 관한 법률」에 의한 비위면직자 등의 취업 제한 적용을 받는 자
12. 타 공공기관에서 채용비리로 면직된 때로부터 5년이 지나지 아니한 자

---

③ 전형절차

구분	전형단계	평가요소	배점	선발배수
1단계	서류전형	우대사항(자격 · 면허 · 전공 · 어학 등)	100	10배수
2단계	필기전형	직업기초능력평가(소방상식 포함) 인성검사	100 적 · 부	5배수
3단계	체력시험	직무수행에 필요한 체력평가	적 · 부	–
4단계	면접전형	직무역량 및 심층인성 면접	100	1배수
5단계	신체검사 및 신원조회	–	적 · 부	–

※ 필기전형(직업기초능력평가)의 경우, 만점의 40% 미만 득점 시 과락 처리합니다.

※ 직업기초능력평가 내용은 NCS 홈페이지 참고하시기 바랍니다.

※ 체력시험은 COVID-19 확산 방지를 위해 마스크를 착용한 상태로 진행할 예정입니다.

⑤ 전형별 세부 평가요소

구분		평가요소
서류전형		우대사항(경력, 자격·면허증 등) 등
필기전형	직업기초능력평가(50문항) *소방상식(30% 내외 포함)	의사소통, 수리능력, 문제해결능력, 정보능력, 기술능력, 소방상식
	인성검사	조직적응력 등 인성 전반
체력시험		6개 종목(악력, 배근력 등)에 대한 체력평가
면접전형		문제해결능력, 직업윤리, 의사소통능력, 전문지식 등 직무역량능력 및 심층 인성 평가

⑤ 우대사항

㉠ 서류전형 우대

• 자격·어학·전공 : 지원 분야별 지정 자격(면허)증, 전공 및 공인어학성적
• 기초생활수급자 : 「국민기초생활보장법」에 의한 국민기초생활수급자(주민등록상 세대원 포함)의 경우 서류전형 만점의 5% 가점
• 북한이탈주민 : 「북한이탈주민의 보호 및 정착지원에 관한 법률」에 의한 북한이탈주민등록자의 경우 서류전형 만점의 5% 가산
• 다문화가족 자녀 : 「다문화가족지원법」 제2조에 의한 다문화가족의 자녀의 경우 서류전형 만점의 5% 가산

※ 상기 기초생활수급자, 북한이탈주민 및 다문화가족 자녀 우대사항은 1가지만 적용된다.

㉡ 필기전형 우대

• 재직자 : 우리 공사에 1년 이상 재직 중인 자(계약직 포함)에 대해 필기(직업기초능력평가)전형 만점의 10% 가산
• 소방분야 기술사 소지자 : 공사에서 인정하는 소방분야 국가기술자격증 중 기술사 소지자에 대해 필기전형 만점의 10% 가산

※ 소방분야 국가기술자격증(기술사)

> 건설기계, 공조냉동기계, 산업기계설비, 항공기관, 항공기체, 화공, 건축전기설비, 발송배전, 전기응용, 전기철도, 철도신호, 가스, 건설안전, 기계안전, 산업위생관리, 소방, 인간공학, 전기안전, 화공안전

㉢ 특별우대

• 취업보호대상자(국가보훈대상자) : 관계법령에 의거 국가보훈처에서 인정하는 대상자별 적용비율(5~10%)을 전형 단계별 각각 점수 가산
• 장애인 : 「장애인고용촉진 및 직업재활법」에서 정하고 있는 장애인에 대하여 전형 단계별 각각 10% 점수 가산

※ 취업지원대상자 가점을 받아 합격하는 사람은 선발예정인원의 30%를 초과할 수 없습니다. (채용 분야별로 선발예정인원이 3명 이하인 경우 취업지원자대상자 특별우대가점이 적용되지 않습니다.)
※ 특별우대가점이 중복되는 경우 유리한 하나만 인정됩니다.

⑥ 본인 확인을 위한 추가자료 입력사항 안내

　　㉠ 목적 : 필기, 체력시험 및 면접전형 시 본인 확인

　　㉡ 대상자 : 서류전형 합격자

　　㉢ 입력정보 : 주민등록상 생년월일 입력 및 본인 증명사진

　　㉣ 입력방법 : 추후 서류전형 합격자 발표 시 안내 예정

　　㉤ 유의사항

　　　• 입력기간 동안 생년월일 입력 및 증명사진 업로드를 하지 않은 경우, 필기전형 응시가 불가능하니, 이 점 각별히 유의하여 주시기 바랍니다.

　　　• 최근 3개월 이내 촬영한 탈모 상반신 사진을 업로드하여 주시기 바랍니다.

　　　※ 응시자의 얼굴이 사진과 달라 본인 확인이 불가능한 경우, 필기, 면접전형 응시에 제한될 수 있음

⑦ 제출서류

　　㉠ 채용 관련 증빙서류는 필기전형 합격자에 한하여 「체력시험 당일」 제출받을 예정입니다.

　　　※ 제출서류 목록
　　　운전면허 경력증명서 원본 및 운전면허증 사본 각 1부, 자격(면허)증 각 1부(입사지원서에 기재한 모든 자격(면허)증), 공인어학성적 증명서 1부(어학사항 기재자), 최종학교 졸업 증명서(관련 전공 기재자), 주민등록초본 1부 (병역사항 '전체' 발급)(필수(남성) 및 개명사항 작성자), 장애인, 취업지원대상자, 기초생활수급자 증명서 각 1부(장애인, 취업지원대상자, 기초생활수급자), 북한이탈주민등록 확인서 1부(북한이탈주민), 부모의 혼인관계증명서, 기본증명서(국적표시), 외국인등록사실증명서, 가족관계증명서 각 1부(다문화가족 자녀)

　　㉡ 제출서류 관련 세부사항은 서류전형 합격자 발표 시 별도 안내 예정입니다.

　　㉢ 증빙서류는 관계기관 조회 등을 통해 확인예정이며, 모든 지원자는 이에 필요한 개인정보제공에 동의한 것으로 간주합니다.

　　㉣ 지원서에 기재한 증빙서류 미제출시 허위기재로 불합격 처리됩니다.

⑧ 채용서류의 반환

「체력시험 당일」 제출된 채용관련 서류는 '채용절차의 공정화에 관한 법률'에 따라 반환 청구기간 내에 청구된 반환 청구분에 한해 반환

　　㉠ 반환 청구기간 : 채용전형 불합격 통보를 받은 날로부터 14일 이내

　　㉡ 청구방법 : 채용서류 반환청구서를 작성 후 본인 서명 또는 날인 후 스캔하여 이메일 제출

　　㉢ 기타사항 : 청구기간이 지난 경우 및 채용서류를 반환하지 아니한 경우에는 「개인정보보호법」에 따라 제출한 채용서류를 파기합니다.

⑨ 블라인드 채용 안내

　　㉠ 입사지원서 상 사진등록란, 학교명, 학점, 주소, 생년월일, 성별 기재란이 없습니다.

　　㉡ 입사지원서(자기소개서 포함)상 개인 인적사항(출신학교, 가족관계 등) 관련 내용의 작성을 일절 금지합니다. 특히, e-메일 기재 시 학교명, 특정 단체명이 드러나는 메일주소 기재를 금지합니다.

　　㉢ 입사지원서에 기재한 성명, 연락처(휴대전화, 이메일 등) 관련 정보 및 서류전형 합격자 발표화면에서 등록한 생년월일 등은 면접전형 시 블라인드 처리됩니다.

　　㉣ 제출된 증빙서류는 인사지원서 허위기재여부 확인을 위해서 활용되며, 면접전형 시 면접위원에게는 제공되지 않습니다.

⑩ 유의사항

　　㉠ 감염병예방법 관련 법령과 시험 방역관리 지침 등에 의해 코로나바이러스감염증-19 확진자나 격리중인 자는 필기, 체력, 면접전형 응시가 불가합니다.

　　㉡ 모집분야 간 및 모집분야 내 중복지원은 불가하며, 중복지원 시 탈락처리 됩니다.

　　㉢ 상기 일정은 우리 공사 사정에 의해 일부 변경될 수 있으며, 채용 분야별·단계별로 채용 적격자가 없다고 판단될 때에는 모집인원을 선발하지 않거나 모집인원 이하로 선발할 수 있습니다.

　　㉣ 서류전형은 지원자가 입사지원서에 입력한 내용만으로 합격자를 사정합니다.

　　㉤ 채용전형 중이나 후에 자료검증 및 사실확인 등을 통해 경력 및 자격사항 등이 지원서 입력내용과 불일치하거나 허위로 판명될 경우, 탈락(불합격) 및 입사취소 처리될 수 있으니 입사지원서 작성 시 유의하시기 바랍니다.

　　㉥ 각 전형별 합격자 발표일과 다음 전형일 간 간격이 짧으므로 제출서류 준비 등에 유의해 주시기 바랍니다.

　　㉦ 또한, 입사지원서 허위작성, 증빙서류 위·변조 및 임용시험 부정행위, 채용비리로 합격된 자 등으로 인한 불합격 조치 또는 입사취소에 대한 책임은 지원자 본인에게 있으니 착오 없으시길 바라며, 향후 5년간 우리 공사 임직원 임용자격 제한 및 필요 시 관계기관에 고발 등의 제재가 가해질 수 있으니 각별히 유념하시기 바랍니다.

　　㉧ 자격(면허)증은 접수마감일까지 취득(소지)한 경우에 한해 인정됩니다.

　　㉨ 모든 우대사항은 응시자격(자격증 등)을 갖춘 자, 필기시험 합격기준을 통과한 자(과락 통과) 등 기본요건이 구비된 지원자에 한하여 적용되며, 필기전형 우대의 경우 직업기초능력시험에 한하여 적용됩니다.(인성검사 제외)

ⓩ 체력시험 시, 공무원임용시험령 제51조 제1항 제6호에 명시된 금지약물을 복용하거나 금지방법 사용 등으로 인한 부정합격 사례를 방지하기 위하여 체력시험 응시자 일부를 대상(무작위 선정)으로 도핑테스트를 실시할 수 있습니다.

㉠ 최종합격자는 면접전형 합격자로서 신체검사 및 신원조회 결과에 임용결격사유가 없어야 하며, 합격 후에라도 임용 결격사유가 확인될 경우, 입사취소 처리될 수 있습니다. 또한 신원조회에 필요한 서류(신원진술서, 기본증명서)를 제출하지 않은 경우에도 탈락(불합격)처리 될 수 있습니다.

㉡ 지원자는 최종합격 발표 이후 즉시 근무 가능하여야 하며, 2개월간의 수습기간을 거쳐 내부규정에 따라 정식으로 임용됩니다.

㉢ 근무장소는 우리 공사 전 사업장이며, 공사 인력운영상 본인 희망과 다르게 배치될 수 있습니다.

㉣ 우리 공사는 투명하고 공정한 인사문화 정착을 위해 남녀차별 및 인사청탁을 금지하고 있습니다. 특히, 채용과정에서 부당한 인사청탁이 적발된 경우 관련 법령 및 사규 등에 따라 해당 지원자는 탈락(불합격)되고, 또한 합격 후에라도 해당사항이 적발될 경우 입사가 취소되오니 유의하시기 바라며, 필요시 관련기관에 해당사실 통보 등 조치를 취할 수 있음을 알려드립니다.

ⓐ 인터넷 접수마감일은 접속자 급증으로 입사지원이 어려울 수 있으므로, 지원자께서는 충분한 시간을 두고 마감 전에 접수하여 주시기 바랍니다.

ⓑ 코로나바이러스감염증-19(CONVID-19)상황에 따라 채용일정이 변경될 수 있습니다. 변경 시 우리 공사 홈페이지 및 채용 홈페이지 등을 통해 안내해 드리겠습니다.

ⓒ 공사현황 소개는 홈페이지를 참고하시기 바라며, 기타 궁금한 사항은 채용 홈페이지 게시판을 이용하여 문의 바랍니다.

3 인재육성

① 직무역량 강화
- ㉠ 분야별 다양한 직무전문교육
- ㉡ 직급별 계층교육
- ㉢ 특별교육, 항행안전교육

② 전문인력 육성
- ㉠ 국내 대학원 위탁교육(연구, 학위과정)
- ㉡ 해외 공항전문 교육기관(FAA, ICAO 등) 위탁교육 해외 대학원 석사학위과정 지원
- ㉢ 대외 전문교육기관 위탁교육
- ㉣ 전문인력 POOL 선발, 육성
- ㉤ 해외공항 교류근무 (일본)
- ㉥ 사내 MBA 운영

③ 자기개발 지원
- ㉠ 전문자격 취득자에 대한 지원제도 운영
- ㉡ 상시 학습체계 (사이버·통신교육 등) 운영

4 급여 및 복리후생

① 급여 … 유사 공기업 수준

② 보건안건
　　㉠ 매년 직원 건강검진 실시
　　㉡ 보건관리자에 의한 건강관리실 운영
　　㉢ 체력단련실 및 각종 체육활동 실시

③ 생활안정
　　㉠ 결혼자금, 주택자금 융자
　　㉡ 전보자 주택지원
　　㉢ 생활수련원, 휴양소 및 콘도 이용 지원
　　㉣ 사내근로복지기금 운영

④ 기타 후생
　　㉠ 사내 동아리 활동비 지원
　　㉡ 근무복 등 제공

03 공사 관련기사

한국공항공사 창업보육센터, 항공분야 복합 취업지원센터로 비상(飛上)

- 2일, 김포공항 '항공일자리 취업지원센터' 개소

한국공항공사(사장 손창완)의 청·장년층 스타트업 지원·육성 플랫폼인 '창업보육센터(KACoon[:가꾼])'가 항공산업 분야의 복합 취업지원센터로 비상(飛上)한다.

공사는 2일, 김포공항 '창업보육센터 [:가꾼]'에 항공산업 일자리 정보와 취업 컨설팅, 항공전문 직업멘토링 등을 제공하는 '항공일자리 취업지원센터'를 개소했다.

김포공항 항공일자리 취업지원센터는 코로나 19로 인한 항공산업의 고용위기를 타개하기 위해 국토교통부, 한국항공협회 등 유관기관이 협력하여 항공산업 종사자 재취업 프로그램을 운영하고, 취업희망자를 대상으로 항공일자리 직무분야별 취업컨설팅 및 1:1멘토링을 제공할 예정이다. 또한 공항 주변지역의 항공 관련 기업과 취업을 연계해 매칭하는 등 실질적인 취업 지원 활동을 펼칠 계획이다.

김포공항 취업지원센터는 지하철 4개 노선, 시내외 버스 주요노선, 공항버스 등이 왕래하여 교통편의성 및 접근성이 높고, 초기 창업기업인들에게 사무공간 및 보육 프로그램 등을 무상으로 제공하는 창업보육센터에 함께 위치하여 항공산업 분야의 취·창업과 연계한 취업 및 직무 상담을 원하는 구직자들에게 큰 도움이 될 것으로 기대된다.

손창완 사장(한국항공협회 회장)은 "다수의 항공기업이 모여있는 김포공항 취업지원센터는 우리 공항을 중심으로 구직자와 창업자 간에 시너지효과를 발휘할 것이다."라며, "취업지원센터가 불씨가 되어 항공산업 위기극복 및 국가경제에 이바지하길 바란다."고 밝혔다.

항공일자리 취업지원센터는 인천국제공항 여객터미널(T1)에 2018년 9월 1차로 문을 열어 운영 중이며, 김포공항 취업지원센터는 수도권 구직자들의 이동 거리 와 접근 편의성, 대부분의 항공기업이 모여있어 취업 지원 연계가 용이한 점 등을 고려해 추가로 개소한 것이다.

김포공항 취업지원센터의 세부프로그램 안내 등 자세한 사항은 대표전화 1577-9731 및 webmaster @air-works.kr로 문의할 수 있다.

– 2021. 8. 2.

면접질문	• 우리 공사의 창업보육센터는 어떠한 역할을 수행하는가? • 우리 공사의 비전 2030, '함께하는 성장'에 대해 말해보시오.

한국공항공사, 소공인·사회적기업 「가치행복행(行)」 특별판매전 개최

- 8.2부터 한 달간 김포·청주·대구·광주공항에서 팝업스토어 운영
- 95개 기업·300여개 제품, 시중 가격의 최대 20% 할인 판매

한국공항공사(사장 손창완)는 오늘부터 이달 말까지 김포·청주·대구·광주공항에서 소공인·사회적기업의 우수제품을 판매하는 「가치행복행(行)」 특별판매전을 개최한다. 이번 가치행복행(行) 특별판매전에는 95개 기업이 참가해 300여개의 상품을 판매하고, 시중 가격보다 최대 20% 할인된 가격으로 상품을 구성해 보다 많은 고객들이 '가치소비'를 경험할 수 있도록 하였다.

공사는 참여기업의 임대료를 면제하고, 약 1억 3천만원 규모의 인건비·시설물 설치를 지원해 수수료 부담을 최소화하여 소공인·사회적기업의 공항 진입장벽은 낮추고 고객들에게 더 많은 혜택이 돌아가도록 하였다. 이번 판매전에는 사회적기업 및 지역농가와 협업한 '밀키트', '가치행복행 패키지' 등 기획상품을 선보이며, 지역농가 등과 협업한 기획상품의 경우 판매수량만큼 공사가 추가 구매하여 지역사회에 기부하기로 했다.

공사는 코로나19 방역지침을 준수해 점포별 매 시간 1회 이상 소독을 실시하고, 8월 중 온라인 판매를 병행하는 등 소비자들의 가치소비가 확산될 수 있도록 할 예정이다.

손창완 한국공항공사 사장은 "공항 인프라를 활용해 판로에 어려움을 겪고 있는 영세기업들이 보다 많은 고객들을 만나는 새로운 기회의 장이 되길 바란다"며 "공사는 상생 소비를 통한 사회적 가치 실현으로 지속가능한 세상을 만드는데 기여하겠다"고 밝혔다.

공사는 사회적경제 활성화를 위해 김포공항 등 전국공항 인프라를 활용해 소공인·사회적기업 전용 상설매장, 샵in샵 등 공항입점 플랫폼을 구축·운영하여 소공인들의 꾸준한 성장을 지원하고 있다.

– 2021. 8. 2.

면접질문
- 우리 공사에서 시행하는 사업 중 소상공인을 위한 사업이 있다면 말해보시오.
- 우리 공사에서 추구하는 사회적 가치에 대해 말해보시오.

PART

Ⅱ

NCS 직업기초능력평가

01 의사소통능력

1 의사소통과 의사소통능력

(1) 의사소통

① 개념 … 사람들 간에 생각이나 감정, 정보, 의견 등을 교환하는 총체적인 행위로, 직장생활에서의 의사소통은 조직과 팀의 효율성과 효과성을 성취할 목적으로 이루어지는 구성원 간의 정보와 지식 전달 과정이라고 할 수 있다.

② 기능 … 공동의 목표를 추구해 나가는 집단 내의 기본적 존재 기반이며 성과를 결정하는 핵심 기능이다.

③ 의사소통의 종류
  ㉠ 언어적인 것 : 대화, 전화통화, 토론 등
  ㉡ 문서적인 것 : 메모, 편지, 기획안 등
  ㉢ 비언어적인 것 : 몸짓, 표정 등

④ 의사소통을 저해하는 요인 … 정보의 과다, 메시지의 복잡성 및 메시지 간의 경쟁, 상이한 직위와 과업지향형, 신뢰의 부족, 의사소통을 위한 구조상의 권한, 잘못된 매체의 선택, 폐쇄적인 의사소통 분위기 등

(2) 의사소통능력

① 개념 … 의사소통능력은 직장생활에서 문서나 상대방이 하는 말의 의미를 파악하는 능력, 자신의 의사를 정확하게 표현하는 능력, 간단한 외국어 자료를 읽거나 외국인의 의사표시를 이해하는 능력을 포함한다.

② 의사소통능력 개발을 위한 방법
  ㉠ 사후검토와 피드백을 활용한다.
  ㉡ 명확한 의미를 가진 이해하기 쉬운 단어를 선택하여 이해도를 높인다.
  ㉢ 적극적으로 경청한다.
  ㉣ 메시지를 감정적으로 곡해하지 않는다.

2 의사소통능력을 구성하는 하위능력

(1) 문서이해능력

① 문서와 문서이해능력

    ㉠ 문서 : 제안서, 보고서, 기획서, 이메일, 팩스 등 문자로 구성된 것으로 상대방에게 의사를 전달하여 설득하는 것을 목적으로 한다.

    ㉡ 문서이해능력 : 직업현장에서 자신의 업무와 관련된 문서를 읽고, 내용을 이해하고 요점을 파악할 수 있는 능력을 말한다.

예제 1

다음은 신용카드 약관의 주요내용이다. 규정 약관을 제대로 이해하지 못한 사람은?

> [부가서비스]
> 카드사는 법령에서 정한 경우를 제외하고 상품을 새로 출시한 후 1년 이내에 부가서비스를 줄이거나 없앨 수가 없다. 또한 부가서비스를 줄이거나 없앨 경우에는 그 세부내용을 변경일 6개월 이전에 회원에게 알려주어야 한다.
>
> [중도 해지 시 연회비 반환]
> 연회비 부과기간이 끝나기 이전에 카드를 중도해지하는 경우 남은 기간에 해당하는 연회비를 계산하여 10 영업일 이내에 돌려줘야 한다. 다만, 카드 발급 및 부가서비스 제공에 이미 지출된 비용은 제외된다.
>
> [카드 이용한도]
> 카드 이용한도는 카드 발급을 신청할 때에 회원이 신청한 금액과 카드사의 심사 기준을 종합적으로 반영하여 회원이 신청한 금액 범위 이내에서 책정되며 회원의 신용도가 변동되었을 때에는 카드사는 회원의 이용한도를 조정할 수 있다.
>
> [부정사용 책임]
> 카드 위조 및 변조로 인하여 발생된 부정사용 금액에 대해서는 카드사가 책임을 진다. 다만, 회원이 비밀번호를 다른 사람에게 알려주거나 카드를 다른 사람에게 빌려주는 등의 중대한 과실로 인해 부정사용이 발생하는 경우에는 회원이 그 책임의 전부 또는 일부를 부담할 수 있다.

① 혜수 : 카드사는 법령에서 정한 경우를 제외하고는 1년 이내에 부가서비스를 줄일 수 없어.

② 진성 : 카드 위조 및 변조로 인하여 발생된 부정사용 금액은 일괄 카드사가 책임을 지게 돼.

③ 영훈 : 회원의 신용도가 변경되었을 때 카드사가 이용한도를 조정할 수 있어.

④ 영호 : 연회비 부과기간이 끝나기 이전에 카드를 중도 해지하는 경우에는 남은 기간에 해당하는 연회비를 카드사는 돌려줘야 해.

[출제의도]
주어진 약관의 내용을 읽고 그에 대한 상세 내용의 정보를 이해하는 능력을 측정하는 문항이다.
[해설]
② 부정사용에 대해 고객의 과실이 있으면 회원이 그 책임의 전부 또는 일부를 부담할 수 있다.

답 ②

② 문서의 종류

    ㉠ **공문서** : 정부기관에서 공무를 집행하기 위해 작성하는 문서로, 단체 또는 일반회사에서 정부기관을 상대로 사업을 진행할 때 작성하는 문서도 포함된다. 엄격한 규격과 양식이 특징이다.

    ㉡ **기획서** : 아이디어를 바탕으로 기획한 프로젝트에 대해 상대방에게 전달하여 시행하도록 설득하는 문서이다.

    ㉢ **기안서** : 업무에 대한 협조를 구하거나 의견을 전달할 때 작성하는 사내 공문서이다.

    ㉣ **보고서** : 특정한 업무에 관한 현황이나 진행 상황, 연구·검토 결과 등을 보고하고자 할 때 작성하는 문서이다.

    ㉤ **설명서** : 상품의 특성이나 작동 방법 등을 소비자에게 설명하기 위해 작성하는 문서이다.

    ㉥ **보도자료** : 정부기관이나 기업체 등이 언론을 상대로 자신들의 정보를 기사화 되도록 하기 위해 보내는 자료이다.

    ㉦ **자기소개서** : 개인이 자신의 성장과정이나, 입사 동기, 포부 등에 대해 구체적으로 기술하여 자신을 소개하는 문서이다.

    ㉧ **비즈니스 레터(E-mail)** : 사업상의 이유로 고객에게 보내는 편지다.

    ㉨ **비즈니스 메모** : 업무상 확인해야 할 일을 메모형식으로 작성하여 전달하는 글이다.

③ **문서이해의 절차** … 문서의 목적 이해 → 문서 작성 배경·주제 파악 → 정보 확인 및 현안문제 파악 → 문서 작성자의 의도 파악 및 자신에게 요구되는 행동 분석 → 목적 달성을 위해 취해야 할 행동 고려 → 문서 작성자의 의도를 도표나 그림 등으로 요약·정리

(2) 문서작성능력

① 작성되는 문서에는 대상과 목적, 시기, 기대효과 등이 포함되어야 한다.

② **문서작성의 구성요소**

    ㉠ 짜임새 있는 골격, 이해하기 쉬운 구조

    ㉡ 객관적이고 논리적인 내용

    ㉢ 명료하고 설득력 있는 문장

    ㉣ 세련되고 인상적인 레이아웃

다음은 들은 내용을 구조적으로 정리하는 방법이다. 순서에 맞게 배열하면?

> ㉠ 관련 있는 내용끼리 묶는다.
> ㉡ 묶은 내용에 적절한 이름을 붙인다.
> ㉢ 전체 내용을 이해하기 쉽게 구조화한다.
> ㉣ 중복된 내용이나 덜 중요한 내용을 삭제한다.

① ㉠㉡㉢㉣　　　　　② ㉠㉡㉣㉢
③ ㉡㉠㉢㉣　　　　　④ ㉡㉠㉣㉢

[출제의도]
음성정보는 문자정보와는 달리 쉽게 잊혀 지기 때문에 음성정보를 구조화 시키는 방법을 묻는 문항이다.
[해설]
내용을 구조적으로 정리하는 방법은 '㉠ 관련 있는 내용끼리 묶는다. → ㉡ 묶은 내용에 적절한 이름을 붙인다. → ㉣ 중복된 내용이나 덜 중요한 내용을 삭제한다. → ㉢ 전체 내용을 이해하기 쉽게 구조화한다.'가 적절하다.

답 ②

③ 문서의 종류에 따른 작성방법

㉠ 공문서

- 육하원칙이 드러나도록 써야 한다.
- 날짜는 반드시 연도와 월, 일을 함께 언급하며, 날짜 다음에 괄호를 사용할 때는 마침표를 찍지 않는다.
- 대외문서이며, 장기간 보관되기 때문에 정확하게 기술해야 한다.
- 내용이 복잡할 경우 '-다음-', '-아래-'와 같은 항목을 만들어 구분한다.
- 한 장에 담아내는 것을 원칙으로 하며, 마지막엔 반드시 '끝'자로 마무리 한다.

㉡ 설명서

- 정확하고 간결하게 작성한다.
- 이해하기 어려운 전문용어의 사용은 삼가고, 복잡한 내용은 도표화 한다.
- 명령문보다는 평서문을 사용하고, 동어 반복보다는 다양한 표현을 구사하는 것이 바람직하다.

㉢ 기획서

- 상대를 설득하여 기획서가 채택되는 것이 목적이므로 상대가 요구하는 것이 무엇인지 고려하여 작성하며, 기획의 핵심을 잘 전달하였는지 확인한다.
- 분량이 많을 경우 전체 내용을 한눈에 파악할 수 있도록 목차구성을 신중히 한다.
- 효과적인 내용 전달을 위한 표나 그래프를 적절히 활용하고 산뜻한 느낌을 줄 수 있도록 한다.
- 인용한 자료의 출처 및 내용이 정확해야 하며 제출 전 충분히 검토한다.

ⓒ 보고서

- 도출하고자 한 핵심내용을 구체적이고 간결하게 작성한다.
- 내용이 복잡할 경우 도표나 그림을 활용하고, 참고자료는 정확하게 제시한다.
- 제출하기 전에 최종점검을 하며 질의를 받을 것에 대비한다.

예제 3

다음 중 공문서 작성에 대한 설명으로 가장 적절하지 못한 것은?

① 공문서나 유가증권 등에 금액을 표시할 때에는 한글로 기재하고 그 옆에 괄호를 넣어 숫자로 표기한다.
② 날짜는 숫자로 표기하되 년, 월, 일의 글자는 생략하고 그 자리에 온점(.)을 찍어 표시한다.
③ 첨부물이 있는 경우에는 붙임 표시문 끝에 1자 띄우고 "끝."이라고 표시한다.
④ 공문서의 본문이 끝났을 경우에는 1자를 띄우고 "끝."이라고 표시한다.

[출제의도]
업무를 할 때 필요한 공문서 작성법을 잘 알고 있는지를 측정하는 문항이다.
[해설]
공문서 금액 표시
아라비아 숫자로 쓰고, 숫자 다음에 괄호를 하여 한글로 기재한다.
예) 금 123,456원(금 일십이만삼천사백오십육원)

답 ①

---

④ 문서작성의 원칙

㉠ 문장은 짧고 간결하게 작성한다(간결체 사용).
㉡ 상대방이 이해하기 쉽게 쓴다.
㉢ 불필요한 한자의 사용을 자제한다.
㉣ 문장은 긍정문의 형식을 사용한다.
㉤ 간단한 표제를 붙인다.
㉥ 문서의 핵심내용을 먼저 쓰도록 한다(두괄식 구성).

⑤ 문서작성 시 주의사항

㉠ 육하원칙에 의해 작성한다.
㉡ 문서 작성시기가 중요하다.
㉢ 한 사안은 한 장의 용지에 작성한다.
㉣ 반드시 필요한 자료만 첨부한다.
㉤ 금액, 수량, 일자 등은 기재에 정확성을 기한다.
㉥ 경어나 단어사용 등 표현에 신경 쓴다.
㉦ 문서작성 후 반드시 최종적으로 검토한다.

⑥ 효과적인 문서작성 요령

　㉠ 내용이해 : 전달하고자 하는 내용과 핵심을 정확하게 이해해야 한다.

　㉡ 목표설정 : 전달하고자 하는 목표를 분명하게 설정한다.

　㉢ 구성 : 내용 전달 및 설득에 효과적인 구성과 형식을 고려한다.

　㉣ 자료수집 : 목표를 뒷받침할 자료를 수집한다.

　㉤ 핵심전달 : 단락별 핵심을 하위목차로 요약한다.

　㉥ 대상파악 : 대상에 대한 이해와 분석을 통해 철저히 파악한다.

　㉦ 보충설명 : 예상되는 질문을 정리하여 구체적인 답변을 준비한다.

　㉧ 문서표현의 시각화 : 그래프, 그림, 사진 등을 적절히 사용하여 이해를 돕는다.

(3) 경청능력

① 경청의 중요성 … 경청은 다른 사람의 말을 주의 깊게 들으며 공감하는 능력으로 경청을 통해 상대방을 한 개인으로 존중하고 성실한 마음으로 대하게 되며, 상대방의 입장에 공감하고 이해하게 된다.

② 경청을 방해하는 습관 … 짐작하기, 대답할 말 준비하기, 걸러내기, 판단하기, 다른 생각하기, 조언하기, 언쟁하기, 옳아야만 하기, 슬쩍 넘어가기, 비위 맞추기 등

③ 효과적인 경청방법

　㉠ 준비하기 : 강연이나 프레젠테이션 이전에 나누어주는 자료를 읽어 미리 주제를 파악하고 등장하는 용어를 익혀둔다.

　㉡ 주의 집중 : 말하는 사람의 모든 것에 집중해서 적극적으로 듣는다.

　㉢ 예측하기 : 다음에 무엇을 말할 것인가를 추측하려고 노력한다.

　㉣ 나와 관련짓기 : 상대방이 전달하고자 하는 메시지를 나의 경험과 관련지어 생각해 본다.

　㉤ 질문하기 : 질문은 듣는 행위를 적극적으로 하게 만들고 집중력을 높인다.

　㉥ 요약하기 : 주기적으로 상대방이 전달하려는 내용을 요약한다.

　㉦ 반응하기 : 피드백을 통해 의사소통을 점검한다.

예제 4

다음은 면접스터디 중 일어난 대화이다. 민아의 고민을 해소하기 위한 조언으로 가장 적절한 것은?

> 지섭 : 민아씨, 어디 아파요? 표정이 안 좋아 보여요.
> 민아 : 제가 원서 넣은 공단이 내일 면접이어서요. 그동안 스터디를 통해서 면접 연습을 많이 했는데도 벌써부터 긴장이 되네요.
> 지섭 : 민아씨는 자기 의견도 명확히 피력할 줄 알고 조리 있게 설명을 잘 하시니 걱정 안하셔도 될 것 같아요. 아, 손에 꽉 쥐고 계신 건 뭔가요?
> 민아 : 아, 제가 예상 답변을 정리해서 모아둔거에요. 내용은 거의 외웠는데 이렇게 쥐고 있지 않으면 불안해서
> 지섭 : 그 정도로 준비를 철저히 하셨으면 걱정할 이유 없을 것 같아요.
> 민아 : 그래도 압박면접이거나 예상치 못한 질문이 들어오면 어떻게 하죠?
> 지섭 : _____

① 시선을 적절히 처리하면서 부드러운 어투로 말하는 연습을 해보는 건 어때요?
② 공식적인 자리인 만큼 옷차림을 신경 쓰는 게 좋을 것 같아요.
③ 당황하지 말고 질문자의 의도를 잘 파악해서 침착하게 대답하면 되지 않을까요?
④ 예상 질문에 대한 답변을 좀 더 정확하게 외워보는 건 어떨까요?

[출제의도]
상대방이 하는 말을 듣고 질문 의도에 따라 올바르게 답하는 능력을 측정하는 문항이다.
[해설]
민아는 압박질문이나 예상치 못한 질문에 대해 걱정을 하고 있으므로 침착하게 대응하라고 조언을 해주는 것이 좋다.

답 ③

(4) 의사표현능력

① **의사표현의 개념과 종류**

　㉠ **개념** : 화자가 자신의 생각과 감정을 청자에게 음성언어나 신체언어로 표현하는 행위이다.

　㉡ **종류**

　　• **공식적 말하기** : 사전에 준비된 내용을 대중을 대상으로 말하는 것으로 연설, 토의, 토론 등이 있다.

　　• **의례적 말하기** : 사회·문화적 행사에서와 같이 절차에 따라 하는 말하기로 식사, 주례, 회의 등이 있다.

　　• **친교적 말하기** : 친근한 사람들 사이에서 자연스럽게 주고받는 대화 등을 말한다.

② **의사표현의 방해요인**

　㉠ **연단공포증** : 연단에 섰을 때 가슴이 두근거리거나 땀이 나고 얼굴이 달아오르는 등의 현상으로 충분한 분석과 준비, 더 많은 말하기 기회 등을 통해 극복할 수 있다.

ⓛ 말 : 말의 장단, 고저, 발음, 속도, 쉼 등을 포함한다.

ⓒ 음성 : 목소리와 관련된 것으로 음색, 고저, 명료도, 완급 등을 의미한다.

ⓔ 몸짓 : 비언어적 요소로 화자의 외모, 표정, 동작 등이다.

ⓜ 유머 : 말하기 상황에 따른 적절한 유머를 구사할 수 있어야 한다.

③ 상황과 대상에 따른 의사표현법

ⓖ 잘못을 지적할 때 : 모호한 표현을 삼가고 확실하게 지적하며, 당장 꾸짖고 있는 내용에만 한정한다.

ⓛ 칭찬할 때 : 자칫 아부로 여겨질 수 있으므로 센스 있는 칭찬이 필요하다.

ⓒ 부탁할 때 : 먼저 상대방의 사정을 듣고 응하기 쉽게 구체적으로 부탁하며 거절을 당해도 싫은 내색을 하지 않는다.

ⓔ 요구를 거절할 때 : 먼저 사과하고 응해줄 수 없는 이유를 설명한다.

ⓜ 명령할 때 : 강압적인 말투보다는 '○○을 이렇게 해주는 것이 어떻겠습니까?'와 같은 식으로 부드럽게 표현하는 것이 효과적이다.

ⓗ 설득할 때 : 일방적으로 강요하기보다는 먼저 양보해서 이익을 공유하겠다는 의지를 보여주는 것이 좋다.

ⓢ 충고할 때 : 충고는 가장 최후의 방법이다. 반드시 충고가 필요한 상황이라면 예화를 들어 비유적으로 깨우쳐주는 것이 바람직하다.

ⓞ 질책할 때 : 샌드위치 화법(칭찬의 말 + 질책의 말 + 격려의 말)을 사용하여 청자의 반발을 최소화 한다.

예제 5

당신은 팀장님께 업무 지시내용을 수행하고 결과물을 보고 드렸다. 하지만 팀장님께서는 "최대리 업무를 이렇게 처리하면 어떡하나? 누락된 부분이 있지 않은가."라고 말하였다. 이에 대해 당신이 행할 수 있는 가장 부적절한 대처 자세는?

① "죄송합니다. 제가 잘 모르는 부분이라 이수혁 과장님께 부탁을 했는데 과장님께서 실수를 하신 것 같습니다."

② "주의를 기울이지 못해 죄송합니다. 어느 부분을 수정보완하면 될까요?"

③ "지시하신 내용을 제가 충분히 이해하지 못하였습니다. 내용을 다시 한 번 여쭤보아도 되겠습니까?"

④ "부족한 내용을 보완하는 자료를 취합하기 위해서 하루정도가 더 소요될 것 같습니다. 언제까지 재작성하여 드리면 될까요?"

[출제의도]
상사가 잘못을 지적하는 상황에서 어떻게 대처해야 하는지를 묻는 문항이다.

[해설]
상사가 부탁한 지시사항을 다른 사람에게 부탁하는 것은 옳지 못하며 설사 그렇다고 해도 그 일의 과오에 대해 책임을 전가하는 것은 지양해야 할 자세이다.

답 ①

④ 원활한 의사표현을 위한 지침

    ㉠ 올바른 화법을 위해 독서를 하라.

    ㉡ 좋은 청중이 되라.

    ㉢ 칭찬을 아끼지 마라.

    ㉣ 공감하고, 긍정적으로 보이게 하라.

    ㉤ 겸손은 최고의 미덕임을 잊지 마라.

    ㉥ 과감하게 공개하라.

    ㉦ 뒷말을 숨기지 마라.

    ㉧ 첫마디 말을 준비하라.

    ㉨ 이성과 감성의 조화를 꾀하라.

    ㉩ 대화의 룰을 지켜라.

    ㉪ 문장을 완전하게 말하라.

⑤ 설득력 있는 의사표현을 위한 지침

    ㉠ 'Yes'를 유도하여 미리 설득 분위기를 조성하라.

    ㉡ 대비 효과로 분발심을 불러 일으켜라.

    ㉢ 침묵을 지키는 사람의 참여도를 높여라.

    ㉣ 여운을 남기는 말로 상대방의 감정을 누그러뜨려라.

    ㉤ 하던 말을 갑자기 멈춤으로써 상대방의 주의를 끌어라.

    ㉥ 호칭을 바꿔서 심리적 간격을 좁혀라.

    ㉦ 끄집어 말하여 자존심을 건드려라.

    ㉧ 정보전달 공식을 이용하여 설득하라.

    ㉨ 상대방의 불평이 가져올 결과를 강조하라.

    ㉩ 권위 있는 사람의 말이나 작품을 인용하라.

    ㉪ 약점을 보여 주어 심리적 거리를 좁혀라.

    ㉫ 이상과 현실의 구체적 차이를 확인시켜라.

    ㉬ 자신의 잘못도 솔직하게 인정하라.

    ㉭ 집단의 요구를 거절하려면 개개인의 의견을 물어라.

    ⓐ 동조 심리를 이용하여 설득하라.

    ⓑ 지금까지의 노고를 치하한 뒤 새로운 요구를 하라.

    ⓒ 담당자가 대변자 역할을 하도록 하여 윗사람을 설득하게 하라.

    ⓓ 겉치레 양보로 기선을 제압하라.

    ⓔ 변명의 여지를 만들어 주고 설득하라.

    ⓕ 혼자 말하는 척하면서 상대의 잘못을 지적하라.

(5) 기초외국어능력

① 기초외국어능력의 개념과 필요성

　㉠ 개념 : 기초외국어능력은 외국어로 된 간단한 자료를 이해하거나, 외국인과의 전화응대와 간단한 대화 등 외국인의 의사표현을 이해하고, 자신의 의사를 기초외국어로 표현할 수 있는 능력이다.

　㉡ 필요성 : 국제화·세계화 시대에 다른 나라와의 무역을 위해 우리의 언어가 아닌 국제적인 통용어를 사용하거나 그들의 언어로 의사소통을 해야 하는 경우가 생길 수 있다.

② 외국인과의 의사소통에서 피해야 할 행동

　㉠ 상대를 볼 때 흘겨보거나, 노려보거나, 아예 보지 않는 행동

　㉡ 팔이나 다리를 꼬는 행동

　㉢ 표정이 없는 것

　㉣ 다리를 흔들거나 펜을 돌리는 행동

　㉤ 맞장구를 치지 않거나 고개를 끄덕이지 않는 행동

　㉥ 생각 없이 메모하는 행동

　㉦ 자료만 들여다보는 행동

　㉧ 바르지 못한 자세로 앉는 행동

　㉨ 한숨, 하품, 신음소리를 내는 행동

　㉩ 다른 일을 하며 듣는 행동

　㉪ 상대방에게 이름이나 호칭을 어떻게 부를지 묻지 않고 마음대로 부르는 행동

③ 기초외국어능력 향상을 위한 공부법

　㉠ 외국어공부의 목적부터 정하라.

　㉡ 매일 30분씩 눈과 손과 입에 밸 정도로 반복하라.

　㉢ 실수를 두려워하지 말고 기회가 있을 때마다 외국어로 말하라.

　㉣ 외국어 잡지나 원서와 친해져라.

　㉤ 소홀해지지 않도록 라이벌을 정하고 공부하라.

　㉥ 업무와 관련된 주요 용어의 외국어는 꼭 알아두자.

　㉦ 출퇴근 시간에 외국어 방송을 보거나, 듣는 것만으로도 귀가 트인다.

　㉧ 어린이가 단어를 배우듯 외국어 단어를 암기할 때 그림카드를 사용해 보라.

　㉨ 가능하면 외국인 친구를 사귀고 대화를 자주 나눠 보라.

출제예상문제

1 다음은 한국공항공사에 대한 설명이다. 잘못 쓰인 글자는 모두 몇 개인지 찾으시오.

> 한국공항공사는 1980년 국제공항관리공단으로 창립하여 같은 해 김포국제공항 국제선 제1청사를 개관하였다. 현제 공사는 김포, 김해, 제주, 대구, 광주, 청주, 양양, 무안, 울산, 여수, 사천, 포항, 군산, 원주까지 14개의 지방공항을 통합 관리하는 공기업으로 성장했으며 각 공항을 효율적으로 건설·관리·운용함은 물론, 항공 산업의 육성·지원으로 항공수송을 원할하게 하고 국가경제의 발전과 국민 복지의 증진에도 기여하고 있다.

① 3개   ② 4개
③ 5개   ④ 6개

 잘못 쓰인 글자는 총 3개다.
현제(→ 현재)
운용(→ 운영)
원할(→ 원활)

2 다음은 한국공항공사의 미션슬로건에 대한 설명이다. 맞춤법이 틀린 것은?

> • 편안한 : 便(편)리하고 安(안)전한 최상의 고객서비스를 의미
> • 공항 : 교통·쇼핑·레저·문화를 함께 즐길 수 있는 자연 ㉠<u>친화적</u> 복합문화 공간
> • 하늘을 : 공사가 ㉡<u>개척할</u> 업무영역이자 고객의 만남과 미래를 이어 주는 통로
> • 여는 : 국민의 행복한 미래를 열어주는 국가발전의 원동력이 되기 위해 ㉢<u>끊임없이</u> 노력하는 강한 실천의지를 표현
> • 사람들 : 누가 알아주지 않아도 보이지 않는 곳에서 ㉣<u>묵묵이</u> 자신의 임무를 성실히 수행하는 공사인을 상징

① ㉠ 친화적   ② ㉡ 개척
③ ㉢ 끊임없이   ④ ㉣ 묵묵이

     ④ 묵묵이 → 묵묵히

3 다음은 한국공항공사의 주요업무이다. 밑줄 친 단어의 한자 표기로 잘못된 것은?

> • 활주로 · ㉠계류장 등 항공기 이동지역과 여객청사, 화물청사, 공항 내 각종 건물, 도로, 주차장 등 일반지역의 관리 · 운영, 연구개발 장비의 판매 및 수출
> • 공항의 관리 · 운영 및 이에 필요한 ㉡주변지역 개발사업
> • 공항 시설의 관리 · 운영 사업
> • 공항개발사업 중 항공기 · 여객 · 화물처리시설 및 공항 운영상 필요한 시설 등의 신설 · 증설 · ㉢개량사업
> • 공항시설 건설 · 관리 · 운영과 관련한 조사 · 연구 및 기술개발
> • 공항의 건설 및 관리 · 운영과 관련하여 개발된 장비의 제작 · 판매 및 수출
> • 소음방지대책사업 중 ㉣방음시설 설치 등의 사업

① ㉠ 계류장(繫留場) 　　② ㉡ 주변지역(周邊地域)

③ ㉢ 개량사업(改良事業) 　④ ㉣ 방음시설(方音施設)

 ㉣ 안의 소리가 밖으로 새어 나가거나 밖의 소리가 안으로 들어오지 못하도록 막는다는 의미의 '방음'은 防音(둑 방, 소리 음)으로 쓴다.

4 다음 글을 읽고 순서에 맞게 논리적으로 배열한 것을 고르면?

> (가) 이를 알게 된 훈민정음 학회 관계자들은 인도네시아에 찾아가 한글 교육을 위한 양해각서를 채결하였고, 일 년 동안 이들을 위한 교과서를 제작하여 보급했다.
> (나) 인도네시아의 소수민족인 '찌아찌아족'은 문자가 없어서 모국어 교육을 못해 언어를 잃어버릴 위기에 처해 있었다.
> (다) 또한 한글센터 건물을 차공하고, 한글 교육을 다른 지역으로 확대할 계획이라고 한다.
> (라) 그 결과 '찌아찌아족'의 학교에서는 한글을 통해 쓰기와 말하기, 읽기를 가르치고 있으며 자음과 모음을 우리와 같은 방법으로 표기하고 있다.

① (가)－(다)－(나)－(라) 　② (가)－(라)－(나)－(다)

③ (나)－(가)－(라)－(다) 　④ (나)－(가)－(다)－(라)

 (나) '찌아찌아족의 언어 실종 위기 →(가) 훈민정음 학회의 한글 보급 →(라) '찌아찌아족의 한글 사용 →(다) 훈민정음 학회의 한글 확산 계획

Answer ➔ 1.① 2.④ 3.④ 4.③

5 다음 중 단락의 통일성에 어긋나는 문장은?

> 나는 그림을 그릴 때는 거의 같은 순서로 작업을 진행한다. ㉠ 먼저 도화지를 준비한다. ㉡ 그 다음에는 붓을 찾아다 놓고 물감을 챙긴다. ㉢ 그렇지만 바로 그림을 그리기 시작하는 것은 아니다. ㉣ 화실밖에는 첫눈처럼 소리 없이 땅거미가 내려와 창조의 신비를 돕고 있다. 그렇게 주위를 살피고 마음을 가다듬은 뒤 연필을 들고 구도를 잡기 시작한다.

① ㉠

② ㉡

③ ㉢

④ ㉣

 ㉠, ㉡, ㉢은 그림 그리는 순서에 대해 서사적으로 나열하고 있는 반면, ㉣은 화실 밖의 풍경을 묘사하고 있다.

6 다음 중 괄호 안에 들어갈 접속사를 순서대로 바르게 나열한 것은?

> 인류는 지혜가 발달하면서 점차 자연의 원리를 깨닫고 새로운 도구를 만들 줄 알게 되었다. 도구의 발달은 기술의 발전으로 이어져 인간은 자연 환경의 제약으로부터 벗어날 수 있게 되었다. (　　　) 인간은 자연이 주는 혜택과 고난 속에서 자신의 의지에 따라 선택적으로 자연을 이용하고 극복하게 되었다. (　　　) 필리핀의 고산 지대에서 농지가 부족한 자연 환경을 극복하기 위해 계단처럼 논을 만들어 벼농사를 지은 것을 들 수 있다.

① 그러나 – 그럼에도 불구하고

② 그러나 – 왜냐하면

③ 그래서 – 예를 들면

④ 그래서 – 하지만

 첫 번째 괄호는 앞문장과 이어지고 있으므로 문장의 호응에 맞는 '그래서'가 적절하며, 인간이 자연을 이용하고 극복한 예로 필리핀에 관한 사례가 나왔으므로 두 번째 괄호에는 접속사 '예를 들어'가 적절하다.

7 다음 중 제시된 문장들을 논리적으로 가장 바르게 배열한 것을 고르면?

> ㉠ 그러므로 문학 작품을 감상하는 일도 다른 종류의 글을 읽는 일과 근본적으로 다르지 않다.
>
> ㉡ 시나 소설과 같은 문학 작품도 글의 한 종류이다.
>
> ㉢ 우선 그 글에 사용된 단어들의 뜻을 정확하게 알아야 하고, 문장과 단락의 뜻, 그리고 그것들이 질서 있게 모여서 이루어진 글 전체의 뜻을 잘 파악해서 글쓴이가 말하고자 한 바를 충분히 이해해야 한다.
>
> ㉣ 어떤 사실이나 대상에 대해서 설명하는 글도 있고, 어떤 주장을 논리적으로 펴는 글도 있으며, 자신의 삶을 기록하는 일기나 자서전과 같은 글도 있다.
>
> ㉤ 글에는 여러 가지 종류가 있다

① ㉤ − ㉣ − ㉡ − ㉠ − ㉢

② ㉤ − ㉡ − ㉠ − ㉣ − ㉢

③ ㉣ − ㉤ − ㉢ − ㉠ − ㉡

④ ㉣ − ㉢ − ㉤ − ㉡ − ㉠

 ㉤ 정의→㉣ 구체화→㉡ 예시→㉠ 구체화→㉢ 부연설명의 순으로 이루어져야 한다. ㉤에서 글의 종류에 대해 정의를 하고 ㉣에서 글의 종류에 관한 구체화를 한 뒤 ㉡에서 예를 들고 있다. ㉠에서는 문학 작품을 감상하는 일과 글을 읽는 일과의 공통점을 제시하고 ㉢에서 ㉠의 내용을 더욱 구체화하여 부연설명하고 있다.

Answer ⌐→ 5.④ 6.③ 7.①

8 A회사 신입사원인 甲은 입사 후 과민성대장증후군으로 고생을 하다 사내 의무실에 들러 다음의 약을 처방 받았다. 〈복약설명서〉에 따라 甲이 두 약을 복용할 때 옳은 것은?

---

1. 약품명 : 가나다정
2. 복용법 및 주의사항
① 식전 15분에 복용하는 것이 가장 좋으나 식전 30분부터 식사 직전까지 복용이 가능합니다.
② 식사를 거르게 될 경우에 복용을 거릅니다.
③ 식이요법과 운동요법을 계속하고, 정기적으로 혈당(혈액 속에 섞여 있는 당분)을 측정해야 합니다.
④ 야뇨(夜尿)를 피하기 위해 최종 복용시간은 오후 6시까지로 합니다.
⑤ 저혈당을 예방하기 위해 사탕 등 혈당을 상승시킬 수 있는 것을 가지고 다닙니다.

1. 약품명 : ABC정
2. 복용법 및 주의사항
① 매 식사 도중 또는 식사 직후에 복용합니다.
② 복용을 잊은 경우 식사 후 1시간 이내에 생각이 났다면 즉시 약을 복용하도록 합니다. 식사 후 1시간이 초과되었다면 다음 식사에 다음 번 분량만을 복용합니다.
③ 씹지 말고 그대로 삼켜서 복용합니다.
④ 정기적인 혈액검사를 통해서 혈중 칼슘, 인의 농도를 확인해야 합니다.

---

① 식사를 거르게 될 경우 가나다정만 복용한다.

② 두 약을 복용하는 기간 동안 정기적으로 혈액검사를 할 필요는 없다.

③ 저녁식사 전 가나다정을 복용하려면 저녁식사는 늦어도 오후 6시 30분에는 시작해야 한다.

④ ABC정은 식사 중에 다른 음식과 함께 씹어 복용할 수 있다.

 ③ 가나다정의 경우 야뇨를 피하기 위해 최종 복용시간을 오후 6시까지로 해야 한다. 식전 30분부터 복용이 가능하므로, 저녁식사 전 가나다정을 복용하려면 저녁식사는 늦어도 오후 6시 30분에는 시작해야 한다.
① 가나다정은 식사를 거르게 될 경우에 복용을 거른다.
② 가나다정을 복용할 때에는 정기적으로 혈당을 측정해야 하며, ABC정을 복용할 때에는 정기적인 혈액검사를 통해서 혈중 칼슘, 인의 농도를 확인해야 한다.
④ ABC정은 식사 중 복용할 수 있지만, 씹지 말고 그대로 삼켜서 복용해야 한다.

가훈은 가정의 윤리적 지침으로서 가족들이 지켜야 할 도덕적인 덕목을 간명하게 표현한 것으로 가계·정훈·가규라고도 한다. 가정은 사회생활의 기본적인 바탕이 되는 곳이므로 자녀들이 사회를 보는 눈은 가정에서 형성된 가치관을 통해서 길러지게 된다. 따라서 가훈은 사회의 윤리관에 우선하는 것이며 사회교육에서 기대할 수 없는 독특한 교육적 기능을 가지고 있다. 가훈은 주로 수신제가하는 방법을 가르치는 것으로서 중국에서는 남북조시대 안지추가 지은 「안씨가훈」, 당나라 하동 유씨의 가훈, 송나라 사마광의 가범, 주자가훈, 원채의 원씨세범, 원나라 때의 정씨가범, 명나라 때의 곽위애의 가훈, 방씨가훈 등이 유명하다. 특히 「안씨가훈」은 가장 대표적인 것으로서 가족도덕을 비롯하여 학문·교양·사상·생활양식과 태도, 처세와 교제방법, 언어·예술에 이르기까지 구체적인 체험과 사례들을 열거하여 자세히 기록하였으며, 시세에 편승하지 않고 조화와 평화, 안전을 중요시하며 소박하고 견실한 가정생활을 이상으로 삼고 있다. 또한 가훈으로서 뿐 아니라 사회·경제를 비롯한 모든 면에서 당시의 풍조를 연구하는 데 「안씨가훈」은 가치 있는 자료이다. 우리나라에서는 가훈이 없는 집안이 거의 없을 정도로 보편화되어 있는데 김유신 집안의 '충효', 최영 집안의 '황금 보기를 돌같이 하라.', 신사임당의 '신의·지조·청백·성실·우애', 김굉필의 '인륜', 이언적의 '근검과 절약', 이이의 '화목과 우애' 등은 오랫동안 그들 집안의 생활신조로 이어졌던 대표적인 가훈들이다.

9 다음 중 옳지 않은 것은?

① 가훈은 한 가정 내의 가족들이 지켜야 할 도덕적인 덕목을 표현한 것이다.

② 가훈은 수신제가하는 방법을 가르치는 것으로 중국의 「안씨가훈」이 그 효시라 할 수 있다.

③ 우리나라에서도 가훈은 대단히 보편화되어 있어 예부터 각 집안마다 가훈이 없는 집이 없을 정도였다.

④ 자녀들의 사회를 보는 눈은 가정에서 형성된 가치관에 의해 길러지므로 가훈은 사회교육에서 기대할 수 없는 독특한 교육적 기능을 담당한다.

② 「안씨가훈」은 가족도덕을 비롯하여 학문·교양·사상·생활양식과 태도, 처세와 교제방법, 언어·예술에 이르기까지 구체적인 체험과 사례들을 열거하여 자세히 기록하였으며, 시세에 편승하지 않고 조화와 평화, 안전을 중요시하며 소박하고 견실한 가정생활을 이상으로 삼고 있다. 또한 가훈으로서 뿐 아니라 사회·경제를 비롯한 모든 면에서 당시의 풍조를 연구하는 데 가치 있는 자료지만 이 책이 가훈의 효시라고 볼 수는 없다.

10 다음은 과거와 현재 우리나라에서 사용하고 있는 가훈들 중 일부를 구분한 것이다. 이를 통해 알 수 있는 사실로 가장 옳지 않은 것은?

> 〈과거〉
> • 충효
> • 황금 보기를 돌같이 하라.
> • 신의 · 지조 · 청백 · 성실 · 우애
> • 인륜
> • 근검과 절약
> • 화목과 우애
>
> 〈현재〉
> • 여자 말을 잘 듣자
> • 주식을 하지 말자 · 보증을 서지 말자 · 밥은 먹고 살자
> • 항상 행복하고 사랑하며 살자
> • 아내 말을 잘 듣자 · 주는 대로 먹어라 · 나도 언젠간 쓸모가 있겠지
> • 방목 · 자율 · 책임

① 가훈을 통해 그 집안사람들의 성격 및 가치관, 그리고 시대상 등을 알 수 있다.

② 현재의 가정에서는 과거에 비해 여자의 지위가 많이 높아졌음을 알 수 있다.

③ 가훈은 가정의 윤리적 지침을 나타낸 것으로 현재 우리가 사용하는 가훈들 중에는 그 격에 맞지 않는 것들이 대부분이다.

④ 과거의 가훈들이 주로 유교적인 덕목을 내세운 반면 현재의 가훈들은 물질적인 덕목을 내세우기도 한다.

 가훈은 보통 그 집안에서 중시하는 덕목을 나타낸 것으로 과거에는 주로 유교적인 덕목들이 많았으나 사회활동이 많아지고 물질만능주의의 사회로 변화한 현재에는 자연히 가훈 또한 그 시대상에 맞게 변모하였다. 따라서 가훈에는 그 격이 있을 수 없으며 각 집안의 특성을 가장 잘 나타내는 것이면 어느 것이든 상관이 없다. 이러한 이유로 오늘날에는 톡톡 튀는 개성을 가진 가훈들이 많이 등장하고 있다.

11 위 글을 통해 알 수 있는 사실로 옳지 않은 것은?

① 오늘날 가훈의 특징   ② 우리나라의 대표적인 가훈의 예

③ 가정 내에서 가훈이 가지는 기능   ④ 중국의 대표적인 가훈들

 ① 위 글을 통해 오늘날 가훈의 특징은 알 수 없다.

12 다음 밑줄 친 단어 중 맞춤법이 틀린 것은?

> 가부장제는 역사 이전의 시기에서 오늘날에 이르기까지 모든 사회체계와 가족형태의 근간을 이루어 오고 있으며, 또한 여성의 지위와 ㉠삶을 결정짓는 데 가장 핵심적인 ㉡제도라고 할 수 있다. 그러나 가부장제의 이러한 보편성에도 불구하고 그것은 시대와 지역마다 그 성격을 달리해서 ㉢존재해 왔다. 특히 우리나라 사회사에서 가부장제는 매우 고유한 모습으로 나타나고 있다. 우리나라에서 가부장제의 발생과 변화사는 수렵㉣체취 시대, 초기 국가의 성립에서부터 조선 중기까지, 조선 후기부터 일제강점기 이전까지, 그리고 일제강점기부터 오늘날까지로 시기를 구분하여 살펴볼 수 있다.

① ㉠   ② ㉡
③ ㉢   ④ ㉣

 ④ 체취 → 채취

13 다음 글의 서술상의 특징으로 옳지 않은 것은?

> 한국문학은 흔히 한국 민족에 의해 한국어를 기반으로 계승·발전한 문학을 일컫는다. 그렇다면 한국문학에는 어떤 것들이 있을까? 한국문학은 크게 세 가지로 구분할 수 있는데 차자문학, 한문학, 국문학이 그것이다. 차자문학은 고대시대에 우리말을 따로 표기할 문자가 없어 중국의 한자를 우리말 어순에 맞게 빌려와 기록한 문학으로 대표적인 예로 향가를 들 수 있다. 그리고 한문학이란 한문으로 기록된 문학을 말하는데 중세시대 동아시아의 모든 국가들이 공통 문자로 한문을 사용했다는 점에서 이 시기 한문학 또한 우리 한국문학의 하나로 볼 수 있다. 마지막으로 국문학은 조선 세종의 훈민정음 창제 이후 훈민정음(한글)로 기록된 문학을 말한다.

① 기존의 주장을 반박하는 방식으로 논지를 펼치고 있다.
② 용어의 정의를 통해 논지에 대한 독자의 이해를 돕고 있다.
③ 의문문을 사용함으로써 독자들에게 호기심을 유발시키고 있다.
④ 근거를 갖추어 주장을 펼치고 있다.

 ① 위 글의 서술방식 중 기존의 주장을 반박하는 방식은 나타나고 있지 않다.

Answer 10.③   11.①   12.④   13.①

14 다음은 ○○공단에서 제공하고 있는 혼례비 융자 서비스와 관련된 내용이다. ○○공단에 근무하고 있는 A가 고객의 문의에 답변한 것 중 적절하지 않은 것은?

❏ 신청대상

융자 신청일 현재 소속 사업장에 3개월 이상 근로 중(다만, 일용근로자는 신청일 이전 90일 이내에 고용보험 근로내용 확인신고서에 따른 근로일수가 45일 이상인 경우)인 월평균 소득 246만원(세금 공제 전) 이하일 것. 다만, 비정규직 근로자는 소득요건을 적용하지 않음

❏ 융자요건

근로자 본인 또는 자녀의 혼례에 소요되는 모든 비용

❏ 융자한도

1,250 만원 범위 내

❏ 융자조건

연리 2.5% / 1년 거치 3년 매월 원리금균등분할상환

※ 거치기간 및 상환기간변경 불가, 조기상환 가능, 조기상환 수수료 없음

❏ 증빙서류

신청인 제출 서류	공통	• 비정규직 근로자(기간제, 단시간, 파견, 일용) : 근로계약서, 가족관계증명서(융자대상자가 근로자 본인이 아닌 경우 및 혼례비 신청에 한함) • 정규직(비정규직 외) : 소득자별 직전년도 원천징수영수증 사본, 가족관계증명서(융자대상자가 근로자 본인이 아닌 경우 및 혼례비 신청에 한함) ※ 다만, 우선순위 적용 선발 시 담당자 요청에 따라 소득자별 직전년도 원천징수영수증 사본(비정규직), 직전년도 근로자 본인 및 배우자 소득금액증명원(종합소득세 신고자용), 가족관계증명서를 추가로 제출하셔야 됩니다.
	북한이탈주민 근로자	북한이탈주민확인서(북한이탈주민근로자에 한함) ※ 우선순위 적용 선발 시 담당자 요청에 따라 제출
	결혼예정자	• 예식장 계약서 또는 청첩장 • 결혼 후 90일 이내에 결혼 증빙자료 제출(혼인관계증명서)
	결혼후 신청자	혼인관계증명서

❏ 융자 신청기한

결혼일 전후 90일 이내 또는 혼인신고일로부터 90일 이내

❏ 신청제한

• 이미 융자한도액(신용보증 한도액)까지 융자를 받은 자
• 허위 · 부정한 방법으로 융자금을 지급받아 융자금이 회수가 결정된 적이 있는 자
• 한국신용정보원에 연체정보 등이 등록된 경우 신용보증이 불가능하여 대출이 제한됩니다.

① Q : 한 달 전에 결혼식을 치르고 오늘 혼인신고를 했습니다. 혼례비 융자 신청은 언제까지 가능한가요?

　A : 융자 신청기한은 결혼일 전후 90일 이내, 또는 혼인신고일로부터 90일 이내입니다. 오늘부터 90일 이내까지 신청가능하십니다.

② Q : 어제 결혼식을 올렸습니다. 혼례비 융자를 신청하려고 하는데 제출서류가 어떻게 되나요?

　A : 결혼후 신청자의 경우 혼인관계증명서만 제출하시면 됩니다.

③ Q : 혼례비 융자로 1,000만 원을 받고 싶습니다. 1회차 이자가 얼마인가요?

　A : 1회차 이자는 약 20,830원입니다.

④ Q : 비정규직 근로자입니다. 월평균 소득이 세금 공제 전 250만원인데 혼례비 융자가 가능한가요?

　A : 비정규직 근로자는 소득요건을 적용하지 않습니다. 근로기간을 만족하시고 신청 제한에 해당되지 않으시면 융자가 가능하십니다.

 ② 혼인관계증명서와 함께 비정규직 근로자의 경우 근로계약서, 가족관계증명서를, 정규직 근로자의 경우 소득자별 직전년도 원천징수영수증 사본, 가족관계증명서를 함께 제출해야 한다.

15 다음 중 밑줄 친 부분의 한자어 표기로 옳지 않은 것은?

> 3. 유의사항
> • 지원자는 ㉠지원자격 등을 우선 확인하고 입사지원서를 작성하기 바란다.
> • 학력 및 연령 제한이 없으며 ㉡최종합격 시에는 재학 및 재직여부에 관계없이 정상출근이 가능해야 한다.
> • 지원서 ㉢작성내용에 대하여는 추후 증빙서류 제출요구 및 관계기관에 사실여부를 조회할 예정이며 증빙서류를 제출하지 않거나 ㉣응시원서 기재사항이 허위 또는 변조임이 판명될 경우 합격취소 처분은 물론 추후 입사지원이 불가능하다.

① ㉠-志願資格
② ㉡-最終合格
③ ㉢-作成內容
④ ㉣-凝視願書

 ④ ㉣-應試願書

16 다음은 대통령의 계엄선포와 관련된 법률 조항이다. 옳지 않은 것은?

> 제77조
> ① 대통령은 전시·사변 또는 이에 준하는 국가비상사태에 있어서 병력으로써 군사상의 필요에 응하거나 공공의 안녕질서를 유지할 필요가 있을 때에는 법률이 정하는 바에 의하여 계엄을 선포할 수 있다.
> ② 계엄은 비상계엄과 경비계엄으로 한다.
> ③ 비상계엄이 선포된 때에는 법률이 정하는 바에 의하여 영장제도, 언론·출판·집회·결사의 자유, 정부나 법원의 권한에 관하여 특별한 조치를 할 수 있다.
> ④ 계엄을 선포한 때에는 대통령은 지체 없이 국회에 통고하여야 한다.
> ⑤ 국회가 재적의원 과반수의 찬성으로 계엄의 해제를 요구한 때에는 대통령은 이를 해제하여야 한다.

① 전시·사변 또는 이에 준하는 국가비상사태에 있어서 병력으로써 군사상의 필요에 응하거나 공공의 안녕질서를 유지할 필요가 있을 때 대통령은 계엄을 선포할 수 있다.

② 국회 재적의원의 과반수가 계엄 해제 요구에 찬성한 때에는 대통령은 계엄을 해제해야 한다.

③ 계엄을 선포하고 지체 없이 국회에 통고해야 하는 것은 대통령의 의무다.

④ 법률이 정하는 바에 의한 영장제도, 언론·출판·집회·결사의 자유, 정부나 법원의 권한에 관한 특별한 조치 등은 경비계엄 선포 시 할 수 있다.

 ④ 헌법 제77조 제3항에 의하면 비상계엄이 선포된 때에 법률이 정하는 바에 의한 영장제도나 언론·출판·집회·결사의 자유, 정부나 법원의 권한에 관하여 특별한 조치를 할 수 있다고 명시되어 있다.

흔히 빛조차 빠져나올 수 없을 정도로 강한 중력을 가지고 있는 천체를 블랙홀이라 한다. 이러한 블랙홀은 우리은하에만 수천 개 존재하는데 이들은 모두 태양질량의 수~수십 배에 이른다. 하지만 우리은하 중심에는 추정 질량이 태양의 460만 배에 달하는 거대한 블랙홀이 존재하는데 이는 우리은하에 있는 다른 블랙홀들을 모두 합친 것보다 무거운 것이다. 이렇게 질량이 거대한 블랙홀을 거대질량 블랙홀이라 하는데 이것들은 대다수가 은하 중심에 자리 잡고 있다. 한 예로 우리은하의 이웃이라 할 수 있는 안드로메다은하의 중심에는 태양질량의 1억 배에 달하는 블랙홀이 자리 잡고 있으며 지구에서 3억 2000만 광년 떨어진 곳에 위치한 은하에는 태양질량의 무려 100억 배인 블랙홀이 존재한다는 사실이 최근 밝혀지기도 했다.

거대질량 블랙홀은 그 질량이 태양의 100만~100억 배나 되는 매우 무거운 블랙홀을 일컫는 말로 보통 은하 하나에는 별이 약 100억~1000억 개 정도 존재하니 태양보다 100억 배 무거운 거대질량 블랙홀의 질량은 작은 은하의 질량과 맞먹을 정도라고 할 수 있다. 은하의 안쪽에는 별들이 구형 또는 타원체 모양으로 분포해 있는 팽대부라고 하는 지역이 있는데 거대질량 블랙홀은 주로 이 팽대부의 중심에 위치해 있는 것이다.

거대질량 블랙홀의 존재는 1962년 미국 칼텍의 마르텐 슈미트와 그의 동료들이 퀘이사라고 불리는 특이천체가 발견하면서 세상에 알려지게 되었다. 별은 보통 태양처럼 중심부에서 일어나는 핵융합 반응을 에너지원으로 하면서 빛나는 천체이므로 전파 영역에서는 빛(전자기파)이 매우 미약하다는 것이 상식이다. 하지만 당시 그들이 발견한 천체는 전파 영역에서 많은 빛이 발생하는 천체란 이유에서 매우 특이한 존재였다. 마르텐 슈미트와 동료들은 이 별처럼 보이는 3C273이라고 하는 전파광원의 정체를 밝히기 위해 그 천체의 스펙트럼을 관측해 분석했는데 그 결과 3C273은 우리로부터 매우 빠른 속도로 멀어지고 있는 19억 광년이나 먼 곳에 있는 천체임이 밝혀졌다. 이를 계기로 별처럼 보이지만 별이 아닌 전파를 많이 내면서 아주 멀리 존재하는 특이천체에 퀘이사라는 이름을 붙였다.

그런데 퀘이사가 이렇게 멀리 있는데도 그 겉보기 밝기가 상당하다는 것은 퀘이사들의 실제 광도가 매우 밝다는 것을 의미하고 이를 토대로 지구에서 퀘이사까지 알려진 거리와 겉보기 밝기로부터 퀘이사의 밝기를 추정해보면 퀘이사가 보통 은하보다 수십 배 더 밝다는 사실을 짐작할 수 있다. 또한 이에 비해 퀘이사 광원의 크기는 엄청나게 작다는 사실노 알려졌다. 3C273의 크기는 광속으로 1개월 정도면 갈 수 있는 거리인 약 1광월로 우리은하의 반경이 약 5만 광년이라는 점을 고려할 때 1광월이라는 크기는 60만분의 1에 불과하다. 이렇게 작은 지역에서 매우 밝은 빛이 나올 수 있는 경우는 거대질량 블랙홀 주변에 다량의 가스가 떨어지면서 그 마찰력으로 인한 고온으로 빛을 내는 경우밖에 없다. 별들을 그렇게 좁은 공간에 밀집시킬 수 있다고 하더라도 너무 많은 물질들이 한곳에 몰리게 되면 블랙홀이 돼버리는 것이다. 따라서 퀘이사의 존재는 거대질량 블랙홀의 존재에 대한 꽤 그럴듯한 증거라고 할 수 있고 이러한 거대질량 블랙홀 주변으로 떨어지는 물질은 강착원반이라고 하는 원반모양을 이루면서 빛을 내며 이런 과정을 통해 거대질량 블랙홀은 덩치를 키워나간다.

17 다음 설명 중 옳지 않은 것은?

① 우리 은하 중심에는 태양질량의 약 460만 배에 달하는 거대한 블랙홀이 존재하는데 이렇게 질량이 거대한 블랙홀을 거대질량 블랙홀이라 한다.

② 작은 지역에서 매우 밝은 빛이 나올 수 있는 경우는 거대질량 블랙홀 주변에 다량의 가스가 떨어지면서 그 마찰력으로 인한 저온으로 빛을 내는 경우밖에 없다.

③ 은하의 안쪽, 별들이 구형 또는 타원체 모양으로 분포해 있는 팽대부라는 지역 중심에 주로 거대질량 블랙홀이 위치해 있다.

④ 1962년 미국 칼텍의 마르텐 슈미트와 그의 동료들이 퀘이사라고 불리는 특이천체가 발견하면서 거대질량 블랙홀의 존재가 세상에 알려지게 되었다.

 ② 작은 지역에서 매우 밝은 빛이 나올 수 있는 경우는 거대질량 블랙홀 주변에 다량의 가스가 떨어지면서 그 마찰력으로 인한 고온으로 빛을 내는 경우밖에 없다.

18 다음 중 거대질량 블랙홀에 속하지 않는 것은?

① 태양질량의 500만 배에 달하는 블랙홀

② 태양질량의 50만 배에 달하는 블랙홀

③ 태양질량의 50억 배에 달하는 블랙홀

④ 태양질량의 5억 배에 달하는 블랙홀

 위 글에서 '거대질량 블랙홀은 그 질량이 태양의 100만~100억 배나 되는 매우 무거운 블랙홀을 일컫는 말이라고 나와 있으므로 ②번은 거대질량 블랙홀에 속하지 않는다.

19 위의 글을 통해 알 수 있는 사실로 옳지 않은 것은?

① 우리은하의 지름은 빛의 속도로 약 10만년 가야하는 거리이다.

② 우주 공간 속에는 수많은 블랙홀이 존재할 것이다.

③ 현재 우주는 매우 빠른 속도로 계속 팽창하고 있다.

④ 블랙홀 주변으로 떨어진 물질들은 우주 어딘가에서 다시 나타난다.

 ④ 위 글을 통해 블랙홀 주변으로 떨어진 물질들이 우주 어딘가에서 다시 나타난다는 사실은 알 수 없다.

20 우리나라는 눈부신 경제 성장을 이룩하였고 일인당 국민소득도 빠른 속도로 증가해왔다. 소득이 증가하면 더 행복해질 것이라는 믿음과는 달리, 한국사회 구성원들의 전반적인 행복감은 높지 않은 실정이다. '전반적인 물질적 풍요에도 불구하고 왜 한국 사람들의 행복감은 그만큼 높아지지 않았을까?'에 관한 다음과 같은 두 가지 답변에 대해 적절히 평가한 것은?

> (가) 일반적으로 소득이 일정한 수준에 도달한 이후에는 소득의 증가가 반드시 행복의 증가로 이어지지는 않는다. 인간이 살아가기 위해서는 물질재와 지위재가 필요하다. 물질재는 기본적인 의식주 욕구를 충족시키는 데 필요한 재화이며, 경제 성장에 따라 공급이 늘어난다. 지위재는 대체재의 존재 여부나 다른 사람들의 요구에 따라 가치가 결정되는 비교적 희소한 재화나 서비스이며, 그 효용은 상대적이다. 경제 성장의 초기 단계에서는 물질재의 공급을 늘리면 사람들의 만족감이 커지지만, 경제가 일정 수준 이상으로 성장하면 점차 지위재가 중요해지고 물질재의 공급을 늘려서는 해소되지 않는 불만이 쌓이게 되는 이른바 '풍요의 역설'이 발생한다. 따라서 한국 사람들이 경제 수준이 높아진 만큼 행복하지 않은 이유는 소득 증가에 따른 자연스러운 현상이다.
>
> (나) 한국 사회의 행복 수준은 단순히 풍요의 역설로 설명할 수 없다. 행복에 대한 심리학적 연구에 따르면 타인과 비교하는 성향이 강한 사람일수록 행복감이 낮아지게 된다. 비교 성향이 강한 사람은 사회적 관계에서 자신보다 우월한 사람들을 준거집단으로 삼아 비교하기 쉽고 이로 인해 상대적 박탈감이 커질 수 있기 때문이다. 한국과 같은 경쟁 사회에서는 진학이나 구직 등에서 과열 경쟁이 벌어지고 등수에 의해 승자와 패자가 구분된다. 이 과정에서 비교 우위를 차지하지 못한 사람들은 좌절을 경험하기 쉬운데, 비교 성향이 강할수록 좌절감은 더 크다. 따라서 한국 사회의 행복감이 낮은 이유는 한국 사람들이 다른 사람들과 비교하는 성향이 매우 높은 데에서 찾을 수 있다.

① 지위재에 대한 경쟁이 치열한 국가일수록 전반적인 행복감이 높다는 사실은 (가)를 강화한다.

② 경제적 수준이 비슷한 나라들과 비교하여 한국의 지위재가 상대적으로 풍부하다는 사실은 (가)를 강화한다.

③ 한국보다 소득 수준이 높고 대학 입학을 위한 입시 경쟁이 매우 치열한 나라가 있다는 사실은 (나)를 약화한다.

④ 자신보다 우월한 사람들을 준거집단으로 삼는 경향이 한국보다 강함에도 불구하고 행복감이 더 높은 나라가 있다는 사실은 (나)를 약화한다.

 ④ (나)에 따르면 타인과 비교하는 성향이 강한 사람일수록 사회적 관계에서 자신보다 우월한 사람들을 준거집단으로 삼아 비교하기 쉽고 이로 인해 상대적 박탈감이 커질 수 있기 때문에 행복감이 낮아지게 된다고 언급하고 있다. 그런데 자신보다 우월한 사람들을 준거집단으로 삼는 경향이 한국보다 강함에도 불구하고 행복감이 더 높은 나라가 있다면 이는 (나)의 논리를 약화시키는 예가 된다.

Answer 17.② 18.② 19.④ 20.④

21 A국에 대한 아래 정치, 경제 동향 자료로 보아 가장 타당하지 않은 해석을 하고 있는 사람은?

> - 작년 말 실시된 대선에서 여당 후보가 67%의 득표율로 당선되었고, 집권 여당이 250석 중 162석의 과반 의석을 차지해 재집권에 성공하면서 집권당 분열 사태는 발생하지 않을 전망이다.
> - 불확실한 선거 결과 및 선거 이후 행정부의 정책 방향 미정으로 해외 투자자들은 A국에 대한 투자를 계속 미뤄 왔으며 최근 세계 천연가스의 공급 초과 우려가 제기되면서 관망을 지속하는 중이다.
> - 2000년대 초반까지는 종교 및 종족 간의 갈등이 심각했지만, 현재는 거의 종식된 상태이며, 민주주의 정착으로 안정적인 사회 체제를 이뤄 가는 중이나 빈부격차의 심화로 인한 불안 요인은 잠재되어 있는 편이다.
> - 주 사업 분야인 광물자원 채굴과 천연가스 개발 붐이 몇 년간 지속되면서 인프라 확충에도 투자가 많이 진행되어 경제성장이 지속되어 왔다.
> - A국 중앙은행의 적절한 대처로 A국 통화 가치의 급격한 하락은 나타나지 않을 전망이다.
> - 지난 3년간의 경제 지표는 아래와 같다.(뒤의 숫자일수록 최근 연도를 나타내며 Tm은 A국의 통화 단위)
> - 경제성장률 : 7.1%, 6.8%, 7.6%
> - 물가상승률 : 3.2%, 2.8%, 3.4%
> - 달러 당 환율(Tm/USD) : 31.7, 32.5, 33.0
> - 외채 잔액(억 달러) : 100, 104, 107
> - 외채 상환 비율 : 4.9%, 5.1%, 5.0%

① 갑 : 외채 상환 비율이 엇비슷한데도 외채 잔액이 증가한 것은 인프라 확충을 위한 설비 투자 때문일 수도 있겠어.

② 을 : 집권 여당의 재집권으로 정치적 안정이 기대되지만 빈부격차가 심화된다면 사회적 소요의 가능성도 있겠네.

③ 병 : A국의 경제성장률에 비하면 물가상승률은 낮은 편이라서 중앙은행이 물가 관리를 비교적 잘 하고 있다고 볼 수 있네.

④ 정 : 지난 3년간 A국의 달러 당 환율을 보면 A국에서 외국으로 수출하는 기업들은 대부분 환차손을 피하기 어려웠겠네.

> **(Tip)** ④ 환차손은 환율변동에 따른 손해를 말하는 것으로 환차익에 반대되는 개념이다. A국에서 외국으로 수출하는 기업들은 3년간 달러 당 환율의 상승으로 받을 돈에 있어서 환차익을 누리게 된다.

22 IT분야에 근무하고 있는 K는 상사로부터 보고서를 검토해달라는 요청을 받고 보고서를 검토 중이다. 보고서의 교정 방향으로 적절하지 않은 것은?

> 국가경제 성장의 핵심 역할을 하는 IT산업은 정보통신서비스, 정보통신기기, 소프트웨어 부문으로 구분된다. 2010년 IT산업의 생산규모는 전년대비 15% 이상 증가한 385.4조원을 기록하였다. 한편, 소프트웨어 산업은 경기위축에 선행하고 경기회복에 후행하는 산업적 특성 때문에 전년대비 2% 이하의 성장에 머물렀다.
>
> 2010년 정보통신서비스 생산규모는 IPTV 등 신규 정보통신서비스 확대로 전년대비 4.6% 증가한 63.4조원을 기록하였다. 2010년 융합서비스는 전년대비 생산규모 ㉠증가률이 정보통신서비스 중 가장 높았고, 정보통신서비스에서 차지하는 생산규모 비중도 가장 컸다. ㉡또한 R&D 투자액이 매년 증가하여 GDP 대비 R&D 투자액 비중이 증가하였다.
>
> IT산업 전체의 생산을 견인하고 있는 정보통신기기 생산규모는 통신기기를 제외한 다른 품목의 생산 호조에 따라 2010년 전년대비 25.6% 증가하였다. ㉢한편, 2006~2010년 동안 정보통신기기 생산규모에서 통신기기, 정보기기, 음향기기, 전자부품, 응용기기가 차지하는 비중의 순위는 매년 변화가 없었다. 2010년 전자부품 생산규모는 174.4조원으로 정보통신기기 전체 생산규모의 59.0%를 차지한다. 전자부품 중 반도체와 디스플레이 패널의 생산규모는 전년대비 각각 48.6%, 47.4% 증가하여 전자부품 생산을 ㉣유도하였다. 2005년~2010년 동안 정보통신기기 부문에서 전자부품과 응용기기 각각의 생산규모는 매년 증가하였다.

① ㉠은 맞춤법에 맞지 않는 표현으로 '증가율'로 수정해야 합니다.

② ㉡은 문맥에 맞지 않는 문장으로 삭제하는 것이 좋습니다.

③ ㉢은 앞 뒤 문장이 인과구조이므로 '따라서'로 수정해야 합니다.

④ ㉣ '유도'라는 어휘 대신 문맥상 적합한 '주도'라는 단어로 대체해야 합니다.

 ③ 인과구조가 아니며, '한편'으로 쓰는 것이 더 적절하다.

23 문화체육관광부 홍보팀에 근무하는 김문화씨는 '탈춤'에 관한 영상물을 제작하는 프로젝트를 맡게 되었다. 제작계획서 중 다음의 제작 회의 결과가 제대로 반영되지 않은 것은?

> • 제목 : 탈춤 체험의 기록임이 나타나도록 표현
> • 주 대상층 : 탈춤에 무관심한 젊은 세대
> • 내용 : 실제 경험을 통해 탈춤을 알아가고 가까워지는 과정을 보여 주는 동시에 탈춤에 대한 정보를 함께 제공
> • 구성 : 간단한 이야기 형식으로 구성
> • 전달방식 : 정보들을 다양한 방식으로 전달

〈제작계획서〉

제목		'기획 특집 – 탈춤 속으로 떠나는 10일간의 여행'	①
제작 의도		젊은 세대에게 우리 고유의 문화유산인 탈춤에 대한 관심을 불러일으킨다.	②
전체 구성	중심 얼개	• 대학생이 우리 문화 체험을 위해 탈춤이 전승되는 마을을 찾아가는 상황을 설정한다. • 탈춤을 배우기 시작하여 마지막 날에 공연으로 마무리한다는 줄거리로 구성한다.	③
	보조 얼개	탈춤에 대한 정보를 별도로 구성하여 중간 중간에 삽입한다.	
전달 방식	해설	내레이션을 통해 탈춤에 대한 학술적 이견들을 깊이 있게 제시하여 탈춤에 조예가 깊은 시청자들의 흥미를 끌도록 한다.	④
	영상 편집	• 탈에 대한 정보를 시각 자료로 제시한다. • 탈춤의 종류, 지역별 탈춤의 특성 등에 대한 그래픽 자료를 보여 준다. • 탈춤 연습 과정과 공연 장면을 현장감 있게 보여 준다.	

 ④ 해당 영상물의 제작 의도는 탈춤에 무관심한 젊은 세대를 대상으로 하여 우리 고유의 문화유산인 탈춤에 대한 관심을 불러일으키기 위한 것이다. 따라서 탈춤에 대한 학술적 이견들을 깊이 있게 제시하는 것은 제작 의도와 맞지 않는다.

24 다음에 제시된 글의 목적에 대해 바르게 나타낸 것은?

제목 : 사내 신문의 발행

1. 우리 회사 직원들의 원만한 커뮤니케이션과 대외 이미지를 재고하기 위하여 사내 신문을 발간하고자 합니다.

2. 사내 신문은 홍보지와 달리 새로운 정보와 소식지로서의 역할이 기대되오니 아래의 사항을 검토하시고 재가해주시기 바랍니다.

-아 래-

㉠ 제호 : We 서원인
㉡ 판형 : 140 × 210mm
㉢ 페이지 : 20쪽
㉣ 출간 예정일 : 2016. 1. 1

별첨 견적서 1부

---

① 회사에서 정부를 상대로 사업을 진행하려고 작성한 문서이다.
② 회사의 업무에 대한 협조를 구하기 위하여 작성한 문서이다.
③ 회사의 업무에 대한 현황이나 진행상황 등을 보고하고자 하는 문서이다.
④ 회사 상품의 특성을 소비자에게 설명하기 위하여 작성한 문서이다.

 위 문서는 기안서로 회사의 업무에 대한 협조를 구하거나 의견을 전달할 때 작성하며, 흔히 사내 공문서라고도 한다.

25 다음은 거래처의 바이어가 건넨 명함이다. 이를 보고 알 수 없는 것은?

> International Motor
>
> Dr. Yi Ching CHONG
> Vice President
>
> 8 Temasek Boulevard, #32-03 Suntec Tower 5
> Singapore 038988, Singapore
> T. 65 6232 8788, F. 65 6232 8789

① 호칭은 Dr. CHONG이라고 표현해야 한다.

② 싱가포르에서 온 것을 알 수 있다.

③ 호칭 사용시 Vice President, Mr. Yi라고 불러도 무방하다.

④ 싱가포르에서 왔으므로 그에 맞는 식사를 대접한다.

(Tip) ③ 호칭 사용시 Vice President, Mr. CHONG이라고 불러야 한다.

26 다음 일정표에 대해 잘못 이해한 것을 고르면?

Albert Denton : Tuesday, September 24

8:30 a.m.	Meeting with S.S. Kim in Metropolitan Hotel lobby Taxi to Extec Factory
9:30—11:30 a.m.	Factory Tour
12:00—12:45 p.m.	Lunch in factory cafeteria with quality control supervisors
1:00—2:00 p.m.	Meeting with factory manager
2:00 p.m.	Car to warehouse
2:30—4:00 p.m.	Warehouse tour
4:00 p.m.	Refreshments
5:00 p.m.	Taxi to hotel (approx. 45 min)
7:30 p.m.	Meeting with C.W. Park in lobby
8:00 p.m.	Dinner with senior managers

① They are having lunch at the factory.

② The warehouse tour takes 90 minutes.

③ The factory tour is in the afternoon.

④ Mr. Denton has some spare time before in the afternoon.

 Albert Denton : 9월 24일, 화요일

8:30 a.m.	Metropolitan 호텔 로비 택시에서 Extec 공장까지 Kim S.S.와 미팅
9:30—11:30 a.m.	공장 투어
12:00—12:45 p.m.	품질 관리 감독관과 공장 식당에서 점심식사
1:00—2:00 p.m.	공장 관리자와 미팅
2:00 p.m.	차로 창고에 가기
2:30—4:00 p.m.	창고 투어
4:00 p.m.	다과
5:00 p.m.	택시로 호텔 (약 45분)
7:30 p.m.	C.W. Park과 로비에서 미팅
8:00 p.m.	고위 간부와 저녁식사

③ 공장 투어는 9시 30분에서 11시 30분까지이므로 오후가 아니다.

27 다음 글에서 형식이가 의사소통능력을 향상시키기 위해 노력한 것으로 옳지 않은 것은?

> ○○기업에 다니는 형식이는 평소 자기주장이 강하고 남의 말을 잘 듣지 않는다. 오늘도 그는 같은 팀 동료들과 새로운 프로젝트를 위한 회의에서 자신의 의견만을 고집하다가 결국 일부 팀 동료들이 자리를 박차고 나가 마무리를 짓지 못했다. 이로 인해 형식은 팀 내에서 은근히 따돌림을 당했고 자신의 행동에 잘못이 있음을 깨달았다. 그 후 그는 서점에서 다양한 의사소통과 관련된 책을 읽으면서 조금씩 자신의 단점을 고쳐나가기로 했다. 먼저 그는 자신이 너무 자기주장만을 내세운다고 생각하고 이를 절제하기 위해 꼭 하고 싶은 말만 간단명료하게 하기로 마음먹었다. 그리고 말을 할 때에도 상대방의 입장에서 먼저 생각하고 상대방을 배려하는 마음을 가지려고 노력하였다. 또한 남의 말을 잘 듣기 위해 중요한 내용은 메모하는 습관을 들이고 상대방이 말할 때 적절하게 반응을 보였다. 이렇게 6개월을 꾸준히 노력하자 등을 돌렸던 팀 동료들도 그의 노력에 감탄하며 다시 마음을 열기 시작했고 이후 그의 팀은 중요한 프로젝트를 성공적으로 해내 팀원 전원이 한 직급씩 승진을 하게 되었다.

① 메모하기   ② 배려하기
③ 시선공유   ④ 반응하기

 시선공유도 바람직한 의사소통을 위한 중요한 요소이지만 위 글에 나오는 형식이의 노력에서는 찾아볼 수 없다.

28 다음 면접 상황을 읽고 동수가 잘못한 원인을 바르게 찾은 것은?

> 카페창업에 실패한 29살의 영식과 동수는 생존을 위해 한 기업에 함께 면접시험을 보러 가게 되었다. 영식이 먼저 면접시험을 치르게 되었다.
>
> 면접관 : 자네는 좋아하는 스포츠가 있는가?
>
> 영식 : 예, 있습니다. 저는 축구를 아주 좋아합니다.
>
> 면접관 : 그럼 좋아하는 축수선수가 누구입니까?
>
> 영식 : 예전에는 홍명보선수를 좋아했으나 최근에는 손흥민선수를 좋아합니다.
>
> 면접관 : 그럼 좋아하는 위인은 누구인가?
>
> 영식 : 제가 좋아하는 위인으로는 우리나라를 왜군의 세력으로부터 지켜주신 이순신 장군입니다.
>
> 면접관 : 자네는 메르스가 위험한 질병이라고 생각하는가?
>
> 영식 : 저는 메르스가 그렇게 위험한 질병이라고 생각하지는 않습니다. 제 개인적인 생각으로는 건강상 문제가 없으면 감기처럼 지나가는 질환이고, 면역력이 약하다면 합병증을 유발하여 그 합병증 때문에 위험하다고 생각합니다.
>
> 무사히 면접시험을 마친 영식은 매우 불안해하는 동수에게 자신이 답한 내용을 모두 알려주었다. 동수는 그 답변을 달달 외우기 시작하였다. 이제 동수의 면접시험 차례가 돌아왔다.
>
> 면접관 : 자네는 좋아하는 음식이 무엇인가?
>
> 동수 : 네, 저는 축구를 좋아합니다.
>
> 면접관 : 그럼 자네는 이름이 무엇인가?
>
> 동수 : 예전에는 홍명보였으나 지금은 손흥민입니다.
>
> 면접관 : 허. 자네 아버지 성함은 무엇인가?
>
> 동수 : 예, 이순신입니다.
>
> 면접관 : 자네는 지금 자네의 상태가 어떻다고 생각하는가?
>
> 동수 : 예, 저는 건강상 문제가 없다면 괜찮은 것이고, 면역력이 약해졌다면 합병증을 유발하여 그 합병증 때문에 위험할 것 같습니다.

① 묻는 질문에 대해 명확하게 답변을 하였다.

② 면접관의 의도를 빠르게 파악하였다.

③ 면접관의 질문을 제대로 경청하지 못했다.

④ 면접관의 신분을 파악하지 못했다.

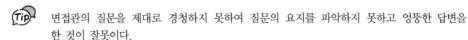 면접관의 질문을 제대로 경청하지 못하여 질문의 요지를 파악하지 못하고 엉뚱한 답변을 한 것이 잘못이다.

사용 전 주의사항 : 환기
• 가스를 사용하기 전에는 연소기 주변을 비롯한 실내에서 특히 냄새를 맡아 가스가 새지 않았는가를 확인하고 창문을 열어 환기시키는 안전수칙을 생활화 합니다.
• 연소기 부근에는 가연성 물질을 두지 말아야 합니다.
• 콕, 호스 등 연결부에서 가스가 누출되는 경우가 많기 때문에 호스 밴드로 확실하게 조이고, 호스가 낡거나 손상되었을 때에는 즉시 새것으로 교체합니다.
• 연소 기구는 자주 청소하여 불꽃구멍 등에 음식찌꺼기 등이 끼어있지 않도록 유의합니다.

사용 중 주의사항 : 불꽃확인
• 사용 중 가스의 불꽃 색깔이 황색이나 적색인 경우는 불완전 연소되는 것으로, 연소 효율이 좋지 않을 뿐 아니라 일산화탄소가 발생되므로 공기조절장치를 움직여서 파란불꽃 상태가 되도록 조절해야 합니다.
• 바람이 불거나 국물이 넘쳐 불이 꺼지면 가스가 그대로 누출되므로 사용 중에는 불이 꺼지지 않았는지 자주 살펴봅니다. 구조는 버너, 삼발이, 국물받이로 간단히 분해할 수 있게 되어 있으며, 주로 가정용으로 사용되고 있다.
• 불이 꺼질 경우 소화 안전장치가 없는 연소기는 가스가 계속 누출되고 있으므로 가스를 잠근 다음 샌 가스가 완전히 실외로 배출된 것을 확인한 후에 재점화 해야 합니다. 폭발범위 안의 농도로 공기와 혼합된 가스는 아주 작은 불꽃에 의해서도 인화 폭발되므로 배출시킬 때에는 환풍기나 선풍기 같은 전기제품을 절대로 사용하지 말고 방석이나 빗자루를 이용함으로써 전기스파크에 의한 폭발을 막아야 합니다.
• 사용 중에 가스가 떨어져 불이 꺼졌을 경우에도 반드시 연소기의 콕과 중간밸브를 잠그도록 해야 합니다.

사용 후 주의사항 : 밸브잠금
• 가스를 사용하고 난 후에는 연소기에 부착된 콕은 물론 중간밸브도 확실하게 잠그는 습관을 갖도록 해야 합니다.
• 장기간 외출시에는 중간밸브와 함께 용기밸브(LPG)도 잠그고, 도시가스를 사용하는 곳에서는 가스계량기 옆에 설치되어 있는 메인밸브까지 잠가 두어야 밀폐된 빈집에서 가스가 새어나와 냉장고 작동시 생기는 전기불꽃에 의해 폭발하는 등의 불의의 사고를 예방할 수 있습니다.
• 가스를 다 사용하고 난 빈 용기라도 용기 안에 약간의 가스가 남아 있는 경우가 많으므로 빈용기라고 해서 용기밸브를 열어놓은 채 방치하면 남아있는 가스가 새어나올 수 있으므로 용기밸브를 반드시 잠근 후에 화기가 없는 곳에 보관하여야 합니다.

29 가스안전사용요령을 읽은 甲의 행동으로 옳지 않은 것은?

① 甲은 호스가 낡아서 즉시 새것으로 교체를 하였다.

② 甲은 가스의 불꽃이 적색인 것을 보고 정상적인 것으로 생각해 그냥 내버려 두었다.

③ 甲은 장기간 집을 비우게 되어 중간밸브와 함께 용기밸브(LPG)도 잠그고 메인밸브까지 잠가두고 집을 나갔다.

④ 甲은 연소 기구를 자주 청소하여 음식물 등이 끼지 않도록 하였다.

 ② 사용 중 가스의 불꽃 색깔이 황색이나 적색인 경우는 불완전 연소되는 것으로, 연소 효율이 좋지 않을 뿐 아니라 일산화탄소가 발생되므로 공기조절장치를 움직여서 파란불꽃 상태가 되도록 조절해야 한다.

30 가스 사용 중에 가스가 떨어져 불이 꺼졌을 경우에는 어떻게 해야 하는가?

① 창문을 열어 환기시킨다.

② 연소기구를 청소한다.

③ 용기밸브를 열어 놓는다.

④ 연소기의 콕과 중간밸브를 잠그도록 해야 한다.

 ④ 사용 중에 가스가 떨어져 불이 꺼졌을 경우에도 반드시 연소기의 콕과 중간밸브를 잠그도록 해야 한다.

31 다음의 실험 보고서를 보고 〈실험 결과〉와 양립 가능한 의견을 낸 직원을 모두 고르면?

쥐는 암수에 따라 행동양상을 다르게 나타낸다. 쥐가 태어날 때 쥐의 뇌는 무성화되어 있다. 그런데 출생 후 성체가 되기 전에 쥐의 뇌가 에스트로겐에 노출되면 뇌가 여성화되고 테스토스테론에 노출되면 뇌가 남성화된다. 만약 출생 후 성체가 될 때까지 쥐의 뇌가 에스트로겐이나 테스토스테론에 노출되지 않으면, 외부 생식기의 성 정체성과는 다르게 뇌는 무성화된 상태로 남아 있다.

행동 A와 행동 B는 뇌의 성 정체성에 의해 나타나며, 행동 A는 암컷 성체에서 에스트로겐에 의해 유발되는 행동이고, 행동 B는 수컷 성체에서 테스토스테론에 의해 유발되는 행동으로 알려져 있다. 생체 내에서 에스트로겐은 암컷 쥐의 난소에서만 만들어지고, 테스토스테론은 수컷 쥐의 정소에서만 만들어진다.

생리학자는 행동 A와 행동 B가 나타나는 조건을 알아보고자 실험을 하여 다음과 같은 실험 결과를 얻었다.

〈실험 결과〉

CASE 1. 성체 암컷 쥐는 난소를 제거하더라도 에스트로겐을 투여하면 행동 A가 나타났지만, 테스토스테론을 투여하면 행동 B가 나타나지 않았다.

CASE 2. 출생 직후 정소나 난소가 제거된 후 성체로 자란 쥐에게 에스트로겐을 투여하면 행동 A가 나타났지만, 테스토스테론을 투여하면 행동 B가 나타나지 않았다.

CASE 3. 출생 직후 쥐의 정소를 제거한 후 테스토스테론을 투여하였다. 이 쥐가 성체로 자란 후, 에스트로겐을 투여하면 행동 A가 나타나지 않았지만 테스토스테론을 투여하면 행동 B가 나타났다.

직원 A : 무성화된 뇌를 가진 성체 쥐에서 행동 A는 유발할 수 있지만 행동 B는 유발할 수 없다.

직원 B : 뇌가 남성화된 경우 테스토스테론을 투여하면 행동 B가 나타난다.

직원 C : 뇌가 여성화된 경우라도 난소를 제거하면 행동 A를 유발할 수 없다.

① 직원 A
② 직원 C
③ 직원 A, B
④ 직원 B, C

 직원 A의 의견은 CASE 2의 결과와 양립 가능하며, 직원 B의 의견은 CASE 3의 결과와 양립 가능하다. 그러나 직원 C의 의견은 CASE 1의 결과와 모순으로 실험 결과를 제대로 이해하지 못한 의견이다.

32 다음 내용을 바탕으로 고객에게 이동단말기의 통화 채널 형성에 대해 설명한다고 할 때, 바르게 설명한 것을 고르면?

> '핸드오버'란 이동단말기가 이동함에 따라 기존 기지국에서 이탈하여 새로운 기지국으로 넘어갈 때 통화가 끊기지 않도록 통화 신호를 새로운 기지국으로 넘겨주는 것을 말한다. 이런 핸드오버는 이동단말기, 기지국, 이동전화교환국 사이의 유무선 연결을 바탕으로 실행된다. 이동단말기가 기지국에 가까워지면 그 둘 사이의 신호가 점점 강해지는데 반해, 이동단말기와 기지국이 멀어지면 그 둘 사이의 신호는 점점 약해진다. 이 신호의 세기가 특정값 이하로 떨어지게 되면 핸드오버가 명령되어 이동단말기와 새로운 기지국 간의 통화 채널이 형성된다. 이 과정에서 이동전화교환국과 기지국 간 연결에 문제가 발생하면 핸드오버가 실패하게 된다.
> 핸드오버는 이동단말기와 기지국 간 통화 채널 형성 순서에 따라 '형성 전 단절 방식'과 '단절 전 형성 방식'으로 구분될 수 있다. FDMA와 TDMA에서는 형성 전 단절 방식을, CDMA에서는 단절 전 형성 방식을 사용한다. 형성 전 단절 방식은 이동단말기와 새로운 기지국 간의 통화 채널이 형성되기 전에 기존 기지국과의 통화 채널을 단절하는 것을 말한다. 이와 반대로 단절 전 형성 방식은 이동단말기와 기존 기지국 간의 통화 채널이 단절되기 전에 새로운 기지국과의 통화 채널을 형성하는 방식이다. 이런 핸드오버 방식의 차이는 각 기지국이 사용하는 주파수 간 차이에서 비롯된다. 만약 각 기지국이 다른 주파수를 사용하고 있다면, 이동단말기는 기존 기지국과의 통화 채널을 미리 단절한 뒤 새로운 기지국에 맞는 주파수를 할당 받은 후 통화 채널을 형성해야 한다. 그러나 각 기지국이 같은 주파수를 사용하고 있다면, 그런 주파수 조정이 필요 없으며 새로운 통화 채널을 형성하고 나서 기존 통화 채널을 단절할 수 있다.

① 고객님, 단절 전 형성 방식의 각 기지국은 서로 다른 주파수를 사용합니다.

② 고객님, 형성 전 단절 방식은 단절 전 형성 방식보다 더 빨리 핸드오버를 명령할 수 있다는 장점이 있습니다.

③ 고객님, 이동단말기와 기존 기지국 간의 통화 채널이 단절되면 핸드오버가 성공한 것이라고 볼 수 있습니다.

④ 고객님, CDMA에서는 하나의 이동단말기가 두 기지국과 동시에 통화 채널을 형성할 수 있지만 FDMA에서는 그렇지 않습니다.

 ① 단절 전 형성 방식의 각 기지국은 서로 같은 주파수를 사용하여 주파수 조정이 필요 없으므로 새로운 통화 채널을 형성하고 나서 기존 통화 채널을 단절할 수 있다.
② 핸드오버는 이동단말기와 기지국이 멀어지면서 그 둘 사이의 신호가 점점 약해지다 특정값 이하로 떨어지게 되면 명령되는 것으로, 통화 채널 형성 순서에 따라 차이가 있지는 않다.
③ '핸드오버'란 이동단말기가 이동함에 따라 기존 기지국에서 이탈하여 새로운 기지국으로 넘어갈 때 통화가 끊기지 않도록 통화 신호를 새로운 기지국으로 넘겨주는 것으로, 이동단말기와 새로운 기지국 간의 통화 채널이 형성되면 핸드오버가 성공한 것이라고 볼 수 있다.

Answer ☞ 31.③ 32.④

33 甲 주식회사의 감사위원회는 9인으로 구성되어 있다. 다음에 제시된 법률 규정에서 밑줄 친 부분에 해당하지 않는 사람은?

> 감사위원회는 3인 이상의 이사로 구성한다. 다만 <u>다음 각 호에 해당하는</u> 자가 위원의 3분의 1을 넘을 수 없다.
> 1. 회사의 업무를 담당하는 이사 및 피용자(고용된 사람) 또는 선임된 날부터 2년 이내에 업무를 담당한 이사 및 피용자이었던 자
> 2. 최대 주주가 자연인인 경우 본인, 배우자 및 직계존·비속
> 3. 최대 주주가 법인인 경우 그 법인의 이사, 감사 및 피용자
> 4. 이사의 배우자 및 직계존·비속
> 5. 회사의 모회사 또는 자회사의 이사, 감사 및 피용자
> 6. 회사와 거래관계 등 중요한 이해관계에 있는 법인의 이사, 감사 및 피용자
> 7. 회사의 이사 및 피용자가 이사로 있는 다른 회사의 이사, 감사 및 피용자

① 甲 주식회사 최대 주주 A의 법률상의 배우자

② 甲 주식회사와 하청계약을 맺고 있는 乙 주식회사의 감사 B

③ 甲 주식회사 이사 C의 자녀

④ 甲 주식회사의 모회사인 丁 주식회사의 최대 주주 F

 ① 2호 ② 6호 ③ 4호

34 다음은 은행을 사칭한 대출 주의 안내문이다. 이에 대한 설명으로 옳지 않은 것은?

항상 ○○은행을 이용해 주시는 고객님께 감사드립니다.

최근 ○○은행을 사칭하면서 대출 협조문이 Fax로 불특정 다수에게 발송되고 있어 각별한 주의가 요망됩니다. ○○은행은 절대로 Fax를 통해 대출 모집을 하지 않으니 아래의 Fax 발견시 즉시 폐기하시기 바랍니다.

> 아래 내용을 검토하시어 자금문제로 고민하는 대표이하 직원 여러분들에게 저의 은행의 금융정보를 공유할 수 있도록 업무협조 부탁드립니다.
>
> 수신 : 직장인 및 사업자
> 발신 : ○○은행 여신부
> 여신상담전화번호 : 070-xxxx-xxxx
>
> | 대상 | 직장인 및 개인/법인 사업자 |
> |---|---|
> | 금리 | 개인신용등급적용 (최저 4.8~) |
> | 연령 | 만 20세~만 60세 |
> | 상환 방식 | 1년만기일시상환, 원리금균등분할상환 |
> | 대출 한도 | 100만원~1억원 |
> | 대출 기간 | 12개월~최장 60개월까지 설정가능 |
> | 서류 안내 | 공통서류 – 신분증
직장인 – 재직, 소득서류
사업자 – 사업자 등록증, 소득서류 |
>
> ※ 기타사항
> • 본 안내장의 내용은 법률 및 관련 규정 변경시 일부 변경될 수 있습니다.
> • 용도에 맞지 않을 시, 연락 주시면 수신거부 처리 해드리겠습니다.

현재 ○○은행을 사칭하어 문자를 보내는 불법업체가 기승입니다. ○○은행에서는 본안내장 외엔 문자를 발송치 않으니 이점 유의하시어 대처 바랍니다.

---

① Fax 수신문에 의하면 최대 대출한도는 1억원까지이다.
② Fax로 수신되는 대출 협조문은 ○○은행에서 보낸 것이 아니다.
③ Fax로 수신되는 대출 협조문은 즉시 폐기하여야 한다.
④ ○○은행에서는 대출 협조문을 문자로 발송한다.

(Tip) ④ ○○은행에서는 본 안내장 외엔 문자를 발송하지 않는다.

35 다음과 같은 내용의 보고서를 읽고 내린 결론으로 ㉠~㉢에 들어갈 말을 순서대로 바르게 나열한 것은?

> 다음 세대에 유전자를 남기기 위해서는 반드시 암수가 만나 번식을 해야 한다. 그런데 왜 이성이 아니라 동성에게 성적으로 끌리는 사람들이 낮은 빈도로나마 꾸준히 존재하는 것일까?
>
> 진화심리학자들은 이 질문에 대해서 여러 가지 가설로 동성애 성향이 유전자를 통해 다음 세대로 전달된다고 설명한다. 그 중 캄페리오-치아니는 동성애 유전자가 X염색체에 위치하고, 동성애 유전자가 남성에게 있으면 자식을 낳아 유전자를 남기는 번식이 감소하지만, 동성애 유전자가 여성에게 있으면 여타 조건이 동일한 상황에서 자식을 많이 낳아 유전자를 많이 남기기 때문에 동성애 유전자가 계속 유지된다고 주장하였다.
>
> 인간은 23쌍의 염색체를 갖는데, 그 중 한 쌍이 성염색체로 남성은 XY염색체를 가지며 여성은 XX염색체를 가진다. 한 쌍의 성염색체는 아버지와 어머니로부터 각각 하나씩 받아서 쌍을 이룬다. 즉 남성 성염색체 XY의 경우 X염색체는 어머니로부터 Y염색체는 아버지로부터 물려받고, 여성 성염색체 XX는 아버지와 어머니로부터 각각 한 개씩의 X염색체를 물려받는다. 만약에 동성애 남성이라면 동성애 유전자가 X염색체에 있고 그 유전자는 어머니로부터 물려받은 것이다.

〈결론〉
캄페리오-치아니의 가설이 맞다면 확률적으로 동성애 남성의 (㉠) 한 명이 낳은 자식의 수가 이성애 남성의 (㉡) 한 명의 낳은 자식의 수보다 (㉢).

---

① 이모, 이모, 많다

② 고모, 고모, 많다

③ 이모, 고모, 적다

④ 이모, 이모, 적다

 캄페리오-치아니는 동성애 유전자가 X염색체에 위치한다고 보았으므로, 동성애 남성의 동성애 유전자는 어머니로부터 물려받은 것이다. 따라서 캄페리오-치아니의 가설이 맞다면 확률적으로 동성애 남성의 <u>이모</u> 한 명이 낳은 자식의 수가 이성애 남성의 <u>이모</u> 한 명의 낳은 자식의 수보다 <u>많아</u> 유전자를 많이 남기기 때문에 동성애 유전자가 계속 유지된다고 할 수 있다.

36 서원 그룹의 K부서에서는 자기 부서의 정책을 홍보하기 위해 책자를 제작해 배포하는 프로젝트를 진행하였다. 프로젝트 진행 과정이 다음과 같을 때, 프로젝트 결과에 대한 평가로 항상 옳은 것을 모두 고르면?

> 이번에 K부서에서는 자기 부서의 정책을 홍보하기 위해 책자를 제작해 배포하였다. 이 홍보 사업에 참여한 K부서의 팀은 A와 B 두 팀이다. 두 팀은 각각 500권의 정책홍보 책자를 제작하였다. 그러나 책자를 어떤 방식으로 배포할 것인지에 대해 두 팀 간에 차이가 있었다. A팀은 자신들이 제작한 K부서의 모든 정책홍보책자를 서울이나 부산에 배포한다는 지침에 따라 배포하였다. 한편, B팀은 자신들이 제작한 K부서 정책홍보책자를 서울에 모두 배포하거나 부산에 모두 배포한다는 지침에 따라 배포하였다. 사업이 진행된 이후 배포된 결과를 살펴보기 위해서 서울과 부산을 조사하였다. 조사를 담당한 한 직원은 A팀이 제작·배포한 K부서 정책홍보책자 중 일부를 서울에서 발견하였다.
>
> 한편, 또 다른 직원은 B팀이 제작·배포한 K부서 정책홍보책자 중 일부를 부산에서 발견하였다. 그리고 배포 과정을 검토해 본 결과, 이번에 A팀과 B팀이 제작한 K부서 정책 홍보책자는 모두 배포되었다는 것과, 책자가 배포된 곳과 발견된 곳이 일치한다는 것이 확인되었다.

> ㉠ 부산에는 500권이 넘는 K부서 정책홍보책자가 배포되었다.
> ㉡ 서울에 배포된 K부서 정책홍보책자의 수는 부산에 배포된 K부서 정책홍보책자의 수보다 적다.
> ㉢ A팀이 제작한 K부서 정책홍보책자가 부산에서 발견되었다면, 부산에 배포된 K부서 정책홍보책자의 수가 서울에 배포된 수보다 많다.

① ㉠

② ㉢

③ ㉠, ㉡

④ ㉡, ㉢

 B팀은 자신들이 제작한 K부서 정책홍보책자를 서울에 모두 배포하거나 부산에 모두 배포한다는 지침에 따라 배포하였는데, B팀이 제작·배포한 K부서 정책홍보책자 중 일부를 부산에서 발견하였으므로, B팀의 책자는 모두 부산에 배포되었다.

A팀이 제작·배포한 책자 중 일부를 서울에서 발견하였지만, A팀은 자신들이 제작한 K부서의 모든 정책홍보책자를 서울이나 부산에 배포한다는 지침에 따라 배포하였으므로, 모두 서울에 배포되었는지는 알 수 없다.

따라서 항상 옳은 평가는 ㉢뿐이다.

Answer ➔ 35.① 36.②

37 다음은 산업현장 안전규칙이다. 선임 J씨가 신입으로 들어온 K씨에게 전달힐 사힝으로 옳지 않은 것은?

산업현장 안전규칙

• 작업 전 안전점검, 작업 중 정리정돈은 사용하게 될 기계·기구 등에 대한 이상 유무 등 유해·위험요인을 사전에 확인하여 예방대책을 강구하는 것으로 현장 안전관리의 출발점이다.

• 작업장 안전통로 확보는 작업장 내 통행 시 위험기계·기구들로 부터 근로자를 보호하며 원활한 작업진행에도 기여 한다.

• 개인보호구(헬멧 등) 지급착용은 근로자의 생명이나 신체를 보호하고 재해의 정도를 경감시키는 등 재해예방을 위한 최후 수단이다.

• 전기활선 작업 중 절연용 방호기구 사용으로 불가피한 활선작업에서 오는 단락·지락에 의한 아크화상 및 충전부 접촉에 의한 전격재해와 감전사고가 감소한다.

• 기계·설비 정비 시 잠금장치 및 표지판 부착으로 정비 작업 중에 다른 작업자가 정비 중인 기계·설비를 기동함으로써 발생하는 재해를 예방한다.

• 유해·위험 화학물질 경고표지 부착으로 위험성을 사전에 인식시킴으로써 사용 취급시의 재해를 예방한다.

• 프레스, 전단기, 압력용기, 둥근톱에 방호장치 설치는 신체부위가 기계·기구의 위험부분에 들어가는 것을 방지하고 오작동에 의한 위험을 사전 차단 해준다.

• 고소작업 시 안전 난간, 개구부 덮개 설치로 추락재해를 예방 할 수 있다.

• 추락방지용 안전방망 설치는 추락·낙하에 의한 재해를 감소 할 수 있다(성능검정에 합격한 안전방망 사용).

• 용접 시 인화성·폭발성 물질을 격리하여 용접작업 시 발생하는 불꽃, 용접불똥 등에 의한 대형화재 또는 폭발위험성을 사전에 예방한다.

---

① 작업장 안전통로에 통로의 진입을 막는 물건이 있으면 안 됩니다.

② 전기활선 작업 중에는 단락·지락이 절대 생겨서는 안 됩니다.

③ 어떤 상황에서도 작업장에서는 개인보호구를 착용하십시오.

④ 프레스, 전단기 등의 기계는 꼭 방호장치가 설치되어 있는지 확인하고 사용하십시오.

 ② 전기활선 작업 중에 단락·지락은 불가피하게 발생할 수 있다. 따라서 절연용 방호기구를 사용하여야 한다.

38 다음 글은 합리적 의사결정을 위해 필요한 절차적 조건 중의 하나에 관한 설명이다. 다음 보기 중 이 조건을 위배한 것끼리 묶은 것은?

> 합리적 의사결정을 위해서는 정해진 절차를 충실히 따르는 것이 필요하다. 고도로 복잡하고 불확실하나 문제상황 속에서 결정의 절차가 합리적이기 위해서는 다음과 같은 조건이 충족되어야 한다
>
> 〈조건〉
>
> 정책결정 절차에서 논의되었던 모든 내용이 결정절차에 참여하지 않은 다른 사람들에게 투명하게 공개되어야 한다. 그렇지 않으면 이성적 토론이 무력해지고 객관적 증거나 논리 대신 강압이나 회유 등의 방법으로 결론이 도출되기 쉽기 때문이다.

> 〈보기〉
> ㉠ 심의에 참여한 분들의 프라이버시 보호를 위해 오늘 회의의 결론만 간략히 알려드리겠습니다.
> ㉡ 시간이 촉박하니 회의 참석자 중에서 부장급 이상만 발언하도록 합시다.
> ㉢ 오늘 논의하는 안건은 매우 민감한 사안이니만큼 비참석자에게는 그 내용을 알리지 않을 것입니다. 그러니 회의자료 및 메모한 내용도 두고 가시기 바랍니다.
> ㉣ 우리가 외부에 자문을 구한 박사님은 이 분야의 최고 전문가이기 때문에 참석자 간의 별도 토론 없이 박사님의 의견을 그대로 채택하도록 합시다.
> ㉤ 오늘 안건은 매우 첨예한 이해관계가 걸려 있으니 상대방에 대한 반론은 자제해주시고 자신의 주장만 말씀해주시기 바랍니다.

① ㉠, ㉡　　　　　　　　　② ㉠, ㉢

③ ㉢, ㉣　　　　　　　　　④ ㉢, ㉤

 합리적 의사결정의 조건으로 회의에서 논의된 내용이 투명하게 공개되어야 한다는 조건을 명시하고 있으나, ㉠과 ㉢에서는 비공개주의를 원칙으로 하고 있기 때문에 조건에 위배된다.

39 다음은 출산율 저하와 인구정책에 관한 글을 쓰기 위해 정리한 글감과 생각이다. 〈보기〉와 같은 방식으로 내용을 전개하려고 할 때 바르게 연결된 것은?

> ㉠ 가임 여성 1인당 출산율이 1.3명으로 떨어졌다.
> ㉡ 여성의 사회 활동 참여율이 크게 증가하고 있다.
> ㉢ 현재 시행되고 있는 출산장려 정책은 큰 효과가 없다.
> ㉣ 새롭고 실제 가정에 도움이 되는 출산장려 정책이 추진되어야 한다.
> ㉤ 가치관의 변화로 자녀의 필요성을 느끼지 않는다.
> ㉥ 인구 감소로 인해 노동력 부족 현상이 심화된다.
> ㉦ 노동 인구의 수가 국가 산업 경쟁력을 좌우한다.
> ㉧ 인구 문제에 대한 정부 차원의 대책을 수립한다.

> 〈보기〉
> 문제 상황 → 상황의 원인 → 주장 → 주장의 근거 → 종합 의견

	문제 상황	상황의 원인	예상 문제점	주장	주장의 근거	종합 의견
①	㉠, ㉡	㉤	㉢	㉣	㉥, ㉦	㉧
②	㉠	㉡, ㉤	㉥, ㉦	㉣	㉢	㉧
③	㉡, ㉤	㉥	㉠	㉢, ㉣	㉧	㉦
④	㉢	㉠, ㉡, ㉤	㉦	㉧	㉥	㉣

- 문제 상황 : 출산율 저하(㉠)
- 출산율 저하의 원인 : 여성의 사회 활동 참여율(㉡), 가치관의 변화(㉤)
- 출산율 저하의 문제점 : 노동 인구의 수가 국가 산업 경쟁력을 좌우(㉦)하는데 인구 감소로 인해 노동력 부족 현상이 심화된다(㉥).
- 주장 : 새롭고 실제 가정에 도움이 되는 출산장려 정책이 추진되어야 한다(㉣).
- 주장의 근거 : 현재 시행되고 있는 출산장려 정책은 큰 효과가 없다(㉢).
- 종합 의견 : 인구 문제에 대한 정부 차원의 대책을 수립한다(㉧).

40 다음은 SNS 회사에 함께 인턴으로 채용된 두 친구의 대화이다. 두 사람이 제출했을 토론 주제로 적합한 것은?

> 여 : 대리님께서 말씀하신 토론 주제는 정했어? 난 인터넷에서 '저무는 육필의 시대'라는 기사를 찾았는데 토론 주제로 괜찮을 것 같아서 그걸 정리해 가려고 하는데.
>
> 남 : 난 아직 마땅한 게 없어서 찾는 중이야. 그런데 육필이 뭐야?
>
> 여 : SNS 회사에 입사했다는 애가 그것도 모르는 거야? 컴퓨터로 글을 쓰는 게 디지털 글쓰기라면 손으로 글을 쓰는 걸 육필이라고 하잖아.
>
> 남 : 아! 그런 거야? 그럼 우리는 디지털 글쓰기 세대겠네?
>
> 여 : 그런 셈이지. 요즘 다들 컴퓨터로 글을 쓰니까. 그나저나 너는 디지털 글쓰기의 장점이 뭐라고 생각해?
>
> 남 : 음, 우선 떠오르는 대로 빨리 쓸 수 있다는 점 아닐까? 또 쉽게 고칠 수도 있고. 그래서 누구나 쉽게 글을 쓸 수 있다는 점이 디지털 글쓰기의 최대 장점이라고 생각하는데.
>
> 여 : 맞아. 기존의 글쓰기가 소수의 전유물이었다면, 디지털 글쓰기 덕분에 누구나 쉽게 글을 쓰고 의사소통을 할 수 있게 되었다는 게 내가 본 기사의 핵심이었어. 한마디로 글쓰기의 민주화가 이루어진 거지.
>
> 남 : 글쓰기의 민주화……. 멋있어 보이기는 하는데, 디지털 글쓰기가 꼭 장점만 있는 것 같지는 않아. 누구나 쉽게 글을 쓸 수 있게 됐다는 건, 그만큼 글이 가벼워졌다는 거 아냐? 우리 주변에서도 그런 글들은 엄청나잖아.
>
> 여 : 하긴, 디지털 글쓰기 때문에 과거보다 진지하게 글을 쓰는 사람이 적어진 건 사실이야. 남의 글을 베끼거나 근거 없는 내용을 담은 글들도 많아지고.
>
> 남 : 우리 이 주제로 토론을 해 보는 게 어때?

① 세대 간 정보화 격차　　　② 디지털 글쓰기와 정보화

③ 디시털 글쓰기의 징단점　　④ 디지털 글쓰기와 의사소통의 관계

 ③ 대화 속의 남과 여는 디지털 글쓰기의 장점과 단점에 대해 이야기하고 있다. 따라서 두 사람이 제출했을 토론 주제로는 '디지털 글쓰기의 장단점'이 적합하다.

02 수리능력

1 직장생활과 수리능력

(1) 기초직업능력으로서의 수리능력

① 개념 … 직장생활에서 요구되는 사칙연산과 기초적인 통계를 이해하고 도표의 의미를 파악하거나 도표를 이용해서 결과를 효과적으로 제시하는 능력을 말한다.

② 수리능력은 크게 기초연산능력, 기초통계능력, 도표분석능력, 도표작성능력으로 구성된다.
  ㉠ 기초연산능력 : 직장생활에서 필요한 기초적인 사칙연산과 계산방법을 이해하고 활용할 수 있는 능력
  ㉡ 기초통계능력 : 평균, 합계, 빈도 등 직장생활에서 자주 사용되는 기초적인 통계기법을 활용하여 자료의 특성과 경향성을 파악하는 능력
  ㉢ 도표분석능력 : 그래프, 그림 등 도표의 의미를 파악하고 필요한 정보를 해석하는 능력
  ㉣ 도표작성능력 : 도표를 이용하여 결과를 효과적으로 제시하는 능력

(2) 업무수행에서 수리능력이 활용되는 경우

① 업무상 계산을 수행하고 결과를 정리하는 경우

② 업무비용을 측정하는 경우

③ 고객과 소비자의 정보를 조사하고 결과를 종합하는 경우

④ 조직의 예산안을 작성하는 경우

⑤ 업무수행 경비를 제시해야 하는 경우

⑥ 다른 상품과 가격비교를 하는 경우

⑦ 연간 상품 판매실적을 제시하는 경우

⑧ 업무비용을 다른 조직과 비교해야 하는 경우

⑨ 상품판매를 위한 지역조사를 실시해야 하는 경우

⑩ 업무수행과정에서 도표로 주어진 자료를 해석하는 경우

⑪ 도표로 제시된 업무비용을 측정하는 경우

예제 1

다음 자료를 보고 주어진 상황에 대한 물음에 답하시오.

〈근로소득에 대한 간이 세액표〉

월 급여액(천 원) [비과세 및 학자금 제외]		공제대상 가족 수				
이상	미만	1	2	3	4	5
2,500	2,520	38,960	29,280	16,940	13,570	10,190
2,520	2,540	40,670	29,960	17,360	13,990	10,610
2,540	2,560	42,380	30,640	17,790	14,410	11,040
2,560	2,580	44,090	31,330	18,210	14,840	11,460
2,580	2,600	45,800	32,680	18,640	15,260	11,890
2,600	2,620	47,520	34,390	19,240	15,680	12,310
2,620	2,640	49,230	36,100	19,900	16,110	12,730
2,640	2,660	50,940	37,810	20,560	16,530	13,160
2,660	2,680	52,650	39,530	21,220	16,960	13,580
2,680	2,700	54,360	41,240	21,880	17,380	14,010
2,700	2,720	56,070	42,950	22,540	17,800	14,430
2,720	2,740	57,780	44,660	23,200	18,230	14,850
2,740	2,760	59,500	46,370	23,860	18,650	15,280

※ 갑근세는 제시되어 있는 간이 세액표에 따름
※ 주민세＝갑근세의 10%
※ 국민연금＝급여액의 4.50%
※ 고용보험＝국민연금의 10%
※ 건강보험＝급여액의 2.90%
※ 교육지원금＝분기별 100,000원(매 분기별 첫 달에 지급)

박○○ 사원의 5월 급여내역이 다음과 같고 전월과 동일하게 근무하였으나, 특별수당은 없고 차량지원금으로 100,000원을 받게 된다면, 6월에 받게 되는 급여는 얼마인가? (단, 원 단위 절삭)

(주) 서원플랜테크 5월 급여내역			
성명	박○○	지급일	5월 12일
기본급여	2,240,000	갑근세	39,530
직무수당	400,000	주민세	3,950
명절 상여금		고용보험	11,970
특별수당	20,000	국민연금	119,700
차량지원금		건강보험	77,140
교육지원		기타	
급여계	2,660,000	공제합계	252,290
		지급총액	2,407,710

① 2,443,910
② 2,453,910
③ 2,463,910
④ 2,473,910

[출제의도]
업무상 계산을 수행하거나 결과를 정리하고 업무비용을 측정하는 능력을 평가하기 위한 문제로서, 주어진 자료에서 문제를 해결하는 데에 필요한 부분을 빠르고 정확하게 찾아내는 것이 중요하다.

[해설]

기본 급여	2,240,000	갑근세	46,370
직무 수당	400,000	주민세	4,630
명절 상여금		고용 보험	12,330
특별 수당		국민 연금	123,300
차량 지원금	100,000	건강 보험	79,460
교육 지원		기타	
급여계	2,740,000	공제 합계	266,090
		지급 총액	2,473,910

답 ④

(3) 수리능력의 중요성

① 수학적 사고를 통한 문제해결

② 직업세계의 변화에의 적응

③ 실용적 가치의 구현

(4) 단위환산표

구분	단위환산
길이	$1cm = 10mm, \ 1m = 100cm, \ 1km = 1,000m$
넓이	$1cm^2 = 100mm^2, \ 1m^2 = 10,000cm^2, \ 1km^2 = 1,000,000m^2$
부피	$1cm^3 = 1,000mm^3, \ 1m^3 = 1,000,000cm^3, \ 1km^3 = 1,000,000,000m^3$
들이	$1m\ell = 1cm^3, \ 1d\ell = 100cm^3, \ 1L = 1,000cm^3 = 10d\ell$
무게	$1kg = 1,000g, \ 1t = 1,000kg = 1,000,000g$
시간	$1분 = 60초, \ 1시간 = 60분 = 3,600초$
할푼리	$1푼 = 0.1할, \ 1리 = 0.01할, \ 1모 = 0.001할$

■ 예제 2

둘레의 길이가 4.4km인 정사각형 모양의 공원이 있다. 이 공원의 넓이는 몇 a인가?

① 12,100a　　　　　　② 1,210a

③ 121a　　　　　　　④ 12.1a

[출제의도]
길이, 넓이, 부피, 들이, 무게, 시간, 속도 등 단위에 대한 기본적인 환산 능력을 평가하는 문제로서, 소수점 계산이 필요하며, 자릿수를 읽고 구분할 줄 알아야 한다.

[해설]
공원의 한 변의 길이는
$4.4 \div 4 = 1.1 (km)$ 이고
$1km^2 = 10,000a$ 이므로
공원의 넓이는
$1.1km \times 1.1km = 1.21km^2$
$\qquad\qquad\qquad = 12,100a$

답 ①

2 수리능력을 구성하는 하위능력

(1) 기초연산능력

① **사칙연산** … 수에 관한 덧셈, 뺄셈, 곱셈, 나눗셈의 네 종류의 계산법으로 업무를 원활하게 수행하기 위해서는 기본적인 사칙연산뿐만 아니라 다단계의 복잡한 사칙연산까지도 수행할 수 있어야 한다.

② **검산** … 연산의 결과를 확인하는 과정으로 대표적인 검산방법으로 역연산과 구거법이 있다.
  ㉠ **역연산** : 덧셈은 뺄셈으로, 뺄셈은 덧셈으로, 곱셈은 나눗셈으로, 나눗셈은 곱셈으로 확인하는 방법이다.
  ㉡ **구거법** : 원래의 수와 각 자리 수의 합이 9로 나눈 나머지가 같다는 원리를 이용한 것으로 9를 버리고 남은 수로 계산하는 것이다.

예제 3

다음 식을 바르게 계산한 것은?

$$1 + \frac{2}{3} + \frac{1}{2} - \frac{3}{4}$$

① $\dfrac{13}{12}$ ② $\dfrac{15}{12}$

③ $\dfrac{17}{12}$ ④ $\dfrac{19}{12}$

[출제의도]
직장생활에서 필요한 기초적인 사칙연산과 계산방법을 이해하고 활용할 수 있는 능력을 평가하는 문제로서, 분수의 계산과 통분에 대한 기본적인 이해가 필요하다.

[해설]
$$\frac{12}{12} + \frac{8}{12} + \frac{6}{12} - \frac{9}{12} = \frac{17}{12}$$

답 ③

---

(2) 기초통계능력

① 업무수행과 통계
  ㉠ **통계의 의미** : 통계란 집단현상에 대한 구체적인 양적 기술을 반영하는 숫자이다.
  ㉡ 업무수행에 통계를 활용함으로써 얻을 수 있는 이점
    • 많은 수량적 자료를 처리가능하고 쉽게 이해할 수 있는 형태로 축소
    • 표본을 통해 연구대상 집단의 특성을 유추
    • 의사결정의 보조수단
    • 관찰 가능한 자료를 통해 논리적으로 결론을 추출·검증

ⓒ 기본적인 통계치

- 빈도와 빈도분포 : 빈도란 어떤 사건이 일어나거나 증상이 나타나는 정도를 의미하며, 빈도분포란 빈도를 표나 그래프로 종합적으로 표시하는 것이다.
- 평균 : 모든 사례의 수치를 합한 후 총 사례 수로 나눈 값이다.
- 백분율 : 전체의 수량을 100으로 하여 생각하는 수량이 그중 몇이 되는가를 퍼센트로 나타낸 것이다.

② 통계기법

ⓐ 범위와 평균

- 범위 : 분포의 흩어진 정도를 가장 간단히 알아보는 방법으로 최곳값에서 최젓값을 뺀 값을 의미한다.
- 평균 : 집단의 특성을 요약하기 위해 가장 자주 활용하는 값으로 모든 사례의 수치를 합한 후 총 사례 수로 나눈 값이다.
- 관찰값이 1, 3, 5, 7, 9일 경우 범위는 $9 - 1 = 8$이 되고, 평균은 $\dfrac{1+3+5+7+9}{5} = 5$가 된다.

ⓑ 분산과 표준편차

- 분산 : 관찰값의 흩어진 정도로, 각 관찰값과 평균값의 차의 제곱의 평균이다.
- 표준편차 : 평균으로부터 얼마나 떨어져 있는가를 나타내는 개념으로 분산값의 제곱근 값이다.
- 관찰값이 1, 2, 3이고 평균이 2인 집단의 분산은 $\dfrac{(1-2)^2 + (2-2)^2 + (3-2)^2}{3} = \dfrac{2}{3}$ 이고 표준편차는 분산값의 제곱근 값인 $\sqrt{\dfrac{2}{3}}$ 이다.

③ 통계자료의 해석

ⓐ 다섯숫자요약

- 최솟값 : 원자료 중 값의 크기가 가장 작은 값
- 최댓값 : 원자료 중 값의 크기가 가장 큰 값
- 중앙값 : 최솟값부터 최댓값까지 크기에 의하여 배열했을 때 중앙에 위치하는 사례의 값
- 하위 25%값 · 상위 25%값 : 원자료를 크기 순으로 배열하여 4등분한 값

ⓑ **평균값과 중앙값** : 평균값과 중앙값은 그 개념이 다르기 때문에 명확하게 제시해야 한다.

예제 4

인터넷 쇼핑몰에서 회원가입을 하고 디지털캠코더를 구매하려고 한다. 다음은 구입하고자 하는 모델에 대하여 인터넷 쇼핑몰 세 곳의 가격과 조건을 제시한 표이다. 표에 있는 모든 혜택을 적용하였을 때 디지털캠코더의 배송비를 포함한 실제 구매가격을 바르게 비교한 것은?

구분	A 쇼핑몰	B 쇼핑몰	C 쇼핑몰
정상가격	129,000원	131,000원	130,000원
회원혜택	7,000원 할인	3,500원 할인	7% 할인
할인쿠폰	5% 쿠폰	3% 쿠폰	5,000원
중복할인여부	불가	가능	불가
배송비	2,000원	무료	2,500원

① A<B<C

② B<C<A

③ C<A<B

④ C<B<A

[출제의도]
직장생활에서 자주 사용되는 기초적인 통계기법을 활용하여 자료의 특성과 경향성을 파악하는 능력이 요구되는 문제이다.
[해설]
㉠ A 쇼핑몰
• 회원혜택을 선택한 경우:
$129,000 - 7,000 + 2,000 = 124,000$(원)
• 5% 할인쿠폰을 선택한 경우:
$129,000 \times 0.95 + 2,000 = 124,550$
㉡ B 쇼핑몰:
$131,000 \times 0.97 - 3,500 = 123,570$
㉢ C 쇼핑몰
• 회원혜택을 선택한 경우:
$130,000 \times 0.93 + 2,500 = 123,400$
• 5,000원 할인쿠폰을 선택한 경우: $130,000 - 5,000 + 2,500 = 127,500$
∴ C<B<A

답 ④

(3) 도표분석능력

① 도표의 종류

　㉠ **목적별** : 관리(계획 및 통제), 해설(분석), 보고

　㉡ **용도별** : 경과 그래프, 내역 그래프, 비교 그래프, 분포 그래프, 상관 그래프, 계산 그래프

　㉢ **형상별** : 선 그래프, 막대 그래프, 원 그래프, 점 그래프, 층별 그래프, 레이더 차트

② 도표의 활용

　㉠ 선 그래프

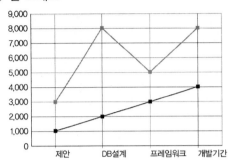

• 주로 시간의 경과에 따라 수량에 의한 변화 상황(시계열 변화)을 절선의 기울기로 나타내는 그래프이다.
• 경과, 비교, 분포를 비롯하여 상관관계 등을 나타낼 때 쓰인다.

　㉡ 막대 그래프

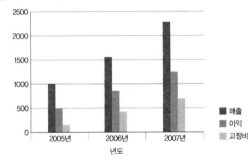

• 비교하고자 하는 수량을 막대 길이로 표시하고 그 길이를 통해 수량 간의 대소관계를 나타내는 그래프이다.
• 내역, 비교, 경과, 도수 등을 표시하는 용도로 쓰인다.

　㉢ 원 그래프

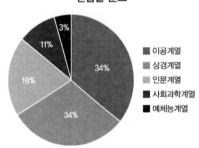

• 내역이나 내용의 구성비를 원을 분할하여 나타낸 그래프이다.
• 전체에 대해 부분이 차지하는 비율을 표시하는 용도로 쓰인다.

ⓔ 점 그래프

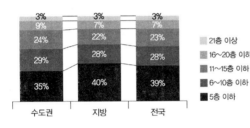

복제율과 1인당 GDP

- 종축과 횡축에 2요소를 두고 보고자 하는 것이 어떤 위치에 있는가를 나타내는 그래프이다.
- 지역분포를 비롯하여 도시, 지방, 기업, 상품 등의 평가나 위치·성격을 표시하는데 쓰인다.

ⓜ 층별 그래프

전국 아파트 층수별 거래 비중

- 선 그래프의 변형으로 연속내역 봉 그래프라고 할 수 있다. 선과 선 사이의 크기로 데이터 변화를 나타낸다.
- 합계와 부분의 크기를 백분율로 나타내고 시간적 변화를 보고자 할 때나 합계와 각 부분의 크기를 실수로 나타내고 시간적 변화를 보고자 할 때 쓰인다.

ⓗ 레이더 차트(거미줄 그래프)

- 원 그래프의 일종으로 비교하는 수량을 식경, 또는 반경으로 나누어 원의 중심에서의 거리에 따라 각 수량의 관계를 나타내는 그래프이다.
- 비교하거나 경과를 나타내는 용도로 쓰인다.

③ 도표 해석상의 유의사항

   ㉠ 요구되는 지식의 수준을 넓힌다.

   ㉡ 도표에 제시된 자료의 의미를 정확히 숙지한다.

   ㉢ 도표로부터 알 수 있는 것과 없는 것을 구별한다.

   ㉣ 총량의 증가와 비율의 증가를 구분한다.

   ㉤ 백분위수와 사분위수를 정확히 이해하고 있어야 한다.

예제 5

다음 표는 2009 ~ 2010년 지역별 직장인들의 자기개발에 관해 조사한 내용을 정리한 것이다. 이에 대한 분석으로 옳은 것은?

(단위 : %)

연도 / 지역 구분	2009				2010			
	자기개발 하고 있음	자기개발 비용 부담 주체			자기개발 하고 있음	자기개발 비용 부담 주체		
		직장 100%	본인 100%	직장50%+본인50%		직장 100%	본인 100%	직장50%+본인50%
충청도	36.8	8.5	88.5	3.1	45.9	9.0	65.5	24.5
제주도	57.4	8.3	89.1	2.9	68.5	7.9	68.3	23.8
경기도	58.2	12	86.3	2.6	71.0	7.5	74.0	18.5
서울시	60.6	13.4	84.2	2.4	72.7	11.0	73.7	15.3
경상도	40.5	10.7	86.1	3.2	51.0	13.6	74.9	11.6

① 2009년과 2010년 모두 자기개발 비용을 본인이 100% 부담하는 사람의 수는 응답자의 절반 이상이다.

② 자기개발을 하고 있다고 응답한 사람의 수는 2009년과 2010년 모두 서울시가 가장 많다.

③ 자기개발 비용을 직장과 본인이 각각 절반씩 부담하는 사람의 비율은 2009년과 2010년 모두 서울시가 가장 높다.

④ 2009년과 2010년 모두 자기개발을 하고 있다고 응답한 비율이 가장 높은 지역에서 자기개발비용을 직장이 100% 부담한다고 응답한 사람의 비율이 가장 높다.

[출제의도]
그래프, 그림, 도표 등 주어진 자료를 이해하고 의미를 파악하여 필요한 정보를 해석하는 능력을 평가하는 문제이다.

[해설]
② 지역별 인원수가 제시되어 있지 않으므로, 각 지역별 응답자 수는 알 수 없다.
③ 2009년에는 경상도에서, 2010년에는 충청도에서 가장 높은 비율을 보인다.
④ 2009년과 2010년 모두 '자기개발을 하고 있다'고 응답한 비율이 가장 높은 지역은 서울시이며, 2010년의 경우 자기개발 비용을 직장이 100% 부담한다고 응답한 사람의 비율이 가장 높은 지역은 경상도이다.

답 ①

(4) 도표작성능력

① 도표작성 절차
　　㉠ 어떠한 도표로 작성할 것인지를 결정
　　㉡ 가로축과 세로축에 나타낼 것을 결정
　　㉢ 한 눈금의 크기를 결정
　　㉣ 자료의 내용을 가로축과 세로축이 만나는 곳에 표현
　　㉤ 표현한 점들을 선분으로 연결
　　㉥ 도표의 제목을 표기

② 도표작성 시 유의사항
　　㉠ 선 그래프 작성 시 유의점
　　　• 세로축에 수량, 가로축에 명칭구분을 제시한다.
　　　• 선의 높이에 따라 수치를 파악하는 경우가 많으므로 세로축의 눈금을 가로축보다 크게 하는 것이 효과적이다.
　　　• 선이 두 종류 이상일 경우 반드시 그 명칭을 기입한다.
　　㉡ 막대 그래프 작성 시 유의점
　　　• 막대 수가 많을 경우에는 눈금선을 기입하는 것이 알아보기 쉽다.
　　　• 막대의 폭은 모두 같게 하여야 한다.
　　㉢ 원 그래프 작성 시 유의점
　　　• 정각 12시의 선을 기점으로 오른쪽으로 그리는 것이 보통이다.
　　　• 분할선은 구성비율이 큰 순서로 그린다.
　　㉣ 층별 그래프 작성 시 유의점
　　　• 눈금은 선 그래프나 막대 그래프보다 적게 하고 눈금선은 넣지 않는다.
　　　• 층별로 색이나 모양이 완전히 다른 것이어야 한다.
　　　• 같은 항목은 옆에 있는 층과 선으로 연결하여 보기 쉽도록 한다.

출제예상문제

1 배로 강을 100km 거슬러 올라가는 데 5시간, 같은 거리를 내려오는 데 2시간이 걸렸다. 배의 속력과 강물의 속력을 각각 구하면?

① 배의 속력 : 25km/시, 강물의 속력 : 15km/시

② 배의 속력 : 28km/시, 강물의 속력 : 10km/시

③ 배의 속력 : 30km/시, 강물의 속력 : 12km/시

④ 배의 속력 : 35km/시, 강물의 속력 : 15km/시

 배의 속력을 x, 강물의 속력을 y라 하면

$$\begin{cases} \dfrac{100}{x-y} = 5 \Rightarrow x - y = 20 \\ \dfrac{100}{x+y} = 2 \Rightarrow x + y = 50 \end{cases}$$

$$\therefore x = 35(\text{km}/\text{시}),\ y = 15(\text{km}/\text{시})$$

2 합창 단원 선발에 지원한 남녀의 비가 $3 : 5$이다. 응시결과 합격자 가운데 남녀의 비가 $2 : 3$이고, 불합격자 남녀의 비는 $4 : 7$이다. 합격자가 160명이라고 할 때, 여학생 지원자의 수는 몇 명인가?

① 310명

② 320명

③ 330명

④ 340명

구분	합격자	불합격자	지원자 수
남자	$2a$	$4b$	$2a + 4b$
여자	$3a$	$7b$	$3a + 7b$

합격자가 160명이므로 $5a = 160 \Rightarrow a = 32$

$3 : 5 = (2a + 4b) : (3a + 7b)$

$\rightarrow 5(2a + 4b) = 3(3a + 7b)$

$\rightarrow a = b = 32$

따라서 여학생 지원자의 수는 $3a + 7b = 10a = 320$(명)이다.

3 다음 그림과 같이 한 변의 길이가 4인 정삼각형 ABC를 화살표 방향으로 굴릴 때, 꼭짓점 A가 움직인 거리는?

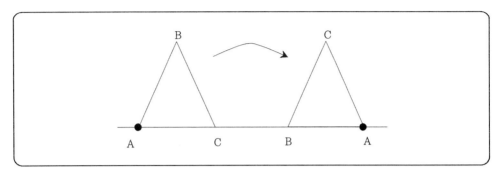

① $\dfrac{4}{3}\pi$

② $\dfrac{8}{3}\pi$

③ $\dfrac{16}{3}\pi$

④ 6π

 꼭짓점 A가 움직인 거리는

반지름 4이고 중심각이 $120°\left(=\dfrac{2}{3}\pi\right)$인 부채꼴의 호의 길이의 2배와 같다.

따라서 $2r\theta = 2 \times 4 \times \dfrac{2}{3}\pi = \dfrac{16}{3}\pi$

4 다음 그림과 같이 한 변의 길이가 1인 정사각형 ABCD를 화살표 방향으로 굴릴 때, 꼭짓점 A가 움직인 거리는?

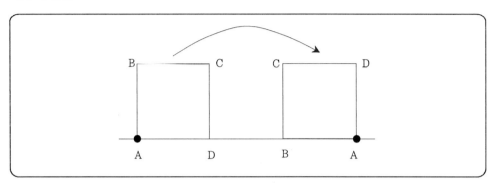

① $\pi - \dfrac{\sqrt{2}\,\pi}{2}$

② $\pi + \dfrac{\sqrt{2}\,\pi}{2}$

③ $\pi - \sqrt{2}\,\pi$

④ $\pi + \sqrt{2}\,\pi$

 꼭짓점 A가

점 D를 중심으로 회전하면서 움직인 거리 : $r\theta = 1 \times \dfrac{\pi}{2} = \dfrac{\pi}{2}$

점 C를 중심으로 회전하면서 움직인 거리 : $r\theta = \sqrt{2} \times \dfrac{\pi}{2} = \dfrac{\sqrt{2}\,\pi}{2}$

점 B를 중심으로 회전하면서 움직인 거리 : $r\theta = 1 \times \dfrac{\pi}{2} = \dfrac{\pi}{2}$

따라서 움직인 거리의 합은 $\pi + \dfrac{\sqrt{2}\,\pi}{2}$ 이다.

5 직선을 따라 1분에 2m씩 움직이는 물체 A와 1분에 3m씩 움직이는 물체 B가 있다. 물체 A가 원점 O를 출발한지 2분 후에 같은 장소인 원점에서 A가 움직인 방향으로 물체 B가 움직이기 시작했다. A와 B가 서로 만나는 것은 A가 출발한지 몇 분 후인가?

① 3분
② 4분
③ 5분
④ 6분

 A가 출발한 지 x분 후의 위치를 y라 하면 A는 $y=2x$, B는 $y=3(x-2)$를 만족한다.
서로 만나는 것은 위치가 같다는 뜻이므로 $2x=3(x-2)$
$\therefore x=6(분)$

6 두 가지 메뉴 A, B를 파는 어느 음식점에서 지난주에 두 메뉴를 합하여 1000명분을 팔았다. 이번 주에는 지난 주에 비하여 A 메뉴는 5% 감소하고, B 메뉴는 10% 증가하여 전체적으로 4% 증가하였다. 이번 주에 판매된 A 메뉴는 몇 명분인가?

① 380명
② 370명
③ 360명
④ 350명

 지난 주 판매된 A 메뉴를 x, B 메뉴를 y라 하면
$\begin{cases} x+y=1000 \\ x\times(-0.05)+y\times0.1=1000\times0.04 \end{cases}$
두 식을 연립하면 $x=400$, $y=600$
따라서 이번 주에 판매된 A 메뉴는 $x\times0.95=400\times0.95=380$명분이다.

Answer → 4.② 5.④ 6.①

7 지수가 낮잠을 자는 동안 엄마가 집에서 마트로 외출을 했다. 곧비로 잠에서 깬 지수는 엄마가 출발하고 10분 후 엄마의 뒤를 따라 마트로 출발했다. 엄마는 매분 100m의 속도로 걷고, 지수는 매분 150m의 속도로 걷는다면 지수는 몇 분 만에 엄마를 만나게 되는가?

① 10분

② 20분

③ 30분

④ 40분

 지수가 걸린 시간을 y, 엄마가 걸린 시간을 x라 하면

$\begin{cases} x - y = 10 & \cdots \ \textcircled{\small ㄱ} \\ 100x = 150y & \cdots \ \textcircled{\small ㄴ} \end{cases}$ 에서 ㄱ을 ㄴ에 대입한다.

$100(y + 10) = 150y \Rightarrow 5y = 100 \Rightarrow y = 20$

따라서 지수는 20분 만에 엄마를 만나게 된다.

8 정아와 민주가 계단에서 가위바위보를 하는데, 이긴 사람은 2계단을 올라가고, 진 사람은 1계단을 내려간다고 한다. 두 사람이 가위바위보를 하여 처음보다 정아는 14계단, 민주는 5계단을 올라갔을 때, 민주는 몇 번 이겼는가? (단, 비기는 경우는 없다.)

① 9회

② 8회

③ 7회

④ 6회

 정아가 이긴 횟수를 x, 민주가 이긴 횟수를 y라 하면

$\begin{cases} 2x - y = 14 & \cdots \ \textcircled{\small ㄱ} \\ 2y - x = 5 & \cdots \ \textcircled{\small ㄴ} \end{cases} \Rightarrow$ ㄱ+ㄴ×2를 계산하면 $3y = 24 \Rightarrow y = 8$

따라서 민주가 이긴 횟수는 8회이다.

9 페인트 한 통과 벽지 5묶음으로 51m^2의 넓이를 도배할 수 있고, 페인트 한 통과 벽지 3묶음으로는 39m^2를 도배할 수 있다고 한다. 이때, 페인트 2통과 벽지 2묶음으로 도배할 수 있는 넓이는?

① 45m^2

② 48m^2

③ 51m^2

④ 54m^2

 페인트 한 통으로 도배할 수 있는 넓이를 $x\text{m}^2$,
벽지 한 묶음으로 도배할 수 있는 넓이를 $y\text{m}^2$라 하면
$\begin{cases} x+5y=51 \\ x+3y=39 \end{cases}$ 이므로 두 식을 연립하면 $2y=12 \Rightarrow y=6,\ x=21$
따라서 페인트 2통과 벽지 2묶음으로 도배할 수 있는 넓이는
$2x+2y=42+12=54(\text{m}^2)$이다.

10 인터넷 사이트에 접속하여 초당 1.5MB의 속도로 파일을 내려 받는 데 총 12분 30초가 걸렸다. 파일을 내려 받는 데 걸린 시간은 인터넷 사이트에 접속하는 데 걸린 시간의 4배일 때, 내려 받은 파일의 크기는?

① 300MB

② 500MB

③ 700MB

④ 900MB

 (파일을 내려 받는 데 걸린 시간):(인터넷 사이트에 접속하는 데 걸린 시간)=4:1
12분 30초는 750초이므로
(파일을 내려 받는 데 걸린 시간)$=750\times\dfrac{4}{5}=600$(초)
따라서 내려 받은 파일의 크기는 $1.5\times600=900$(MB)

Answer → 7.② 8.② 9.④ 10.④

11 두 자리의 자연수가 있다. 십의 자리의 숫자의 2배는 일의 자리의 숫사보다 1이 크고, 십의 자리의 숫자와 일의 자리의 숫자를 바꾼 자연수는 처음 수보다 9가 크다고 한다. 이를 만족하는 자연수는?

① 21
② 22
③ 23
④ 24

 두 자리 자연수를 $10a+b$라 하면 주어진 문제에 따라 다음이 성립한다.

$$\begin{cases} 2a=b+1 \\ 10b+a=(10a+b)+9 \end{cases} \Rightarrow \begin{cases} 2a-b=1 \\ 9a-9b=-9 \end{cases} \Rightarrow \begin{cases} 18a-9b=9 \\ 9a-9b=-9 \end{cases} \Rightarrow a=2,\ b=3$$

따라서 구하는 두 자리 자연수는 $10a+b=23$이다.

12 A와 B가 함께 일하면 6일 걸리는 일을 A가 3일 일하고 나머지는 B가 8일 걸려 완성하였다. 같은 작업을 B가 혼자 일하면 며칠이 걸리겠는가?

① 8일
② 9일
③ 10일
④ 11일

 전체 일의 양을 1이라 하고, A, B가 하루 동안 할 수 있는 일의 양을 각각 x, y라 하면
$$\begin{cases} 6(x+y)=1 \\ 3x+8y=1 \end{cases}$$ 에서 B가 하루 동안 할 수 있는 일의 양은 전체 일의 $\frac{1}{10}$ 이므로,

B 혼자 일하면 10일이 걸린다.

13 어떤 종이에 색깔을 칠하는데, 녹색은 종이 전체의 3분의 1을 칠하고 분홍색은 종이 전체의 45%만큼 칠하며 어떤 색도 칠하지 않은 넓이는 전체의 32%가 되었다. 녹색과 분홍색이 겹치게 칠해진 부분이 27.9cm^{2}일 때, 전체 종이의 넓이는?

① 210cm^2
② 230cm^2
③ 250cm^2
④ 270cm^2

 전체 종이의 넓이를 A라 하면 $\frac{1}{3}A+\frac{45}{100}A+\frac{32}{100}A=A+27.9$

양변에 300을 곱하여 식을 정리하면
$100A+(45\times3)A+(32\times3)A=300(A+27.9) \Rightarrow 331A=300A+8,370$
$\therefore A=270(\text{cm}^2)$

14 어떤 학교의 운동장은 둘레의 길이가 200m이다. 경석이는 자전거를 타고, 나영이는 뛰어서 이 운동장을 돌고 있다. 두 사람이 같은 지점에서 동시에 출발하여 같은 방향으로 운동장을 돌면 1분 40초 뒤에 처음으로 다시 만나고, 서로 반대 방향으로 돌면 40초 뒤에 처음으로 다시 만난다. 경석이의 속력은 나영이의 속력의 몇 배인가?

① $\frac{3}{7}$ 배

② $\frac{1}{2}$ 배

③ $\frac{7}{3}$ 배

④ $\frac{8}{3}$ 배

 경석이의 속력을 x, 나영이의 속력을 y라 하면

$\begin{cases} 40x+40y=200 \Rightarrow x+y=5 \cdots \text{①} \\ 100(x-y)=200 \Rightarrow x-y=2 \cdots \text{②} \end{cases}$ 이므로 두 식을 연립하면 $x=\frac{7}{2}$, $y=\frac{3}{2}$

따라서 경석이의 속력은 나영이의 속력의 $\frac{7}{3}$ 배이다.

15 4%의 소금물과 10%의 소금물을 섞은 후 물을 더 부어 4.5%의 소금물 200g을 만들었다. 10%의 소금물의 양과 더 부은 물의 양이 같다고 할 때, 4% 소금물의 양은 몇 g인가?

① 70g

② 80g

③ 90g

④ 100g

 4%의 소금물을 x, 10%의 소금물을 y라 하면

$x+2y=200 \cdots \text{①}$

$\frac{4}{100}x+\frac{10}{100}y=\frac{45}{1000}\times200 \cdots \text{②}$

두 식을 연립하면 $x=100$, $y=50$이므로 4% 소금물의 양은 100g이다.

16 한 판에 8쪽인 피자를 1명이 4쪽씩 먹는다고 했을 때, 총 32명이 먹으려면 모두 몇 판이 필요한가?

① 16판

② 17판

③ 18판

④ 19판

 $4\times32=128$(쪽), $128\div8=16$(판)

∴ 모두 16판이 필요하다.

Answer → 11.③ 12.③ 13.④ 14.③ 15.④ 16.①

17 8%의 소금물 200g에서 한 컵의 소금물을 떠내고 떠낸 양만큼의 물을 부은 다음 다시 2%의 소금물을 더 넣었더니 3%의 소금물 320g이 되었다. 이때, 떠낸 소금물의 양은?

① 110g ② 120g

③ 130g ④ 140g

 소금물을 떠내고 떠낸 양만큼 물을 부은 다음 2%의 소금물을 넣은 후의 소금물의 양이 320g이므로
2% 소금물의 양은 120g이라는 것을 알 수 있다.
따라서 처음 8%의 소금물에서 떠낸 소금물의 양을 x라 하면
(처음 소금물을 떠내고 남은 소금물의 소금의 양)+(2% 소금물의 소금의 양)=(최종 소금물의 소금의 양)

$$\Rightarrow \left\{(200-x)\times\frac{8}{100}\right\}+\left(120\times\frac{2}{100}\right)=320\times\frac{3}{100}$$

$$\Rightarrow \left\{(200-x)\times\frac{8}{100}\right\}+\frac{12}{5}=\frac{48}{5}$$

$$\Rightarrow (200-x)\times\frac{8}{100}=\frac{36}{5}$$

$$\Rightarrow 200-x=90$$

$$\therefore x=110(\text{g})$$

18 동현이 생일 날 동현이의 어머니는 동현이와 친구들에게 백설기를 간식으로 주셨다. 그런데 이 백설기를 한 사람에게 1개씩 주면 3개가 남고 2개씩 주면 5개가 모자란다. 이 때 백설기의 개수는?

① 11개 ② 12개

③ 13개 ④ 14개

 동현이를 포함한 아이들의 수를 x명이라고 할 때
$x+3=2x-5, x=8(\text{명})$
∴ (백설기의 개수)=8+3=11(개)
백설기의 개수는 11개이다.

19 은수는 집에서 30km 떨어진 한강까지 가기 위해 처음에는 시속 8km로 뛰어가다가 나중에는 시속 6km로 걸어갔다. 은수네 집에서 한강까지 가는 데 걸린 시간이 4시간 30분이었다면 은수가 뛰어간 거리는 얼마인가?

① 11km   ② 12km

③ 13km   ④ 14km

 은수가 뛰어간 거리를 x라 할 때, $(시간) = \dfrac{(거리)}{(속도)}$ 이므로

$$\frac{x}{8} + \frac{30-x}{6} = 4.5, \quad \frac{3x+120-4x}{24} = 4.5$$

$$-x + 120 = 108$$

$$\therefore \ x = 12(\text{km})$$

20 학교에서 선생님이 아이들에게 닭 강정을 간식으로 주었다. 한 학생에게 3개씩 주면 5개가 남고, 4개씩 주면 6개가 모자란다. 이 때 닭 강정의 개수는?

① 36개   ② 37개

③ 38개   ④ 39개

 학생 수를 x명이라 하면

$3x + 5 = 4x - 6, \ x = 11(\text{명})$

$\therefore \ (닭 \ 강정의 \ 개수) = 3 \times 11 + 5 = 38(개)$

닭 강정의 개수는 38개다.

21 〈표1〉은 정서 표현 수준을 측정하는 설문지에 대한 참가자 A의 반응이고, 〈표2〉는 전체 조사 대상자(표본)의 정서 표현 영역별 평균값이다. A의 점수를 바르게 나타낸 것은?

〈표1〉

문항	문항 내용	전혀 그렇지 않다	거의 그렇지 않다	가끔 그렇다	자주 그렇다	항상 그렇다
1	나는 주위 사람이 알아차릴 정도로 화를 낸다.	1	2	3	4	⑤
2	나는 친구들 앞에서 잘 웃는다.	1	2	③	4	5
3	나는 혼자 있을 때 과거의 일을 생각하고 크게 웃는다.	1	2	③	4	5
4	나는 일이 뜻대로 되지 않을 땐 실망감을 표현한다.	1	2	3	④	5

* 긍정 정서 표현 점수는 문항 2와 3을, 부정 정서 표현 점수는 문항 1과 4를, 전체 표현 점수는 모든 문항을 합산하여 계산한다.

〈표2〉

정서 표현 영역	표본의 평균값
긍정 정서 표현	8.1
부정 정서 표현	6.3
전체 표현성	14.4

	긍정 정서 표현 점수	부정 정서 표현 점수
①	9	6
②	8	7
③	7	8
④	6	9

(Tip) 긍정 정서 표현 점수는 2, 3번 문항의 점수를 합하고, 부정 정서 표현 점수는 1, 4번 문항의 점수를 합하면 되므로 긍정 정서 표현 점수는 6, 부정 정서 표현 점수는 9이다.

22 다음은 (A), (B), (C), (D)사의 연간 매출액에 관한 자료이다. 각 회사의 연간 이익률이 매년 일정하며 (B), (C), (D)사의 연간 이익률은 각각 3%, 3%, 2%이다. (A)~(D)사의 연간 순이익 총합이 전년에 비해 감소되지 않게 하는 (A)사의 최소 연간 이익률은?

[회사별 연간 매출액]

(단위 백억 원)

연도 회사	2004년	2005년	2006년	2007년	2008년	2009년
(A)	300	350	400	450	500	550
(B)	200	250	300	250	200	150
(C)	300	250	200	150	200	250
(D)	350	300	250	200	150	100

① 5%

② 8%

③ 7%

④ 10%

 우선 이익률이 제시되어 있는 (B)~(D)사의 순이익 종합을 구하면

	2004년	2005년	2006년	2007년	2008년	2009년
(B)	600	750	900	750	600	450
(C)	900	750	600	450	600	750
(D)	700	600	500	400	300	200
합	2,200	2,100	2,000	1,600	1,500	1,400

(B)~(D)사의 순이익 총합은 위 표와 같이 감소하고 있다. 그러므로 (A)~(D)사의 순이익 총합이 전년에 비해 감소하지 않기 위해서는 (A)사의 순이익이 (B)~(D)사 순이익 총합의 감소폭을 넘어야만 한다.

설문에서 (A)사의 '최소 연간 이익률'을 구하라고 하였으므로 (B)~(D)사의 순이익 총합에서 전년대비 감소폭이 가장 큰 해, 즉 2006년→2007년을 기준으로 (A)사의 이익률을 구한다.

(A)사의 2006년→2007년 매출액이 400→450으로 50 증가하였고, (A)사의 이익률을 x라 할 때, $50 \times x \geq 400$이어야 한다. 따라서 $x \geq 8$이다. 따라서 답은 ②이다.

23 다음 자료를 보고 주어진 상황에 대해 물음에 답하시오.

〈근로소득에 대한 간이 세액표〉

월 급여액(천 원) [비과세 및 학자금 제외]		공제대상 가족 수				
이상	미만	1	2	3	4	5
2,500	2,520	38,960	29,280	16,940	13,570	10,190
2,520	2,540	40,670	29,960	17,360	13,990	10,610
2,540	2,560	42,380	30,640	17,790	14,410	11,040
2,560	2,580	44,090	31,330	18,210	14,840	11,460
2,580	2,600	45,800	32,680	18,640	15,260	11,890
2,600	2,620	47,520	34,390	19,240	15,680	12,310
2,620	2,640	49,230	36,100	19,900	16,110	12,730
2,640	2,660	50,940	37,810	20,560	16,530	13,160
2,660	2,680	52,650	39,530	21,220	16,960	13,580
2,680	2,700	54,360	41,240	21,880	17,380	14,010
2,700	2,720	56,070	42,950	22,540	17,800	14,430
2,720	2,740	57,780	44,660	23,200	18,230	14,850
2,740	2,760	59,500	46,370	23,860	18,650	15,280

※ 갑근세는 제시되어 있는 간이 세액표에 따름
※ 주민세＝갑근세의 10%
※ 국민연금＝급여액의 4.50%
※ 고용보험＝국민연금의 10%
※ 건강보험＝급여액의 2.90%
※ 교육지원금＝분기별 100,000원(매 분기별 첫 달에 지급)

강○○ 사원의 12월 급여내역이 다음과 같고 전월과 동일하게 근무하였으며 명절 상여금으로 100,000원을 받게 된다면, 이듬해 1월에 받게 되는 급여는 얼마인가? (단, 원 단위 절삭)

(주) 서원플랜테크 12월 급여내역			
성명	강○○	지급일	12월 12일
기본급여	2,030,000	갑근세	30,640
직무수당	460,000	주민세	3,060
명절 상여금		고용보험	11,430
특별수당		국민연금	114,300
차량지원금	50,000	건강보험	73,660
교육지원		기타	
급여계	2,540,000	공제합계	233,090
		지급총액	2,306,910

① 2,453,910
② 2,463,910
③ 2,473,910
④ 2,483,910

기본급여	2,030,000	갑근세	46,370
직무수당	460,000	주민세	4,630
명절 상여금	100,000	고용보험	12,330
특별수당		국민연금	123,300
차량지원금	50,000	건강보험	79,460
교육지원	100,000	기타	
급여계	2,740,000	공제합계	266,090
		지급총액	2,473,910

Answer ✦ 23.③

24 주요 전기 요금 제도에 관한 다음 자료를 보고 물음에 답하시오.

▶ 주택용 전력(저압)

주거용 고객(아파트 고객 포함), 계약전력 3kW 이하의 고객

독신자 합숙소(기숙사 포함) 또는 집단거주용 사회복지시설로서 고객이 주택용 전력의 적용을 희망하는 경우 적용

주거용 오피스텔(주택은 아니지만 실제 주거용도로 이용되는 오피스텔) 고객

기본요금(원/호)		전력량 요금(원/kWh)	
100kWh 이하 사용	400	처음 100kWh까지	60
101~200kWh 사용	900	다음 100kWh까지	120
201~300kWh 사용	1,500	다음 100kWh까지	200
301~400kWh 사용	3,600	다음 100kWh까지	300
401~500kWh 사용	7,000	다음 100kWh까지	450
500kWh 초과 사용	12,000	500kWh 초과	700

▶ 주택용 전력(고압)

고압으로 공급받는 가정용 고객에게 적용

기본요금(원/호)		전력량 요금(원/kWh)	
100kWh 이하 사용	400	처음 100kWh까지	55
101~200kWh 사용	700	다음 100kWh까지	100
201~300kWh 사용	1,200	다음 100kWh까지	150
301~400kWh 사용	3,000	다음 100kWh까지	215
401~500kWh 사용	6,000	다음 100kWh까지	320
500kWh 초과 사용	10,000	500kWh 초과	600

▶ 가로등

일반 공중의 편익을 위하여 도로·교량·공원 등에 조명용으로 설치한 전등이나 교통신호등·도로표시등·해공로(海空路) 표시등 및 기타 이에 준하는 전등(소형기기를 포함)에 적용

구분	기본요금(원/kW)	전력량 요금(원/kWh)
갑(정액등)	W당 35(월 최저요금 1,000원)	
을(종량등)	6,000	80

* 가로등은 공급조건에 따라 가로등(갑), (을)로 구분한다.

가로등(갑)은 사용설비용량이 1kW 미만이거나 현장여건상 전기계기의 설치가 곤란한 교통신호등, 도로표시등, 공원산책로용, 조명용 전등에 한하여 적용하고 정액제로 요금을 계산하며 가로등(을)은 가로등(갑) 이외의 고객에게 적용하며 전기계기를 설치하여 사용전력량에 따라 요금을 계산한다.

〈별첨〉

제5조(설치기준) 가로등·보안등의 설치는 다음 각 호의 기준에 따른다.

1. 설치공사는 「전기공사업법」 및 본 규정이 정하는 바에 따라야 한다.
2. 시공업체는 반드시 전기공사업 면허 1·2종 업체로 한다.
3. 소요자재는 K.S표시품, 규격품, 승인품을 사용하여야 한다.
4. "등"은 절전형을 사용하여야 하며 지상 5미터 이상에 적합 용량의 것을 사용하며, 광전식이나 자동점멸기를 설치하여야 한다. 단, 부득이한 장소에는 수동스위치를 사용할 수 있다.
5. 가로등의 설치간격은 60미터 이상, 보안등의 설치간격은 4미터 이상으로 한다. 단, 곡선부에는 예외로 한다.

▶ 전기요금 청구액 계산방법

① 기본요금(원 단위 미만 절사)
② 사용량요금(원 단위 미만 절사)
③ 전기요금계=①+②−복지할인
④ 부가가치세(원 단위 미만 4사5입)=③×10%
⑤ 전력산업기반기금(10원 미만 절사)=③×3.7%
⑥ 청구요금 합계(10원 미만 절사)=③+④+⑤

동네에 공원이 만들어지면서 산책로에 가로등을 설치하기로 하였다. 공원의 산책로는 총 1.2km의 직선코스이고, 가로등 하나의 소비전력은 150W이며 하루에 14시간 점등한다고 한다. 산책로 양쪽에 가로등을 최소간격으로 설치한다고 할 때, 하루 전력사용비용은 얼마인가? (단, 산책로의 양끝에는 가로등을 반드시 설치한다.)

① 3,086,000원

② 3,087,000원

③ 3,088,000원

④ 3,089,000원

 150W 가로등의 하루 14시간 사용 전력량 : 150×14＝2,100W(개당 하루 소비전력)
전체 가로등[{(1.2km÷60)＋1}×2＝42개] : 2,100×42＝88,200W
소비전력에 따른 가격 : 가로등 전기 요금표에 따르면 가로등(갑) 기준 W당 35원이므로
88,200×35＝3,087,000원

25 주어진 자료를 보고 물음에 답하시오.

▶ 타이어 치수 및 호칭 표기법

205	55	R	16	91	V
단면폭	편평비	레이디얼	림내경	하중지수	속도계수

① 단면폭 : 타이어가 지면에 닿는 부분(mm)

② 편평비 : 타이어 단면의 폭에 대한 높이의 비율로서 시리즈라고도 한다. 과거에는 주로 100(높이와 폭이 같음)이었으나 점차 70, 60, 50, 40 등으로 낮아지고 있다. 고성능 타이어일수록 단면높이가 낮아진다. 편평비가 낮으면 고속주행시 안정감이 높고, 편평비가 높을수록 승차감이 좋지만 안정감이 떨어진다.

$$편평비(\%) = \frac{단면높이(H)}{단면폭(W)} \times 100$$

③ 레이디얼구조

　　Z : 방향성 및 고속 주행 타이어

　　R : 레이디얼 타이어

④ 림내경 : 타이어 내경(인치)

⑤ 하중지수 : 타이어 1개가 최대로 지탱할 수 있는 무게

하중지수	kg	하중지수	kg	하중지수	kg	하중지수	kg
62	265	72	355	82	475	92	630
63	272	73	365	83	487	93	650
64	280	74	375	84	500	94	670
65	290	75	387	85	515	95	690
66	300	76	400	86	530	96	710
67	307	77	412	87	545	97	730
68	315	78	425	88	560	98	750
69	325	79	437	89	580	99	775
70	335	80	450	90	600	100	800
71	345	81	462	91	615	101	825

⑥ 속도기호 : 타이어의 최대속도를 표시하는 기호를 말하며 속도기호에 상응하는 속도는 아래 표와 같다.

속도기호	Q	S	H	V	W	Y
속도(km/h)	160	180	210	240	270	300

다음과 같은 차량의 제원을 고려하여 타이어를 구매하려고 할 때, 구매해야 될 타이어 규격으로 적당한 것은?

차량 최대 속도	250km/h
휠 사이즈	20inch
최적 편평비	50
공차중량	2,320kg

① 225/55/ZR 20 88 Y

② 245/50/ZR 20 94 W

③ 235/55/R 19 91 W

④ 단면폭이 230mm이고, 단면높이가 138mm인 타이어

① 하중지수 88을 kg으로 환산하면 2,240kg이므로 공차중량보다 가볍다.
③ 림내경이 맞지 않다.
④ 편평비가 60으로 제원을 고려하였을 때 적당하지 않다..

26 다음 그래프와 표는 2005년 초에 조사한 한국의 애니메이션 산업에 대한 자료이다. 자료를 바탕으로 도출된 결론 중 옳은 것과 이를 도출하는 데 필요한 자료가 바르게 연결된 것은?

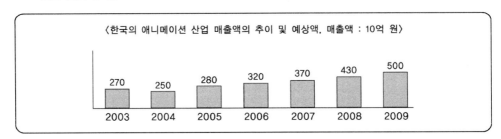

〈한국의 애니메이션 산업 매출액의 추이 및 예상액, 매출액 : 10억 원〉

〈표1〉 부문별 한국의 애니메이션 산업 매출액

(단위 : 10억 원)

부문	2003년	2004년
애니메이션 제작	257	234
애니메이션 상영	12	14
애니메이션 수출	1	2
합계	270	250

〈표2〉 분야별 한국의 애니메이션 제작부문 매출액

(단위 : 10억 원)

분야	2003년	2004년
창작 및 판권	80	70
투자수입	1	2
제작 서비스	4	6
단순 복제	150	125
유통 및 배급	18	9
마케팅 및 홍보	4	22
합계	257	234

〈결론〉

㉠ 2005년부터 2009년까지 한국의 애니메이션 산업 매출액은 매년 동일한 폭으로 증가하는 추세를 보일 것이다.

㉡ 2006년 한국의 애니메이션 산업 매출액 규모는 3,000억 원을 넘어서고, 2009년에는 5,000억 원 규모로 성장할 전망이다.

㉢ 2004년 한국의 애니메이션 산업 매출액은 2,500억 원으로 나타났으며, 2003년의 2,700억 원과 비교하면 7% 이상 감소하였다.

㉣ 한국의 애니메이션 제작부문 중 2003년에 비해 2004년에 매출액이 감소한 분야는 4개이다.

	결론	자료
①	㉠	그래프
②	㉡	〈표1〉
③	㉢	〈표1〉
④	㉣	〈표2〉

 ① 동일한 폭이 아니라 400억, 500억, 600억, 700억 원씩 증가한다.

② ㉡의 결론은 그래프를 통해 알 수 있다.

④ 2003년에 비해 2004년에 매출액이 감소한 분야는 창작 및 판권, 단순 복제, 유통 및 배급의 3개 분야이다.

27 다음 표는 (개), (내), (대) 세 기업의 남자 사원 400명에 대해 현재의 노동 조건에 만족하는가에 관한 설문 조사를 실시한 결과이다. ㉠~㉣ 중에서 옳은 것은 어느 것인가?

구분	불만	어느 쪽도 아니다	만족	계
(개)회사	34	38	50	122
(내)회사	73	11	58	142
(대)회사	71	41	24	136
계	178	90	132	400

㉠ 이 설문 조사에서는 현재의 노동 조건에 대해 불만을 나타낸 사람은 과반수를 넘지 않는다.
㉡ 가장 불만 비율이 높은 기업은 (대)회사이다.
㉢ "어느 쪽도 아니다"라고 회답한 사람이 가장 적은 (내)회사는 가장 노동조건이 좋은 기업이다.
㉣ 만족이라고 답변한 사람이 가장 많은 (내)회사가 가장 노동조건이 좋은 회사이다.

① ㉠, ㉡   ② ㉠, ㉢
③ ㉡, ㉢   ④ ㉢, ㉣

 각사 조사 회답 지수를 100%로 하고 각각의 회답을 집계하면 다음과 같은 표가 된다.

구분	불만	어느 쪽도 아니다	만족	계
(개)회사	34(27.9)	38(31.1)	50(41.0)	122(100.0)
(내)회사	73(51.4)	11(7.7)	58(40.8)	142(100.0)
(대)회사	71(52.2)	41(30.1)	24(17.6)	136(100.0)
계	178(44.5)	90(22.5)	132(33.0)	400(100.0)

㉢ "어느 쪽도 아니다"라고 답한 사람이 가장 적다는 것은 만족이거나 불만으로 나뉘어져 있는 것만 나타내는 것이며 노동 조건의 좋고 나쁨과는 관계가 없다.
㉣ 만족을 나타낸 사람의 수가 (내)회사가 가장 많았으나 142명 중 58명으로 40.8%이므로 (개)회사의 42%보다 낮다.

28 다음은 소득계층별 저축률 추이를 나타낸 것이다. 자료를 바르게 분석한 것은? (단, 경제성장률은 0보다 크다)

구분 연도	상위 30%	중위 40%	하위 30%
2002	38	22	0
2005	37	20	-4
2008	35	15	-12

㉠ 모든 계층의 소득이 줄어들고 있다.
㉡ 국내총생산 규모가 점차 감소하고 있다.
㉢ 하위 30% 계층의 가계 부채가 증가하고 있다.
㉣ 이자 소득에 있어서 각 계층 간 격차가 심화되고 있다.

① ㉠, ㉡

② ㉠, ㉢

③ ㉡, ㉢

④ ㉢, ㉣

 ㉠ 저축률이 줄고 있는 것은 알 수 있지만, 소득이 줄고 있는지는 알 수 없다.
㉡ 주어진 자료로는 국내총생산 규모가 감소하는지 알 수 없다.

▌29~30▐ 다음 상황과 자료를 보고 물음에 답하시오.

발신인	(주)바디버디 권○○ 대리
수신인	갑, 을, 병, 정
내용	안녕하세요! (주)바디버디 권○○ 대리입니다. 올해 상반기 업계 매출 1위 달성을 기념하여 현재 특별 프로모션이 진행되고 있습니다. 이번 기회가 기업용 안마의자를 합리적인 가격으로 구입하실 수 있는 가장 좋은 시기라고 여겨집니다. 아래에 첨부한 설명서와 견적서를 꼼꼼히 살펴보시고 궁금한 사항에 대해서 언제든 문의하시기 바랍니다.
첨부파일	구매 관련 설명서 #1, #2, 견적서 #3, #4, #5

구매 관련 설명서 #1

구분	리스	현금구입(할부)
기기명의	리스회사	구입자
실 운영자	리스이용자(임대인)	구입자
중도 해약	가능	–
부가가치세	면세 거래	–
기간 만료	반납/매입/재 리스	–

구매 관련 설명서 #2

– 절세 효과 : 개인 사업자 및 법인 사업자는 매년 소득에 대한 세금을 납부합니다. 이때, 신고, 소득에 대한 과세대상금액에서 리스료(리스회사에 매월 불입하는 불입금)전액을 임차료 성격으로서 제외시킬 수 있습니다. (법인세법상 리스료의 비용인정 – 법인세법 제18조에 의거 사업용 자산에 대한 임차료로 보아 필요경비로 인정함.)

적용세율(주민세 포함)			
법인 사업자		개인 사업자	
과세표준구간	적용세율	과세표준구간	적용세율
2억 이하	11.2%	1,200만 원 이하	8.8%
2억 초과	22.4%	1,200만 원 초과~4,600만 원 이하	18.7%
		4,600만 원 초과~8,800만 원 이하	28.6%
		8,800만 원 초과	38.5%

- 법인 사업자 절세 예시

　예를 들어, ○○법인의 작년 매출액이 5억 원이고 비용이 2억8천만 원이라면 ○○법인은 수익 2억2천만 원을 과세표준으로 계산시 2,688만 원의 법인세가 부가됩니다.

> 과세표준 : 2억 이하 ⇒ 2억 원×11.2%=2,240만 원
> 과세표준 : 2억 초과 ⇒ 2천만 원×22.4%=448만 원
> 법인세 총액=2,688만 원

만약 ○○법인이 안마의자 리스를 이용하고 1년간 납부한 총 임대료가 2천만 원이었다면, 수익은 2억 원(⇒2억2천만 원−2천만 원)이 되고, 비용은 3억 원(2억8천만 원+2천만 원)이 됩니다.

이에 따라 수익 2억 원을 과세표준으로 하면 법인세 2,240만 원만 부과되어 448만 원(2,688만 원−2,240만 원=448만 원)의 절세효과를 얻으실 수 있습니다.

이를 통상 리스 약정기간인 3년으로 설정하는 경우 448만 원×3년=1,344만 원의 절세 효과를 얻으실 수 있습니다.

물론 리스 이용료가 크면 클수록 절세효과는 더욱 더 크게 누리실 수 있습니다.

견적서 #3

안마의자	모델명	Body Buddy Royal-7	
	선택사양	STMC-5400	색상

가격/원가 구성

가격사항	기본가격	25,000,000	리스종류(기간)	운용리스(39개월)	
	프로모션	3,000,000	등록명의	리스사	
	탁송료		약정	39개월	
	안마의자 가격(리스 이용금액)	22,000,000	만기처리	반납/구매/재 리스	
	초기부담금	2,500,000	월 납입금(리스료)	39회	690,000

메모	리스 이용 프로모션 3,000,000 리스 이용시 연이율 8% 적용 설치일로부터 18개월 미만 해지시 위약금 – 남은 약정금액의 20% 설치일로부터 18개월 이후 해지시 위약금 – 남은 약정금액의 10%

견적서 #4

안마의자	모델명	Body Buddy Royal-7		
	선택사양	STMC-5400	색상	

가격/원가 구성

	기본가격	25,000,000	할부 기간	39개월	
가격사항	프로모션	2,400,000	등록명의	개인	
	탁송료				
	안마의자 가격(할부 이용금액)	22,600,000			
	초기부담금	2,500,000	월 납입금(할부금)	39회	590,000
메모	할부 이용 프로모션 2,400,000 할부 이용시 연이율 3% 적용, 선수금 10% 오를 시 할부 연이율 0.5% 하락				

견적서 #5

안마의자	모델명	Body Buddy Royal-7		
	선택사양	STMC-5400	색상	

가격/원가 구성

	기본가격	25,000,000
가격사항	프로모션	1,800,000
	탁송료	
	안마의자 가격	23,200,000
메모	일시불 프로모션 1,800,000	

29 개인이 할부로 안마의자를 구입하는 경우 500만 원의 초기비용을 지불하면 연이율은 몇 %가 적용되는가?

① 2.5%   ② 3.0%

③ 3.5%   ④ 4.0%

 할부 이용시 연이율은 3%가 적용되지만, 선수금이 10% 오르는 경우 0.5% 하락하므로 초기비용으로 500만 원을 지불하면 연이율은 2.5%가 적용된다.

30 법인사업자가 안마의자를 리스로 이용하다가 20개월이 된 시점에서 약정을 해지한다면 위약금은 얼마인가?

① 1,291,000원   ② 1,301,000원

③ 1,311,000원   ④ 1,321,000원

 설치일로부터 18개월 이후 해지시 위약금은 남은 약정금액의 10%이므로
(690,000원×19회)×0.1=1,311,000원

Answer ⌐→ 29.① 30.③

31 다음은 사원 6명의 A~E항목 평가 자료의 일부이다. 이에 대한 설명 중 옳은 것은?

(단위 : 점)

사원 \ 과목	A	B	C	D	E	평균
김영희	( )	14	13	15	( )	( )
이민수	12	14	( )	10	14	13.0
박수민	10	12	9	( )	18	11.8
최은경	14	14	( )	17	( )	( )
정철민	( )	20	19	17	19	18.6
신상욱	10	( )	16	( )	16	( )
계	80	( )	( )	84	( )	( )
평균	( )	14.5	14.5	( )	( )	( )

※ 항목별 평가 점수 범위는 0~20점이고, 모든 항목 평가에서 누락자는 없음.

※ 사원의 성취수준은 5개 항목 평가 점수의 산술평균으로 결정함.

－평가 점수 평균이 18점 이상 20점 이하 : 수월수준

－평가 점수 평균이 15점 이상 18점 미만 : 우수수준

－평가 점수 평균이 12점 이상 15점 미만 : 보통수준

－평가 점수 평균이 12점 미만 : 기초수준

① 김영희 사원의 성취수준은 E항목 평가 점수가 17점 이상이면 '우수수준'이 될 수 있다.

② 최은경 사원의 성취수준은 E항목 시험 점수에 따라 '기초수준'이 될 수 있다.

③ 신상욱 사원의 평가 점수는 B항목은 13점, D항목은 15점으로 성취수준은 '우수수준'이다.

④ 이민수 사원의 C항목 평가 점수는 정철민 사원의 A항목 평가 점수보다 높다.

빈칸 중 추론이 가능한 부분을 채우면 다음과 같다.

사원 \ 과목	A	B	C	D	E	평균
김영희	(16)	14	13	15	( )	( )
이민수	12	14	(15)	10	14	13.0
박수민	10	12	9	(10)	18	11.8
최은경	14	14	(15)	17	( )	( )
정철민	(18)	20	19	17	19	18.6
신상욱	10	(13)	16	(15)	16	(14)
계	80	(87)	(87)	84	( )	( )
평균	($\frac{80}{6}$)	14.5	14.5	(14)	( )	( )

① 김영희 사원의 성취수준은 E항목 평가 점수가 17점 이상이면 평균이 15점 이상으로 '우수수준'이 될 수 있다.

② 최은경 사원의 성취수준은 E항목 시험 점수가 0점이라고 해도 평균 12점으로 '보통수준'이다. 따라서 '기초수준'이 될 수 없다.

③ 신상욱 사원의 평가 점수는 B항목은 13점, D항목은 15점, 평균 14점으로 성취수준은 '보통수준'이다.

④ 이민수 사원의 C항목 평가 점수는 15점으로, 정철민 사원의 A항목 평가 점수는 18점보다 낮다.

Answer 31.①

32 다음은 2007~2013년 동안 흡연율 및 금연계획률에 관한 자료이다. 이에 대한 설명으로 옳은 것은?

〈성별 흡연율〉

성별 \ 연도	2007	2008	2009	2010	2011	2012	2013
남성	45.0	47.7	46.9	48.3	47.3	43.7	42.1
여성	5.3	7.4	7.1	6.3	6.8	7.9	6.1
전체	20.6	23.5	23.7	24.6	25.2	24.9	24.1

〈소득수준별 남성 흡연율〉

소득 \ 연도	2007	2008	2009	2010	2011	2012	2013
최상	38.9	39.9	38.7	43.5	44.1	40.8	36.6
상	44.9	46.4	46.4	45.8	44.9	38.6	41.3
중	45.2	49.6	50.9	48.3	46.6	45.4	43.1
하	50.9	55.3	51.2	54.2	53.9	48.2	47.5

〈금연계획율〉

구분 \ 연도	2007	2008	2009	2010	2011	2012	2013
금연계획률	59.8	56.9	( )	( )	56.3	55.2	56.5
단기	19.4	( )	18.2	20.8	20.2	19.6	19.3
장기	40.4	39.2	39.2	32.7	( )	35.6	37.2

※ 흡연율(%) = $\dfrac{흡연자\ 수}{인구\ 수} \times 100$

※ 금연계획률(%) = $\dfrac{금연계획자\ 수}{흡연자\ 수} \times 100$ = 단기 금연계획률 + 장기 금연계획률

① 매년 남성 흡연율은 여성 흡연율의 6배 이상이다.

② 매년 소득수준이 높을수록 남성 흡연율은 낮다.

③ 2008~2010년 동안 매년 금연계획률은 전년대비 감소한다.

④ 2011년의 장기 금연계획률은 2008년의 단기 금연계획률의 두 배 이상이다.

 ① 2012년의 남성 흡연율은 43.7이고 여성 흡연율은 7.9로 6배 이하이다.
② 2012년 소득수준이 최상인 남성 흡연율이 상인 남성 흡연율보다 높다.
③ 2009년의 금연계획률은 57.4, 2010년의 금연계획률은 53.5로 2009년은 전년대비 증가하였고, 2010년은 전년대비 감소하였다.
④ 2011년의 장기 금연계획률은 36.1로 2008년의 단기 금연계획률인 17.7의 두 배 이상이다.

33 K공사는 직원들의 창의력을 증진시키기 위하여 '창의 테마파크'를 운영하고자 한다. 다음의 프로그램들을 대상으로 전문가와 사원들이 평가를 실시하여 가장 높은 점수를 받은 프로그램을 최종 선정하여 운영한다고 할 때, '창의 테마파크'에서 운영할 프로그램은?

분야	프로그램명	전문가 점수	사원 점수
미술	내 손으로 만드는 공항	26	32
인문	세상을 바꾼 생각들	31	18
무용	스스로 창작	37	25
인문	역사랑 놀자	36	28
음악	연주하는 사무실	34	34
연극	연출노트	32	30
미술	예술캠프	40	25

※ 전문가와 사원은 후보로 선정된 프로그램을 각각 40점 만점제로 우선 평가하였다.
※ 전문가 점수와 사원 점수의 반영 비율을 3 : 2로 적용하여 합산한 후, 하나밖에 없는 분야에 속한 프로그램에는 취득점수의 30%를 가산점으로 부여한다.

① 연주하는 사무실　　　　　② 스스로 창작
③ 연출노트　　　　　　　　④ 예술캠프

 각각의 프로그램이 받을 점수를 계산하면 다음과 같다.

분야	프로그램명	점수
미술	내 손으로 만드는 공항	$\{(26 \times 3) + (32 \times 2)\} = 142$
인문	세상을 바꾼 생각들	$\{(31 \times 3) + (18 \times 2)\} = 129$
무용	스스로 창작	$\{(37 \times 3) + (25 \times 2)\}$ + 가산점 30% = 209.3
인문	역사랑 놀자	$\{(36 \times 3) + (28 \times 2)\} = 164$
음악	연주하는 사무실	$\{(34 \times 3) + (34 \times 2)\}$ + 가산점 30% = 221
연극	연출노트	$\{(32 \times 3) + (30 \times 2)\}$ + 가산점 30% = 202.8
미술	예술캠프	$\{(40 \times 3) + (25 \times 2)\} = 170$

따라서 가장 높은 점수를 받은 연주하는 사무실이 최종 선정된다.

34 다음은 차량 A, B, C의 연료 및 경제속도 연비, 연료별 리터당 가격에 대한 자료이다. 제시된 〈조건〉을 적용하였을 때, 두 번째로 높은 연료비가 소요되는 차량과 해당 차량의 연료비를 바르게 나열한 것은?

〈A, B, C 차량의 연료 및 경제속도 연비〉

차량 \ 구분	연료	경제속도 연비(km/L)
A	LPG	10
B	휘발유	16
C	경유	20

※ 차량 경제속도는 60km/h 이상 90km/h 미만임

〈연료별 리터당 가격〉

연료	LPG	휘발유	경유
리터당 가격(원/L)	1,000	2,000	1,600

〈조건〉

1. A, B, C 차량은 모두 아래와 같이 각 구간을 한 번씩 주행하고, 각 구간별 주행속도 범위 내에서만 주행한다.

구간	1구간	2구간	3구간
주행거리(km)	100	40	60
주행속도(km/h)	30 이상 60 미만	60 이상 90 미만	90 이상 120 미만

2. A, B, C 차량의 주행속도별 연비적용률은 다음과 같다.

차량	주행속도(km/h)	연비적용률(%)
A	30 이상 60 미만	50.0
	60 이상 90 미만	100.0
	90 이상 120 미만	80.0
B	30 이상 60 미만	62.5
	60 이상 90 미만	100.0
	90 이상 120 미만	75.0
C	30 이상 60 미만	50.0
	60 이상 90 미만	100.0
	90 이상 120 미만	75.0

※ 연비적용률이란 경제속도 연비 대비 주행속도 연비를 백분율로 나타낸 것임

① A, 31,500원   ② B, 24,500원

③ B, 35,000원   ④ C, 25,600원

 주행속도에 따른 연비와 구간별 소요되는 연료량을 계산하면 다음과 같다.

차량	주행속도(km/h)	연비(km/L)	구간별 소요되는 연료량(L)		
A (LPG)	30 이상 60 미만	10 × 50.0% = 5	1구간	20	총 31.5
	60 이상 90 미만	10 × 100.0% = 10	2구간	4	
	90 이상 120 미만	10 × 80.0% = 8	3구간	7.5	
B (휘발유)	30 이상 60 미만	16 × 62.5% = 10	1구간	10	총 17.5
	60 이상 90 미만	16 × 100.0% = 16	2구간	2.5	
	90 이상 120 미만	16 × 75.0% = 12	3구간	5	
C (경유)	30 이상 60 미만	20 × 50.0% = 10	1구간	10	총 16
	60 이상 90 미만	20 × 100.0% = 20	2구간	2	
	90 이상 120 미만	20 × 75.0% = 15	3구간	4	

따라서 조건에 따른 주행을 완료하는 데 소요되는 연료비는 A 차량은 31.5 × 1,000 = 31,500원, B 차량은 17.5 × 2,000 = 35,000원, C 차량은 16 × 1,600 = 25,600원으로, 두 번째로 높은 연료비가 소요되는 차량은 A며 31,500원의 연료비가 든다.

|35~36| 다음은 60대 인구의 여가활동 목적추이를 나타낸 표(단위 : %)이고, 그래프는 60대 인구의 여가활동 특성(단위 : %)에 관한 것이다. 자료를 보고 물음에 답하시오.

여가활동 목적	2006	2007	2008
개인의 즐거움	21	22	19
건강	26	31	31
스트레스 해소	11	7	8
마음의 안정과 휴식	15	15	13
시간 때우기	6	6	7
자기발전 자기계발	6	4	4
대인관계 교제	14	12	12
자아실현 자아만족	2	2	4
가족친목	0	0	1
정보습득	0	0	0

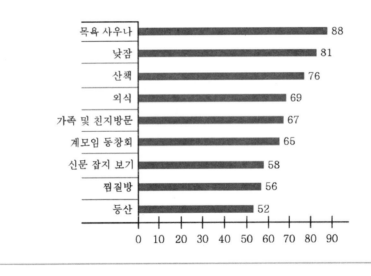

35 옆의 자료에 대한 설명으로 올바른 것은?

① 60대 인구 대부분은 스트레스 해소를 위해 목욕·사우나를 한다.

② 60대 인구가 가족 친목을 위해 여가시간을 보내는 비중은 정보습득을 위해 여가시간을 보내는 비중만큼이나 작다.

③ 60대 인구가 여가활동을 건강을 위해 보내는 추이가 점차 감소하고 있다.

④ 여가활동을 낮잠으로 보내는 비율이 60대 인구의 여가활동 가운데 가장 높다.

 ① 제시된 자료로는 60대 인구가 스트레스 해소로 목욕·사우나를 하는지 알 수 없다.
③ 60대 인구가 여가활동을 건강을 위해 보내는 비중이 2007년에 증가하였고 2008년은 전년과 동일한 비중을 차지하였다.
④ 여가활동을 목욕·사우나로 보내는 비율이 60대 인구의 여가활동 가운데 가장 높다.

36 60대 인구가 25만 명이라면 여가활동으로 등산을 하는 인구는 몇 명인가?

① 13만 명   ② 15만 명
③ 16만 명   ④ 17만 명

 $\dfrac{x}{25만} \times 100 = 52\%$

$x = 13만$ 명

Answer ↪ 35.② 36.①

┃37~40┃ 다음은 농업총수입과 농작물수입을 영농형태와 지역별로 나타낸 표이다. 표를 보고 물음에 답하시오.

영농형태	농업총수입(천 원)	농작물수입(천 원)
논벼	20,330	18,805
과수	34,097	32,382
채소	32,778	31,728
특용작물	45,534	43,997
화훼	64,085	63,627
일반밭작물	14,733	13,776
축산	98,622	14,069
기타	28,499	26,112

행정지역	농업총수입(천 원)	농작물수입(천 원)
경기도	24,785	17,939
강원도	27,834	15,532
충청북도	23,309	17,722
충청남도	31,583	18,552
전라북도	26,044	21,037
전라남도	23,404	19,129
경상북도	28,690	22,527
경상남도	28,478	18,206
제주도	29,606	28,141

37 제주도의 농업총수입은 경기도 농업총수입과 얼마나 차이 나는가?

① 4,821천 원
② 4,930천 원
③ 5,860천 원
④ 6,896천 원

 29,606 − 24,785 = 4,821천 원

38 앞의 표에 대한 설명으로 옳지 않은 것은?

① 화훼는 과수보다 약 2배의 농업총수입을 얻고 있다.

② 축산의 농업총수입은 다른 영농형태보다 월등히 많은 수입을 올리고 있다.

③ 경기도는 농업총수입과 농작물수입이 충청남도보다 높다.

④ 강원도의 농작물수입은 다른 지역에 비해 가장 낮은 수입이다.

 ③ 경기도는 농업총수입과 농작물수입이 충청남도보다 낮다.

39 특용작물의 농업총수입은 일반밭작물의 몇 배인가? (소수점 둘째자리까지 구하시오)

① 1.26배   ② 2.95배

③ 3.09배   ④ 4.21배

 45,534 ÷ 14,733 = 3.09배

40 농업총수입이 가장 높은 영농형태와 농작물수입이 가장 낮은 영농형태로 이어진 것은?

① 일반밭작물 - 축산   ② 축산 - 일반밭작물

③ 특용작물 - 축산   ④ 과수 - 채소

 ② 축산(98,622천 원), 일반밭작물(13,776천 원)

Answer↱ 37.①   38.③   39.③   40.②

41 다음은 A 공사의 연도별 임직원 현황에 관한 자료이다. 이에 대한 설명 중 옳은 것을 모두 고르면?

구분	연도	2013	2014	2015
국적	한국	9,566	10,197	9,070
	중국	2,636	3,748	4,853
	일본	1,615	2,353	2,749
	대만	1,333	1,585	2,032
	기타	97	115	153
	계	15,247	17,998	18,857
고용형태	정규직	14,173	16,007	17,341
	비정규직	1,074	1,991	1,516
	계	15,247	17,998	18,857
연령	20대 이하	8,914	8,933	10,947
	30대	5,181	7,113	6,210
	40대 이상	1,152	1,952	1,700
	계	15,247	17,998	18,857
직급	사원	12,365	14,800	15,504
	간부	2,801	3,109	3,255
	임원	81	89	98
	계	15,247	17,998	18,857

⊙ 매년 일본, 대만 및 기타 국적 임직원 수의 합은 중국 국적 임직원 수보다 많다.
ⓛ 매년 전체 임직원 중 20대 이하 임직원이 차지하는 비중은 50% 이상이다.
ⓒ 2014년과 2015년에 전년대비 임직원수가 가장 많이 증가한 국정은 모두 중국이다.
ⓔ 2014년에 국적이 한국이면서 고용형태가 정규직이고 직급이 사원인 임직원은 5,000명 이상이다.

① ⊙, ⓛ   ② ⊙, ⓒ
③ ⓛ, ⓔ   ④ ⊙, ⓒ, ⓔ

 ⓛ 2014년은 전체 임직원 중 20대 이하 임직원이 차지하는 비중이 50% 이하이다.

| 42~43 | 가사분담 실태에 대한 통계표(단위 : %)이다. 표를 보고 물음에 답하시오.

	부인 주도	부인 전적	부인 주로	공평 분담	남편 주도	남편 주로	남편 전적
15~29세	40.2	12.6	27.6	17.1	1.3	0.9	0.3
30~39세	49.1	11.8	27.3	9.4	1.2	1.1	0.1
40~49세	48.8	15.2	23.5	9.1	1.9	1.6	0.3
50~59세	47.0	17.6	20.4	10.6	2.0	2.2	0.2
60세 이상	47.2	18.2	18.3	9.3	3.5	2.3	1.2
65세 이상	47.2	11.2	25.2	9.2	3.6	2.2	1.4

	부인 주도	부인 전적	부인 주로	공평 분담	남편 주도	남편 주로	남편 전적
맞벌이	55.9	14.3	21.5	5.2	1.9	1.0	0.2
비 맞벌이	59.1	12.2	20.9	4.8	2.1	0.6	0.3

42 위 표에 대한 설명으로 옳은 것은?

① 맞벌이 부부가 공평하게 가사 분담하는 비율이 부인이 주로 가사 담당하는 비율보다 높다.

② 비 맞벌이 부부는 가사를 부인이 주도하는 경우가 가장 높은 비율을 차지하고 있다.

③ 60세 이상은 비 맞벌이 부부가 대부분이기 때문에 부인이 가사를 주도하는 경우가 많다.

④ 대체로 부인이 가사를 전적으로 담당하는 경우가 가장 높은 비율을 차지하고 있다.

 ① 맞벌이 부부가 공평하게 가사 분담하는 비율이 부인이 주로 가사 담당하는 비율보다 낮다.
③ 60세 이상이 비 맞벌이 부부가 대부분인지는 알 수 없다.
④ 대체로 부인이 기시를 주도하는 경우가 가장 높은 비율을 차지하고 있다.

43 50세에서 59세의 부부의 가장 높은 비율을 차지하는 가사분담 형태는 가장 낮은 비율을 차지하는 형태의 몇 배인가?

① 235배

② 215배

③ 195배

④ 185배

 부인 주도 ÷ 남편 전적 = 47 ÷ 0.2 = 235(배)

Answer → 41.④ 42.② 43.①

44 다음 〈그림〉과 〈표〉는 2010~2014년 우리나라의 국내 산업용 전력시장 판매량 및 수출입량과 ○○사의 산업용 전력시장 매출액에 대한 자료이다. 설명 중 옳지 않은 것은?

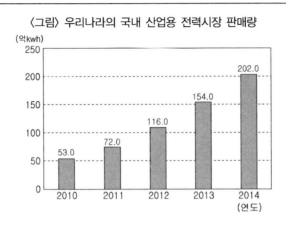

〈그림〉 우리나라의 국내 산업용 전력시장 판매량

〈표1〉 우리나라의 산업용 전력시장 수출입량

(단위 : 억kWh)

구분 \ 연도	2010	2011	2012	2013	2014
수출량	1.2	2.5	18.0	67.0	240.0
수입량	1.1	2.0	3.5	4.2	5.0

※ 1) 수출량은 국내 산업용 전력시장 판매량에 포함되지 않음
　 2) 수입량은 당해 연도 국내 산업용 전력시장에서 모두 판매됨

〈표2〉 ○○사의 산업용 전력시장 매출액

(단위 : 천억 원)

연도	2010	2011	2012	2013	2014
매출액	4.3	43.0	304.4	1,203.1	4,348.4

① 2014년 국내 산업용 전력시장 판매량 대비 수입량의 비율은 3.0% 이하이다.

② 2011~2014년 동안 국내 산업용 전력시장 판매량의 전년대비 증가율이 가장 큰 해는 2012년이다.

③ 2011~2014년 동안 산업용 전력시장 수입량의 전년대비 증가율이 가장 작은 해에는 산업용 전력시장 수출량의 전년대비 증가율이 가장 크다.

④ 2012년 우리나라의 산업용 전력시장 수출량의 전년대비 증가율과 2012년 ○○사의 산업용 전력시장 매출액의 전년대비 증가율의 차이는 30%p 이하이다.

③ 2011~2014년 동안 산업용 전력시장 수입량의 전년대비 증가율이 가장 작은 해는 2014년이고, 산업용 전력시장의 수출량의 전년대비 증가율이 가장 큰 해는 2012년이다.

① 2014년 국내 산업용 전력시장 판매량은 202.0kWh이고 수입량은 5.0kWh로, 2014년 국내 산업용 전력시장 판매량 대비 수입량의 비율은 $\frac{5.0}{202.0} \times 100 =$ 약 2.5%이다.

② 2011~2014년 동안 국내 산업용 전력시장 판매량의 전년대비 증가율이 가장 큰 해는 $\frac{116.0 - 72.0}{72.0} \times 100 =$ 약 61% 증가한 2012년이다.

④ 2012년 우리나라의 산업용 전력시장 수출량의 전년대비 증가율은 $\frac{18.0 - 2.5}{2.5} \times 100 = 620\%$ 이고, 2012년 ○○사의 산업용 전력시장 매출액의 전년대비 증가율은 $\frac{304.4 - 43..0}{43.0} =$ 약 608% 로 그 차이는 30%p 이하이다.

45 다음은 어느 카페의 메뉴판이다. 오늘의 커피와 단호박 샌드위치를 먹으려할 때, 세트로 구매하는 것은 단품으로 시키는 것보다 얼마가 더 저렴한가?

〈메뉴〉

음료		샌드위치	
오늘의 커피	3,000	하우스 샌드위치	5,000
아메리카노	3,500	단호박 샌드위치	5,500
카페라떼	4,000	치즈듬뿍 샌드위치	5,500
생과일주스	4,000	베이컨토마토 샌드위치	6,000

수프	
콘수프	4,500
감자수프	5,000
브로콜리수프	5,000

세트	7,000

(오늘의 커피 + 하우스 샌드위치 or 콘수프 중 택1)
※ 커피종류는 변경할 수 없음
※ 샌드위치 또는 수프 변경 시 가격의 차액만큼 추가

① 500원   ② 1,000원
③ 1,500원   ④ 2,000원

 단품으로 구매 시 : 오늘의 커피(3,000) + 단호박 샌드위치(5,500) = 8,500원
세트로 구매 시 : 7,000 + 샌드위치 차액(500) = 7,500원
∴ 세트로 구매하는 것이 단품으로 구매하는 것보다 1,000원 더 저렴하다.

Answer↪ 44.③ 45.②

46 A씨는 30 % 할인 행사 중인 백화점에 갔다. 매장에 도착하니 당일 구매물품의 정가 총액에 따라 아래의 〈혜택〉 중 하나를 택할 수 있다고 한다. 정가 10만원짜리 상의와 15만원짜리 하의를 구입하고자 한다. 옷을 하나 이상 구입하여 일정 혜택을 받고 교통비를 포함해 총비용을 계산할 때, 〈보기〉의 설명 중 옳은 것을 모두 고르면? (단, 1회 왕복교통비는 5천원이고, 소요시간 등 기타사항은 금액으로 환산하지 않는다)

〈혜택〉
- 추가할인 : 정가 총액이 20만 원 이상이면, 할인된 가격의 5%를 추가로 할인
- 할인쿠폰 : 정가 총액이 10만 원 이상이면, 세일기간이 아닌 기간에 사용할 수 있는 40% 할인권 제공

〈보기〉
㉠ 오늘 상·하의를 모두 구입하는 것이 가장 싸게 구입하는 방법이다.
㉡ 상·하의를 가장 싸게 구입하면 17만원 미만의 비용이 소요된다.
㉢ 상·하의를 가장 싸게 구입하는 경우와 가장 비싸게 구입하는 경우의 비용 차이는 1회 왕복 교통비 이상이다.
㉣ 오늘 하의를 구입하고, 세일기간이 아닌 기간에 상의를 구입하면 17만 5천원이 든다.

---

① ㉠㉡
② ㉠㉢
③ ㉡㉢
④ ㉢㉣

 갑씨가 선택할 수 있는 방법은 총 세 가지이다.
- 오늘 상·하의를 모두 구입하는 방법(추가할인적용)
  $(250,000 \times 0.7) \times 0.95 + 5,000 = 171,250$(원)
- 오늘 상의를 구입하고, 세일기간이 아닌 기간에 하의를 구입하는 방법(할인쿠폰사용)
  $(100,000 \times 0.7) + (150,000 \times 0.6) + 10,000 = 170,000$(원)
- 오늘 하의를 구입하고, 세일기간이 아닌 기간에 상의를 구입하는 방법(할인쿠폰사용)
  $(150,000 \times 0.7) + (100,000 \times 0.6) + 10,000 = 175,000$(원)
∴ ㉠ 가장 싸게 구입하는 방법은 오늘 상의를 구입하고, 세일기간이 아닌 기간에 하의를 구입하는 것이다.
   ㉡ 상·하의를 가장 싸게 구입하면 17만원의 비용이 소요된다.

47 지헌이는 생활이 어려워 수집했던 고가의 피규어를 인터넷 경매를 통해 판매하려고 한다. 경매 방식과 규칙, 예상 응찰 현황이 다음과 같을 때, 경매 결과를 바르게 예측한 것은?

- 경매 방식 : 각 상품은 따로 경매하거나 묶어서 경매
- 경매 규칙
 – 낙찰자 : 최고가로 입찰한 자
 – 낙찰가 : 두 번째로 높은 입찰가
 – 두 상품을 묶어서 경매할 경우 낙찰가의 5%를 할인해 준다.
 – 입찰자는 낙찰가의 총액이 100,000원을 초과할 경우 구매를 포기한다.
- 예상 응찰 현황

입찰자	A 입찰가	B 입찰가	합계
甲	20,000	50,000	70,000
乙	30,000	40,000	70,000
丙	40,000	70,000	110,000
丁	50,000	30,000	80,000
戊	90,000	10,000	100,000
己	40,000	80,000	120,000
庚	10,000	20,000	30,000
辛	30,000	10,000	40,000

---

① 두 상품을 묶어서 경매한다면 낙찰자는 己이다.

② 경매 방식에 상관없이 지헌이의 예상 수입은 동일하다.

③ 두 상품을 따로 경매한다면 얻는 수입은 120,000원이다.

④ 두 상품을 따로 경매한다면 A의 낙찰자는 丁이다.

 ③ 두 상품을 따로 경매한다면 A는 戊에게 50,000원에, B는 己에게 70,000원에 낙찰되므로 얻는 수입은 120,000원이다.

　① 두 상품을 묶어서 경매한다면 최고가 입찰자는 己이다. 己가 낙찰 받는 금액은 110,000원으로 5% 할인을 해주어도 그 금액이 100,000원이 넘는다. 입찰자는 낙찰가의 총액이 100,000원을 초과할 경우 구매를 포기한다는 조건에 의해 己는 구매를 포기하게 되므로 낙찰자는 丙이 된다.

　② 지헌이가 얻을 수 있는 예상 수입은 두 상품을 따로 경매할 경우 120,000원, 두 상품을 묶어서 경매할 경우 95,000원으로 동일하지 않다.

　④ 두 상품을 따로 경매한다면 A의 낙찰자는 戊이다.

48 다이어트 중인 수진이는 품목별 가격과 칼로리, 오늘의 행사 제품 여부에 따라 물건을 구입하려고 한다. 예산이 10,000원이라고 할 때, 칼로리의 합이 가장 높은 조합은?

〈품목별 가격과 칼로리〉

품목	피자	돈가스	도넛	콜라	아이스크림
가격(원/개)	2,500	4,000	1,000	500	2,000
칼로리(kcal/개)	600	650	250	150	350

〈오늘의 행사〉

행사 1 : 피자 두 개 한 묶음을 사면 콜라 한 캔이 덤으로!
행사 2 : 돈가스 두 개 한 묶음을 사면 돈가스 하나가 덤으로!
행사 3 : 아이스크림 두 개 한 묶음을 사면 아이스크림 하나가 덤으로!
단, 행사는 품목당 한 묶음까지만 적용됩니다.

① 피자 2개, 아이스크림 2개, 도넛 1개
② 돈가스 2개, 피자 1개, 콜라 1개
③ 아이스크림 2개, 도넛 6개
④ 돈가스 2개, 도넛 2개

① 피자 2개, 아이스크림 2개, 도넛 1개를 살 경우, 행사 적용에 의해 피자 2개, 아이스크림 3개, 도넛 1개, 콜라 1개를 사는 효과가 있다. 따라서 총 칼로리는 (600 × 2) + (350 × 3) + 250 + 150 = 2,650kcal이다.

② 돈가스 2개(8,000원), 피자 1개(2,500원), 콜라 1개(500원)의 조합은 예산 10,000원을 초과한다.

③ 아이스크림 2개, 도넛 6개를 살 경우, 행사 적용에 의해 아이스크림 3개, 도넛 6개를 구입하는 효과가 있다. 따라서 총 칼로리는 (350 × 3) + (250 × 6) = 2,550kcal이다.

④ 돈가스 2개, 도넛 2개를 살 경우, 행사 적용에 의해 돈가스 3개, 도넛 2개를 구입하는 효과가 있다. 따라서 총 칼로리는 (650 × 3) + (250 × 2) = 2,450kcal이다.

| 49~50 | 다음 〈표〉는 2008~2010년 동안 어느 지역의 용도별 물 사용량 현황을 나타낸 자료이다. 다음 자료를 보고 물음에 답하시오.

(단위 : m^3, %, 명)

연도 / 구분 / 용도	2008 사용량	2008 비율	2009 사용량	2009 비율	2010 사용량	2010 비율
생활용수	136,762	56.2	162,790	56.2	182,490	56.1
가정용수	65,100	26.8	72,400	25.0	84,400	26.0
영업용수	11,000	4.5	19,930	6.9	23,100	7.1
업무용수	39,662	16.3	45,220	15.6	47,250	14.5
욕탕용수	21,000	8.6	25,240	8.7	27,740	8.5
농업용수	45,000	18.5	49,050	16.9	52,230	16.1
공업용수	61,500	25.3	77,900	26.9	90,300	27.8
총 사용량	243,262	100.0	289,740	100.0	325,020	100.0
사용인구	379,300		430,400		531,250	

※ 1명당 생활용수 사용량(m^3/명) = $\dfrac{생활용수\ 총\ 사용량}{사용인구}$

49 위의 표에 대한 설명으로 옳지 않은 것은?

① 생활용수의 사용량은 계속 증가하고 있다.

② 2009년에는 생활용수의 사용량은 증가했지만 비율은 2008년과 같다.

③ 매년 생활용수 중 가장 비중이 높은 것은 가정용수이다.

④ 욕탕용수의 비율은 매년 증가하고 있다.

 ④ 욕탕용수의 비율은 2010년에 하락했다.

50 다음은 2011년부터 2014년까지의 국내총생산과 경상수지액이다. 경상수지비율이 가장 높은 연도는?

구분	2011년	2012년	2013년	2014년
국내총생산 (10억 달러)	1,203	1,222	1,305	1,410
경상수지액 (100만 달러)	18,656	50,835	81,148	89,220

※ 경상수지비율＝(경상수지액÷GDP)×100

① 2011년   ② 2012년

③ 2013년   ④ 2014년

(Tip)
① 2011년 : 1.55
② 2012년 : 4.16
③ 2013년 : 6.21
④ 2014년 : 6.33

Answer → 50.④

03 문제해결능력

1 문제와 문제해결

(1) 문제의 정의와 분류

① 정의 … 문제란 업무를 수행함에 있어서 답을 요구하는 질문이나 의논하여 해결해야 되는 사항이다.

② 문제의 분류

구분	창의적 문제	분석적 문제
문제제시 방법	현재 문제가 없더라도 보다 나은 방법을 찾기 위한 문제 탐구→문제 자체가 명확하지 않음	현재의 문제점이나 미래의 문제로 예견될 것에 대한 문제 탐구→문제 자체가 명확함
해결방법	창의력에 의한 많은 아이디어의 작성을 통해 해결	분석, 논리, 귀납과 같은 논리적 방법을 통해 해결
해답 수	해답의 수가 많으며, 많은 답 가운데 보다 나은 것을 선택	답의 수가 적으며 한정되어 있음
주요특징	주관적, 직관적, 감각적, 정성적, 개별적, 특수성	객관적, 논리적, 정량적, 이성적, 일반적, 공통성

(2) 업무수행과정에서 발생하는 문제 유형

① 발생형 문제(보이는 문제) … 현재 직면하여 해결하기 위해 고민하는 문제이다. 원인이 내재되어 있기 때문에 원인지향적인 문제라고도 한다.
ⓐ 일탈문제 : 어떤 기준을 일탈함으로써 생기는 문제
ⓑ 미달문제 : 어떤 기준에 미달하여 생기는 문제

② 탐색형 문제(찾는 문제) … 현재의 상황을 개선하거나 효율을 높이기 위한 문제이다. 방치할 경우 큰 손실이 따르거나 해결할 수 없는 문제로 나타나게 된다.
ⓐ 잠재문제 : 문제가 잠재되어 있어 인식하지 못하다가 확대되어 해결이 어려운 문제
ⓑ 예측문제 : 현재로는 문제가 없으나 현 상태의 진행 상황을 예측하여 찾아야 앞으로 일어날 수 있는 문제가 보이는 문제
ⓒ 발견문제 : 현재로서는 담당 업무에 문제가 없으나 선진기업의 업무 방법 등 보다 좋은 제도나 기법을 발견하여 개선시킬 수 있는 문제

③ 설정형 문제(미래 문제) … 장래의 경영전략을 생각하는 것으로 앞으로 어떻게 할 것인가 하는 문제이다. 문제해결에 창조적인 노력이 요구되어 창조적 문제라고도 한다.

■ 예제 1

D회사 신입사원으로 입사한 귀하는 신입사원 교육에서 업무수행과정에서 발생하는 문제 유형 중 설정형 문제를 하나씩 찾아오라는 지시를 받았다. 이에 대해 귀하는 교육받은 내용을 다시 복습하려고 한다. 설정형 문제에 해당하는 것은?

① 현재 직면하여 해결하기 위해 고민하는 문제
② 현재의 상황을 개선하거나 효율을 높이기 위한 문제
③ 앞으로 어떻게 할 것인가 하는 문제
④ 원인이 내재되어 있는 원인지향적인 문제

[출제의도]
업무수행 중 문제가 발생하였을 때 문제 유형을 구분하는 능력을 측정하는 문항이다.
[해설]
업무수행과정에서 발생하는 문제 유형으로는 발생형 문제, 탐색형 문제, 설정형 문제가 있으며 ①④는 발생형 문제이며 ②는 탐색형 문제, ③이 설정형 문제이다.

 답 ③

---

(3) 문제해결

① 정의 … 목표와 현상을 분석하고 이 결과를 토대로 과제를 도출하여 최적의 해결책을 찾아 실행·평가해 가는 활동이다.

② 문제해결에 필요한 기본적 사고
  ㉠ 전략적 사고 : 문제와 해결방안이 상위 시스템과 어떻게 연결되어 있는지를 생각한다.
  ㉡ 분석적 사고 : 전체를 각각의 요소로 나누어 그 의미를 도출하고 우선순위를 부여하여 구체적인 문제해결방법을 실행한다.
  ㉢ 발상의 전환 : 인식의 틀을 전환하여 새로운 관점으로 바라보는 사고를 지향한다.
  ㉣ 내·외부자원의 활용 : 기술, 재료, 사람 등 필요한 자원을 효과적으로 활용한다.

③ 문제해결의 장애요소
  ㉠ 문제를 철저하게 분석하지 않는 경우
  ㉡ 고정관념에 얽매이는 경우
  ㉢ 쉽게 떠오르는 단순한 정보에 의지하는 경우
  ㉣ 너무 많은 자료를 수집하려고 노력하는 경우

④ 문제해결방법
  ㉠ 소프트 어프로치 : 문제해결을 위해서 직접적인 표현보다는 무언가를 시사하거나 암시를 통하여 의사를 전달하여 문제해결을 도모하고자 한다.
  ㉡ 하드 어프로치 : 상이한 문화적 토양을 가지고 있는 구성원을 가정하고, 서로의 생각을 직설적으로 주장하고 논쟁이나 협상을 통해 서로의 의견을 조정해 가는 방법이다.
  ㉢ 퍼실리테이션(facilitation) : 촉진을 의미하며 어떤 그룹이나 집단이 의사결정을 잘 하도록 도와주는 일을 의미한다.

2 문제해결능력을 구성하는 하위능력

(1) 사고력

① 창의적 사고 … 개인이 가지고 있는 경험과 지식을 통해 새로운 가치 있는 아이디어를 산출하는 사고능력이다.
  ㉠ 창의적 사고의 특징
    • 정보와 정보의 조합
    • 사회나 개인에게 새로운 가치 창출
    • 창조적인 가능성

▌예제 2

M사 홍보팀에서 근무하고 있는 귀하는 입사 5년차로 창의적인 기획안을 제출하기로 유명하다. S부장은 이번 신입사원 교육 때 귀하에게 창의적인 사고란 무엇인지 교육을 맡아달라고 부탁하였다. 창의적인 사고에 대한 귀하의 설명으로 옳지 않은 것은?

① 창의적인 사고는 새롭고 유용한 아이디어를 생산해 내는 정신적인 과정이다.
② 창의적인 사고는 특별한 사람들만이 할 수 있는 대단한 능력이다.
③ 창의적인 사고는 기존의 정보들을 특정한 요구조건에 맞거나 유용하도록 새롭게 조합시킨 것이다.
④ 창의적인 사고는 통상적인 것이 아니라 기발하거나, 신기하며 독창적인 것이다.

[출제의도]
창의적 사고에 대한 개념을 정확히 파악하고 있는지를 묻는 문항이다.
[해설]
흔히 사람들은 창의적인 사고에 대해 특별한 사람들만이 할 수 있는 대단한 능력이라고 생각하지만 그리 대단한 능력이 아니며 이미 알고 있는 경험과 지식을 해체하여 다시 새로운 정보로 결합하여 가치 있는 아이디어를 산출하는 사고라고 할 수 있다.

답 ②

ⓛ 발산적 사고 : 창의적 사고를 위해 필요한 것으로 자유연상법, 강제연상법, 비교발상법 등을 통해 개발할 수 있다.

구분	내용
자유연상법	생각나는 대로 자유롭게 발상 ex) 브레인스토밍
강제연상법	각종 힌트에 강제적으로 연결 지어 발상 ex) 체크리스트
비교발상법	주제의 본질과 닮은 것을 힌트로 발상 ex) NM법, Synectics

Point ≫ 브레인스토밍
- ⊙ 진행방법
  - 주제를 구체적이고 명확하게 정한다.
  - 구성원의 얼굴을 볼 수 있는 좌석 배치와 큰 용지를 준비한다.
  - 구성원들의 다양한 의견을 도출할 수 있는 사람을 리더로 선출한다.
  - 구성원은 다양한 분야의 사람들로 5~8명 정도로 구성한다.
  - 발언은 누구나 자유롭게 할 수 있도록 하며, 모든 발언 내용을 기록한다.
  - 아이디어에 대한 평가는 비판해서는 안 된다.
- ⓛ 4대 원칙
  - 비판엄금(Support) : 평가 단계 이전에 결코 비판이나 판단을 해서는 안 되며 평가는 나중까지 유보한다.
  - 자유분방(Silly) : 무엇이든 자유롭게 말하고 이런 바보 같은 소리를 해서는 안 된다는 등의 생각은 하지 않아야 한다.
  - 질보다 양(Speed) : 질에는 관계없이 가능한 많은 아이디어들을 생성해내도록 격려한다.
  - 결합과 개선(Synergy) : 다른 사람의 아이디어에 자극되어 보다 좋은 생각이 떠오르고, 서로 조합하면 재미있는 아이디어가 될 것 같은 생각이 들면 즉시 조합시킨다.

② 논리적 사고 ⋯ 사고의 전개에 있어 전후의 관계가 일치하고 있는가를 살피고 아이디어를 평가하는 사고능력이다.
- ⊙ 논리적 사고를 위한 5가지 요소 : 생각하는 습관, 상대 논리의 구조화, 구체적인 생각, 타인에 대한 이해, 설득
- ⓛ 논리적 사고 개발 방법
  - 피라미드 구조 : 하위의 사실이나 현상부터 사고하여 상위의 주장을 만들어가는 방법
  - so what기법 : '그래서 무엇이지?'하고 자문자답하여 주어진 정보로부터 가치 있는 정보를 이끌어 내는 사고 기법

③ 비판적 사고 ⋯ 어떤 주제나 주장에 대해서 적극적으로 분석하고 종합하며 평가하는 능동적인 사고이다.
- ⊙ 비판적 사고 개발 태도 : 비판적 사고를 개발하기 위해서는 지적 호기심, 객관성, 개방성, 융통성, 지적 회의성, 지적 정직성, 체계성, 지속성, 결단성, 다른 관점에 대한 존중과 같은 태도가 요구된다.

ⓛ 비판적 사고를 위한 태도
  - 문제의식 : 비판적인 사고를 위해서 가장 먼저 필요한 것은 바로 문제의식이다. 자신이 지
    니고 있는 문제와 목적을 확실하고 정확하게 파악하는 것이 비판적인 사고의 시작이다.
  - 고정관념 타파 : 지각의 폭을 넓히는 일은 정보에 대한 개방성을 가지고 편견을 갖지 않
    는 것으로 고정관념을 타파하는 일이 중요하다.

(2) 문제처리능력과 문제해결절차

① 문제처리능력 … 목표와 현상을 분석하고 이를 토대로 문제를 도출하여 최적의 해결책을 찾
   아 실행 · 평가하는 능력이다.

② 문제해결절차 … 문제 인식 → 문제 도출 → 원인 분석 → 해결안 개발 → 실행 및 평가
   ㉠ 문제 인식 : 문제해결과정 중 'waht'을 결정하는 단계로 환경 분석 → 주요 과제 도출 →
     과제 선정의 절차를 통해 수행된다.
     - 3C 분석 : 환경 분석 방법의 하나로 사업환경을 구성하고 있는 요소인 자사(Company),
       경쟁사(Competitor), 고객(Customer)을 분석하는 것이다.

예제 3

L사에서 주력 상품으로 밀고 있는 TV의 판매 이익이 감소하고 있는 상황
에서 귀하는 B부장으로부터 3C분석을 통해 해결방안을 강구해 오라는 지
시를 받았다. 다음 중 3C에 해당하지 않는 것은?

① Customer   ② Company
③ Competitor   ④ Content

[출제의도]
3C의 개념과 구성요소를 정확히
숙지하고 있는지를 측정하는 문항
이다.
[해설]
3C 분석에서 사업 환경을 구성하고
있는 요소인 자사(Company), 경쟁사
(Competitor), 고객을 3C(Customer)
라고 한다. 3C 분석에서 고객 분석에
서는 '고객은 자사의 상품 · 서비스에
만족하고 있는지를, 자사 분석에서는
'자사가 세운 달성목표와 현상 간에
차이가 없는지를 경쟁사 분석에서는
'경쟁기업의 우수한 점과 자사의 현상
과 차이가 없는지에 대한 질문을 통
해서 환경을 분석하게 된다.

답 ④

- SWOT 분석 : 기업내부의 강점과 약점, 외부환경의 기회와 위협요인을 분석·평가하여 문제해결 방안을 개발하는 방법이다.

		내부환경요인	
		강점(Strengths)	약점(Weaknesses)
외부환경요인	기회 (Opportunities)	SO 내부강점과 외부기회 요인을 극대화	WO 외부기회를 이용하여 내부약점을 강점으로 전환
	위협 (Threat)	ST 외부위협을 최소화하기 위해 내부 강점을 극대화	WT 내부약점과 외부위협을 최소화

ⓒ 문제 도출 : 선정된 문제를 분석하여 해결해야 할 것이 무엇인지를 명확히 하는 단계로, 문제 구조 파악→핵심 문제 선정 단계를 거쳐 수행된다.
- Logic Tree : 문제의 원인을 파고들거나 해결책을 구체화할 때 제한된 시간 안에서 넓이와 깊이를 추구하는데 도움이 되는 기술로 주요 과제를 나무모양으로 분해·정리하는 기술이다.

ⓒ 원인 분석 : 문제 도출 후 파악된 핵심 문제에 대한 분석을 통해 근본 원인을 찾는 단계로 Issue 분석→Data 분석→원인 파악의 절차로 진행된다.

ⓔ 해결안 개발 : 원인이 밝혀지면 이를 효과적으로 해결할 수 있는 다양한 해결안을 개발하고 최선의 해결안을 선택하는 것이 필요하다.

ⓜ 실행 및 평가 : 해결안 개발을 통해 만들어진 실행계획을 실제 상황에 적용하는 활동으로 실행계획 수립→실행→Follow-up의 절차로 진행된다.

예제 4

C사는 최근 국내 매출이 지속적으로 하락하고 있어 사내 분위기가 심상치 않다. 이에 대해 Y부장은 이 문제를 극복하고자 문제처리 팀을 구성하여 해결방안을 모색하도록 지시하였다. 문제처리 팀의 문제해결 절차를 올바른 순서로 나열한 것은?

① 문제 인식 → 원인 분석 → 해결안 개발 → 문제 도출 → 실행 및 평가
② 문제 도출 → 문제 인식 → 해결안 개발 → 원인 분석 → 실행 및 평가
③ 문제 인식 → 원인 분석 → 문제 도출 → 해결안 개발 → 실행 및 평가
④ 문제 인식 → 문제 도출 → 원인 분석 → 해결안 개발 → 실행 및 평가

[출제의도]
실제 업무 상황에서 문제가 일어났을 때 해결 절차를 알고 있는지를 측정하는 문항이다.
[해설]
일반적인 문제해결절차는 '문제 인식 → 문제 도출 → 원인 분석 → 해결안 개발 → 실행 및 평가로 이루어진다.

답 ④

1 핸드폰을 제조하고 있는 P기업에서는 기존에 있던 핸드폰 갑, 을 외에 이번에 새로이 핸드폰 병을 만들었다. 핸드폰 각각의 가격이나 기능, 모양은 아래에 있는 표와 같으며 H기업에서는 이번에 만든 병을 이용해 기존에 만들었던 갑을 팔려고 한다. 이 때 필요한 핸드폰 병의 기준으로 알맞은 조건을 고르시오.

〈핸드폰 갑·을·병의 비교〉

	갑	을	병
가격	A	B	C
기능	D	E	F
디자인	G	H	I
서비스 기간	J	K	L
사은품	M	N	O

〈조건〉

- 가격 : A가 B보다 값이 싸다.
- 기능 : D와 E의 기능은 같다.
- 디자인 : G는 H보다 모양이 좋다.
- 서비스 기간 : J는 K와 같다.

① C는 A보다 값이 싸야 한다.

② F는 E보다 기능이 좋아야 한다.

③ I는 G보다 디자인이 나빠야 한다.

④ L은 K보다 서비스 기간이 길어야 한다.

 새로 만든 병을 이용하여 기존의 있던 갑을 팔려면 병은 모든 면에서 갑보다 좋아서는 안 된다. 따라서 가격 면에서 C는 A보다 비싸야 하고 기능 면에서 F는 E보다 기능이 나빠야 한다. 그리고 디자인 면에서 I는 G보다 디자인이 나빠야 한다. 또한 L은 K보다 서비스 기간이 짧아야 한다.

Answer☞ 1.③

※ 다음은 비상 시 대처요령이다. 물음에 답하시오.

상황	대처요령
1. 호흡과 맥박이 정지했어요.	4분 후부터 뇌가 직접 손상되므로 4분 이내에 심폐소생술을 실시한다.
2. 숨은 쉬는데 심장이 뛰지 않아요.	가슴압박(심장마사지)를 실시한다. 가슴압박은 양쪽 젖꼭지 정중앙, 분당 100회 속도, 4~5㎝ 깊이로 압박한다.
3. 숨도 안 쉬고 심장도 뛰지 않아요.	가슴압박과 인공호흡을 동시에 실시한다. 인공호흡은 입 속 이물질 제거, 턱과 귓불이 수직이 되도록 기도 확보, 코 막기, 가슴압박 30회→인공호흡 2회(이후 계속 반복, 10초 이내 가슴압박 재개)
4. 응급처치자가 2명이에요.	가슴압박과 인공호흡으로 분담하여 동시에 실시한다.
5. 평소에 심폐소생술을 알아 두고 싶어요.	소방방재청 홈페이지에서 심폐소생술 동영상을 다운받아 핸드폰에 저장한다.

2 당신은 신입사원으로 아침 일찍 회사에 출근하기 위해 지하철을 기다리고 있다가 갑자기 한쪽에서 한 남자가 쓰러져 있는 것을 발견하였다. 그 남자는 현재 숨은 쉬는데 심장이 뛰지 않은 상황이다. 당신은 어떻게 하겠는가?

① 양쪽 젖꼭지 정중앙에 손을 얹고 분당 100회의 속도와 4~5㎝ 깊이로 가슴압박을 실시한다.
② 다른 사람이 올 때까지 기다렸다가 가슴압박과 인공호흡으로 분담하여 동시에 심폐소생술을 실시한다.
③ 소방방재청 홈페이지에 들어가 심폐소생술 동영상을 다운받아 핸드폰에 저장시킨다.
④ 4분이 지나면 뇌에 직접적으로 손상이 오므로 4분 이내에 심폐소생술을 실시한다.

(Tip) 현재 남자는 숨은 쉬는데 심장이 뛰지 않는 상황이므로 ①이 가장 적절한 대처요령이다.

3 원서기업의 자재관리팀에서 근무 중인 직원 진수는 회사 행사 때 사용할 배너를 제작하는 업무를 맡아 이를 진행하려고 한다. 배너와 관련된 정보가 아래와 같을 때 배너를 설치하는데 필요한 총 비용은 얼마인가?

• 다음은 행사 장소를 나타낸 지도이다.

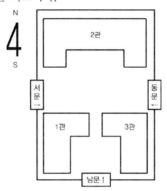

• 행사 장소 : 본 건물 2관

• 배너 설치비용(배너 제작비+배너 거치대)
 −배너 제작비용 : 일반배너 한 장당 25,000원, 고급배너 한 장당 30,000원
 −배너 거치대 : 건물 내부용 20,000원, 건물 외부용 25,000원

---

(1) 배너를 설치하는 장소 : 동문·서문·남문 앞에 각 1장, 2관 내부에 2장
(2) 사장님 특별 지시사항 : 실외용은 모두 고급 배너를 사용할 것

① 250,000원   ② 255,000원
③ 260,000원   ④ 265,000원

 동문·서문·남문 앞에 설치하는 배너는 실외용이고 고급배너를 사용하므로 (25,000+30,000) ×3=165,000원이고, 2관 내부에 설치하는 배너는 실내용이고 일반배너를 사용하므로 (20,000 +25,000) ×2=90,000원이므로 165,000+90,000=255,000(원)이다.

|4~6| 다음 지문을 읽고 주어진 질문의 답을 고르시오.

당신은 사내교육을 마치고 배치를 받은 신입사원으로 외근을 하며 들러야 할 지점은 다음과 같다. 금일 내로 아래 목록의 업체에 모두 방문해야 하는데 교통수단으로는 지하철을 타고 이동하고, 지하철로 한 정거장을 이동할 때는 3분이 소요된다. 환승할 경우 환승하는 시간은 10분이다. 또한 한 정거장을 이동할 때마다 요금은 1000원이 소요되고 환승할 경우 추가 요금은 없다.

• 방문할 업체
a. 인쇄소
   주소 : 서울 구로구 경인로 67길
   연락처 : 02-1054-xxxx
b. 마트
   주소 : 서울 동작구 양녕로 257
   연락처 : 02-421-xxxx
c. 출판사
   주소 : 경기도 부천시 원미구 부천로 25
   연락처 : 070-4171-xxxx
d. 증권사
   주소 : 경기도 부천시 원미구 춘의동
   연락처 : 1599-6220
e. 연구소
   주소 : 인천광역시 부평구 부일로 87
   연락처 : 070-7645-xxxx
f. 본사
   주소 : 서울 용산구 한강로3가
   연락처 : 02-736-xxxx

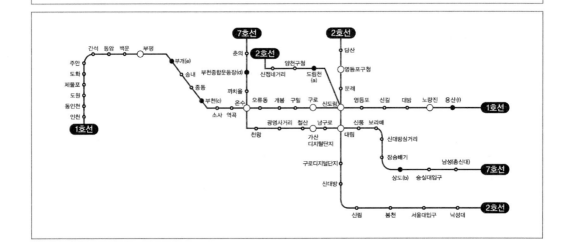

4 당신은 당산에서 9시 30분에 출발하여 먼저 f 본사에 들러 서류를 받은 후 e 연구소에 전달해야 한다. 매 이동의 소요시간을 고려할 때 가장 효율적으로 이동할 수 있는 순서를 고르시오. (단, 전체 소요시간은 고려하지 않는다)

① f-e-b-c-a-d

② f-e-c-d-a-b

③ f-e-a-b-d-c

④ f-e-d-c-b-a

 f 본사에 가서 서류를 받아야 함으로 f 본사와 e 연구소를 먼저 방문한다. 그리고 다음으로 가장 효율적으로 이동하기 위해서는 이동하는 거리 상 가까운 곳을 우선적으로 알아봐야 하는데 위의 지하철 노선 상으로도 알 수 있듯이 ① b-c-a-d는 가장 먼 거리로 이동하기 때문에 비효율적인 방법이다. 따라서 e에서 c로 이동하여 c에서 d로 이동한 다음 d에서 a로 이동하고 마지막으로 a에서 b로 이동하는 것이 가장 효율적인 방법이라 할 수 있다.

5 개봉역에서부터 구일역까지 사고로 인하여 1호선으로 해당구간 이동이 불가능한 상황이다. 그런데 b 마트에 방문하여 인쇄할 원본을 받아서 a 인쇄소로 이동하였다가, 인쇄물을 보고 c 출판사에서 수정방향을 검토하기로 했다. b에서 출발하여 c에서 퇴근한다면, 이 구간을 이동할 때 몇 분이 소요되겠는가?

① 101분

② 102분

③ 103분

④ 104분

 b-a-c로 이동하는데, b에서 a구역 중 신도림, 대림역 구간은 왕복하게 됨으로 편도로 계산한 후 따로 6분을 더해주고 이어 c로 이동하는 구간을 계산하면 된다.
(7개의 정거장×3분+6분)+9개의 정거장×3분+5번의 환승×10분=104분이다.

6 사고가 발생했던 1호선이 복구되었다. 당신이 b 마트에서 출발하여 a 인쇄소를 거쳐 c 출판사에서 퇴근할 때 가장 저렴한 지하철 비용은 얼마인가?

① 12,000원

② 14,000원

③ 16,000원

④ 18,000원

 가장 저렴하게 비용을 낼 경우 총 16개의 정거장을 거쳐야 함으로 16×1,000원=16,000원이다.

Answer 4.② 5.④ 6.③

7 다음 〈쓰레기 분리배출 규정〉을 준수한 것은?

- 배출 시간 : 수거 전날 저녁 7시~수거 당일 새벽 3시까지(월요일~토요일에만 수거함)
- 배출 장소 : 내 집 앞, 내 점포 앞
- 쓰레기별 분리배출 방법
    - 일반 쓰레기 : 쓰레기 종량제 봉투에 담아 배출
    - 음식물 쓰레기 : 단독주택의 경우 수분 제거 후 음식물 쓰레기 종량제 봉투에 담아서, 공동주택의 경우 음식물 전용용기에 담아서 배출
    - 재활용 쓰레기 : 종류별로 분리하여 투명 비닐봉투에 담아 묶어서 배출
        ① 1종(병류)
        ② 2종(캔, 플라스틱, 페트병 등)
        ③ 3종(폐비닐류, 과자 봉지, 1회용 봉투 등)
            ※ 1종과 2종의 경우 뚜껑을 제거하고 내용물을 비운 후 배출
            ※ 종이류 / 박스 / 스티로폼은 각각 별도로 묶어서 배출
    - 폐가전 · 폐가구 : 폐기물 스티커를 부착하여 배출
- 종량제 봉투 및 폐기물 스티커 구입 : 봉투판매소

---

① 甲은 토요일 저녁 8시에 일반 쓰레기를 쓰레기 종량제 봉투에 담아 자신의 집 앞에 배출하였다.

② 공동주택에 사는 乙은 먹다 남은 찌개를 그대로 음식물 쓰레기 종량제 봉투에 담아 주택 앞에 배출하였다.

③ 丙은 투명 비닐봉투에 캔과 스티로폼을 함께 담아 자신의 집 앞에 배출하였다.

④ 戊는 집에서 쓰던 냉장고를 버리기 위해 폐기물 스티커를 구입 후 부착하여 월요일 저녁 9시에 자신의 집 앞에 배출하였다.

① 배출 시간은 수거 전날 저녁 7시부터 수거 당일 새벽 3시까지인데 일요일은 수거하지 않으므로 토요일 저녁 8시에 쓰레기를 내놓은 甲은 규정을 준수했다고 볼 수 없다.
② 공동주택에서 음식물 쓰레기를 배출할 경우 음식물 전용용기에 담아서 배출해야 한다.
③ 스티로폼은 별도로 묶어서 배출해야 하는 품목이다.

8 다음은 주식회사 서원각의 팀별 성과급 지급 기준이다. Y팀의 성과평가결과가 다음과 같다면 지급되는 성과급의 1년 총액은?

〈성과급 지급 방법〉

(개) 성과급 지급은 성과평가 결과와 연계함.

(내) 성과평가는 유용성, 안전성, 서비스 만족도의 총합으로 평가함. 단, 유용성, 안전성, 서비스 만족도의 가중치를 각각 0.4, 0.4, 0.2로 부여함.

(대) 성과평가 결과를 활용한 성과급 지급 기준

성과평가 점수	성과평가 등급	분기별 성과급 지급액	비고
9.0 이상	A	100만 원	성과평가 등급이 A이면 직전분기 차감액의 50%를 가산하여 지급
8.0 이상 9.0 미만	B	90만 원 (10만 원 차감)	
7.0 이상 8.0 미만	C	80만 원 (20만 원 차감)	
7.0 미만	D	40만 원 (60만 원 차감)	

구분	1/4 분기	2/4 분기	3/4 분기	4/4 분기
유용성	8	8	10	8
안전성	8	6	8	8
서비스 만족도	6	8	10	8

① 350만 원
② 360만 원
③ 370만 원
④ 380만 원

 먼저 아래 표를 항목별로 가중치를 부여하여 계산하면,

구분	1/4 분기	2/4 분기	3/4 분기	4/4 분기
유용성	$8 \times \frac{4}{10} = 3.2$	$8 \times \frac{4}{10} = 3.2$	$10 \times \frac{4}{10} = 4.0$	$8 \times \frac{4}{10} = 3.2$
안전성	$8 \times \frac{4}{10} = 3.2$	$6 \times \frac{4}{10} = 2.4$	$8 \times \frac{4}{10} = 3.2$	$8 \times \frac{4}{10} = 3.2$
서비스 만족도	$6 \times \frac{2}{10} = 1.2$	$8 \times \frac{2}{10} = 1.6$	$10 \times \frac{2}{10} = 2.0$	$8 \times \frac{2}{10} = 1.6$
합계	7.6	7.2	9.2	8
성과평가 등급	C	C	A	B
성과급 지급액	80만 원	80만 원	110만 원	90만 원

성과평가 등급이 A이면 직전분기 차감액의 50%를 가산하여 지급한다고 하였으므로, 3/4분기의 성과급은 직전분기 차감액 20만 원의 50%인 10만 원을 가산하여 지급한다.

∴ 80 + 80 + 110 + 90 = 360(만 원)

Answer 7.④ 8.②

9 다음 〈상황〉과 〈조건〉을 근거로 판단할 때 옳은 것은?

〈상황〉

A대학교 보건소에서는 4월 1일(월)부터 한 달 동안 재학생을 대상으로 금연교육 4회, 금주교육 3회, 성교육 2회를 실시하려는 계획을 가지고 있다.

〈조건〉

- 금연교육은 정해진 같은 요일에만 주 1회 실시하고, 화, 수, 목요일 중에 해야 한다.
- 금주교육은 월요일과 금요일을 제외한 다른 요일에 시행하며, 주 2회 이상은 실시하지 않는다.
- 성교육은 4월 10일 이전, 같은 주에 이틀 연속으로 실시한다.
- 4월 22일부터 26일까지 중간고사 기간이고, 이 기간에 보건소는 어떠한 교육도 실시할 수 없다.
- 보건소의 교육은 하루에 하나만 실시할 수 있고, 토요일과 일요일에는 교육을 실시할 수 없다.
- 보건소는 계획한 모든 교육을 반드시 4월에 완료하여야 한다.

---

① 금연교육이 가능한 요일은 화요일과 수요일이다.

② 4월 30일에도 교육이 있다.

③ 금주교육은 4월 마지막 주에도 실시된다.

④ 성교육이 가능한 일정 조합은 두 가지 이상이다.

 • 화, 수, 목 중에 실시해야 하는 금연교육을 4회 실시하기 위해서는 반드시 화요일에 해야 한다.
- 10일 이전, 같은 주에 이틀 연속으로 성교육을 실시할 수 있는 날짜는 4~5일뿐이다.

상황과 조건에 따라 A대학교 보건소의 교육 일정을 정리해 보면 다음과 같다.

월	화	수	목	금	토	일
1	금연 2	3	성 4	성 5	X 6	X 7
8	금연 9	10	11	12	X 13	X 14
15	금연 16	17	18	19	X 20	X 21
중 22	간 23	고 24	사 25	주 26	X 27	X 28
29	금연 30					

- 금주교육은 (3, 10, 17), (3, 10, 18), (3, 11, 17), (3, 11, 18) 중 실시할 수 있다.

10 다음에 제시된 내용을 바탕으로 할 때, A가 문자를 보내야하는 사원은 몇 명인가?

'올해의 K인상' 후보에 총 5명(甲~戊)이 올랐다. 수상자는 120명의 신입사원 투표에 의해 결정되며 투표규칙은 다음과 같다.
- 투표권자는 한 명당 한 장의 투표용지를 받고, 그 투표용지에 1순위와 2순위 각 한 명의 후보자를 적어야 한다.
- 투표권자는 1순위와 2순위로 동일한 후보자를 적을 수 없다.
- 투표용지에 1순위로 적힌 후보자에게는 5점이, 2순위로 적힌 후보자에게는 3점이 부여된다.
- '올해의 K인상'은 개표 완료 후, 총 점수가 가장 높은 후보자가 수상하게 된다.
- 기권표와 무효표는 없다.

현재 투표까지 중간집계 점수는 다음과 같다.

후보자	중간집계 점수
甲	360점
乙	15점
丙	170점
丁	70점
戊	25점

① 50명
② 45명
③ 40명
④ 35명

 1명의 투표권자가 후보자에게 줄 수 있는 점수는 1순위 5점, 2순위 3점으로 총 8점이다. 현재 투표까지 중간집계 점수가 640이므로 80명이 투표에 참여하였으며, 아직 투표에 참여하지 않은 사원은 120−80=40명이다. 따라서 신입사원 A는 40명의 사원에게 문자를 보내야 한다.

11 다음은 이○○씨가 A지점에서 B지점을 거쳐 C지점으로 출근을 할 때 각 경로의 거리와 주행속도를 나타낸 것이다. 이○○씨가 오전 8시 정각에 A지점을 출발해서 B지점을 거쳐 C지점으로 갈 때, 이에 대한 설명 중 옳은 것을 고르면?

구간	경로	주행속도(km/h)		거리(km)
		출근 시간대	기타 시간대	
A→B	경로 1	30	45	30
	경로 2	60	90	
B→C	경로 3	40	60	40
	경로 4	80	120	

※ 출근 시간대는 오전 8시부터 오전 9시까지이며, 그 이외의 시간은 기타 시간대임.

① C지점에 가장 빨리 도착하는 시각은 오전 9시 10분이다.

② C지점에 가장 늦게 도착하는 시각은 오전 9시 20분이다.

③ B지점에 가장 빨리 도착하는 시각은 오전 8시 40분이다.

④ 경로 2와 경로 3을 이용하는 경우와, 경로 1과 경로 4를 이용하는 경우 C지점에 도착하는 시각은 동일하다.

 시간 = $\dfrac{거리}{속도}$ 공식을 이용하여, 먼저 각 경로에서 걸리는 시간을 구한다.

구간	경로	시간			
		출근 시간대		기타 시간대	
A→B	경로 1	$\dfrac{30}{30}=1.0$	1시간	$\dfrac{30}{45}≒0.67$	약 40분
	경로 2	$\dfrac{30}{60}=0.5$	30분	$\dfrac{30}{90}≒0.33$	약 20분
B→C	경로 3	$\dfrac{40}{40}=1.0$	1시간	$\dfrac{40}{60}≒0.67$	약 40분
	경로 4	$\dfrac{40}{80}=0.5$	30분	$\dfrac{40}{120}≒0.33$	약 20분

④ 경로 2와 3을 이용하는 경우와 경로 1과 경로 4를 이용하는 경우 C지점에 도착하는 시각은 1시간 20분으로 동일하다.

① C지점에 가장 빨리 도착하는 방법은 경로 2와 경로 4를 이용하는 경우이므로, 가장 빨리 도착하는 시각은 1시간이 걸려서 오전 9시가 된다.

② C지점에 가장 늦게 도착하는 방법은 경로 1과 경로 3을 이용하는 경우이므로, 가장 늦게 도착하는 시각은 1시간 40분이 걸려서 오전 9시 40분이 된다.

③ B지점에 가장 빨리 도착하는 방법은 경로 2이므로, 가장 빨리 도착하는 시각은 30분이 걸려서 오전 8시 30분이 된다.

12 다음은 무농약농산물과 저농약농산물 인증기준에 대한 자료이다. 자신이 신청한 인증을 받을 수 있는 사람을 모두 고르면?

> 무농약농산물과 저농약농산물의 재배방법은 각각 다음과 같다.
> 1) 무농약농산물의 경우 농약을 사용하지 않고, 화학비료는 권장량의 2분의 1 이하로 사용하여 재배한다.
> 2) 저농약농산물의 경우 화학비료는 권장량의 2분의 1 이하로 사용하고, 농약은 살포시기를 지켜 살포 최대횟수의 2분의 1 이하로 사용하여 재배한다.
>
> 〈농산물별 관련 기준〉
>
> | 종류 | 재배기간 내
화학비료 권장량(kg/ha) | 재배기간 내
농약살포 최대횟수 | 농약 살포시기 |
> |------|------|------|------|
> | 사과 | 100 | 4 | 수확 30일 전까지 |
> | 감 | 120 | 4 | 수확 14일 전까지 |
> | 복숭아 | 50 | 5 | 수확 14일 전까지 |

> 甲 : 5㎢의 면적에서 재배기간 동안 농약을 전혀 사용하지 않고 20t의 화학비료를 사용하여 사과를 재배하였으며, 이 사과를 수확하여 무농약농산물 인증신청을 하였다.
> 乙 : 3ha의 면적에서 재배기간 동안 농약을 1회 살포하고 50kg의 화학비료를 사용하여 복숭아를 재배하였다. 하지만 수확시기가 다가오면서 병충해 피해가 나타나자 농약을 추가로 1회 살포하였고, 열흘 뒤 수확하여 저농약농산물 인증신청을 하였다.
> 丙 : 가로와 세로가 각각 100m, 500m인 과수원에서 감을 재배하였다. 재배기간 동안 총 2회(올해 4월 말과 8월 초) 화학비료 100kg씩을 뿌리면서 병충해 방지를 위해 농약도 함께 살포하였다. 추석을 맞아 9월 말에 감을 수확하여 저농약농산물 인증신청을 하였다.

※ 1ha=10,000㎡, 1t=1,000kg

① 甲, 乙   ② 甲, 丙
③ 乙, 丙   ④ 甲, 乙, 丙

 甲 : 5㎢는 500ha이므로 사과를 수확하여 무농약농산물 인증신청을 하려면 농약을 사용하지 않고, 화학비료는 50,000kg(=50t)의 2분의 1 이하로 사용하여 재배해야 한다.
乙 : 복숭아의 농약 살포시기는 수확 14일 전까지이다. 저농약농산물 인증신청을 위한 살포시기를 지키지 못 하였으므로 인증을 받을 수 없다.
丙 : 5ha(100m×500m)에서 감을 수확하여 저농약농산물 인증신청을 하려면 화학비료는 600kg의 2분의 1 이하로 사용하고, 농약은 살포시기를 지켜(수확 14일 전까지) 살포 최대횟수인 4회의 2분의 1 이하로 사용하여 재배해야 한다.

신입사원 P씨는 중요한 회의의 자료를 출력하여 인원수에 맞춰 복사를 해두라는 팀장님의 지시를 받았는데 아무리 인쇄를 눌러봐도 프린터에서는 서류가 나오지 않았다. 이 때 서랍 속에서 프린터기의 사용설명서를 찾았다.

프린터 인쇄 문제 해결사

항목	문제	점검사항	조치
A	인쇄 출력 품질이 떨어집니다.	올바른 용지를 사용하고 있습니까?	• 프린터 권장 용지를 사용하면 인쇄 출력 품질이 향상됩니다. • 본 프린터는 ○○용지 또는 △△용지의 사용을 권장합니다.
		프린터기의 상태메뉴에 빨간 불이 들어와 있습니까?	• 프린터기의 잉크 노즐이 오염된 신호입니다. • 잉크 노즐을 청소하십시오.
B	문서가 인쇄되지 않습니다.	인쇄 대기열에 오류 문서가 있습니까?	인쇄 대기열의 오류 문서를 취소하십시오.
		네트워크가 제대로 연결되어 있습니까?	컴퓨터와 프린터의 네트워크 연결을 확인하고 연결하십시오.
		프린터기에 용지 또는 토너가 공급되어 있습니까?	프린터기에 용지 또는 토너를 공급하십시오.
C	프린터의 기능이 일부 작동하지 않습니다.	본사에서 제공하는 드라이버를 사용하고 있습니까?	본사의 홈페이지에서 제공하는 프린터 드라이버를 받아 설치하십시오.
D	인쇄 속도가 느립니다.	인쇄 대기열에 오류 문서가 있습니까?	인쇄 대기열의 오류 문서를 취소하십시오.
		인쇄하려는 파일에 많은 메모리가 필요합니까?	하드 디스크의 사용 가능한 공간의 양을 늘려보십시오.

13 신입사원 P씨가 확인해야 할 항목은 무엇인가?

① A
② B
③ C
④ D

 현재 인쇄가 전혀 되지 않으므로 B항목 "문서가 인쇄되지 않습니다."를 확인해야 한다.

14 다음 중 신입사원 P씨가 확인하지 않아도 되는 것은?

① 인쇄 대기열에 오류 문서가 있는지 확인한다.
② 네트워크가 제대로 연결되어있는지 확인한다.
③ 프린터기에 용지나 토너가 공급되어있는지 확인한다.
④ 올바른 용지를 사용하고 있는지 확인한다.

 B항목의 점검사항만 확인하면 되므로 용지의 종류는 확인하지 않아도 된다.

15 다음 중 문제해결을 위한 장애요소가 아닌 것은?

① 쉽게 떠오르는 단순한 정보
② 개인적인 편견이나 고정관념
③ 많은 자료를 수집하려는 노력
④ 문제의식

 ④ 문제의식은 현재에 만족하지 않고 전향적인 자세로 상황을 개선하거나 바꾸고자하는 마음가짐으로 문제해결을 위한 장애요소가 아닌 꼭 갖추어야 할 자세이다.

Answer↪ 13.② 14.④ 15.④

16 다음을 읽고 공장이 (내)의 전략을 선택하기 위한 조건을 〈보기〉에서 모두 고른 것은?

공장이 자사 상품의 재고량을 어느 수준으로 유지해야 하는가는 각 공장이 처한 상황에 따라 달라질 수 있다. 우선 그림 (개)에서는 공장이 생산량 수준을 일정하게 유지하면서 재고를 보유하는 경우를 나타낸다. 수요량에 맞추어 생산량을 변동하려면 노동자와 기계가 쉬거나 초과 근무를 하는 경우가 발생할 수 있으며, 이 경우 생산 비용이 상승할 수 있다. 따라서 공장은 생산량을 일정하게 유지하는 것을 선호하며, 이때 생산량과 수요량의 차이가 재고량을 결정한다. 즉 판매가 저조할 때에는 재고량이 늘고 판매가 활발할 때에는 재고량이 줄게 되는 것이다.

그런데 공장에 따라 그림 (내)와 같은 경우도 발견된다. 이러한 공장 등의 생산량과 수요량의 관계를 분석해 보면, 수요량이 증가할 때 생산량이 증가하고 수요량이 감소할 때 생산량도 감소하는 경향을 보이며, 생산량의 변동이 수요량의 변동에 비해 오히려 더 크다.

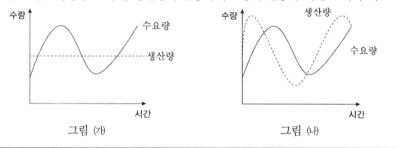

그림 (개)   그림 (내)

〈보기〉

㉠ (개)의 전략을 택하는 공장에 비해서 공장의 제품 생산 비용이 생산량에 의해 크게 영향을 받지 않는다.

㉡ (개)의 전략을 택하는 공장에 비해서 수요가 상승하는 추세에서 생산량 및 재고량이 수요량을 충족시키지 못하는 경우 시장 점유 측면에서 상대적으로 불리하다.

㉢ 가격과 품질 등 다른 조건이 동일한 상품에 대하여, 수요가 줄어드는 추세에서 발생한 재고에 따르는 추가적인 재고 관리 비용이 (개)의 전략을 선택하는 공장에 비해 더 크다.

① ㉠   ② ㉠㉢

③ ㉡㉢   ④ ㉠㉡㉢

㉠ 그림 (내)의 경우는 수요량에 맞추어 생산량을 결정하고 있다. 이러한 전략을 사용할 경우 지문의 내용처럼 '수요량에 맞추어 생산량을 변동하려면 노동자와 기계가 쉬거나 초과 근무를 하는 경우가 발생할 수 있으며, 이 경우 생산 비용이 상승할 수 있다. 만약 이러한 문제만 발생하지 않는다면 (내)와 같은 방법을 선택할 수 있다.
㉡ (내)의 전략은 수요량에 따라 생산량을 조정하는 것이기 때문에 만약 수요량을 재고량이나 생산량이 정상적으로 따라가지 못하는 경우에는 (내)는 제대로 된 전략이 될 수 없다.
㉢ (내)의 전략은 매번 수요에 따른 생산량을 결정하는 것이기 때문에 수요가 줄어드는 추세에서 가격과 품질 등 다른 조건이 동일한 상품에 대해서 재고관리가 (개)보다 어렵게 된다.

17 다음 제시문을 읽고 바르게 추론한 것을 〈보기〉에서 모두 고른 것은?

> A회사에서는 1,500명의 소속직원들이 마실 생수를 구입하기로 하였다. 모든 조건이 동일한 두 개의 생수회사가 최종 경쟁을 하게 되었다. 구입 담당자는 직원들에게 시음하게 하여 직원들이 가장 좋아하는 생수를 선정하고자 하였다. 다음과 같은 절차를 통하여 구이 담당자가 시음회를 주관하였다.
> - 직원들로부터 더 많이 선택 받은 생수회사를 최종적으로 선정한다.
> - 생수 시음회 참여를 원하는 직원을 대상으로 신청자를 접수하고 그 중 남자 15명과 여자 15명을 무작위로 선정하였다.
> - 두 개의 컵을 마련하여 하나는 1로 표기하고 다른 하나는 2로 표기하여 회사이름을 가렸다.
> - 참가직원들은 1번 컵의 생수를 마신 후 2번 컵의 생수를 마시고 둘 중 어느 쪽을 선호하는지 표시하였다.

> 〈보기〉
> ㉠ 참가자들이 특정 번호를 선호할 가능성을 고려하지 못하였다.
> ㉡ 참가자가 무작위로 선정되었으므로 전체 직원에 대한 대표성이 확보되었다.
> ㉢ 참가자의 절반은 2번 컵을 먼저 마시고 1번 컵을 나중에 마시도록 했어야 한다.
> ㉣ 우리나라의 남녀 비율이 50대 50이므로 남자직원과 여자직원을 동수로 뽑은 것은 적절하였다.

① ㉠㉡ ② ㉠㉢
③ ㉡㉢ ④ ㉡㉣

㉡ 참가자는 무작위로 선정한 것이 아니라 시음회의 참여를 원하는 직원을 대상으로 선정하였기 때문에 전체 직원에 대한 대표성이 확보되었다고 보기는 어렵다.
㉣ 대표성을 확보하기 위해서는 우리나라의 남녀 비율이 아닌 A회사의 남녀 비율을 고려하여 선정하는 것이 더 적절하다.

18 A모직은 4~50대를 대상으로 하는 맞춤 수제정장을 주력 상품으로 판매하고 있다. 다음은 2~30대 청년층을 대상으로 하는 캐주얼 정장 시장에 진입을 시도해보자는 안건으로 진행된 회의 내용을 3C 분석표로 나타낸 것이다. 표를 보고 A모직에서 결정할 수 있는 사항으로 가장 옳지 않은 것은?

구분	내용
고객/시장(Customer)	• 시니어 정장 시장은 정체 및 감소되는 추세이다. • 캐주얼 정장 시장은 매년 급성장 중이다. • 청년들도 기성복이 아닌 맞춤 수제정장을 찾는 경우가 있다.
경쟁사(Competitor)	• 2~30대 캐주얼 정장 시장으로 진출할 경우 경쟁사는 외국 캐주얼 정장 기업, 캐주얼 전문 기업 등의 의류 기업 등이 포함된다. • 이미 대기업들의 캐주얼 정장시장은 브랜드 인지도, 유통, 생산 등에서 차별화된 경쟁력을 갖고 있다. • 공장 대량생산화를 통해 저렴한 가격으로 제품을 판매하고 있으며 스마트시대에 따른 디지털마케팅을 구사하고 있다.
자사(Company)	• 디지털마케팅 역량이 미흡하고, 신규 시장 진출 시 막대한 마케팅 비용이 들 것으로 예상된다. • 기존 시니어 정장에 대한 이미지를 탈피하기 위한 노력이 필요하다. • 오래도록 품질 좋은 수제 정장을 만들던 기술력을 보유하고 있다.

① 2~30대를 대상으로 맞춤 수제정장에 대한 설문조사를 진행한다.

② 경쟁사의 전략이 막강하고 자사의 자원과 역량은 부족하므로 진출하지 않는 것이 바람직하다.

③ 청년들도 맞춤 수제정장을 찾는 수가 많아지고 있으므로 소비되는 마케팅 비용보다 새로운 시장에서의 수입이 더 클 것으로 전망된다.

④ 대량생산되는 기성복과의 차별화를 부각시킬 수 있는 방안을 생각한다.

 청년들도 기성복이 아닌 맞춤 수제정장을 찾는 경우가 있다고 제시되어 있으나 그 수요가 얼마나 될지 정확하게 알 수 없으며 디지털마케팅에 대한 역량이 부족하여 막대한 마케팅 비용이 들 것으로 예상된다고 제시되어있으므로 A모직에서 결정할 수 있는 사항으로 가장 옳지 않은 것은 ③이다.

19 다음은 어느 레스토랑의 3C분석 결과이다. 이 결과를 토대로 하여 향후 해결해야 할 전략과제를 선택하고자 할 때 적절하지 않은 것은?

3C	상황 분석
고객/시장(Customer)	• 식생활의 서구화 • 유명브랜드와 기술제휴 지향 • 신세대 및 뉴패밀리 층의 출현 • 포장기술의 발달
경쟁 회사(Competitor)	• 자유로운 분위기와 저렴한 가격 • 전문 패밀리 레스토랑으로 차별화 • 많은 점포수 • 외국인 고용으로 인한 외국인 손님 배려
자사(company)	• 높은 가격대 • 안정적 자금 공급 • 업계 최고의 시장점유율 • 고객증가에 따른 즉각적 응대의 한계

① 원가 절감을 통한 가격 조정

② 유명브랜드와의 장기적인 기술제휴

③ 즉각적인 응대를 위한 인력 증대

④ 안정적인 자금 확보를 위한 자본구조 개선

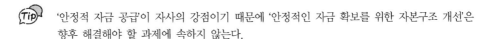 '안정적 자금 공급'이 자사의 강점이기 때문에 '안정적인 자금 확보를 위한 자본구조 개선'은 향후 해결해야 할 과제에 속하지 않는다.

20 다음은 공공기관을 구분하는 기준이다. 다음 규정에 따라 각 기관을 구분한 결과가 옳지 않은 것은?

<공공기관의 구분>

제00조 제1항
공공기관을 공기업·준정부기관과 기타공공기관으로 구분하여 지정한다. 직원 정원이 50인 이상인 공공기관은 공기업 또는 준정부기관으로, 그 외에는 기타공공기관으로 지정한다.

제00조 제2항
제1항의 규정에 따라 공기업과 준정부기관을 지정하는 경우 자체수입액이 총수입액의 2분의 1 이상인 기관은 공기업으로, 그 외에는 준정부기관으로 지정한다.

제00조 제3항
제1항 및 제2항의 규정에 따른 공기업을 다음의 구분에 따라 세분하여 지정한다.
• 시장형 공기업 : 자산규모가 2조 원 이상이고, 총 수입액 중 자체수입액이 100분의 85 이상인 공기업
• 준시장형 공기업 : 시장형 공기업이 아닌 공기업

<공공기관의 현황>

공공기관	직원 정원	자산규모	자체수입비율
A	70명	4조 원	90%
B	45명	2조 원	50%
C	65명	1조 원	55%
D	60명	1.5조 원	45%

※ 자체수입비율 : 총 수입액 대비 자체수입액 비율

---

① A − 시장형 공기업

② B − 기타공공기관

③ C − 준정부기관

④ D − 준정부기관

 ③ C는 정원이 50명이 넘으므로 기타공공기관이 아니며, 자체수입비율이 55%이므로 자체수입액이 총수입액의 2분의 1 이상이기 때문에 공기업이다. 시장형 공기업 조건에 해당하지 않으므로 C는 준시장형 공기업이다.

21 다음은 주식회사 서원각의 팀별 성과급 지급 기준이다. Y팀의 성과평가결과가 다음과 같다면 지급되는 성과급의 1년 총액은?

〈성과급 지급 방법〉

(개) 성과급 지급은 성과평가 결과와 연계함.

(내) 성과평가는 유용성, 안전성, 서비스 만족도의 총합으로 평가함. 단, 유용성, 안전성, 서비스 만족도의 가중치를 각각 0.4, 0.4, 0.2로 부여함.

(대) 성과평가 결과를 활용한 성과급 지급 기준은 다음과 같음.

성과평가 점수	성과평가 등급	분기별 성과급 지급액	비고
9.0 이상	A	100만 원	성과평가 등급이 A이면 직전분기 차감액의 50%를 가산하여 지급
8.0 이상 9.0 미만	B	90만 원 (10만 원 차감)	
7.0 이상 8.0 미만	C	80만 원 (20만 원 차감)	
7.0 미만	D	40만 원 (60만 원 차감)	

구분	1/4 분기	2/4 분기	3/4 분기	4/4 분기
유용성	8	8	10	8
안전성	8	6	8	8
서비스 만족도	6	8	10	8

① 350만 원 ② 360만 원

③ 370만 원 ④ 380만 원

 먼저 아래 표를 항목별로 가중치를 부여하여 계산하면,

구분	1/4 분기	2/4 분기	3/4 분기	4/4 분기
유용성	$8 \times \frac{4}{10} = 3.2$	$8 \times \frac{4}{10} = 3.2$	$10 \times \frac{4}{10} = 4.0$	$8 \times \frac{4}{10} = 3.2$
안전성	$8 \times \frac{4}{10} = 3.2$	$6 \times \frac{4}{10} = 2.4$	$8 \times \frac{4}{10} = 3.2$	$8 \times \frac{4}{10} = 3.2$
서비스 만족도	$6 \times \frac{2}{10} = 1.2$	$8 \times \frac{2}{10} = 1.6$	$10 \times \frac{2}{10} = 2.0$	$8 \times \frac{2}{10} = 1.6$
합계	7.6	7.2	9.2	8
성과평가 등급	C	C	A	B
성과급 지급액	80만 원	80만 원	110만 원	90만 원

성과평가 등급이 A이면 직전분기 차감액의 50%를 가산하여 지급한다고 하였으므로, 3/4분기의 성과급은 직전분기 차감액 20만 원의 50%인 10만 원을 가산하여 지급한다.

∴ 80 + 80 + 110 + 90 = 360(만 원)

22 다음 대화를 보고 추론할 수 없는 내용은?

> 지수 : 역시! 날짜를 바꾸지 않고 오늘 오길 잘한 것 같아. 비가 오기는커녕 구름 한 점 없는 날씨잖아!
>
> 민지 : 맞아. 여전히 뉴스의 일기예보는 믿을 수가 없다니까.
>
> 지수 : 그나저나 이 놀이기구에는 키 제한이 있어. 성희야, 네 아들 성식이는 이제 막 100cm가 넘었지? 그럼 이건 성식이랑 같이 탈 수 없겠네. 민지가 이게 꼭 타고 싶다고 해서 여기로 온 거잖아. 어떡하지?
>
> 성희 : 어쩔 수 없지. 너희가 이 놀이기구를 타는 동안 나랑 성식이는 사파리에 갔다 올게.
>
> 성식 : 신난다!! 사파리에 가면 호랑이도 볼 수 있어??
>
> 성희 : 그래. 호랑이도 있을 거야.
>
> 지수 : 성식이는 좋겠네. 엄마랑 호랑이보면서 이따가 점심 때 뭘 먹을지도 생각해봐.
>
> 민지 : 그러는 게 좋겠다. 그럼 30분 뒤에 동문 시계탑 앞에서 만나자. 잊으면 안 돼! 동문 시계탑이야. 저번처럼 다른 곳 시계탑으로 착각하면 안 돼. 오늘은 성식이도 있잖아. 헤매면 곤란해.
>
> 성희 : 알겠어. 내가 길치이긴 하지만 동쪽과 서쪽 정도는 구분할 수 있어. 지도도 챙겼으니까 걱정하지 않아도 돼.

① 호랑이를 좋아하는 성식이는 성희의 아들이다.

② 지수와 민지가 타려는 놀이기구는 키가 110cm 이상이 되어야 탈 수 있다.

③ 놀이공원의 서문 쪽에도 시계탑이 있다.

④ 일기예보에서는 오늘 비가 온다고 보도했었고, 이들은 약속날짜를 바꾸려고 했었다.

(Tip) ② 주어진 대화에는 놀이기구에 키 제한이 있고, 성식이의 키는 이제 100cm를 넘었다는 정보는 있지만, 키 제한이 정확히 얼마인지에 대한 정보는 나와 있지 않다.

23 다음은 카지노를 경영하는 사업자에 대한 관광진흥개발기금 납부에 관한 규정이다. 카지노를 경영하는 甲은 연간 총매출액이 90억 원이며 기한 내 납부금으로 4억 원만을 납부했다. 다음 규정에 따를 경우 甲의 체납된 납부금에 대한 가산금은 얼마인가?

> 카지노를 경영하는 사업자는 아래의 징수비율에 해당하는 납부금을 '관광진흥개발기금'에 내야 한다. 만일 납부기한까지 납부금을 내지 않으면, 체납된 납부금에 대해서 100분의 3에 해당하는 가산금이 1회에 한하여 부과된다(다만, 가산금에 대한 연체료는 없다).
>
> 〈납부금 징수비율〉
> • 연간 총매출액이 10억 원 이하인 경우 : 총매출액의 100분의 1
> • 연간 총매출액이 10억 원을 초과하고 100억 원 이하인 경우 : 1천만 원+(총매출액 중 10억 원을 초과하는 금액의 100분의 5)
> • 연간 총매출액이 100억 원을 초과하는 경우 : 4억 6천만 원+(총매출액 중 100억 원을 초과하는 금액의 100분의 10)

① 30만 원　　　　　　　　　② 90만 원
③ 160만 원　　　　　　　　　④ 180만 원

 주어진 규정에 따를 경우 甲이 납부해야 하는 금액은 4억 1천만 원이다. 甲이 4억 원만을 납부했으므로 나머지 1천만 원에 대한 가산금을 계산하면 된다. 1천만 원의 100분의 3은 30만 원이다.

24 O회사에 근무하고 있는 채과장은 거래 업체를 선정하고자 한다. 업체별 현황과 평기기준이 다음과 같을 때, 선정되는 업체는?

〈업체별 현황〉

국가명	시장매력도	정보화수준	접근가능성
	시장규모(억 원)	정보화순위	수출액(백만 원)
A업체	550	106	9,103
B업체	333	62	2,459
C업체	315	91	2,597
D업체	1,706	95	2,777

〈평가기준〉

- 업체별 종합점수는 시장매력도(30점 만점), 정보화수준(30점 만점), 접근가능성(40점 만점)의 합계(100점 만점)로 구하며, 종합점수가 가장 높은 업체가 선정된다.
- 시장매력도 점수는 시장매력도가 가장 높은 업체에 30점, 가장 낮은 업체에 0점, 그 밖의 모든 업체에 15점을 부여한다. 시장규모가 클수록 시장매력도가 높다.
- 정보화수준 점수는 정보화순위가 가장 높은 업체에 30점, 가장 낮은 업체에 0점, 그 밖의 모든 업체에 15점을 부여한다.
- 접근가능성 점수는 접근가능성이 가장 높은 업체에 40점, 가장 낮은 업체에 0점, 그 밖의 모든 국가에 20점을 부여한다. 수출액이 클수록 접근가능성이 높다.

① A
② B
③ C
④ D

	시장매력도	정보화수준	접근가능성	합계
A	15	0	40	55
B	15	30	0	45
C	0	15	20	35
D	30	15	20	65

25 다음은 수미의 소비상황과 각종 신용카드 혜택 정보이다. 수미가 가장 유리한 하나의 신용카드만을 결제수단으로 사용할 때 적절한 소비수단은?

- 뮤지컬, OO테마파크 및 서점은 모두 B신용카드의 문화 관련업에 해당한다.
- 신용카드 1포인트는 1원이고, 문화상품권 1매는 1만원으로 가정한다.
- 혜택을 금전으로 환산하여 액수가 많을수록 유리하다.
- 액수가 동일한 경우 할인혜택, 포인트 적립, 문화상품권 지급 순으로 유리하다.
- 혜택의 액수 및 혜택의 종류가 동일한 경우 혜택 부여 시기가 빠를수록 유리하다(현장 할인은 결제 즉시 할인되는 것을 말하며, 청구할인은 카드대금 청구 시 할인 되는 것을 말한다).

〈수미의 소비상황〉

서점에서 여행서적(정가 각 3만원) 3권과 DVD 1매(정가 1만원)를 구입(직전 1개월간 A신용카드 사용금액은 15만원이며, D신용카드는 가입 후 미사용 상태임)

〈각종 신용카드의 혜택〉

A신용카드	OO테마파크 이용시 본인과 동행 1인의 입장료의 20% 현장 할인(단, 직전 1개월간 A신용카드 사용금액이 30만원 이상인 경우에 한함)
B신용카드	문화 관련 가맹업 이용시 총액의 10% 청구 할인(단, 할인되는 금액은 5만원을 초과할 수 없음)
C신용카드	이용시마다 사용금액의 10%를 포인트로 즉시 적립. 사용금액이 10만원을 초과하는 경우에는 사용금액의 20%를 포인트로 즉시 적립.
D신용카드	가입 후 2만원 이상에 상당하는 도서류(DVD 포함) 구매시 최초 1회에 한하여 1만원 상당의 문화상품권 증정(단, 문화상품권은 다음달 1일에 일괄 증정)

① A신용카드   ② B신용카드

③ C신용카드   ④ D신용카드

 수미 소비상황을 봤을 때 A신용카드 혜택이 없으며, B신용카드는 1만원 청구할인, C신용카드는 1만원 포인트 적립, D신용카드는 1만원 문화상품권을 증정한다. 액수가 동일한 경우 할인혜택, 포인트 적립, 문화상품권 지급 순으로 유리하다고 했으므로 수미는 B신용카드를 선택한다.

26 G 음료회사는 신제품 출시를 위해 시제품 3개를 만들어 전직원을 대상으로 블라인드 테스트를 진행한 후 기획팀에서 회의를 하기로 했다. 독창성, 대중성, 개인선호도 세 가지 영역에 총 15점 만점으로 진행된 테스트 결과가 다음과 같을 때, 기획팀 직원들의 발언으로 옳지 않은 것은?

	독창성	대중성	개인선호도	총점
시제품 A	5	2	3	10
시제품 B	4	4	4	12
시제품 C	2	5	5	12

① 우리 회사의 핵심가치 중 하나가 창의성 아닙니까? 저는 독창성 점수가 높은 A를 출시해야 한다고 생각합니다.

② 독창성이 높아질수록 총점이 낮아지는 것을 보지 못하십니까? 저는 그 의견에 반대합니다.

③ 무엇보다 현 시점에서 회사의 재정상황을 타개하기 위해서는 대중성을 고려하여 높은 이윤이 날 것으로 보이는 C를 출시해야 하지 않겠습니까?

④ 그럼 독창성과 대중성, 개인선호도를 모두 고려하여 B를 출시하는 것이 어떻겠습니까?

(Tip) ② 시제품 B는 C에 비해 독창성 점수가 2점 높지만 총점은 같다. 따라서 옳지 않은 발언이다.

| 27~28 | 다음은 금융 관련 긴급상황 발생시 행동요령에 대한 내용이다. 이를 읽고 물음에 답하시오.

금융 관련 긴급상황 발생 행동요령

1. 신용카드 및 체크카드를 분실한 경우

카드를 분실했을 경우 카드회사 고객센터에 분실신고를 하여야 한다.

분실신고 접수일로부터 60일 전과 신고 이후에 발생한 부정 사용액에 대해서는 납부의무가 없다.

카드에 서명을 하지 않은 경우, 비밀번호를 남에게 알려준 경우, 카드를 남에게 빌려준 경우 등 카드 주인의 특별한 잘못이 있는 경우에는 보상을 하지 않는다.

비밀번호가 필요한 거래(현금인출, 카드론, 전자상거래)의 경우 분실신고 전 발생한 제2자의 부정 사용액에 대해서는 카드사가 책임을 지지 않는다. 그러나 저항할 수 없는 폭력이나 생명의 위협으로 비밀번호를 누설한 경우 등 카드회원의 과실이 없는 경우는 제외한다.

2. 다른 사람의 계좌에 잘못 송금한 경우

본인의 거래은행에 잘못 송금한 사실을 먼저 알린다. 전화로 잘못 송금한 사실을 말하고 거래은행 영업점을 방문해 착오입금반환의뢰서를 작성하면 된다.

수취인과 연락이 되지 않거나 돈을 되돌려 주길 거부하는 경우에는 부당이득반환소송 등 법적 조치를 취하면 된다.

---

3. 대출사기를 당한 경우

대출사기를 당했거나 대출수수료를 요구할 땐 경찰서, 금융감독원에 전화로 신고를 하여야 한다. 아니면 금감원 홈페이지 참여마당 → 금융범죄/비리/기타신고 → 불법 사금융 개인정보 불법유통 및 불법 대출 중개수수료 피해신고 코너를 통해 신고하면 된다.

4. 신분증을 잃어버린 경우

가까운 은행 영업점을 방문하여 개인정보 노출자 사고 예방 시스템에 등록을 한다. 신청인의 개인정보를 금융회사에 전파하여 신청인의 명의로 금융거래를 하면 금융회사가 본인확인을 거쳐 2차 피해를 예방한다.

27 만약 당신이 신용카드를 분실했을 경우 가장 먼저 취해야 할 행동으로 적절한 것은?

① 경찰서에 전화로 분실신고를 한다.

② 해당 카드회사에 전화로 분실신고를 한다.

③ 금융감독원에 분실신고를 한다.

④ 카드사에 전화를 걸어 카드를 해지한다.

(Tip) 신용카드 및 체크카드를 분실한 경우 카드회사 고객센터에 분실신고를 하여야 한다.

28 매사 모든 일에 철두철미하기로 유명한 당신이 보이스피싱에 걸려 대출사기를 당했다고 느껴질 경우 당신이 취할 수 있는 가장 적절한 행동은?

① 가까운 은행을 방문하여 개인정보 노출자 사고 예방 시스템에 등록을 한다.

② 해당 거래 은행에 송금 사실을 전화로 알린다.

③ 경찰서니 금융감독원에 전화로 신고를 한다.

④ 법원에 부당이득반환소송을 청구한다.

(Tip) 대출사기를 당했거나 대출수수료를 요구할 땐 경찰서, 금융감독원에 전화로 신고를 하여야 한다.

Answer ↱ 26.② 27.② 28.③

29 다음은 특보의 종류 및 기준에 관한 자료이다. ㉠과 ㉡의 상황에 어울리는 특보를 올바르게 짝지은 것은?

〈특보의 종류 및 기준〉

종류	주의보	경보
강풍	육상에서 풍속 14m/s 이상 또는 순간풍속 20m/s 이상이 예상될 때. 다만, 산지는 풍속 17m/s 이상 또는 순간풍속 25m/s 이상이 예상될 때	육상에서 풍속 21m/s 이상 또는 순간풍속 26m/s 이상이 예상될 때. 다만, 산지는 풍속 24m/s 이상 또는 순간풍속 30m/s 이상이 예상될 때
호우	6시간 강우량이 70mm 이상 예상되거나 12시간 강우량이 110mm 이상 예상될 때	6시간 강우량이 110mm 이상 예상되거나 12시간 강우량이 180mm 이상 예상될 때
태풍	태풍으로 인하여 강풍, 풍랑, 호우 현상 등이 주의보 기준에 도달할 것으로 예상될 때	태풍으로 인하여 풍속이 17m/s 이상 또는 강우량이 100mm 이상 예상될 때. 다만, 예상되는 바람과 비의 정도에 따라 아래와 같이 세분한다. 표 참조
폭염	6월~9월에 일최고기온이 33℃ 이상이고, 일최고열지수가 32℃ 이상인 상태가 2일 이상 지속될 것으로 예상될 때	6월~9월에 일최고기온이 35℃ 이상이고, 일최고열지수가 41℃ 이상인 상태가 2일 이상 지속될 것으로 예상될 때

	3급	2급	1급
바람 (m/s)	17~24	25~32	33이상
비(mm)	100~249	250~399	400이상

㉠ 태풍이 남해안에 상륙하여 울산지역에 270mm의 비와 함께 풍속 26m/s의 바람이 예상된다.

㉡ 지리산에 오후 3시에서 오후 9시 사이에 약 130mm의 강우와 함께 순간풍속 28m/s가 예상된다.

	㉠	㉡
①	태풍경보 1급	호우주의보
②	태풍경보 2급	호우경보+강풍주의보
③	태풍주의보	강풍주의보
④	태풍경보 2급	호우경보+강풍경보

30 Z회사에 근무하는 7명의 직원이 교육을 받으려고 한다. 교육실에서 직원들이 앉을 좌석의 조건이 다음과 같을 때 직원 중 빈 자리 바로 옆 자리에 배정받을 수 있는 사람은?

<교육실 좌석>

첫 줄	A	B	C
중간 줄	D	E	F
마지막 줄	G	H	I

<조건>
- 직원은 강훈, 연정, 동현, 승만, 문성, 봉선, 승일 7명이다.
- 서로 같은 줄에 있는 좌석들끼리만 바로 옆 자리일 수 있다.
- 봉선의 자리는 마지막 줄에 있다.
- 동현이의 자리는 승만이의 바로 옆 자리이며, 또한 빈 자리 바로 옆이다.
- 승만이의 자리는 강훈이의 바로 뒷 자리이다.
- 문성이와 승일이는 같은 줄의 좌석을 배정 받았다.
- 문성이나 승일이는 누구도 강훈이의 바로 옆 자리에 배정받지 않았다.

① 승만
② 문성
③ 연정
④ 봉선

 주어진 조건을 정리해 보면 마지막 줄에는 봉선, 문성, 승일이가 앉게 되며 중간 줄에는 동현이와 승만이가 앉게 된다. 그러나 동현이가 승만이 바로 옆 자리이며, 또한 빈자리가 바로 옆이라고 했으므로 승만이는 빈자리 옆에 앉지 못한다. 첫 줄에는 강훈이와 연정이가 앉게 되고 빈자리가 하나 있다. 따라서 연정이는 빈 자리 옆에 배정 받을 수 있다.

04 정보능력

1 **정보화사회와 정보능력**

(1) 정보와 정보화사회

① 자료 · 정보 · 지식

구분	특징
자료 (Data)	객관적 실제의 반영이며, 그것을 전달할 수 있도록 기호화한 것
정보 (Information)	자료를 특정한 목적과 문제해결에 도움이 되도록 가공한 것
지식 (Knowledge)	정보를 집적하고 체계화하여 장래의 일반적인 사항에 대비해 보편성을 갖도록 한 것

② 정보화사회 : 필요로 하는 정보가 사회의 중심이 되는 사회

(2) 업무수행과 정보능력

① 컴퓨터의 활용 분야

  ㉠ 기업 경영 분야에서의 활용 : 판매, 회계, 재무, 인사 및 조직관리, 금융 업무 등
  ㉡ 행정 분야에서의 활용 : 민원처리, 각종 행정 통계 등
  ㉢ 산업 분야에서의 활용 : 공장 자동화, 산업용 로봇, 판매시점관리시스템(POS) 등
  ㉣ 기타 분야에서의 활용 : 교육, 연구소, 출판, 가정, 도서관, 예술 분야 등

② 정보처리과정

  ㉠ 정보 활용 절차 : 기획 → 수집 → 관리 → 활용
  ㉡ 5W2H : 정보 활용의 전략적 기획

   • WHAT(무엇을?) : 정보의 입수대상을 명확히 한다.
   • WHERE(어디에서?) : 정보의 소스(정보원)를 파악한다.
   • WHEN(언제까지) : 정보의 요구(수집)시점을 고려한다.
   • WHY(왜?) : 정보의 필요목적을 염두에 둔다.
   • WHO(누가?) : 정보활동의 주체를 확정한다.
   • HOW(어떻게) : 정보의 수집방법을 검토한다.
   • HOW MUCH(얼마나?) : 정보수집의 비용성(효용성)을 중시한다.

예제 1

5W2H는 정보를 전략적으로 수집·활용할 때 주로 사용하는 방법이다. 5W2H에 대한 설명으로 옳지 않은 것은?

① WHAT : 정보의 수집방법을 검토한다.
② WHERE : 정보의 소스(정보원)를 파악한다.
③ WHEN : 정보의 요구(수집)시점을 고려한다.
④ HOW : 정보의 수집방법을 검토한다.

[출제의도]
방대한 정보들 중 꼭 필요한 정보와 수집 방법 등을 전략적으로 기획하고 정보수집이 이루어질 때 효과적인 정보 수집이 가능해진다. 5W2H는 이러한 전략적 정보 활용 기획의 방법으로 그 개념을 이해하고 있는지를 묻는 질문이다.

[해설]
5W2H의 'WHAT'은 정보의 입수대상을 명확히 하는 것이다. 정보의 수집방법을 검토하는 것은 HOW(어떻게)에 해당되는 내용이다.

답 ①

(3) 사이버공간에서 지켜야 할 예절

① 인터넷의 역기능
　　㉠ 불건전 정보의 유통
　　㉡ 개인 정보 유출
　　㉢ 사이버 성폭력
　　㉣ 사이버 언어폭력
　　㉤ 언어 훼손
　　㉥ 인터넷 중독
　　㉦ 불건전한 교제
　　㉧ 저작권 침해

② 네티켓(netiquette) : 네트워크(network) + 에티켓(etiquette)

(4) 정보의 유출에 따른 피해사례

① 개인정보의 종류

ㄱ **일반 정보** : 이름, 주민등록번호, 운전면허정보, 주소, 전화번호, 생년월일, 출생지, 본적지, 성별, 국적 등

ㄴ **가족 정보** : 가족의 이름, 직업, 생년월일, 주민등록번호, 출생지 등

ㄷ **교육 및 훈련 정보** : 최종학력, 성적, 기술자격증/전문면허증, 이수훈련 프로그램, 서클활동, 상벌사항, 성격/행태보고 등

ㄹ **병역 정보** : 군번 및 계급, 제대유형, 주특기, 근무부대 등

ㅁ **부동산 및 동산 정보** : 소유주택 및 토지, 자동차, 저축현황, 현금카드, 주식 및 채권, 수집품, 고가의 예술품 등

ㅂ **소득 정보** : 연봉, 소득의 원천, 소득세 지불 현황 등

ㅅ **기타 수익 정보** : 보험가입현황, 수익자, 회사의 판공비 등

ㅇ **신용 정보** : 대부상황, 저당, 신용카드, 담보설정 여부 등

ㅈ **고용 정보** : 고용주, 회사주소, 상관의 이름, 직무수행 평가 기록, 훈련기록, 상벌기록 등

ㅊ **법적 정보** : 전과기록, 구속기록, 이혼기록 등

ㅋ **의료 정보** : 가족병력기록, 과거 의료기록, 신체장애, 혈액형 등

ㅌ **조직 정보** : 노조가입, 정당가입, 클럽회원, 종교단체 활동 등

ㅍ **습관 및 취미 정보** : 흡연/음주량, 여가활동, 도박성향, 비디오 대여기록 등

② 개인정보 유출방지 방법

ㄱ 회원 가입 시 이용 약관을 읽는다.

ㄴ 이용 목적에 부합하는 정보를 요구하는지 확인한다.

ㄷ 비밀번호는 정기적으로 교체한다.

ㄹ 정체불명의 사이트는 멀리한다.

ㅁ 가입 해지 시 정보 파기 여부를 확인한다.

ㅂ 남들이 쉽게 유추할 수 있는 비밀번호는 자제한다.

2 정보능력을 구성하는 하위능력

(1) 컴퓨터활용능력

① 인터넷 서비스 활용

 ㉠ 전자우편(E-mail) 서비스 : 정보 통신망을 이용하여 다른 사용자들과 편지나 여러 정보를 주고받는 통신 방법

 ㉡ 인터넷 디스크/웹 하드 : 웹 서버에 대용량의 저장 기능을 갖추고 사용자가 개인용 컴퓨터의 하드디스크와 같은 기능을 인터넷을 통하여 이용할 수 있게 하는 서비스

 ㉢ 메신저 : 인터넷에서 실시간으로 메시지와 데이터를 주고받을 수 있는 소프트웨어

 ㉣ 전자상거래 : 인터넷을 통해 상품을 사고팔거나 재화나 용역을 거래하는 사이버 비즈니스

② 정보검색 : 여러 곳에 분산되어 있는 수많은 정보 중에서 특정 목적에 적합한 정보만을 신속하고 정확하게 찾아내어 수집, 분류, 축적하는 과정

 ㉠ 검색엔진의 유형

  • 키워드 검색 방식 : 찾고자 하는 정보와 관련된 핵심적인 언어인 키워드를 직접 입력하여 이를 검색 엔진에 보내어 검색 엔진이 키워드와 관련된 정보를 찾는 방식

  • 주제별 검색 방식 : 인터넷상에 존재하는 웹 문서들을 주제별, 계층별로 정리하여 데이터베이스를 구축한 후 이용하는 방식

  • 통합형 검색방식 : 사용자가 입력하는 검색어들이 연계된 다른 검색 엔진에게 보내고 이를 통하여 얻어진 검색 결과를 사용자에게 보여주는 방식

 ㉡ 정보 검색 연산자

기호	연산자	검색조건
*, &	AND	두 단어가 모두 포함된 문서를 검색
|	OR	두 단어가 모두 포함되거나 두 단어 중에서 하나만 포함된 문서를 검색
–, !	NOT	'–' 기호나 '!' 기호 다음에 오는 단어는 포함하지 않는 문서를 검색
~, near	인접검색	앞/뒤의 단어가 가깝게 있는 문서를 검색

③ 소프트웨어의 활용

 ㉠ 워드프로세서

  • 특징 : 문서의 내용을 화면으로 확인하면서 쉽게 수정 가능, 문서 작성 후 인쇄 및 저장 가능, 글이나 그림의 입력 및 편집 가능

  • 기능 : 입력기능, 표시기능, 저장기능, 편집기능, 인쇄기능 등

○ 스프레드시트

- 특징 : 쉽게 계산 수행, 계산 결과를 차트로 표시, 문서를 작성하고 편집 가능
- 기능 : 계산, 수식, 차트, 저장, 편집, 인쇄기능 등

예제 2

귀하는 커피 전문점을 운영하고 있다. 아래와 같이 엑셀 워크시트로 4개 지점의 원두 구매 수량과 단가를 이용하여 금액을 산출하고 있다. 귀하가 다음 중 D3셀에서 사용하고 있는 함수식으로 옳은 것은? (단, 금액 = 수량 × 단가)

	A	B	C	D	E
1	지점	원두	수량(100g)	금액	
2	A	케냐	15	150000	
3	B	콜롬비아	25	175000	
4	C	케냐	30	300000	
5	D	브라질	35	210000	
6					
7		원두	100g당 단가		
8		케냐	10,000		
9		콜롬비아	7,000		
10		브라질	6,000		
11					

① =C3*VLOOKUP(B3, $B$8:$C$10, 1, 1)
② =B3*HLOOKUP(C3, $B$8:$C$10, 2, 0)
③ =C3*VLOOKUP(B3, $B$8:$C$10, 2, 0)
④ =C3*HLOOKUP($B$8:$C$10, 2, B3)

[출제의도]
본 문항은 엑셀 워크시트 함수의 활용도를 확인하는 문제이다.
[해설]
"VLOOKUP(B3,$B$8:$C$10, 2, 0)"의 함수를 해설해보면 B3의 값(콜롬비아)을 B8:C10에서 찾은 후 그 영역의 2번째 열(C열, 100g당 단가)에 있는 값을 나타내는 함수이다. 금액은 "수량 × 단가"으로 나타내므로 D3셀에 사용되는 함수식은 "=C3*VLOOKUP(B3, $B$8: $C$10, 2, 0)"이다.
※ HLOOKUP과 VLOOKUP
　⊙ HLOOKUP : 배열의 첫 행에서 값을 검색하여, 지정한 행의 같은 열에서 데이터를 추출
　ⓒ VLOOKUP : 배열의 첫 열에서 값을 검색하여, 지정한 열의 같은 행에서 데이터를 추출

답 ③

ⓒ 프레젠테이션

- 특징 : 각종 정보를 사용자 또는 대상자에게 쉽게 전달
- 기능 : 저장, 편집, 인쇄, 슬라이드 쇼 기능 등

② 유틸리티 프로그램 : 파일 압축 유틸리티, 바이러스 백신 프로그램

④ 데이터베이스의 필요성

⊙ 데이터의 중복을 줄인다.

ⓒ 데이터의 무결성을 높인다.

ⓒ 검색을 쉽게 해준다.

② 데이터의 안정성을 높인다.

⑩ 개발기간을 단축한다.

(2) 정보처리능력

① **정보원** : 1차 자료는 원래의 연구성과가 기록된 자료이며, 2차 자료는 1차 자료를 효과적으로 찾아보기 위한 자료 또는 1차 자료에 포함되어 있는 정보를 압축·정리한 형태로 제공하는 자료이다.

    ㉠ 1차 자료 : 단행본, 학술지와 논문, 학술회의자료, 연구보고서, 학위논문, 특허정보, 표준 및 규격자료, 레터, 출판 전 배포자료, 신문, 잡지, 웹 정보자원 등

    ㉡ 2차 자료 : 사전, 백과사전, 편람, 연감, 서지데이터베이스 등

② **정보분석 및 가공**

    ㉠ 정보분석의 절차 : 분석과제의 발생 → 과제(요구)의 분석 → 조사항목의 선정 → 관련정보의 수집(기존자료 조사/신규자료 조사) → 수집정보의 분류 → 항목별 분석 → 종합·결론 → 활용·정리

    ㉡ 가공 : 서열화 및 구조화

③ **정보관리**

    ㉠ 목록을 이용한 정보관리

    ㉡ 색인을 이용한 정보관리

    ㉢ 분류를 이용한 정보관리

예제 3

인사팀에서 근무하는 J씨는 회사가 성장함에 따라 직원 수가 급증하기 시작하면서 직원들의 정보관리 방법을 모색하던 중 다음과 같은 A사의 직원 정보관리 방법을 보게 되었다. J씨는 A사가 하고 있는 이 방법을 회사에도 도입하고자 한다. 이 방법은 무엇인가?

> A사의 인사부서에 근무하는 H씨는 직원들의 개인정보를 관리하는 업무를 담당하고 있다. A사에서 근무하는 직원은 수천 명에 달하기 때문에 H씨는 주요 키워드나 주제어를 가지고 직원들의 정보를 구분하여 관리하여, 찾을 때도 쉽고 내용을 수정할 때도 이전보다 훨씬 간편할 수 있도록 했다.

① 목록을 활용한 정보관리
② 색인을 활용한 정보관리
③ 분류를 활용한 정보관리
④ 1:1 매칭을 활용한 정보관리

[출제의도]
본 문항은 정보관리 방법의 개념을 이해하고 있는가를 묻는 문제이다.
[해설]
주어진 자료의 A사에서 사용하는 정보관리는 주요 키워드나 주제어를 가지고 정보를 관리하는 방식인 색인을 활용한 정보관리이다. 디지털 파일에 색인을 저장할 경우 추가, 삭제, 변경 등이 쉽다는 점에서 정보관리에 효율적이다.

답 ②

1 검색엔진을 사용하여 인터넷에서 작자 김시습이 지은 책이 무엇인지 알아보려고 한다. 정보검색 연산자를 사용할 때 가장 적절한 검색식은 무엇인가? (단, 사용하려는 검색엔진은 AND 연산자로 '&', OR 연산자로 '+', NOT 연산자로 '!'를 사용한다.)

① 김시습+책   ② 작자&김시습

③ 책!작자   ④ 김시습&책

 작자 김시습이 지은 책을 검색하는 것이므로 많은 책들 중에서 김시습과 책이 동시에 들어 있는 웹문서를 검색하면 된다. 따라서 AND 연산자를 사용해야 한다.

2 한국공항공사 신항공추진단 신공항계획팀에 근무하는 A는 내일 있을 회의에서 효과적인 프레젠테이션을 위하여 파워포인트 프로그램의 스마트아트를 활용하여 자료를 작성하고 있다. 다음의 스마트아트를 사용하는 상황에 관한 설명으로 옳은 것은?

①  : 상호 인접한 사항에 대한 연관성을 살펴볼 때 사용

② 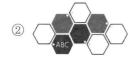 : 중앙의 내용에 대한 관계를 표시할 때 사용

③  : 비례관계 및 상호 연결 관계, 계층 관계를 표시할 때 사용

④  : 계획 또는 결과를 필터링하는 관계 표시할 때 사용

 ① 깔대기형 : 정보의 필터링 또는 부분을 전체로 병합하는 방법을 표시
② 교대 육각형 : 상호 인접한 사항에 대한 연관성을 표시
④ 상향 화살표형 : 작업, 프로세스 또는 워크플로에서 위쪽으로 향하는 진행 방향 또는 단계를 표시

3 다음 자료를 보고 추론한 것으로 적절하지 않은 것은?

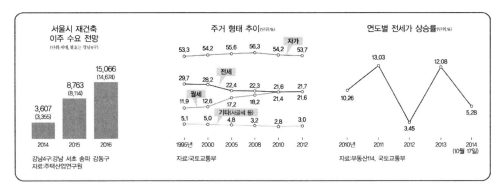

① 짝수 해보다 홀수 해의 전세가 상승률이 더 높다.

② 근로자·서민을 위한 전세자금의 대출금리를 낮추는 방안이 필요하다.

③ 임대차 기간을 현행 2년에서 3년으로 연장하게 되면, 근본적인 문제를 해결할 수 있다.

④ 주거 형태가 점차 전세에서 월세로 전환되고 있다.

 제시된 것은 전세대란과 관련한 자료들이다. 각각 재건축 이주 수요 급증, 본격적인 저금리 기조에 따른 월세 전환 가속화, 짝수 해보다 전셋값이 더 뛰는 이른 바 '홀수 해' 효과를 나타낸 그래프이다. 임대차 기간을 현행 2년에서 3년으로 연장하게 되면 자칫 전셋값 상승을 불러올 수 있다. 따라서 근본적인 문제를 해결할 수 있다고 보기 어렵다.

Answer⌐→ 1.④ 2.③ 3.③

▌4~6▐ 다음 완소그룹 물류창고의 책임자와 각 창고 내 보관된 제품의 코드 목록을 보고 물음에 답하시오.

책임자	제품코드번호	책임자	제품코드번호
권두완	15095N0301200013	노완희	15028S0100500023
공덕영	15051C0100200015	박근동	15123G0401800008
심근동	15012F0200900011	양균호	15026P0301100004
정용준	15113G0100100001	박동신	15051A0200700017
김영재	15033H0301300010	권현종	15081A0401500021

ex) 제품코드번호

2015년 3월에 성남 3공장에서 29번째로 생산된 주방용품 앞치마 코드 1503-1C-01005-00029

1503	–	1C	–	01005	–	00029
(생산연월)		(생산공장)		(제품종류)		(생산순서)

생산연월	생산공장			제품종류			생산순서
	지역코드		고유번호	분류코드		고유번호	
• 1511 – 2015년 11월 • 1506 – 2015년 6월	1	성남	A 1공장 B 2공장 C 3공장	01	주방용품	001 주걱 002 밥상 003 쟁반 004 접시 005 앞치마 006 냄비	• 00001부터 시작하여 생산순서대로 5자리의 번호가 매겨짐
	2	구리	D 1공장 E 2공장 F 3공장				
	3	창원	G 1공장 H 2공장 I 3공장	02	청소도구	007 빗자루 008 쓰레받기 009 봉투 010 대걸레	
	4	서산	J 1공장 K 2공장 L 3공장	03	가전제품	011 TV 012 전자레인지 013 가스레인지 014 컴퓨터	
	5	원주	M 1공장 N 2공장			015 치약	
	6	강릉	O 1공장 P 2공장	04	세면도구	016 치솔 017 샴푸 018 비누 019 타올 020 린스	
	7	진주	Q 1공장 R 2공장				
	8	합천	S 1공장 T 2공장				

4 완소그룹의 제품 중 2016년 2월에 성남 3공장에서 13번째로 생산된 세면도구 샴푸의 코드로 알맞은 것은?

① 16021C0401700013

② 16021C0401800013

③ 16021C0401900013

④ 16021C0402000013

(Tip)
- 2016년 2월 : 1602
- 성남 3공장 : 1C
- 세면도구 샴푸 : 04017
- 13번째로 생산 : 00013

5 1공장에서 생산된 제품들 중 현재 물류창고에 보관하고 있는 청소도구는 모두 몇 개인가?

① 1개

② 2개

③ 3개

④ 4개

(Tip)
'15051A0200700017' 총 1개이다.

6 다음 중 성남 1공장에서 생산된 제품을 보관하고 있는 물류창고의 책임자들끼리 바르게 연결된 것은?

① 김영재-박동신

② 박동신-권현종

③ 권두완-양균호

④ 공덕영-권현종

(Tip)
② 박동신(15051A0200700017)-권현종(15081A0401500021)

다음 ▽▽그룹 물류창고의 책임자와 각 창고 내 보관된 제품의 코드 목록을 보고 물음에 답하시오.

책임자	제품코드번호	책임자	제품코드번호
강경모	15063G0200700031	고건국	15046O0401900018
공석준	15033G0301300003	나경록	15072E0200900025
문정진	15106P0200800024	박진철	15025M0401500008
송영진	15087Q0301100017	신현규	15111A0100500021
지석원	15054J0201000005	최용상	15018T0401700013

ex) 제품코드번호

2015년 9월에 경기도 1공장에서 15번째로 생산된 침실가구 장롱 코드 1509-1A-01003-00015

1509	–	1A	–	01003	–	00015
(생산연월)		(생산공장)		(제품종류)		(생산순서)

생산연월	생산공장			제품종류			생산순서
	지역코드		고유번호	분류코드		고유번호	
・1503 – 2015년 3월 ・1510 – 2015년 10월	1	경기도	A 1공장	01	침실가구	001 침대	・00001부터 시작하여 생산순서대로 5자리의 번호가 매겨짐
			B 2공장			002 매트리스	
			C 3공장			003 장롱	
	2	울산	D 1공장			004 서랍장	
			E 2공장			005 화장대	
			F 3공장			006 거울	
	3	부산	G 1공장	02	거실가구	007 TV	
			H 2공장			008 장식장	
			I 3공장			009 소파	
	4	인천	J 1공장			010 테이블	
			K 2공장	03	서재가구	011 책꽂이	
			L 3공장			012 책상	
	5	대구	M 1공장			013 의자	
			N 2공장			014 책장	
	6	광주	O 1공장	04	수납가구	015 선반	
			P 2공장			016 공간박스	
	7	제주	Q 1공장			017 코너장	
			R 2공장			018 소품수납함	
	8	대전	S 1공장			019 행거	
			T 2공장			020 수납장	

7 ▽▽그룹의 제품 중 2015년 12월에 제주 2공장에서 313번째로 생산된 침실가구 장롱의 코드로 알맞은 것은?

① 15127R0100100313

② 15127R0100200313

③ 15127R0100300313

④ 15127R0100400313

 • 2015년 12월 : 1512
• 제주 2공장 : 7R
• 침실가구 장롱 : 01003
• 313번째로 생산 : 00313

8 2공장에서 생산된 제품들 중 현재 물류창고에 보관하고 있는 거실가구는 모두 몇 개인가?

① 1개

② 2개

③ 3개

④ 4개

 '15106P0200800024', '15072E0200900025' 총 2개이다.

9 다음 중 부산 1공장에서 생산된 제품을 보관하고 있는 물류창고의 책임자들끼리 바르게 연결된 것은?

① 고건국-문정진

② 강경모-공석준

③ 박진철-최용상

④ 나경록-지석원

 ② 강경모(15063G0200700031)-공석준(15033G0301300003)

10 다음 순서도에서 인쇄되는 S의 값은? (단, $[x]$는 x보다 크지 않은 최대의 정수이다)

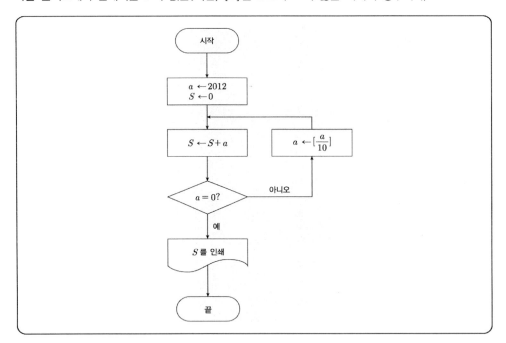

① 2230

② 2235

③ 2240

④ 2245

 a, S의 값의 변화과정을 표로 나타내면

a	S
2012	0
2012	$0+2012$
201	$0+2012+201$
20	$0+2012+201+20$
2	$0+2012+201+20+2$
0	$0+2012+201+20+2+0$

따라서 인쇄되는 S의 값은 $0+2012+201+20+2+0=2235$ 이다.

11 다음 순서도에서 인쇄되는 S의 값은?

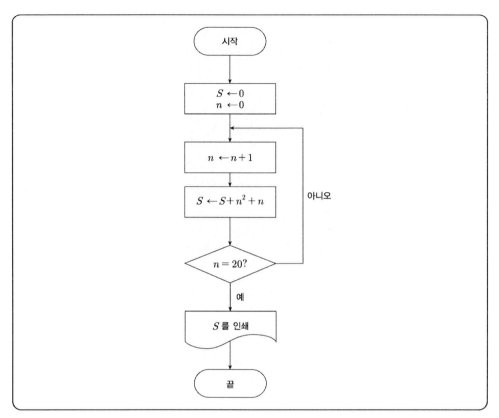

① 3050

② 3060

③ 3070

④ 3080

(Tip)
$$S = (1^2 + 2^2 + \cdots + 20^2) + (1 + 2 + \cdots + 20)$$
$$= \frac{20 \times 21 \times 41}{6} + \frac{20 \times 21}{2} = 3080$$

Answer ➟ 10.② 11.④

12 다음 워크시트에서 수식 '=LARGE(B2:B7,2)'의 결과 값은?

	A	B
1	회사	매출액
2	A	200
3	B	600
4	C	100
5	D	1,000
6	E	300
7	F	800

① 200 ② 300

③ 600 ④ 800

 '=LARGE(B2:B7,2)'는 범위 안에 있는 값들 중에서 2번째로 큰 값을 찾으라는 수식이므로 800이 답이다.

13 다음 중 아래 시트에서 수식 '=MOD(A3:A4)'의 값과 수식 '=MODE(A1:A9)'의 값으로 바르게 나열한 것은?

	A
1	6
2	8
3	7
4	6
5	1
6	3
7	4
8	6
9	3

① 1, 3 ② 1, 6

③ 1, 8 ④ 2, 3

 MOD(숫자, 나눌 값) : 숫자를 나눌 값으로 나누어 나머지가 표시된다. 따라서 7를 6으로 나누면 나머지가 1이 된다.
MODE : 최빈값을 나타내는 함수이다. 위의 시트에서 6이 최빈값이다.

14 다음 중 아래 시트에서 야근일수를 구하기 위해 [B9] 셀에 입력할 함수로 옳은 것은?

	A	B	C	D	E
1	4월 야근 현황				
2	날짜	도준영	전아롱	이진주	강석현
3	4월15일		V		V
4	4월16일	V		V	
5	4월17일	V	V	V	
6	4월18일		V	V	V
7	4월19일	V		V	
8	4월20일	V			
9	야근일수				
10					

① =COUNTBLANK(B3:B8)　　　② =COUNT(B3:B8)

③ =COUNTA(B3:B8)　　　④ =SUM(B3:B8)

 COUNTBLANK 함수는 비어있는 셀의 개수를 세어준다. COUNT 함수는 숫자가 입력된 셀의 개수를 세어주는 반면 COUNTA 함수는 숫자는 물론 문자가 입력된 셀의 개수를 세어준다. 즉, 비어있지 않은 셀의 개수를 세어주기 때문에 이 문제에서는 COUNTA 함수를 사용해야 한다.

15 주기억장치 관리기법 중 "Best Fit" 기법 사용 시 8K의 프로그램은 주기억장치 영역 중 어느 곳에 할당되는가?

영역1	9K
영역2	15K
영역3	10K
영역4	30K

① 영역1　　　② 영역2

③ 영역3　　　④ 영역4

 "Best fit"은 가장 낭비가 적은 부분에 할당하기 때문에 영역1에 할당한다.

Answer➫ 12.④　13.②　14.③　15.①

16 다음은 버블정렬에 관한 설명과 예시이다. 보기에 있는 수를 버블 정렬을 이용하여 오름차순으로 정렬하려고 한다. 1회전의 결과는?

버블정렬은 인접한 두 숫자의 크기를 비교하여 교환하는 방식으로 정렬한다. 이때 인접한 두 숫자는 수열의 맨 앞부터 뒤로 이동하며 비교된다. 맨 마지막 숫자까지 비교가 이루어져 가장 큰 수가 맨 뒷자리로 이동하게 되면 한 회전이 끝난다. 다음 회전에는 맨 뒷자리로 이동한 수를 제외하고 같은 방식으로 비교 및 교환이 이루어진다. 더 이상 교환할 숫자가 없을 때 정렬이 완료된다. 교환은 두 개의 숫자가 서로 자리를 맞바꾸는 것을 말한다.

〈예시〉

30, 15, 40, 10을 정렬하려고 한다.
• 1회전
(30, 15), 40, 10 : 30〉15 이므로 교환
15, (30, 40), 10 : 40〉30 이므로 교환이 이루어지지 않음
15, 30, (40, 10) : 40〉10 이므로 교환
1회전의 결과 값 : 15, 30, 10, 40

• 2회전 (40은 비교대상에서 제외)
(15, 30), 10, 40 : 30〉15 이므로 교환이 이루어지지 않음
15, (30, 10), 40 : 30〉10 이므로 교환
2회전의 결과 값 : 15, 10, 30, 40

• 3회전 (30, 40은 비교대상에서 제외)
(15, 10), 30, 40 : 15〉10이므로 교환
3회전 결과 값 : 10, 15, 30, 40 →교환 완료

〈보기〉

9, 6, 7, 3, 5

① 6, 3, 5, 7, 9
② 3, 5, 6, 7, 9
③ 6, 7, 3, 5, 9
④ 9, 6, 7, 3, 5

㉠ 1회전

9 ↔ 6		7	3	5
6	9 ↔ 7		3	5
6	7	9 ↔ 3		5
6	7	3	9 ↔ 5	
6	7	3	5	9

㉡ 2회전

6	7 ↔ 3		5	9
6	3	7 ↔ 5		9
6	3	5	7	9

㉢ 3회전

6 ↔ 3		5	7	9
3	6 ↔ 5		7	9
3	5	6	7	9

Answer ➙ 16.③

17 '트리의 차수(Degree of tree)'는 트리 내의 각 노드들의 차수 중 가장 큰 값을 말한다. 다음 그림에서 '트리의 차수'는?

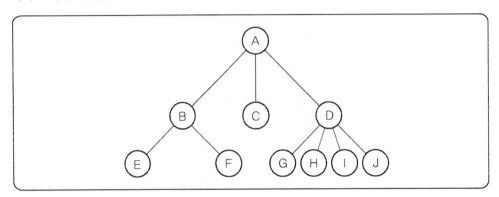

① 2

② 3

③ 4

④ 5

(Tip) '차수'는 한 노드에 대한 서브트리의 개수를 말하는데 이 그림에서는 노드 D의 차수가 4로 가장 크다. 따라서 '트리의 차수'는 4이다.

18 다음 워크시트에서 [A1:B2] 영역을 선택한 후 채우기 핸들을 사용하여 드래그 했을 때 [A6:B6] 영역 값으로 바르게 짝지은 것은?

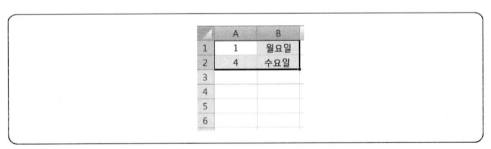

	A6	B6		A6	B6
①	15	목요일	②	16	목요일
③	15	수요일	④	16	수요일

(Tip) 숫자는 1, 4, 7, 10, 13, 16으로 채워지고 요일은 월, 수, 금, 일, 화, 목으로 채워지고 있다. 따라서 A6값은 16이고 B6값은 목요일이다.

19 다음에 설명하는 소프트웨어는?

> 전자 계산표 또는 표 계산 프로그램으로 문서를 작성하고 편집하는 기능 이외에 수치나 공식을 입력하여 그 값을 계산하고 결과를 차트로 표시할 수 있는 기능을 가지고 있다.

① 워드프로세서
② 스프레드시트
③ 프레젠테이션
④ 데이터베이스

 ① 워드프로세서 : 글이나 그림을 입력하여 편집하고, 작성한 문서를 저장·인쇄할 수 있는 프로그램
③ 프레젠테이션 : 프레젠테이션은 컴퓨터나 기타 멀티미디어를 이용하여 각종 정보를 대상 자에게 전달하는 행위이며 프레젠테이션 프로그램은 이를 위해 사용되는 프로그램으로 파워포인트, 프리랜스 그래픽스 등이 있다.
④ 데이터베이스 : 대량의 자료를 관리하고 내용을 구조화하여 검색이나 자료관리 작업을 효과적으로 실행하는 프로그램

20 그 성격이 가장 다른 정보원은?

① 단행본
② 학술회의자료
③ 백과사전
④ 특허정보

 ③ 2차 자료
①②④ 1차 자료
※ 정보원
㉠ 1차 자료 : 원래의 연구 성과가 기록된 자료로 단행본, 학술지, 연구보고서, 학위논문, 신문·잡지 등이 해당한다.
㉡ 2차 자료 : 1차 자료를 압축·정리하여 사용하기 효과적인 형태로 제공하는 자료로 사전, 백과사전, 편람, 연감, 서지데이터베이스 등이 해당한다.

Answer → 17.③ 18.② 19.② 20.③

21 다음은 스프레드시트로 작성한 워크시트이다. (개)~(라)에 대한 설명으로 옳지 않은 것은?

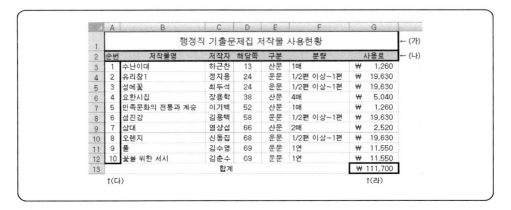

① (개)는 '셀 병합' 기능을 이용하여 작성할 수 있다.

② (내)는 '셀 서식'의 '채우기' 탭에서 색상을 변경할 수 있다.

③ (대)는 A3 값을 입력 후 '자동 채우기' 기능을 사용할 수 있다.

④ (라)의 값은 '=EVEN(G3:G12)'로 구할 수 있다.

 ④ (라)는 G3부터 G12 값의 합이다. 따라서 '=SUM(G3:G12)'로 구할 수 있다.

22 인터넷 기술을 기업 내 정보 시스템에 적용한 것으로 전자우편 시스템, 전자결재 시스템 등을 인터넷 환경으로 통합하여 사용하는 것을 무엇이라고 하는가?

① 인트라넷　　　　　　　　　② 엑스트라넷

③ 원격 접속　　　　　　　　　④ 그룹웨어

 ② 엑스트라넷(extranet) : 인트라넷의 확장형이라 생각할 수 있는데 인터넷을 통해 사내 정보를 이용할 수 있도록 한 인트라넷을 외부보안을 유지한 채 협력업체나 고객들이 각자의 전산망을 이용하여 업무를 처리할 수 있도록 연결한 것이다.

③ 원격접속(remote desktop) : 자신이 사용권한을 가지고 있는 전제하에 다른 곳에 위치한 컴퓨터를 온라인으로 연결(TCP/IP체계)하여 사용하는 서비스를 말한다.

④ 그룹웨어(groupware) : 기업 전산망에 전자 우편과 전자 결재 시스템으로 데이터베이스 프로그램을 결합하여, 조직 사이의 의사소통을 원활하게 하고 업무 효율을 높일 수 있도록 만든 컴퓨터 프로그램을 말한다.

23 다음은 손익계산서이다. 내용을 도표와 그래프로 작성하여 상사에게 보고하고자 할 때 가장 유용한 소프트웨어는 무엇인가?

연도 계정과목	2008년	2009년	2010년
매출액	75,450	92,025	110,055
매출원가	62,078	78,456	88,256
매출 총이익	13,372	13,569	21,799
영업이익	4,516	4,311	12,551
영업외 수익	3,725	3,815	3,825
영업외 비용	2,666	2,212	3,627
법인세차감전순이익	5,575	5,914	12,749
당기순이익	5,017	5,322	10,100

① 워드   ② 엑셀
③ 파워포인트   ④ 엑세스

 엑셀의 기능
ⓐ 수치 계산 기능 : 여러 가지 함수를 이용해 데이터를 빠르고 정확하게 계산할 수 있다.
ⓑ 차트 작성 기능 : 작성한 데이터를 이용하여 2차원 혹은 3차원 차트(그래프)를 작성할 수 있다.
ⓒ 데이터베이스 기능 : 데이터 검색, 정렬, 추출 등의 데이터 관리 기능을 제공한다.
ⓓ 문서 작성 기능 : 다양한 서식(글꼴 크기, 테두리, 색 등)을 이용해 간단한 문서를 작성할 수 있다.
ⓔ 매크로 기능 : 반복되는 작업을 미리 기억시켜 놓아 쉽게 처리할 수 있다.

Answer 21.④ 22.① 23.②

〈시스템 화면〉

System is checking........
Run.....

Error Found!
Index GTEMSHFCBA of file WODRTSUEAI

input code : _____

항목	세부사항
index '__' of file '__'	• 오류 문자 : Index 뒤에 나타나는 10개의 문자 • 오류 발생 위치 : File 뒤에 나타나는 10개의 문자
Error Value	오류 문자와 오류 발생 위치를 의미하는 문자에 사용된 알파벳을 비교하여 일치하는 알파벳의 개수를 확인(단, 알파벳의 위치와 순서는 고려하지 않으며 동일한 알파벳이 속해 있는지만 확인한다.)
input code	Error Value를 통하여 시스템 상태를 판단

판단 기준	시스템 상태	input code
일치하는 알파벳의 개수가 0개인 경우	안전	safe
일치하는 알파벳의 개수가 1~3개인 경우	경계	alert
일치하는 알파벳의 개수가 4~6개인 경우		vigilant
일치하는 알파벳의 개수가 7~10개인 경우	위험	danger

24

〈시스템 화면〉

System is checking........
Run.....

Error Found!
Index DRHIZGJUMY of file OPAULMBCEX

input code : _____

① safe   ② alert

③ vigilant   ④ danger

 알파벳 중 U, M 2개가 일치하기 때문에 시스템 상태는 경계 수준이며, input code는 alert이다.

25

〈시스템 화면〉

System is checking........
Run.....

Error Found!
Index QWERTYUIOP of file POQWIUERTY

input code : _____

① safe   ② alert

③ vigilant   ④ danger

 10개의 알파벳이 모두 일치하기 때문에 시스템 상태는 위험 수준이며, input code는 danger 이다.

Answer → 24.② 25.④

05 기술능력

1 기술과 기술능력

(1) 기술과 과학

① 노하우(know-how)와 노와이(know-why)
　⊙ 노하우 : 특허권을 수반하지 않는 과학자, 엔지니어 등이 가지고 있는 체화된 기술로 경험적이고 반복적인 행위에 의해 얻어진다.
　ⓒ 노와이 : 기술이 성립하고 작용하는가에 관한 원리적 측면에 중심을 둔 개념으로 이론적인 지식으로서 과학적인 탐구에 의해 얻어진다.

② 기술의 특징
　⊙ 하드웨어나 인간에 의해 만들어진 비자연적인 대상, 혹은 그 이상을 의미한다.
　ⓒ 기술은 노하우(know-how)를 포함한다.
　ⓒ 기술은 하드웨어를 생산하는 과정이다.
　ⓔ 기술은 인간의 능력을 확장시키기 위한 하드웨어와 그것의 활용을 뜻한다.
　ⓜ 기술은 정의 가능한 문제를 해결하기 위해 순서화되고 이해 가능한 노력이다.

③ 기술과 과학 … 기술은 과학과 같이 추상적 이론보다는 실용성, 효용, 디자인을 강조하고 과학은 그 반대로 추상적 이론, 지식을 위한 지식, 본질에 대한 이해를 강조한다.

(2) 기술능력

① 기술능력과 기술교양 … 기술능력은 기술교양의 개념을 보다 구체화시킨 개념으로, 기술교양은 모든 사람들이 광범위한 관점에서 기술의 특성, 기술적 행동, 기술의 힘, 기술의 결과에 대해 어느 정도의 지식을 가지는 것을 의미한다.

② 기술능력이 뛰어난 사람의 특징
　⊙ 실질적 해결을 필요로 하는 문제를 인식한다.
　ⓒ 인식된 문제를 위한 다양한 해결책을 개발하고 평가한다.
　ⓒ 실제적 문제를 해결하기 위해 지식이나 기타 자원을 선택·최적화시키며 적용한다.
　ⓔ 주어진 한계 속에서 제한된 자원을 가지고 일한다.
　ⓜ 기술적 해결에 대한 효용성을 평가한다.
　ⓗ 여러 상황 속에서 기술의 체계와 도구를 사용하고 배울 수 있다.

Y그룹 기술연구소에 근무하는 정호는 연구 역량 강화를 위한 업계 워크숍에 참석해 기술 능력이 뛰어난 사람의 특징에 대해 기조 발표를 하려고 한다. 다음 중 정호가 발표에 포함시킬 내용으로 옳지 않은 것은?

① 기술의 체계와 같은 무형의 기술에 대한 능력과는 무관하다.
② 주어진 한계 속에서 제한된 자원을 가지고 일한다.
③ 기술적 해결에 대한 효용성을 평가한다.
④ 실질적 해결을 필요로 하는 문제를 인식한다.

[출제의도]
기술능력이 뛰어난 사람의 특징에 대해 묻는 문제로 문제의 길이가 길 경우 그 속에 포함된 핵심 어구를 찾는다면 쉽게 풀 수 있는 문제다.
[해설]
① 여러 상황 속에서 기술의 체계와 도구를 사용하고 배울 수 있다.

답 ①

③ 새로운 기술능력 습득방법
 ㉠ 전문 연수원을 통한 기술과정 연수
 ㉡ E-learning을 활용한 기술교육
 ㉢ 상급학교 진학을 통한 기술교육
 ㉣ OJT를 활용한 기술교육

(3) 분야별 유망 기술 전망

① 전기전자정보공학분야 ··· 지능형 로봇 분야

② 기계공학분야 ··· 하이브리드 자동차 기술

③ 건설환경공학분야 ··· 지속가능한 건축 시스템 기술

④ 화학생명공학분야 ··· 재생에너지 기술

(4) 지속가능한 기술

① 지속가능한 발전 ··· 지금 우리의 현재 욕구를 충족시키면서 동시에 후속 세대의 욕구 충족을 침해하지 않는 발전

② 지속가능한 기술
 ㉠ 이용 가능한 자원과 에너지를 고려하는 기술
 ㉡ 자원이 사용되고 그것이 재생산되는 비율의 조화를 추구하는 기술
 ㉢ 자원의 질을 생각하는 기술
 ㉣ 자원이 생산적인 방식으로 사용되는가에 주의를 기울이는 기술

(5) 산업재해

① 산업재해란 산업 활동 중의 사고로 인해 사망하거나 부상을 당하고, 또는 유해 물질에 의한 중독 등으로 직업성 질환에 걸리거나 신체적 장애를 가져오는 것을 말한다.

② 산업 재해의 기본적 원인

⊙ 교육적 원인 : 안전 지식의 불충분, 안전 수칙의 오해, 경험이나 훈련의 불충분과 작업관리자의 작업 방법의 교육 불충분, 유해 위험 작업 교육 불충분 등

ⓒ 기술적 원인 : 건물·기계 장치의 설계 불량, 구조물의 불안정, 재료의 부적합, 생산 공정의 부직딩, 점검·정비·보존의 불량 등

ⓒ 작업 관리상 원인 : 안전 관리 조직의 결함, 안전 수칙 미제정, 작업 준비 불충분, 인원배치 및 작업 지시 부적당 등

예제 2

다음은 철재가 알아낸 산업재해 원인과 관련된 자료이다. 다음 자료에 해당하는 산업재해의 기본적인 원인은 무엇인가?

2015년 산업재해 현황분석 자료에 따른 사망자의 수

(단위 : 명)

사망원인	사망자 수
안전 지식의 불충분	120
안전 수칙의 오해	56
경험이나 훈련의 불충분	73
작업관리자의 작업방법 교육 불충분	28
유해 위험 작업 교육 불충분	91
기타	4

출처 : 고용노동부 2015 산업재해 현황분석

① 정책적 원인　　　　② 작업 관리상 원인
③ 기술적 원인　　　　④ 교육적 원인

[출제의도]
산업재해의 원인은 크게 기본적 원인과 직접적 원인으로 나눌 수 있고 이들 원인은 다시 여러 개의 세부 원인들로 나뉜다. 표에 나와 있는 각각의 원인들이 어디에 속하는지 잘 구분할 수 있어야 한다.

[해설]
④ 안전 지식의 불충분, 안전 수칙의 오해, 경험이나 훈련의 불충분, 작업관리자의 작업방법 교육 불충분, 유해 위험 작업 교육 불충분 등은 산업재해의 기본적 원인 중 교육적 원인에 해당한다.

답 ④

---

③ 산업 재해의 직접적 원인

⊙ 불안전한 행동 : 위험 장소 접근, 안전장치 기능 제거, 보호 장비의 미착용 및 잘못 사용, 운전 중인 기계의 속도 조작, 기계·기구의 잘못된 사용, 위험물 취급 부주의, 불안전한 상태 방치, 불안전한 자세와 동장, 감독 및 연락 잘못 등

ⓒ 불안전한 상태 : 시설물 자체 결함, 전기 기설물의 누전, 구조물의 불안정, 소방기구의 미확보, 안전 보호 장치 결함, 복장·보호구의 결함, 시설물의 배치 및 장소 불량, 작업환경 결함, 생산 공정의 결함, 경계 표시 설비의 결함 등

④ 산업 재해의 예방 대책

 ㉠ **안전 관리 조직** : 경영자는 사업장의 안전 목표를 설정하고, 안전 관리 책임자를 선정해야 하며, 안전 관리 책임자는 안전 계획을 수립하고, 이를 시행·후원·감독해야 한다.

 ㉡ **사실의 발견** : 사고 조사, 안전 점검, 현장 분석, 작업자의 제안 및 여론 조사, 관찰 및 보고서 연구, 면담 등을 통하여 사실을 발견한다.

 ㉢ **원인 분석** : 재해의 발생 장소, 재해 형태, 재해 정도, 관련 인원, 직원 감독의 적절성, 공구 및 장비의 상태 등을 정확히 분석한다.

 ㉣ **시정책의 선정** : 원인 분석을 토대로 적절한 시정책, 즉 기술적 개선, 인사 조정 및 교체, 교육, 설득, 호소, 공학적 조치 등을 선정한다.

 ㉤ **시정책 적용 및 뒤처리** : 안전에 대한 교육 및 훈련 실시, 안전시설과 장비의 결함 개선, 안전 감독 실시 등의 선정된 시정책을 적용한다.

2   기술능력을 구성하는 하위능력

(1) 기술이해능력

① 기술시스템

 ㉠ **개념** : 기술시스템은 인공물의 집합체만이 아니라 회사, 투자회사, 법적 제도, 정치, 과학, 자연자원을 모두 포함하는 것이기 때문에, 기술적인 것(the technical)과 사회적인 것(the social)이 결합해서 공존한다.

 ㉡ **기술시스템의 발전 단계** : 발명·개발·혁신의 단계 → 기술 이전의 단계 → 기술 경쟁의 단계 → 기술 공고화 단계

② 기술혁신

 ㉠ **기술혁신의 특성**

  • 기술혁신은 그 과정 자체가 매우 불확실하고 장기간의 시간을 필요로 한다.

  • 기술혁신은 지식 집약적인 활동이다.

  • 혁신 과정의 불확실성과 모호함은 기업 내에서 많은 논쟁과 갈등을 유발할 수 있다.

  • 기술혁신은 조직의 경계를 넘나드는 특성을 갖고 있다.

ⓛ 기술혁신의 과정과 역할

기술혁신 과정	혁신 활동	필요한 자질과 능력
아이디어 창안	• 아이디어를 창출하고 가능성을 검증 • 일을 수행하는 새로운 방법 고안 • 혁신적인 진보를 위한 탐색	• 각 분야의 전문지식 • 추상화와 개념화 능력 • 새로운 분야의 일을 즐김
챔피언	• 아이디어의 전파 • 혁신을 위한 자원 확보 • 아이디어 실현을 위한 헌신	• 정력적이고 위험을 감수함 • 아이디어의 응용에 관심
프로젝트 관리	• 리더십 발휘 • 프로젝트의 기획 및 조직 • 프로젝트의 효과적인 진행 감독	• 의사결정 능력 • 업무 수행 방법에 대한 지식
정보 수문장	• 조직외부의 정보를 내부 구성원들에게 전달 • 조직 내 정보원 기능	• 높은 수준의 기술적 역량 • 원만한 대인 관계 능력
후원	• 혁신에 대한 격려와 안내 • 불필요한 제약에서 프로젝트 보호 • 혁신에 대한 자원 획득을 지원	• 조직의 주요 의사결정에 대한 영향력

(2) 기술선택능력

① 기술선택 … 기업이 어떤 기술을 외부로부터 도입하거나 자체 개발하여 활용할 것인가를 결정하는 것이다.

㉠ 기술선택을 위한 의사결정
- 상향식 기술선택 : 기업 전체 차원에서 필요한 기술에 대한 체계적인 분석이나 검토 없이 연구자나 엔지니어들이 자율적으로 기술을 선택하는 것
- 하향식 기술선택 : 기술경영진과 기술기획담당자들에 의한 체계적인 분석을 통해 기업이 획득해야 하는 대상기술과 목표기술수준을 결정하는 것

㉡ 기술선택을 위한 절차

외부환경분석
↓
중장기 사업목표 설정 → 사업 전략 수립 → 요구기술 분석 → 기술전략 수립 → 핵심기술 선택
↓
내부 역량 분석

- 외부환경분석 : 수요변화 및 경쟁자 변화, 기술 변화 등 분석
- 중장기 사업목표 설정 : 기업의 장기비전, 중장기 매출목표 및 이익목표 설정
- 내부 역량 분석 : 기술능력, 생산능력, 마케팅/영업능력, 재무능력 등 분석
- 사업 전략 수립 : 사업 영역결정, 경쟁 우위 확보 방안 수립
- 요구기술 분석 : 제품 설계/디자인 기술, 제품 생산공정, 원재료/부품 제조기술 분석
- 기술전략 수립 : 기술획득 방법 결정
ⓒ 기술선택을 위한 우선순위 결정
- 제품의 성능이나 원가에 미치는 영향력이 큰 기술
- 기술을 활용한 제품의 매출과 이익 창출 잠재력이 큰 기술
- 쉽게 구할 수 없는 기술
- 기업 간에 모방이 어려운 기술
- 기업이 생산하는 제품 및 서비스에 보다 광범위하게 활용할 수 있는 기술
- 최신 기술로 진부화될 가능성이 적은 기술

예제 3

주현은 건설회사에 근무하면서 프로젝트 관리를 한다. 얼마 전 대규모 프로젝트에 참가한 한 하청업체가 중간 보고회를 열고 다음과 같이 자신들이 이번 프로젝트의 성공적 마무리를 위해 노력하고 있음을 설명하고 있다. 다음 중 총괄 책임자로서 주현이 하청업체의 올바른 추진 방향으로 인정해 줘야 하는 부분으로 바르게 묶인 것은?

> ㉠ 정부 및 환경단체가 요구하는 성과평가의 실천 방안을 연구하여 반영하고 있습니다.
> ㉡ 이번 프로젝트 성공을 위해 기술적 효용과 함께 환경적 효용도 추구하고 있습니다.
> ㉢ 오염 예방을 위한 청정 생산기술을 진단하고 컨설팅하면서 협력회사와 연대하고 있습니다.
> ㉣ 환경영향평가에 대해서는 철저한 사후평가 방식으로 진행하고 있습니다.

① ㉠㉡㉢　　　　　　　　　② ㉠㉡㉣
③ ㉠㉢㉣　　　　　　　　　④ ㉡㉢㉣

[출제의도]
실제 현장에서 사용하는 기술들에 대해 바람직한 평가요소는 무엇인지 묻는 문제다.
[해설]
㉣ 환경영향평가에 대해서는 철저한 사전평가 방식으로 진행해야 한다.

답 ①

② 벤치마킹

    ㉠ 벤치마킹의 종류

기준	종류
비교대상에 따른 분류	• 내부 벤치마킹 : 같은 기업 내의 다른 지역, 타 부서, 국가 간의 유사한 활동을 비교대상으로 함 • 경쟁적 벤치마킹 : 동일 업종에서 고객을 직접적으로 공유하는 경쟁기업을 대상으로 함 • 비경쟁적 벤치마킹 : 제품, 서비스 및 프로세스의 단위 분야에 있어 가장 우수한 실무를 보이는 비경쟁적 기업 내의 유사 분야를 대상으로 함 • 글로벌 벤치마킹 : 프로세스에 있어 최고로 우수한 성과를 보유한 동일업종의 비경쟁적 기업을 대상으로 함
수행방식에 따른 분류	• 직접적 벤치마킹 : 벤치마킹 대상을 직접 방문하여 수행하는 방법 • 간접적 벤치마킹 : 인터넷 및 문서형태의 자료를 통해서 수행하는 방법

    ㉡ 벤치마킹의 주요 단계

- 범위결정 : 벤치마킹이 필요한 상세 분야를 정의하고 목표와 범위를 결정하며 벤치마킹을 수행할 인력들을 결정
- 측정범위 결정 : 상세분야에 대한 측정항목을 결정하고, 측정항목이 벤치마킹의 목표를 달성하는 데 적정한가를 검토
- 대상 결정 : 비교분석의 대상이 되는 기업/기관들을 결정하고, 대상 후보별 벤치마킹 수행의 타당성을 검토하여 최종적인 대상 및 대상별 수행방식을 결정
- 벤치마킹 : 직접 또는 간접적인 벤치마킹을 진행
- 성과차이 분석 : 벤치마킹 결과를 바탕으로 성과차이를 측정항목별로 분석
- 개선계획 수립 : 성과차이에 대한 원인 분석을 진행하고 개선을 위한 성과목표를 결정하며, 성과목표를 달성하기 위한 개선계획을 수립
- 변화 관리 : 개선목표 달성을 위한 변화사항을 지속적으로 관리하고, 개선 후 변화사항과 예상했던 변화 사항을 비교

③ 매뉴얼 … 매뉴얼의 사전적 의미는 어떤 기계의 조작 방법을 설명해 놓은 사용 지침서이다.

    ㉠ 매뉴얼의 종류

- 제품 매뉴얼 : 사용자를 위해 제품의 특징이나 기능 설명, 사용방법과 고장 조치방법, 유지 보수 및 A/S, 폐기까지 제품에 관련된 모든 서비스에 대해 소비자가 알아야 할 모든 정보를 제공하는 것
- 업무 매뉴얼 : 어떤 일의 진행 방식, 지켜야할 규칙, 관리상의 절차 등을 일관성 있게 여러 사람이 보고 따라할 수 있도록 표준화하여 설명하는 지침서

ⓛ 매뉴얼 작성을 위한 Tip
- 내용이 정확해야 한다.
- 사용자가 알기 쉽게 쉬운 문장으로 쓰여야 한다.
- 사용자의 심리적 배려가 있어야 한다.
- 사용자가 찾고자 하는 정보를 쉽게 찾을 수 있어야 한다.
- 사용하기 쉬어야 한다.

(3) 기술적용능력

① 기술적용

ⓐ 기술적용 형태
- 선택한 기술을 그대로 적용한다.
- 선택한 기술을 그대로 적용하되, 불필요한 기술은 과감히 버리고 적용한다.
- 선택한 기술을 분석하고 가공하여 활용한다.

ⓑ 기술적용 시 고려 사항
- 기술적용에 따른 비용이 많이 드는가?
- 기술의 수명 주기는 어떻게 되는가?
- 기술의 전략적 중요도는 어떻게 되는가?
- 잠재적으로 응용 가능성이 있는가?

② 기술경영자와 기술관리자

ⓐ 기술경영자에게 필요한 능력
- 기술을 기업의 전반적인 전략 목표에 통합시키는 능력
- 빠르고 효과적으로 새로운 기술을 습득하고 기존의 기술에서 탈피하는 능력
- 기술을 효과적으로 평가할 수 있는 능력
- 기술 이전을 효과적으로 할 수 있는 능력
- 새로운 제품개발 시간을 단축할 수 있는 능력
- 크고 복잡하고 서로 다른 분야에 걸쳐 있는 프로젝트를 수행할 수 있는 능력
- 조직 내의 기술 이용을 수행할 수 있는 능력
- 기술 전문 인력을 운용할 수 있는 능력

다음은 기술경영자의 어떤 부분을 이야기하고 있는가?

> 어떤 일을 마무리하는 데 있어서 6개월의 시간이 걸린다면 그는 그 일을
> 한 달 안으로 끝낼 것을 원한다. 그에게 강한 밀어붙임을 경험한 사람들
> 은 그에 대해 비판적인 입장을 취하기도 한다. 그의 직원 중 일부는 그
> 무게를 이겨내지 못하고, 다른 일부의 직원들은 그것을 스스로 더욱 열심
> 히 할 수 있는 자극제로 사용한다고 말한다.

① 빠르고 효과적으로 새로운 기술을 습득하는 능력
② 기술 이전을 효과적으로 할 수 있는 능력
③ 기술 전문 인력을 운용할 수 있는 능력
④ 조직 내의 기술 이용을 수행할 수 있는 능력

[출제의도]
해당 사례가 기술경영자에게 필요한 능력 중 무엇에 해당하는 내용인지 묻는 문제로 각 능력에 대해 확실하게 이해하고 있어야 한다.
[해설]
③ 기술경영자는 기술 전문 인력을 운용함에 있어 강한 리더십을 발휘하고 직원 스스로 움직일 수 있게 이끌 수 있어야 한다.

답 ③

ⓛ 기술관리자에게 필요한 능력
- 기술을 운용하거나 문제 해결을 할 수 있는 능력
- 기술직과 의사소통을 할 수 있는 능력
- 혁신적인 환경을 조성할 수 있는 능력
- 기술적, 사업적, 인간적인 능력을 통합할 수 있는 능력
- 시스템적인 관점
- 공학적 도구나 지원방식에 대한 이해 능력
- 기술이나 추세에 대한 이해 능력
- 기술팀을 통합할 수 있는 능력

③ 네트워크 혁명
  ㉠ 네트워크 혁명의 3가지 법칙
  - 무어의 법칙 : 컴퓨터의 파워가 18개월마다 2배씩 증가한다는 법칙
  - 메트칼피의 법칙 : 네트워크의 가치는 사용자 수의 제곱에 비례한다는 법칙
  - 카오의 법칙 : 창조성은 네트워크에 접속되어 있는 다양한 지수함수로 비례한다는 법칙
  ㉡ 네트워크 혁명의 역기능 : 디지털 격차(digital divide), 정보화에 따른 실업의 문제, 인터넷 게임과 채팅 중독, 범죄 및 반사회적인 사이트의 활성화, 정보기술을 이용한 감시 등

예제 5

직표는 J그룹의 기술연구팀에서 근무하고 있는데 하루는 공정 개선 워크숍이 열려 최근 사내에서 이슈로 떠오른 신 제조공법의 도입과 관련해 토론을 벌이고 있다. 신 제조공법 도입으로 인한 이해득실에 대해 의견이 분분한 가운데 직표가 할 수 있는 발언으로 옳지 않은 것은?

① "기술의 수명 주기뿐만 아니라 기술의 전략적 중요성과 잠재적 응용 가능성 등도 따져봐야 합니다."

② "다른 것은 그냥 넘어가도 되지만 기계 교체로 인한 막대한 비용만큼은 철저히 고려해야 합니다."

③ "신 제조공법 도입이 우리 회사의 어떤 시장 전략과 연관되어 있는지 궁금합니다."

④ "신 제조공법의 수명을 어떻게 예상하고 있는지 알고 싶군요."

[출제의도]
기술적용능력에 대해 포괄적으로 묻는 문제로 신기술 적용 시 중요하게 생각해야 할 요소로는 무엇이 있는지 파악하고 있어야 한다.

[해설]
② 기계 교체로 인한 막대한 비용뿐만 아니라 신 기술도입과 관련된 모든 사항에 대해 사전에 철저히 고려해야 한다.

답 ②

1 다음 사례를 특허권, 실용신안권, 디자인권, 상표권으로 구분하여 바르게 연결한 것은?

사례
(개) 밥그릇의 용기모양을 꽃잎형, 반구형 등 다양한 디자인으로 창안하였다.
(내) 핸드폰 도난을 방지하기 위해 핸드폰에 자동위치경보시스템을 발명하였다.
(대) 파란색 바탕에 흰색 글씨로 자사의 상표를 만들었다.
(래) 하나의 안경으로 다양한 색깔의 안경알을 사용하기 위해 안경테 부분에 작은 홈을 파 놓았다.

	특허권	실용신안권	디자인권	상표권
①	(개)	(대)	(내)	(래)
②	(내)	(래)	(개)	(대)
③	(대)	(내)	(래)	(개)
④	(래)	(개)	(대)	(내)

 ② (내)-특허권, (래)-실용신안권, (개)-디자인권, (대)-상표권
- 특허권: 특허법에 의해 독점적으로 이용할 수 있는 권리
- 실용신안권: 산업 상 이용할 수 있는 물품의 형상이나 구조 또는 조합에 대한 고안으로 특허청에 이를 등록함으로써 권리에 대한 효력이 발생한다.
- 디자인권: 공업소유권의 하나로 디자인을 등록한 자가 그 등록 디자인에 대해 향유하는 독점적·배타적 권리
- 상표권: 등록상표를 해당 지정상품에 독점적으로 사용할 수 있는 권리

2 다음 중 네트워크 혁명의 역기능으로 옳지 않은 것은?

① 정보기술을 이용한 감시
② 범죄 및 반사회적인 사이트의 감소
③ 디지털 격차
④ 정보화에 따른 실업의 증가

 네트워크 혁명의 역기능으로 정보기술을 이용한 감시, 인터넷 게임과 채팅 중독, 디지털 격차, 정보화에 따른 실업의 증가, 범죄 및 반사회적인 사이트의 활성화 등을 들 수 있다.

3 다음은 신문기사의 일부분이다. ( ) 안에 들어갈 용어로 가장 적절한 것은?

> 최근 발생한 A 공장의 가스누출 사고 당시 관계 기관이 주변 지역의 2차 피해를 예상하고 신속하게 경보발령을 내린 결과 대규모 추가 피해는 막은 것으로 확인되었다. 이는 지금까지 발생한 산업재해와는 달리 관계 기관이 '위기대응 ( )'을 제대로 지키고 사태를 신속하게 파악하여 대처한 결과라 할 수 있다.

① 정관   ② 매뉴얼
③ 약관   ④ 보고서

 ② 매뉴얼 : 어떤 기술에 해당하는 가장 기본적인 활용지침을 작성해 놓은 것을 말한다.

Answer → 1.②   2.②   3.②

4 다음은 매뉴얼의 종류 중 어느 것에 속하는가?

제1장 총칙

제1조 【목적】
이 규정은 △△주식회사(이하 "당사"라고 한다)의 경리에 관한 기준을 정하여 경영활동의 능률적 운영을 추진하고 회사의 재정상태와 경영성적에 관해 명확한 보고를 도모함을 목적으로 한다.

제2조 【적용범위】
경리에 관한 업무는 이 규정이 정하는 바에 의해 이 규정의 적용이 어려울 때에는 사장이 이를 지시한다.

제3조 【경리업무】
경리업무란 다음 각 호에서 정하는 사항을 말한다.
1. 금전, 어음 및 유가증권의 출납, 보관과 자금의 조달 및 운영에 관한 사항
2. 채권, 채무에 관한 사항
3. 장부의 기장정리 및 보관에 관한 사항
4. 재고자산 경리에 관한 사항
5. 고정자산 경리에 관한 사항
6. 예산, 결산에 관한 사항
7. 원가계산에 관한 사항
8. 내부감사에 관한 사항
9. 경리의 통계조사에 관한 사항
10. 기타 경리에 관한 사항

---

① 제품매뉴얼　　　　　　　　② 고객매뉴얼
③ 업무매뉴얼　　　　　　　　④ 기술매뉴얼

 ③ 어떤 일의 진행 방식이나 지켜야 할 규칙, 관리 상의 절차 등을 일관성 있게 여러 사람이 보고 따라할 수 있도록 표준화하여 설명하는 지침서로 프랜차이즈 점포의 '편의점 운영 매뉴얼', '제품 진열 매뉴얼'이나 기업의 '부서 운영 매뉴얼', '품질 경영 매뉴얼' 등이 그 예이다.

5 다음은 한 건설업체의 사고사례를 바탕으로 재해예방대책을 작성한 표이다. 다음의 재해예방대책 중 보완되어야 할 단계는 무엇인가?

사고사례	2015년 11월 6일 (주)○○건설의 아파트 건설현장에서 작업하던 인부 박모씨 (43)가 13층 높이에서 떨어져 사망한 재해임
재해예방대책	1단계 : 사업장의 안전 목표를 설정하고 안전관리 책임자를 선정하여 안전 계획 수립 후 이를 시행·후원·감독해야 한다. 2단계 : 재해의 발생 장소, 재해 유형, 재해 정도, 관련 인원, 관리·감독의 적절성, 작업공구·장비의 상태 등을 정확히 분석한다. 3단계 : 원인 분석을 토대로 적절한 시정책 즉, 기술적 개선, 인사 조정 및 교체, 교육, 설득, 공학적 조치 등을 선정한다. 4단계 : 안전에 대한 교육훈련 실시, 안전시설 및 장비의 결함 개선, 안전관리 감독 실시 등의 선정된 시정책을 적용한다.

① 안전관리조직
② 사실의 발견
③ 원인 분석
④ 기술 공고화

 1단계-안전관리조직, 2단계-원인 분석, 3단계-기술 공고화, 4단계-시정책 적용 및 뒤처리
※ 산업재해의 예방대책 … 안전관리조직→사실의 발견→원인 분석→기술 공고화→시정책 적용 및 뒤처리

6 다음 중 지식재산권의 특징으로 옳지 않은 것은?

① 지식재산권을 활용한 다국적 기업화가 이루어지고 있다.
② 연쇄적인 기술개발을 촉진하는 계기를 마련해 주고 있다.
③ 국가 산업발전 및 경쟁력을 결정짓는 '산업자본'이다.
④ 눈에 보이지 않는 무형의 재산과 눈에 보이는 유형의 재산을 모두 포함한다.

 지식재산권의 특징
㉠ 지식재산권을 활용한 다국적 기업화가 이루어지고 있다.
㉡ 연쇄적인 기술개발을 촉진하는 계기를 마련해 주고 있다.
㉢ 국가 산업발전 및 경쟁력을 결정짓는 '산업자본'이다.
㉣ 눈에 보이지 않는 무형의 재산이다.

|7~9| 다음은 어느 회사 로봇청소기의 〈고장신고 전 확인사항〉이다. 이를 보고 물음에 답하시오.

확인사항	조치방법
주행이 이상합니다.	• 센서를 부드러운 천으로 깨끗이 닦아주세요. • 초극세사 걸레를 장착한 경우라면 장착 상태를 확인해 주세요. • 주전원 스위치를 끈 후, 다시 켜주세요.
흡입력이 약해졌습니다.	• 흡입구에 이물질이 있는지 확인하세요. • 먼지통을 비워주세요. • 먼지통 필터를 청소해 주세요.
소음이 심해졌습니다.	• 먼지통이 제대로 장착되었는지 확인하세요. • 먼지통 필터가 제대로 장착되었는지 확인하세요. • 회전솔에 이물질이 끼어있는지 확인하세요. • Wheel에 테이프, 껌 등 이물이 묻었는지 확인하세요.
리모컨으로 작동시킬 수 없습니다.	• 배터리를 교환해 주세요. • 본체와의 거리가 3m 이하인지 확인하세요. • 본체 밑면의 주전원 스위치가 켜져 있는지 확인하세요.
회전솔이 회전하지 않습니다.	• 회전솔을 청소해 주세요. • 회전솔이 제대로 장착이 되었는지 확인하세요.
충전이 되지 않습니다.	• 충전대 주변의 장애물을 치워주세요. • 충전대에 전원이 연결되어 있는지 확인하세요. • 충전 단자를 마른 걸레로 닦아 주세요. • 본체를 충전대에 붙인 상태에서 충전대 뒷면에 있는 리셋버튼을 3초간 눌러주세요.
자동으로 충전대 탐색을 시작합니다. 자동으로 전원이 꺼집니다.	로봇청소기가 충전 중이지 않은 상태로 아무 동작 없이 10분이 경과되면 자동으로 충전대 탐색을 시작합니다. 충전대 탐색에 성공하면 충전을 시작하고 충전대를 찾지 못하면 처음위치로 복귀하여 10분 후에 자동으로 전원이 꺼집니다.

7 로봇청소기 서비스센터에서 근무하고 있는 L씨는 고객으로부터 소음이 심해졌다는 문의전화를 받았다. 이에 대한 조치방법으로 L씨가 잘못 답변한 것은?

① 먼지통 필터가 제대로 장착되었는지 확인하세요.

② 회전솔에 이물질이 끼어있는지 확인하세요.

③ Wheel에 테이프, 껌 등 이물이 묻었는지 확인하세요.

④ 흡입구에 이물질이 있는지 확인하세요.

(Tip) ④는 흡입력이 약해졌을 때의 조치방법이다.

8 로봇청소기가 충전 중이지 않은 상태로 아무 동작 없이 10분이 경과되면 자동으로 충전대 탐색을 시작하는데 충전대를 찾지 못하면 어떻게 되는가?

① 아무 동작 없이 그 자리에 멈춰 선다.

② 처음위치로 복귀하여 10분 후에 자동으로 전원이 꺼진다.

③ 계속 청소를 한다.

④ 계속 충전대를 찾아 돌아다닌다.

 로봇청소기가 충전 중이지 않은 상태로 아무 동작 없이 10분이 경과되면 자동으로 충전대 탐색을 시작한다. 충전대 탐색에 성공하면 충전을 시작하고 충전대를 찾지 못하면 처음위치로 복귀하여 10분 후에 자동으로 전원이 꺼진다.

9 로봇청소기가 갑자기 주행이 이상해졌다. 고객이 시도해보아야 하는 조치방법으로 옳은 것은?

① 충전 단자를 마른 걸레로 닦는다.

② 회전솔을 청소한다.

③ 센서를 부드러운 천으로 깨끗이 닦는다.

④ 먼지통을 비운다.

 ① 충전이 되지 않을 때의 조치방법이다.
② 회전솔이 회전하지 않을 때의 조치방법이다.
④ 흡입력이 약해졌을 때의 조치방법이다.

Answer ↪ 7.④ 8.② 9.③

▌10~13 ▌ 다음은 그래프 구성 명령어 실행 예시이다. 다음 물음에 답하시오.

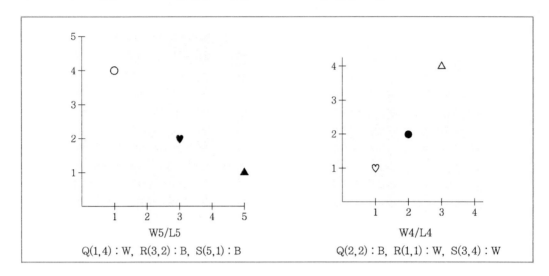

10 다음 그래프에 알맞은 명령어는 무엇인가?

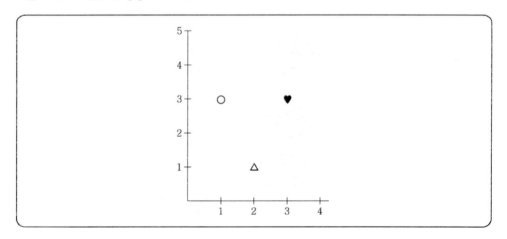

① W4/L5

　　Q(1,3) : W, R(3,3) : B, S(2,1) : W

② W5/L4

　　Q(1,3) : B, R(3,3) : B, S(1,2) : B

③ W4/L5

　　Q(3,1) : W, R(3,3) : W, S(2,1) : W

④ W5/L4

　　Q(3,1) : W, R(3,3) : W, S(2,1) : B

예시의 그래프를 분석하면 W는 가로축, L은 세로축의 눈금수이다. Q, R, S는 그래프 내의
도형 ○, ♡, △를 나타내며, 괄호 안의 수는 도형의 가로세로 좌표이다. 좌표 뒤의 B, W
는 도형의 색깔로 각각 Black(검정색), White(흰색)을 의미한다.
이 분석을 주어진 그래프에 대입해보면, 가로축은 W4, 세로축은 L5이며, 동그라미 도형은
Q(1,3) : W, 하트 도형은 R(3,3) : B, 세모 도형은 S(2,1) : W이다.

11 다음 그래프에 알맞은 명령어는 무엇인가?

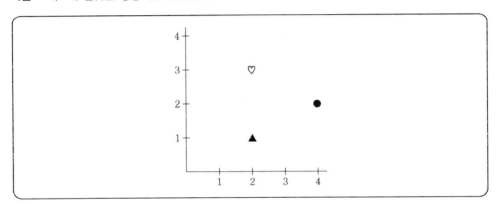

① W4/L4

   Q(4,2) : W, R(3,2) : W, S(2,1) : B

② W5/L5

   Q(2,4) : W, R(3,2) : W, S(1,2) : B

③ W4/L4

   Q(4,2) : B, R(2,3) : W, S(2,1) : B

④ W5/L5

   Q(4,2) : B, R(2,3) : W, S(2,1) : W

가로축은 W4, 세로축은 L4이며, 동그라미 도형은 Q(4,2) : B, 하트 도형은 R(2,3) : W, 세
모 도형은 S(2,1) : B이다.

12 W3/L5 Q(2,3) : B, R(1,4) : B, S(3,1) : B의 그래프를 산출할 때, 오류가 발생하여 이래와 같은 그래프가 산출되었다. 다음 중 오류가 발생한 값은?

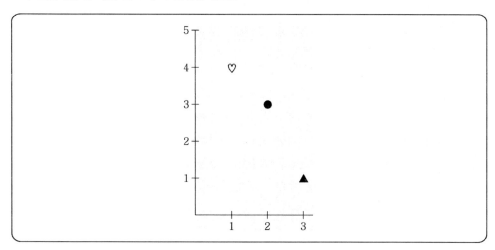

① W3/L5

② Q(2,3) : B

③ R(1,4) : B

④ S(3,1) : B

 하트 도형 R(1,4) : B에서 오류가 발생하였다. 옳게 산출된 그래프는 다음과 같다.

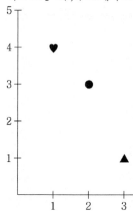

13 W4/L4 Q(4,4) : W, R(1,3) : B, S(3,4) : W의 그래프를 산출 할 때, 오류가 발생하여 아래와 같은 그래프가 산출되었다. 다음 중 오류가 발생한 값은?

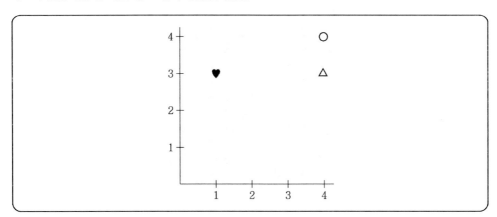

① W4/L4

② Q(4,4) : W

③ R(1,3) : B

④ S(3,4) : W

 세모 도형 S(3,4) : W에서 오류가 발생하였다. 옳게 산출된 그래프는 다음과 같다.

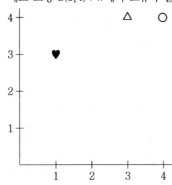

▌14~16 ▌ 다음은 △△회사의 식기세척기 사용설명서 중 〈고장신고 전에 확인해야 할 사항〉의 일부 내용이다. 다음을 보고 물음에 답하시오.

이상증상	확인사항	조치방법
세척이 잘 되지 않을 때	식기가 서로 겹쳐 있진 않나요?	식기의 배열 상태에 따라 세척성능에 차이가 있습니다. 사용설명서의 효율적인 그릇배열 및 주의사항을 참고하세요.
	세척날개가 회전할 때 식기에 부딪치도록 식기를 수납하셨나요?	국자, 젓가락 등 가늘고 긴 식기가 바구니 밑으로 빠지지 않도록 하세요. 세척노즐이 걸려 돌지 않으므로 세척이 되지 않습니다.
	세척날개의 구멍이 막히진 않았나요?	세척날개를 청소해 주세요.
	필터가 찌꺼기나 이물로 인해 막혀 있진 않나요?	필터를 청소 및 필터 주변의 이물을 제거해 주세요.
	필터가 들뜨거나 잘못 조립되진 않았나요?	필터의 조립상태를 확인하여 다시 조립해 주세요.
	세제를 적정량 사용하셨나요?	적정량의 세제를 넣어야 정상적으로 세척이 되므로 적정량의 세제를 사용해 주세요.
	전용세제 이외의 다른 세제를 사용하진 않았나요?	일반 주방세제나 베이킹 파우더를 사용하시면 거품으로 인해 정상적 세척이 되지 않으며, 누수를 비롯한 각종 불량 현상이 발생할 수 있으므로 전용세제를 사용해 주세요.
동작이 되지 않을 때	문을 확실하게 닫았나요?	문 중앙을 딸깍 소리가 날 때까지 눌러 확실하게 닫아야 합니다.
	급수밸브나 수도꼭지가 잠겨 있진 않나요?	급수밸브와 수도꼭지를 열어주세요.
	단수는 아닌가요?	다른 곳의 수도꼭지를 확인하세요.
	물을 받고 있는 중인가요?	설정된 양만큼 급수될 때까지 기다리세요.
	버튼 잠금 표시가 켜져 있진 않나요?	버튼 잠금 설정이 되어 있는 경우 '헹굼/건조'와 '살균' 버튼을 동시에 2초간 눌러서 해제할 수 있습니다.
운전 중 소음이 날 때	내부에서 달그락거리는 소리가 나나요?	가벼운 식기들이 분사압에 의해 서로 부딪혀 나는 소리일 수 있습니다.
	세척날개가 회전할 때 식기에 부딪치도록 식기를 수납하셨나요?	동작을 멈춘 후 문을 열어 선반 아래로 뾰족하게 내려온 것이 있는지 등 식기 배열을 다시 해주세요.
	운전을 시작하면 '웅~' 울림 소음이 나나요?	급수전에 내부에 남은 잔수를 배수하기 위해 배수펌프가 동작하는 소리이므로 안심하고 사용하세요.
	급수시에 소음이 들리나요?	급수압이 높을 경우 소음이 발생할 수 있습니다. 급수밸브를 약간만 잠가 급수압을 약하게 줄이면 소리가 줄어들 수 있습니다.

	타는 듯한 냄새가 나나요?	사용 초기에는 제품 운전시 발생하는 열에 의해 세척 모터 등의 전기부품에서 특유의 냄새가 날 수 있습니다. 이러한 냄새는 5~10회 정도 사용하면 냄새가 날아가 줄어드니 안심하고 사용하세요.
냄새가 나는 경우	세척이 끝났는데 세제 냄새가 나나요?	문이 닫힌 상태로 운전이 되므로 운전이 끝난 후 문을 열게 되면 제품 내부에 갇혀 있던 세제 특유의 향이 날 수 있습니다. 초기 본 세척 행정이 끝나면 세제가 고여 있던 물은 완전히 배수가 되며, 그 이후에 선택한 코스 및 기능에 따라 1~3회의 냉수행굼과 고온의 가열행굼이 1회 진행되기 때문에 세제가 남는 것은 아니므로 안심하고 사용하세요.
	새 제품에서 냄새가 나나요?	제품을 처음 꺼내면 새 제품 특유의 냄새가 날 수 있으나 설치 후 사용을 시작하면 냄새는 없어집니다.

14 △△회사의 서비스센터에서 근무하고 있는 Y씨는 고객으로부터 세척이 잘 되지 않는다는 문의전화를 받았다. Y씨가 확인해보라고 할 사항이 아닌 것은?

① 식기가 서로 겹쳐 있진 않습니까?

② 세척날개의 구멍이 막히진 않았습니까?

③ 타는 듯한 냄새가 나진 않습니까?

④ 전용세제 이외의 다른 세제를 사용하진 않았습니까?

(Tip) ③은 냄새가 나는 경우 확인해봐야 하는 사항이다.

15 식기세척기가 동작이 되지 않을 때의 조치방법으로 옳지 않은 것은?

① 문이 안 닫힌 경우에는 문 중앙을 딸깍 소리가 날 때까지 눌러 확실하게 닫는다.

② 급수밸브와 수도꼭지가 잠긴 경우에는 급수밸브와 수도꼭지를 열어준다.

③ 물을 받고 있는 경우에는 설정된 양만큼 급수될 때까지 기다린다.

④ 젓가락 등이 아래로 빠진 경우에는 식기배열을 다시 한다.

　　(Tip)　④는 세척이 잘 되지 않는 경우의 조치방법이다.

16 버튼 잠금 설정이 되어 있는 경우 이를 해제하려면 어떤 버튼을 눌러야 되는가?

① [세척]+[동작/정지]

② [헹굼/건조]+[살균]

③ [헹굼/건조]+[예약]

④ [살균]+[예약]

　　(Tip)　버튼 잠금 설정이 되어 있는 경우 '헹굼/건조'와 '살균' 버튼을 동시에 2초간 눌러서 해제할 수 있다.

17 H회사에서 근무하는 김부장은 업무의 효율을 위해 최근에 개발된 기술을 선택하여 적용하고자 한다. 이 기술을 적용하고자 할 때 김부장이 고려해야 할 사항이 아닌 것은?

① 잠재적으로 응용 가능성이 있는가?

② 적용하려는 기술이 쉽게 구할 수 없는 기술인가?

③ 기술의 수명 주기는 어떻게 되는가?

④ 기술 적용에 따른 비용이 많이 드는가?

　　(Tip)　②는 기술선택을 위한 우선순위를 결정할 때 고려해야 하는 사항이다.

18 다음은 무인 자동차의 주행 알고리즘이다. 이 무인 자동차가 A를 출발하여 B에 도착하였을 때, 이동 경로로 맞는 것은? (단, 진한 선은 장애물이고 색이 칠해진 구역은 지나갈 수 없다.)

> • 주명령 : 현재 구역에서 자동차는 진행방향의 앞쪽, 왼쪽, 오른쪽 순으로 장애물의 유무를 탐지하여 장애물이 없음이 확인되는 방향으로 한 구역만큼 주행한다. 이때, 장애물로 인해 더 이상 주행할 수 없는 경우 진행방향을 반대로 바꾸고 보조명령을 따른다.
> • 보조명령 : 현재 구역에서 자동차는 진행방향의 왼쪽, 오른쪽, 앞쪽 순으로 장애물의 유무를 탐지하여 장애물이 없음이 확인되는 방향으로 한 구역만큼 주행한다.

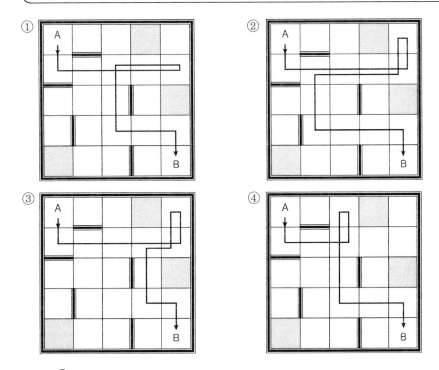

(Tip) 주명령과 보조명령을 따라 이동했을 때 A에서 출발하여 B에 도착하는 경로는 ③과 같다.

┃19~20┃ 다음 표를 참고하여 질문에 답하시오.

스위치	기능
○	1번과 2번 기계를 180도 회전시킨다.
●	1번과 3번 기계를 180도 회전시킨다.
♧	2번과 3번 기계를 180도 회전시킨다.
♣	2번과 4번 기계를 180도 회전시킨다.

19 처음 상태에서 스위치를 두 번 눌렀더니 다음과 같이 바뀌었다. 어떤 스위치를 눌렀는가?

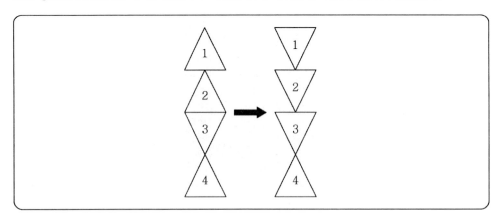

① ●♧   ② ○♣

③ ♧♣   ④ ○●

(Tip) 첫 번째 상태와 나중 상태를 비교해 보았을 때, 기계의 모양이 바뀐 것은 1번과 2번이다. 스위치를 두 번 눌러서 1번과 2번의 모양을 바꾸려면 1번과 3번을 회전시키고(●), 2번과 3번을 다시 회전시키면(♧) 된다.

20 처음 상태에서 스위치를 두 번 눌렀더니 다음과 같이 바뀌었다. 어떤 스위치를 눌렀는가?

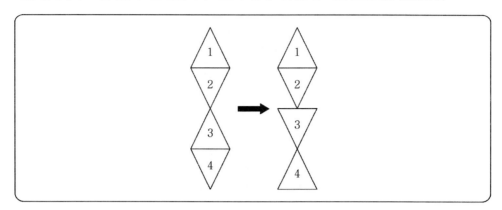

① ●♣

② ○♣

③ ○●

④ ♤♣

 첫 번째 상태와 나중 상태를 비교해 보았을 때, 기계의 모양이 바뀐 것은 3번과 4번이다. 스위치를 두 번 눌러서 3번과 4번의 모양을 바꾸려면 2번과 3번을 회전시키고(♤), 2번과 4번을 다시 회전시키면(♣) 된다.

PART

Ⅲ

공항소방상식

ICAO DOC 9137 공항비상계획
(AIRPORT EMERGENCY PLANNING)

제1장 일반사항

1.1 비상계획의 필요성

1.1.1 공항비상계획은 공항이나 주변에서 발생할 수 있는 비상사태에 신속하게 대응하기 위한 절차이다. 공항비상계획의 목적은 특히 인명을 구조하고 항공기 운항에 관하여 비상사태의 영향을 최소화하는 것이다. 공항비상계획은 다른 공항당국(서비스) 및 비상사태 시 지원할 수 있는 주변지역의 대응과 공조할 수 있는 절차를 포함한다.

1.1.2 각 공항비상계획은 공항과 주변지역이 공조 할 수 있어야 한다. 이것은 공항의 주요 비상사태를 다루는 데 필요한 계획과 절차가 지역사회에 발생할 수 있는 비상사태와 비슷하기 때문에 타당성이 있다. 공항은 지역 비상상황(항공기사고, 자연재해, 폭발 또는 강한 폭풍)의 교통중심지이므로 지역 비상상황시의 공항역할이 잘 수립되어야 한다. 각 공항/지역사회는 특유의 필요성과 특성을 가지고 있으나 정치적, 사법적 그리고 기관 차이에도 불구하고 비상계획과 훈련의 기본 필요성 및 개념은 대부분 같으며 비슷한 주요 문제분야(지휘, 통신, 조정)를 포함하고 있다.

1.1.3 공항 비상계획은 공항내외 사고/준사고에 대하여 관할권에 관한 사항을 제외하고는 유사하게 실행된다. 공항 내 항공기 사고/준사고에서 지휘권이 있는 기관은 사전에 준비된 상호지원 비상협정에 합의한 기관이 된다. 공항외부에서 항공기 사고/준사고가 발생하면 사법적인 책임은 지역사회와 사전에 준비된 상호지원 비상협정에 따른다. 그러나 이것은 공항비상계획에 참가하는 공항당국이나 기관의 즉각적인 대응에 영향을 미치지 않는다.

1.1.4 공항비상계획은 구조 및 소방, 사법당국, 경찰/보안기관, 의료기관, 그 밖의 공항내외의 유관 기관이 신속한 대응을 할 수 있도록 관련절차를 포함하여야 한다.

1.1.5 좋은 공항비상계획의 수립을 위해서는 다음 사항을 고려하여야 한다.
ⓐ 비상사태 이전의 사전계획
ⓑ 비상사태 동안의 운영
ⓒ 비상사태 후의 지원과 증거서류 제출

1.1.6 "비상사태 이전" 고려사항은 효율적인 비상대응이 가능하도록 모든 요소들을 다루는 계획을 포함한다. 사전계획은 비상계획 개발, 시험 및 이행을 위한 조직적 책임과 권한이 명시되어야 한다.

1.1.7 "비상사태 기간" 고려사항은 비상사태의 상황, 특성, 위치 등에 따라 달라질 수 있다. 구조작업 진행에 따라 상황도 변할 수 있다. (예를 들면, 공항소방대장 또는 지명된 사람이 비상구조대의 지휘에 있어서 선임자라면, 다른 기관의 대응 직원이 지정된 현장책임자의 관할권하의 지휘소에서 특정한 역할을 수행함에 따라 그 선임자는 몇 명의 관리 직원 중의 한 명이 된다.)

1.1.8 "비상사태 이후" 고려사항은 긴박한 진행사항을 수반하지 않으나 현장에서의 권한과 책임의 이양은 사전에 철저히 연구되고 계획되어야 한다. 초기단계에 직접적인 운영책임을 가지고 있는 사람은 현장에 계속 남아 있을 수 있고, 지원하는 역할을 취할 수 있다(즉 경찰/보안요원, 구조 및 소방대원, 공항당국 및 공무원). 그래서 지원서비스를 위한 사전계획이 필요하고 복구 또는 비상사태에 의해 혼란이 올 수 있는 공항/항공기의 정상운영을 지속하기 위한 보호 서비스를 지속하는데 필요한 문제들을 고려하여야 한다. 지원기관들(병원, 구급차 등)이 정상운영 상태로 복귀 할 수 있도록 그들에게 비상사태의 종료를 전달하는 필요성이 고려되어야 한다. 비상사태의 각 활동사항에 관한 문서들은 다양한 사후 사고/준사고 보고서 작성을 위한 자료 분석/수집에 도움이 된다. 또한 이것은 비상사태의 평가, 비상계획의 절차와 대책을 개선하는데 기준으로 사용될 수 있다.

1.1.9 이 매뉴얼에 설정한 권고안은 항공기 탑승자와 항공기 사고/준사고로 인한 기타 부상자의 생존을 위해 가장 필요한 사항에 기준을 두고 있다. 안정과 부상자의 구급의료처리는 똑같이 중요하다. 그런 처리의 속도와 기술은 생명이 위험한 상황에서는 중요한 사항이다. 효율적인 구조를 위해서는 정기적인 실습뿐만 아니라 비상사태를 대비한 적절한 사전계획도 필요하다.

1.1.10 권고안은 혹서기와 혹한기, 눈, 비, 바람 또는 저시정 상태와 같은 모든 기상조건에서의 운영을 고려하여야 한다. 또한 수역, 도로, 침하지역 또는 기타 문제지역과 같은 공항환경 주변이 어려운 지형에서 발생한 사고도 고려를 하여야 한다.

1.1.11 여기에 포함된 요소는 지방자치나 주 규정과 상충되지 않아야 한다. 이 문서의 주요 목적은 항공기 비상사태 시 소집되는 부서나 기관이 지방규정이 없거나 중복되어 마찰이 생길 수 있는 것을 경계하고 있다. 이 정보가 실제 비상사태시 가져올 수 있는 문제점을 해결하는데 유용할 수 있게 되기를 바란다.

1.1.12 계획의 가장 중요한 고려사항은 공항 비상계획 내에서 관계된 비상사태를 다루는데 활용할 수 있는 모든 자원을 확인하는 것이다. 이런 자원을 획득하는 가장 효율적인 방법을 계획 절차에 포함하고 어느 정도 필요한 곳에 두는 것을 의무로 하고 있다.

1.2 책임성

1.2.1 각 공항당국은 비상계획과 공항에서 발생하는 모든 특이한 상황을 다루는 절차를 수립하는 것에 대한 책임이 있고 주변 기관들과의 계획을 조정하는 책임이 있다. 공항당국은 또한 모든 관련 부서와 기관에 제공되는 비상인원과 장비의 배정에 대한 책임이 있고 항공기/공항 비상 업무와 상호지원을 최대한 제공할 책임이 있다.

1.2.2 계획은 공항당국의 관점에서 비상사태의 대응을 지원할 수 있는 모든 기관들의 공동 진행하는 대응 또는 참여를 상세히 기록하여야 한다. 그런 기관들의 예는 다음과 같다.
    ⓐ 공항 내
        ① 구조 및 소방기관
        ② 의료기관
        ③ 경찰 또는 보안기관
        ④ 공항관리기관
        ⑤ 관제기관
        ⑥ 항공기 운영자
    ⓑ 공항 외
        ① 상호 지원경찰
        ② 상호 지원소방대
        ③ 의료기관
        ④ 병원
        ⑤ 정부기관
        ⑥ 군대
        ⑦ 항구순찰 또는 해안경비
        ⑧ 모든 기타 참여기관

1.2.3 공항당국은 비상사태 하에서 의무와 책임을 가지고 있는 모든 참여기관들이 그들의 역할에 익숙할 수 있도록 확실히 하여야 한다. 그들은 또한 비상계획에서 다른 기관들의 임무도 알고 있어야 한다. 각 비상사태의 형태에 따라 기관들이 수행하여야 할 책임과 역할은 제4장에 기술되어 있다.

1.3 공항 비상계획의 수립

1.3.1 공항 비상계획의 목적은 다음과 같은 사항을 보장하는 것이다.
ⓐ 정상적인 상황에서 비상상황으로 질서 있고 효율적인 변경
ⓑ 공항 비상기관의 대표
ⓒ 비상책임의 할당
ⓓ 계획에 포함된 활동에서 핵심요원들의 권한
ⓔ 비상사태에 대응할 수 있는 조정 노력
ⓕ 항공기 운영의 안전한 지속 또는 가능한 빨리 정상운영으로 복귀

1.3.2 공항당국은 주변 기관들의 책임과 의무를 한정하는 비상사태 상호지원 협정을 조정해야 한다. 이 협정은 최소한 다음 사항을 포함하여야 한다.
ⓐ 비상사태가 발생했을 때 문제점들을 피하기 위하여 포함될 수 있는 유관 기관들의 행정적, 사법적 책임을 구분
ⓑ 지휘기관의 설정 ; 즉 단일 현장 지휘자(필요하다면 지정된 대리권자와 함께)
ⓒ 사고현장에서 통신우선권의 지정
ⓓ 사전 지정된 조정 하에서 비상 교통수단의 조직
ⓔ 모든 비상 요원들의 법적 권한과 책임의 사전 결정
ⓕ 가용 자원으로부터 휴대용 및 구조 중장비 사용에 관한 사전협정

1.3.3 산, 늪, 사막 또는 수면과 인접한 지역의 공항 밖 사고는 접근의 어려움과 물자지원문제 등을 일으킨다. 이러한 지역에서는 특성에 맞은 비상계획을 수립하여야 한다. 이것은 소방보트, 구조보트, 헬기, 호버크라프트, 스웝프버기, 스노모빌, 반무한궤도식 자동차, 산림 소방장비와 같은 특수 차량의 가용성에 대한 분석과 사용에 대한 협정이 필요하며 다음과 같은 사항을 고려하여야 한다.
ⓐ 스쿠버다이버, 산악 또는 사막구조대, 스키 순찰, 탐색견 또는 폭발물 탐지반과 같은 특수한 구조팀의 가용성
ⓑ 방사능 사건 또는 화학물질 방출의 처리
ⓒ 항공기 난파, 수면 또는 지반침하로 형성된 웅덩이로부터 연료의 비상이동을 위한 장비

공항비상계획문서

2.1 목적과 범위

2.1.1 비상계획문서의 목적은 공항에 영향을 미치는 비상사태를 처리하는데 관련된 다양한 사람/기관의 책임과 필요한 행동/역할을 매뉴얼 형태로 설명하는 것이다.

2.1.2 "비상사태 기간" 고려사항은 사고의 정확한 특성과 장소에 달려 있다. 장소는 비상사태 처리에 책임이 있는 기관을 요구할 수 있다. 사고의 특성이 비상사태 운영에서 조사단계로 변경됨에 따라 적절한 사고 조사기관이 사고현장의 지휘와 책임을 질 수 있다. 사고에 대응하는 모든 기관은 미리 그들의 역할, 책임, 누구에게 보고하고 누가 보고할 것인가를 알고 있어야 한다.

2.1.3 "비상사태 이후" 고려사항은 상당한 주의를 요한다. 기관의 변경과 기타 법적 요소들이 논의되고 사전 계획될 필요가 있다. 공항/항공기의 정상적인 운영의 유지와 비상사태로 중단될 수 있는 시민 보호를 위해 보호 서비스의 회복을 고려하여야 한다.

2.1.4 이 문서에 포함되어야 할 권고사항은 항공기 탑승객과 기타 관련된 사고 희생자의 구조가 가장 중요한 운영목적이라는 필요성에 기초를 두고 있다. 효율적인 운영은 상당한 사전계획과 비상사태에 포함될 모든 기관들의 인력에게 실제적인 훈련기회를 제공하는 정기적인 훈련을 필요로 한다.

2.1.5 기관의 대응에 따른 계획 세부사항은 지역 기상조건과 야간운영을 고려하는 것이 필수적이다. 예를 들면, 저온은 시간이 연장된 구조작업 중에 의료 용액이나 튜브 등을 얼게 할 수 있다. 심각한 기상상태는 소방용액에 부정적인 영향을 미칠 수도 있다.

2.1.6 필요한 곳에 저체온과 탈수증과 같은 기상 관련 신체적 문제를 감소하기 위하여 사전주의가 필요하다. 그런 고려사항은 사고 희생자뿐만 아니라 비상요원에게도 적용한다.

2.1.7 비상계획 문서의 범위는 지휘, 통신과 계획을 수행하는 데 필요한 조정기능을 포함한다.

2.1.8 공항비상계획의 개요는 부록 2에 포함되어 있다.

2.2 비상사태의 형태

2.2.1 공항비상계획은 공항 또는 그 주변에서 발생하는 비상사태 시 취해야 할 행동의 조정을 제공하여야 한다.

2.2.2 예상되는 비상사태의 다른 형태들은 항공기를 포함한 비상사태, 항공기가 포함되지 않는 비상사태, 의료 비상사태 또는 이들 비상사태의 혼합 등이 있다.

    ⓐ 항공기를 포함한 비상사태는 다음을 포함한다.

        ① 사고 – 공항 내 항공기

        ② 사고 – 공항 외 항공기

            ㉠ 육상

            ㉡ 수상

        ③ 준사고 – 비행 중 항공기

            ㉠ 심각한 기류변동

            ㉡ 감압

            ㉢ 구조적 결함

        ④ 준사고 – 지상의 항공기

        ⑤ 준사고 – 폭탄위협을 포함한 사보타지

        ⑥ 준사고 – 불법적 점유

    ⓑ 항공기를 포함하지 않는 비상사태는 다음을 포함한다.

        ① 화재 – 구조적

        ② 폭탄 위협을 포함한 사보타지

        ③ 자연재해

        ④ 위험한 물질

        ⑤ 의료 비상사태

    ⓒ **복합비상사태**

        ① 항공기/건물

        ② 항공기/급유시설

        ③ 항공기/항공기

2.2.3 서비스가 필요한 항공기 비상사태는 일반적으로 다음과 같이 분류된다.

    ⓐ **항공기 사고** : 공항이나 그 주변에서 발생하는 항공기 사고

    ⓑ **완전 비상사태** : 공항으로 접근하는 항공기가 사고위험이 임박한 상황에 있거나 위험이 의심스러울 때.

    ⓒ **지역대기** : 공항으로 접근하는 항공기가 결함이 있다고 알려지거나 의심스러울 때, 그러나 고장은 안전 착륙에 영향을 미치는데 어려움을 포함하는 것은 아니다.

2.2.4 의료 비상사태에서 질병 또는 부상자의 정도 및 형태와 관련된 사람의 수는 비상계획의 적용범위를 결정한다. 매일 경미한 구급처리는 공항구급대 또는 의료센터에서 다루어지고 있다. 공항구급대 또는 의료센터의 운용이 안 되는 곳은 외부 의료기관의 협조를 얻어야 한다. 비상계획을 이행하는데 필요성을 결정하는 중요한 요소와 사용범위는 공항구급대나 의료센터의 능력을 넘어선 전염성 질병, 단체 식중독, 돌발적이고 심각한 질병과 부상을 포함한다.

제3장 비상계획 관련 기관

3.1 일반사항

실행 가능한 비상계획의 첫 번째 단계는 모든 관련된 공항/사회기관의 공동 운영과 참여이다. 고려되어야 할 기관은 다음과 같다.

ⓐ 항공교통관제기관
ⓑ 구조 및 소방기관(소방대)
ⓒ 경찰 및 보안기관
ⓓ 공항당국
ⓔ 의료기관
ⓕ 병원
ⓖ 항공기 운영자
ⓗ 정부기관
ⓘ 통신기관
ⓙ 공항 상주업체
ⓚ 교통기관(육상, 해상, 공중)
ⓛ 구조 조정센터
ⓜ 민방위대
ⓝ 상호지원기관
ⓞ 군대
ⓟ 항구순찰 및 해안경비대
ⓠ 성직자
ⓡ 홍보사무소
ⓢ 세관
ⓣ 정신건강기관

ⓤ 공공시설

ⓥ 우체국

ⓦ 동물병원기관

ⓧ 검시관

ⓨ 자원봉사기구

ⓩ 국제 구조기관(적십자 등)

3.2 항공교통관제기관

항공기를 포함한 비상사태 발생 시 공항관제탑(또는 공항 비행정보업무기관)은 구조 및 소방 기관과 연락을 취하고 비상사태의 유형과 항공기 기종, 탑재연료 및 사고위치와 같은 기타 세부사항에 관한 정보를 제공하도록 요구된다. 추가적으로 항공교통관제기관은 계획에서 수립된 절차에 따라 지역 소방대와 유관기관들에게 전파하도록 규정할 수 있다. 초기 상황발령은 격자지도에 의한 위치정보, 집결지와 필요시 사용될 공항출입구 등을 지정하여야 한다. 이 기능은 계획에 따라 전체 혹은 일부를 다른 조직에게 위임할 수 있다. 사고의 초기 통지를 사전 계획할 때 책임성 위임을 명확히 열거하고 소집의 중복을 피해야 한다. 이어지는 요구사항은 항공기 탑승자수, 기내의 위험한 물건, 가능하다면 항공기 운영자의 이름을 포함하여 정보를 확대할 수 있다. 만일 비상사태로 인해 공항이 즉시 폐쇄되어야 한다면 항공관제기관은 착륙 또는 이륙하려는 항공기에 관하여 필요한 조치를 취해야 한다.

3.3 구조 및 소방업무(소방대)

3.3.1 공항 구조 및 소방관의 주요 임무는 인명을 구하는 것이다. 공항이나 주변에서 발생하는 항공기 사고와 사건에 의해 위험하게 된 재산은 가능한 한 보호되어야 한다. 이 목적을 달성하기 위해서 화재는 진압되어야 하고 재발을 방지하여야 한다. 그러나 화재가 발생하지 않거나 조기에 진압된 항공기 사고도 있다. 모든 경우에 절차는 사고현장의 생존자들을 가능하면 빨리 대피시키도록 하여야 한다.

3.3.2 만일 심각한 부상자들이 조속히 안정을 취하지 못한다면 그들에게 치명적일 수가 있다. 공항 구조 및 소방관은 비상 의료기준을 만족시키는 훈련을 받아야 한다. 사고 바로 직후의 긴박한 기간이나 지체된 시간동안 현장에서 유일한 구조요원이 될 수 있다. 의료 전문지식이 있는 사람을 공항에서 지원 받는 것은 그런 필요성을 감소시킬 수 있다.

3.3.3 방화복 및 장비를 갖춘 소방요원 및 구조요원만이 항공기 사고현장 가까이에 접근할 수 있다. 항공기 사고나 연료가 누유된 지점으로부터 약 100m 이내까지는 방화복을 입어야 한다.

3.3.4 지휘하는 소방요원을 쉽게 구별하는 방법으로 붉은색 안전모와 앞판과 뒤판에 "소방대장"이라고 번쩍거리는 글씨가 박힌 조끼나 코트 같은 눈에 잘 띄는 붉은색 옷을 입어야 한다.

3.4 경찰 또는 보안기관

3.4.1 공항 비상사태 시 현장에 제일 먼저 도착한 경찰 또는 보안직원이 지역을 안전하게 하고 필요하다면 지원을 요청한다. 직원의 책임은 그 지역의 사법기관에 의해 교대될 때까지 계속된다. 계획은 지역 경찰, 군대 또는 필요시 정부산하에 있는 기관에 의한 보안경계선의 조속하고 효율적인 강화를 위한 절차를 포함한다.

3.4.2 혼잡이 없는 진출입 도로가 비상차량을 위해 필요하다. 보안기관, 경찰 또는 기타 적정한 지역기관은 특수 임무를 가진 사람만이 사고현장에 출입이 허용되도록 확실히 하여야 한다. 그들은 사고현장 주변이나 떨어진 곳의 일반적인 교통수단의 이동경로를 정해야 한다.

3.4.3 계획은 사고 현장에 모이는 군중의 통제와 조사를 위해 사고지역의 보존을 규정하여야 한다.

3.4.4 상호지원 프로그램은 잠정적으로 포함된 모든 보안기관들 사이에 제정하여야 한다. 보안기관들이란 공항, 시, 지역 및 정부보안기관, 우편물검사관과 군대 및 세관을 말한다.

3.4.5 그들이 신속하게 사고현장에 접근할 수 있도록 하는 방법이 보안검색장소에서 이행되어야 한다. "비상접근"증명은 비상기간동안 사용을 하도록 공항당국이 비상요원에게 사전에 발급하여 주면 된다.

3.4.6 많은 경우에 상호지원 소방대의 차량, 앰뷸런스 등이 사고/준사고 현장에 직접 나가는 것이 불가능하거나 어려울 수 있다. 비상계획은 지정된 집결지 또는 장소 등에서 만나기 위한 절차를 포함하는 것이 필수적이다. 집결지는 사고현장에서 필요할 때까지 대응장비들을 수용하기 위한 대기지역으로 사용될 수 있다. 이것은 교통 혼잡이나 혼란을 감소시키는데 도움이 된다. 집결지를 통제하는 사람은 사고현장에 지형조건에 맞지 않는 차량의 적합성을 고려하여야 하고 사용불가 차량이 접근통로를 가로막는 것을 방지하여야 한다. 이런 차량들을 숙영시키는 것은 사고현장의 교통 혼잡과 혼란을 방지할 수 있다.

3.4.7 지휘하는 경찰/보안요원을 쉽게 구별하는 방법으로 푸른색 안전모와 앞판과 뒤판에 "경찰대장"이라고 번쩍거리는 글씨가 박힌 조끼나 코트 같은 눈에 잘 띄는 푸른색 옷을 입어야 한다.

3.5 공항당국

3.5.1 공항당국은 계획을 수립하고 공표하고 이행하는데 책임이 있고 지휘소에서 전체적인 운영의 지휘자를 지정해야하는 책임이 있다. 공항당국은 공항 비상사태 시 포함되어야 할 기관이나 사람의 이름과 전화번호와 같은 정보를 갱신하여 유지하여야 하고 관계자들에게 배포하는 것을 책임지도록 계획에서 요구하고 있다. 비상사태에 대응하는 모든 기관의 조정은 공항당국이 수행하도록 요구된다. 공항당국은 계획을 측정하고 이행한 후에 평가를 하기 위해 참가 기관들의 대표자들로 구성된 공항비상계획 조정위원회의 회의를 주재하여야 한다. 공항당국은 상황에 따라 공항 전체 혹은 일부를 폐쇄할 책임이 있다. 항공기 운항은 구조 활동에 방해받지 않고 안전한 운항이 가능하고 공항이동지역이 안전할 때만 재개를 한다.

3.5.2 지휘하는 공항운영자를 쉽게 구별하는 방법으로 오렌지색 안전모와 앞판과 뒤판에 "공항당국"이라고 번쩍거리는 글씨가 박힌 조끼나 코트 같은 눈에 잘 띄는 오렌지색 옷을 입어야 한다.

3.6 의료기관

3.6.1 의료업무의 목적은 다음과 같은 사항을 위하여 치료우선순위선택, 구급과 의료치료를 제공하는 것이다.
ⓐ 긴급조치가 없으면 생명이 위험한 심각한 부상자를 안정시킴으로서 가능한 많은 인명을 구하고
ⓑ 덜 심각한 부상자는 안정을 시키고 응급처치를 제공하고
ⓒ 적절한 의료시설로 환자를 수송하는 것이다.

3.6.2 치료우선순위선택, 안정, 구급, 의료치료와 같은 의료서비스의 준비와 부상자를 병원으로 수송하는 것은 가능한 가장 신속한 방법으로 수행되어야 하는 것이 필수적이다. 마지막으로 구성이 잘된 의료 자원(인력, 장비와 의료지급품)은 가능한 최단시간에 사고현장에서 사용 가능하여야 한다. 비상계획에서 의료측면은 상호지원 비상협정에 따라 지역사회 비상계획과 일관성이 있어야 한다.

3.6.3 의료조정자는 사고현장에서 비상사태 의료 활동에 책임을 가져야 한다. 만일 공항 의료기관이 있다면 의료조정자는 공항의료기관 직원으로부터 지정을 받을 수 있다. 일부 경우에 지정된 의료조정자가 현장에 도착할 때까지 지원할 임시의료조정자를 지정하는 것도 필요하다. 임시의료조정자는 공항 구조 및 소방대 직원으로부터 지정할 수 있다.

3.6.4 의료 및 앰뷸런스 업무는 공항업무의 핵심부분이다. 특히 앰뷸런스 업무가 공항 구조 및 소방업무의 일부일 때 더욱 그러하다. 의료 및 앰뷸런스 업무를 공항에서 이용할 수 없을 때 지역, 민간, 공공 또는 군 의료 및 앰뷸런스 업무와 사전조정이 이루어져야 한다. 계획은 인력, 장비와 의료품의 충분한 할당을 급파할 수 있는 것을 보장하여야 한다. 신속한 대응을 보장하기 위하여 계획은 현장에 의료 업무를 위한 육로, 수로 및 항로교통수단을 준비하고 긴급의료관리가 필요한 사람의 2차적인 교통수단을 준비할 수 있어야 한다. 모든 공항 비상사태를 위한 의사와 기타 의료진의 이용을 위해 사전조정이 필요하다. 계획은 비상사태가 발생했을 때 언제라도 결원자를 대체할 만한 충분한 의사 수를 포함하여야 한다.

3.6.5 계획은 다음 사항에 대하여 책임이 있는 의료수송 책임자를 지정하여야 한다.
ⓐ 비상사태에 대해 병원과 의료진에게 알림
ⓑ 특별한 부상의 치료에 적당한 병원으로의 환자 수송을 지휘
ⓒ 수송경로, 목적지 병원과 부상자의 이름과 부상상태를 기록한 부상설명
ⓓ 부상자가 수송중일 때 병원에 알림
ⓔ 병원, 의료수송, 책임의료관, 현장지휘자 및 지휘소와 연락 유지

3.6.6 공항의 의료업무에 대한 정보는 부록 3에 포함되어 있다.

3.7 병원

3.7.1 관련된 병원은 필요시 의료팀을 사고현장에 최대한 빠른 시간에 보내기 위한 비상계획을 준비하여야 한다. 공항 비상상황 시 다루어야 할 병원의 자격이 있는 인력과 적절한 장비의 목록준비는 필수적이다. 이런 차원에서 병원의 정확한 목록을 사전에 준비하는 것이 필수적이다. 이들은 효과적인 사용방법과 신경계통 또는 화상치료와 같은 특별한 목적에 따라 구분되어져야 한다. 대부분의 상황에서 필수적인 의료진과 간호사가 사고현장에서 가장 가까운 병원을 비우는 것은 현명하지 못하다.

3.7.2 공항과 병원으로부터 헬리콥터를 수용할 수 있는 거리가 고려되어야 한다. 믿을만한 쌍방향 의사소통이 병원, 앰뷸런스와 헬리콥터 사이에 이루어져야 한다. 항공기 사고의 경보는 단일 의료시설에 이루어져야 하고 지역 의료 통신망에 따라 모든 다른 시설에 경보되어야 한다.

3.8 항공기 운영자

3.8.1 탑승객수, 연료량, 위험한 물건의 존재여부 등과 같은 항공기와 관련된 모든 자세한 정보를 배포하는 계획이 만들어지는 것이 중요하다. 항공기 운영자는 이런 정보를 제공하는 것에 대한 책임이 있다. 이 정보는 현장 지휘자에게는 지극히 중요한 것이며, 비상사태에 사용되는 전략과 전술에 영향을 미친다. 또한 운영자는 여행을 계속할 수 있는 부상이 없는 여객과 수용을 필요로 하거나 또는 지원이 필요한 여객을 정리할 책임이 있다. 추가로 운영자는 사망자의 가장 가까운 친척과의 연락을 책임져야 한다. 경찰 혹은 국제구조대(적십자 등)가 이 일을 수행하는데 지원을 한다. 항공기 사고시 항공기 운영자가 제공해야하는 서비스와 관련된 정보는 부록 7에 나와 있다.

3.8.2 공항비상계획은 공인된 민간, 군 또는 기타 비거주 항공기 운영자를 포함한 비상사태에 대응할 항공기 운영자를 지정하여야 한다.

3.8.3 사고 난 항공기에 적재되어 있는 모든 화물, 우편물과 수하물의 적절한 처리는 항공기 운영자의 책임이다. 항공기에서 이런 물품 제거에 대한 허가는 비상사태가 어느 정도 진정되고 사고조사자의 필요사항이 어느 정도 충족된 후에 사고현장 지휘자가 승인할 수 있다.

3.9 정부기관

참가자들 사이의 알력과 혼란을 피하기 위하여 공항비상계획은 정부기관이 공항당국에 부여한 의무, 통제 및 한계를 분명히 한정하여야 한다. 사고 후 조사, 불법적 항공기 체류, 폭발위협 및 폭발, 세관 및 우편문제들은 공항당국에 관한 사항을 제외하고는 모두 사법적인 문제로 귀착된다.

3.10 공항상주업체

공항상주업체와 종업원들은 가용한 장비와 인력의 주요자원으로 고려되어야 한다. 그들의 공항에 대한 친밀한 지식으로 상주업체와 종업원들은 의료훈련, 수송 또는 음식준비 등을 그들의 예비지식에 포함한다면 비상계획에서 핵심적인 역할을 할 수 있다. 이들은 감독자하에 배치되고 수고의 중복과 기타 비상운영의 혼란을 피하기 위해 특별한 기능을 부여하는 것이 중요하다. 그들 개인의 안전을 위하여 이들의 활용은 비상사태가 통제 하에 있을 때까지는 제한되어야 한다. 응급치료지식을 가진 종업원은 비상사태 기간 동안 적정한 의복을 입는 방법으로 구분되어져야 한다.

3.11 수송기관(육상, 해상, 공중)

3.11.1 비상사태에서 구조작업을 수행하고, 인명을 수송하고, 보급품과 잔해를 운반하기 위하여 차량이 필요하다. 비상사태 기간 동안 사용될 차량 통제에 대한 책임은 지정된 수송담당관에게 위임된다. 버스, 트럭, 보수차량과 자동차 같은 공항에서 활용할 수 있는 모든 수송 장비는 목록이 작성되어야 하고 비상사태 시의 임무가 포함되어야 한다. 사전에 버스회사로부터 추가로 차량을 획득하거나 사무실이나 차고를 임대할 수 있도록 조정이 이루어져야 한다. 또한 사전협정에 의해서 공항 종업원들이 소유한 차량의 사용이 비상계획에 포함되어야 한다.

3.11.2 공항 비상사태 시 집결지나 대기지역에서부터 사고현장까지 차량들을 리드하기 위하여 쌍방향 통신장비가 장착된 쉽게 구별이 되는 지휘차량을 준비하여야 한다. 이것은 항공기 운영에 방해되지 않도록 수행되어야 한다.

3.11.3 사고 현장이나 접근도로가 일반적인 바퀴가 달린 차량으로는 완벽하게 접근할 수 없는 수역 또는 늪지지역을 통과하여 수송이 필요한 때라도 적절한 구조장비와 업무의 이용이 가능하여야 한다. 이것은 이들 지역에서 접근/출발운영이 중요한 부분으로 발생하는 곳에서는 특히 중요하다.

3.11.4 지휘하는 수송담당자를 쉽게 구별하는 방법으로 라임 그린색 안전모와 앞판과 뒤판에 ''수송담당관"이라고 번쩍거리는 글씨가 박힌 조끼나 코트 같은 눈에 잘 띄는 라임 그린색 옷을 입어야 한다.

3.12 구조조정센터

구조조정센터는 사고 현장이 알려지지 않은 것을 제외하고 공항주변에서 항공기 사고가 발생하거나 공항 또는 주변에서 사용할 추가적인 구조장비를 현장으로 가져올 필요가 있을 때 중요한 역할을 할 수 있다. 구조조정센터는 항공기, 헬기와 특수구조장비를 제공하는 구조대를 포함한 그들의 책임지역내의 모든 구조대와 즉각적인 연락을 취할 수 있는 방법을 가지고 있어야 한다. 필요한 곳에서는 선박과 통신하고 위험을 알려줄 수 있는 해안무선소를 사용하여야 한다. 이들 구조대로부터의 지원은 공항주변에서의 사고에 대응하기 위하여 필수적이다. 구조조정센터의 역할은 공항비상계획서와 분리된 문서에서 특별히 강조되어야 한다.

3.13 민방위대

공항비상계획은 지역사회 민방위 비상계획과 지역 조사 및 구조팀과 조정을 하여야 한다. 민방위대와의 조정 결과와 민방위 비상계획지원으로 공항이 가질 수 있는 역할을 고려하여야 한다.

3.14 상호지원협정

3.14.1 공항비상사태는 지역 구조 및 소방대, 보안, 법률이행과 의료업무가 상황을 다루기 부적절할 정도로 중대할 수 있다. 서면상호지원 프로그램이 구조 및 소방, 보안, 법률이행과 그 밖의 의료업무의 신속한 대응을 보장하기 위하여 시작되도록 권고한다. 그런 상호지원협정은 관련된 기관뿐만 아니라 공항당국에 의해서 보통 조정되고 공항당국에 의해서 이행된다.

3.14.2 모든 상호지원 협정은 매년 검토되거나 개정되어야 한다. 전화번호와 연락 포인트는 월단위로 검토되고 갱신되어야 한다.

3.15 군대

군사시설이 공항이나 주변에 있는 곳에서 상호지원협정은 비상계획의 지휘, 통신 및 조정범위 내에서 이들 인력을 소집하는 것으로 시작된다.

3.16 항구순찰 및 해안경비대

항구순찰 및 해안경비는 큰 바다 환경에 접해있는 공항에서는 필수적인 업무이다. 그런 업무의 조정은 적용할 곳에서 공항비상계획에 포함되어야 한다. 이들 서비스는 구조조정센터와 상호지원 경찰대와 보통 조화를 이룬다. 그런 서비스의 즉각적인 대응을 위하기 위해서 적정한 통신망의 유지는 계획의 필수적인 요소이다.

3.17 성직자

부상자와 가족들에게 안락함을 제공하고 필요한 곳과 시간에 종교적 서비스를 수행할 목적으로 성직자와의 연락이 이루어져야 한다.

3.18 홍보요원

3.18.1 홍보요원이 지정되어야 한다. 이 요원은 방송매체에 실제적인 정보를 조정하고 배포하여야 하고 또한 모든 관련된 분야들 사이의 홍보자료를 조정하여야 한다.

3.18.2 텔레비전과 라디오 방송매체는 최소한 15분 동안(가능하면 장기간) 사고정보의 배포를 보류하도록 권고 받는다. 이 지연시간은 사고현장 주변의 적절한 보안조치를 취하고 비상의료기관과 기타 업무기관이 참가하는 사고현장으로 출입구를 제공하는 통로에 도로봉쇄를 설치하는데 충분한 시간을 제공한다.

3.18.3 홍보요원은 사고/사건위치로 방송매체 요원을 인솔하는 책임이 있다.

3.19 정신건강기관

비상계획은 지역 정신건강기관을 포함하여야 한다. 비상사태의 장기 영향을 다루는 절차뿐만 아니라 최적 치료처리는 생존자, 가족, 목격자와 비상상황 직원에게 사용 가능하여야 한다.

제4장 비상사태 유형에 따른 각 기관의 책임과 역할

4.1. 공항에서의 항공기 사고

4.1.1 일반사항

공항비상계획은 공항에서 발생하는 항공기 사고에 대하여 즉각 이행되어야 한다. 비상계획의 유형에 따라 대응하는 각 기관은 4.1.2에서부터 4.1.10까지의 설명에 따라 행동을 취하여야 한다.

4.1.2 항공교통관제기관의 역할

4.1.2.1 비상경보 통신시스템을 이용하여 비상사태 대응을 시작한다.

4.1.2.2 구조 및 소방기관에 통지를 하고 사고위치, 격자지도와 사고시간 및 항공기 종류를 포함한 기타 모든 필수적인 세부사항에 관한 정보를 제공한다. 탑승객수, 연료, 항공기 운영자와 알 수 있다면 위험물질의 양과 위치를 포함한 세부사항에 관한 정보를 확대하여 통지할 수 있다.

4.1.2.3 사고조사 증거를 소멸하는 것을 막기 위하여 차량교통을 최소화하고 영향 받은 활주로는 폐쇄

4.1.2.4 필요하다면 공항비상계획 절차에 따라 경찰 및 보안기관, 공항당국과 의료기관과의 통신 시작. 격자지도, 집결지, 대기지역과 사용될 공항입구와 연결을 제공

4.1.2.5 즉시 항공고시보(NOTAM)를 발령 "공항 구조 및 소방업무는 추후 통지가 있을 때까지 사용할 수 없음. 모든 장비가 항공기 사고에 투입되어 있음."

4.1.2.6 위의 역할이 종료되면 체크리스트에 의해서 증명하고 통지시간과 역할을 끝낸 사람의 이름을 명시한다.

4.1.3 구조 및 소방기관의 역할(소방대)

4.1.3.1 공항에서의 항공기 사고에 대응 요청은 보통 항공교통관제업무에 의해 발령된다. 요청이 다른 사람으로부터 접수되고, 사고가 관찰되고 또는 사고가 긴박한 것으로 고려될 이유가 있을 때 공항 구조 및 소방업무는 마치 항공교통관제업무가 접수를 받은 것과 같은 방법으로 역할을 수행한다. 항공교통관제업무는 요청의 성질과 취해진 대응에 관하여 통보 받는다.

4.1.3.2 공항 구조 및 소방기관
ⓐ 항공교통관제기관이 지시한 현장으로 가장 빠른 경로를 통하여 출동
ⓑ 다음의 내용을 이동 중에 상호지원 소방대에 통보
① 집결지
② 대기지역
③ 알 수 있다면 지원에 필요한 인력 및 장비
④ 기타 관련 있는 정보
ⓒ 잘 알 수 있는 지휘소를 즉시 설치. 이것은 공항당국 이동지휘소 사용이 가능하고 운영될 때까지의 임시지휘소이다.

4.1.3.3 공항 화재담당 선임자는 비상사태가 안정될 때까지 책임간부가 된다.

4.1.3.4 공항에는 보통 발화성이 높은 연료와 높은 구조물로 인해 화재통제의 어려움이 있기 때문에 항공기/구조물 화재는 특별하다. 복합된 항공기/구조물 화재의 통제는 상호지원 비상사태 협정에 단정시킬 수 있다.

4.1.3.5 항공기 격납고나 다른 공항 구조물내의 화재를 진압하는데 장비가 얼마나 잘 갖춰져 있느냐에 따라 공항 내 구조 및 소방업무와 공항 외 상호지원 소방대 사이에 사전 협정이 체결되어야 한다. 추가적으로 항공기와 공항구조물을 포함하고 있는 사고는 어느 기관이 지휘권을 갖느냐 하는 것에 대한 사전 협정이 있어야 한다.

4.1.4 경찰과 보안기관의 역할

4.1.4.1 현장지휘자와의 조정으로 도착한 보안/경찰관은 보안책임을 지고, 비상차량을 위한 진출입도로에 자유 차선을 즉시 설치하고 필요시 강화를 요청한다. 이 직원은 그 지역의 사법권을 가지고 있는 법률집행당국에 의해 임무가 해제될 때까지 보안지휘권을 갖는다.

4.1.4.2 보안요원은 차량이 사고지역으로 진입하고 질서 있는 적재와 출발을 할 수 있는 분류지역으로 통하는 앰뷸런스 통로를 설치하여야 한다. 이 통로는 장애물이나 부상자 승차지역으로 되돌아옴이 없이 비상차량의 계속적이고 장애 없는 흐름을 제공하여야 한다.

4.1.4.3 보안요원과 경찰관은 비상 관계요원을 출입시키고, 관계없는 사람을 사고현장에 접근 못하게 하고, 항공기로부터 제거한 개인물품의 유치를 하기 위하여 사고현장 주변에서 교통을 통제할 필요가 있다.

4.1.4.4 정상적인 교통은 사고현장을 우회하거나 돌아가는 길로 유도하여야 한다.

4.1.4.5 비상사태지역은 방해자, 언론, 구경꾼과 기념품 수집광들이 접근 못하도록 가능한 한 빨리 교통을 통제하여야 한다. 모든 사람들에게 접근 시 위험하다는 것을 알리는 적절한 마킹을 눈에 잘 띄게 표시하여야 한다.

4.1.4.6 모든 보안검색장소와 지휘소 또는 비상운영센터 사이의 통신은 가능한 빨리 구축되어야 한다.

4.1.4.7 기타 기관들에게도 가능한 빨리 통보하여야 한다.

4.1.4.8 통제기관은 완장, 현장출입증 또는 신분증을 발행하여야 하고 보안경찰관과 보안경찰 팀이 감시하여야 한다.

4.1.4.9 비행자료와 조종실 음성기록을 보호하기 위하여 특별한 보안준비가 필요하다. 우편물을 보호하고, 혹시 있을 수도 있는 위험한 물건들로부터 안전하게 하고, 방사능 물질의 노출로부터 인명을 보호하기 위하여 추가적인 보호조치가 필요하다.

4.1.5 공항당국의 역할

4.1.5.1 공항당국은 사고현장으로 출동하고 필요할 때 쉽게 구별되는 이동지휘소를 설치한다. 이동지휘소는 다음과 같은 사항을 결정할 권한이 있는 선임 대표자들로 직원이 구성되어야 한다.
ⓐ 공항운영
ⓑ 보안운영
ⓒ 의료운영
ⓓ 항공기운영
ⓔ 항공기 복구운영

4.1.5.2 공항당국은 다음과 같은 사항을 확인하기 위해 행동점검표를 검토하여야 한다.
ⓐ 공항비상운영센터가 편성되었는지
ⓑ 상호지원경찰 절차가 시작되고 2차 소집이 이루어졌는지
ⓒ 상호지원 소방대가 연락을 받고 사고현장과 지정된 대기지역까지 출동하는데 호송을 하였는지
ⓓ 의료 및 구급차업무가 경보를 받고 지정된 집결지 또는 대기 장소에 도착이 되었는지

ⓔ 관련된 항공기 운영자에게 통보가 되고 항공기내에 있는 위험물질(즉, 폭발물, 압축 또는 액화 가스, 인화성 액체 또는 고체, 산화물, 독극물, 전염물, 방사성물질 또는 부식물질 등)에 관한 정보를 입수하고, 이 정보를 참여자들에게 알렸는지

ⓕ 공항지역폐쇄, 비상대응회랑의 지정, 조언가들 의견의 요청과 공항 구조 및 소방대 운용 능력의 감소를 알리는 항공고시보와 관련된 항공교통관제업무와 연락소를 설치 하였는지

ⓖ 정부 항공기사고 조사기관에게 알렸는지

ⓗ 기상대에 특별한 기상관측을 할 수 있도록 알렸는지

ⓘ 즉각적인 조사와 사고에 관련된 활주로에 잔해물이 있는지 확인하기 위한 사진작업 을 위해 협정을 하였는지

ⓙ 조사기관이 공개를 보류하고 있는 사고 잔해를 안전하게 하기 위한 협정을 하였는지

ⓚ 공역배정조정사무소(항공교통관제소)에게 공항운용능력의 감소를 알렸는지

ⓛ 만일 사망자가 있다면, 의료검시관에게 알렸는지와 임시 시체보관 시설을 지정하였 는지

4.1.5.3 상호지원경찰과 연계하여, 공항당국은 다음과 같은 사항을 실시하여야 한다.

　ⓐ 내 · 외부의 경계지역에 집결지와 대기지역 지정

　ⓑ 사고현장 내외로 구급차와 같은 비상차량의 소통을 원활히 하기 위해 차량을 호위할 보안직원을 집결지나 대기지역에 배치

　ⓒ 신속한 출동을 위해 호송차량과 구급차를 위한 대기지역 지정

4.1.5.4 책임이 있는 소방대장과 협의한 다음에 공항당국은 상호지원구조요원의 임무를 조정 하고 그들을 최대한 활용하기 위하여 그들의 임무를 지도한다.

4.1.5.5 공항당국은 다음의 업무를 활용할 수 있도록 준비하여야 한다.

　ⓐ 의료 업무를 제외한 다른 업무기관들이 사용할 이동 비상대피호

　ⓑ 세면장

　ⓒ 음료수

　ⓓ 밧줄, 방벽

　ⓔ 식품서비스

　ⓕ 이동 또는 휴대용 전등

　ⓖ 휴대용 난방기기

　ⓗ 첨봉, 말뚝, 안내판

　ⓘ 기계, 중장비, 추출도구

　ⓙ 수력추출도구와 버팀목 설치기

　ⓚ 메가폰과 휴대용 전화 같은 통신장비 등

4.1.5.6 공항당국은 공항홍보담당직원에게 초기 브리핑자료를 제공하고, 언론에 배포할 보도
자료를 포함하여 항공기 운영자의 홍보담당자와 조정을 한다.

4.1.5.7 소방대장, 경찰/보안팀장과 의료조정자의 동의하에 공항당국의 현장 지휘자는 공항비
상사태의 종료를 참가한 모든 상호지원 기관에 통보한다.

4.1.6 의료기관의 역할

의료 업무를 감독하는 것은 의료 조정자의 책임이다.
ⓐ 상호지원의료의 통지와 구급차 업무 그리고 구급차업무의 집결지나 대기지역으로의 도착을
확인한다.
ⓑ 부상자의 선택, 처리와 적절한 수송수단으로 부상자들의 후송을 위한 필요한 행동을 구성
한다.
ⓒ 부상자의 흐름을 통제하고 수송관과 함께 부상자들을 적절한 수송수단을 사용하여 병원으
로 후송하는 것을 확인한다.
ⓓ 부상자들의 이름과 최종 처리를 포함한 부상자의 정확한 목록을 유지한다.
ⓔ 관련된 항공기 운영자와 함께 부상이 없는 사람들을 지정된 장소로의 후송을 조정
ⓕ 걸을 수 있거나 부상당하지 않은 생존자들의 의료평가를 제공
ⓖ 필요하다면 의료장비의 보충을 위한 준비
ⓗ 경찰과 함께 사망자를 위한 접수시설 설치

4.1.7 병원의 역할

다음과 같은 사항을 책임질 병원조정자를 임명한다.
ⓐ 비상사태의 통지를 받고 외상치료에 전문가인 의사와 의료팀을 사고현장으로 급히 수송
ⓑ 의료진이 사고현장에 도착하여 부상자들을 치료
ⓒ 적절한 의사와 간호사, 수술실, 중환자실, 수술팀, 혈액과 혈액신장기들이 항공기 사고를
포함한 비상상황에서 운용할 수 있는지 확인

4.1.8 항공기 운영자의 역할

4.1.8.1 선임 항공기운영자 대표자는 항공기 운영자 활동을 조정하기 위하여 책임자를 이동
지휘소에 보고한다. 항공기 운영자가 공항 상주업체가 아닌 경우에는 공항당국은 관련
된 항공기 운영자가 사고현장에 도착할 만한 시간까지 일시체류 항공기를 포함한 비상
사태를 처리할 가장 적절한 운영자를 지정하여야 한다.

4.1.8.2 항공기 운영자의 선임 대표자는 탑승여객, 승무원정원과 위험물질의 위치 및 존재에 관한 정보를 제공한다. 위험물질이란 폭발물, 압축 또는 액화가스(발화성 또는 독성이 있는), 인화성 액체 또는 고체, 독극물, 전염물, 방사성물질 또는 부식물질 등을 포함한다. 위험물질과 관련한 정보는 가능한 빨리 소방대장과 의료조정자에게 알려야 한다.

4.1.8.3 선임 항공기 운영자 대표자는 부상당하지 않은 사람을 사고현장에서 지정된 대기지역으로 수송하기 위한 준비를 하여야 한다. 현장에서 "보행 가능한 부상자"의 수송은 의료조정자와의 협의 후에 실시하여야 한다.

4.1.8.4 항공기 운영자 직원은 지정된 부상당하지 않은 사람들 대기 장소로 출동한다. 이 대기 장소에서 선임 항공기 운영자 대표자는 직원들 중에서 접수자, 등록자와 복지후생담당자를 지정한다.

4.1.8.5 부상당하지 않은 사람들 대기 장소의 지휘를 맡고 있는 항공기 운영자 대표자는 추가적인 의료서비스, 보급품, 의류, 전화시설 등의 준비를 위한 감독을 하여야 한다.

4.1.8.6 접수자는 사고현장에 도착하면 수송차량을 만나서 수속 받을 등록데스크로 여객들을 인도하여야 한다. 접수자는 어디에 화장실 시설이 위치해 있는지를 알고 있어야 한다. 대기지역으로 수송된 개인들이 공항비상계획에 따라 확인 및 수속을 마칠 때까지는 대기지역으로부터의 이동은 제한된다.

4.1.8.7 등록자는 분명한 여객의 이름을 기록하고 호텔숙박, 항공교통 또는 기타 수송수단 등과 같은 필요한 예약사항을 결정한다. 등록자는 여객의 육체적/정신적 상태와 잠정계획을 알려야 할 사람들 목록을 작성하여야 한다. 등록자는 신원확인 꼬리표나 스티커를 여객에게 부착한다. 등록자는 등록이 끝나면 여객을 복지후생담당자에게 인도한다.

4.1.8.8 복지후생담당자와 스트레스관리를 훈련받은 정신과전문의는
ⓐ 항공기의 여객과 승무원들의 친척과 친구들을 지원하고 편의를 제공
ⓑ 공항에서 기내 여객에 대한 정보를 기다리는 친척과 친구들을 등록
ⓒ "보행 가능한 부상자", 부상이 없는 생존자와 대응요원들에게 편의 및 도움을 제공

4.1.8.9 항공기 운영자 또는 대표자는 항공기 사고를 다음 기관들에게 알려야 한다.
ⓐ 보건 및 복지후생기관
ⓑ 세관
ⓒ 법무
ⓓ 우체국
ⓔ 환경기관

4.1.8.10 선임 항공기 운영자 직원은 친척과 친구들에게 초기에 통보하는 것을 책임진다.

4.1.8.11 항공기 운영자의 보도 자료는 공항 홍보담당직원과 사고에 관련된 기타 기관의 연락관들과의 조정을 통하여 준비한다.

4.1.8.12 항공기 운영자는 항공기 사고조사기관으로부터 허가를 받은 뒤에 파괴되거나 기동불능항공기의 처리를 책임진다.

4.1.9 정부기관의 역할

다음의 정부기관들은 그들의 비상계획에 따라 적절한 역할을 수행하여야 한다.
ⓐ 정부 사고조사 요원
ⓑ 보건 및 복지후생
ⓒ 우체국
ⓓ 세관
ⓔ 법무부
ⓕ 농림부
ⓖ 공공근로
ⓗ 환경기관

4.1.10 홍보기관의 역할

4.1.10.1 모든 기자들은 공항비상사태를 담당하는 인가된 기자들을 위한 지정된 보도 대기지역으로 집결한다. 이곳에서 다음과 같은 사항이 제공된다.
ⓐ 브리핑
ⓑ 통신
ⓒ 필요시 사고현장에 왕복할 수 있는 수송업무

4.1.10.2 프레스카드를 소지한 기자, 프리랜서 리포터와 사진기자들만이 브리핑지역과 지정된 보도 대기지역 또는 사고 현장으로의 수송이 허용된다.

4.1.10.3 일반적으로 항공기 사고와 관련된 보도자료 배포의 책임은 다음과 같은 사람이어야 한다.
ⓐ 공항당국이 지정한 홍보담당자
ⓑ 관련된 항공기 운영자의 대표자

4.1.10.4 어떠한 상황에서도 모든 구조활동이 종료될 때까지는 인명구조나 소방업무에 포함되지 않는 기자나 기타 요원들은 안전선 안으로 들어가도록 허용되서는 안 된다. 안전선의 설치는 구조활동이 허용하는 최대한까지 방송을 담당하는 사람들을 고려하여야 한다.

4.2 공항외부에서의 항공기 사고

4.2.1 일반사항

상호지원 비상사태협정 뿐만 아니라 공항비상계획은 공항외부에서 발생한 항공기 사고에 대해서도 즉각 이행할 수 있어야 한다. 이런 종류의 비상사태를 위하여 대응기관은 아래의 4.2.2 부터 4.2.11에 기술된 역할을 수행하여야 한다.

4.2.2. 초기 통보

공항 밖에서의 사고에 대한 초기 통보는 보통 지방경찰, 소방대 또는 경보 및 출동센터에서 실시한다. 경보 및 출동센터는 비상사태의 성질에 따라 적절한 대응기관에 알려주는 비상상황을 위한 중앙화된 통보시스템이다.

4.2.3 항공교통관제기관의 역할

4.2.3.1 경보통신시스템을 이용하여 비상사태 대응을 개시

4.2.3.2 그 지역에 사법권을 가지고 있고, 사고지역에 대한 정보를 제공하고, 격자지도와 기타 다른 필수적인 사항을 제공하는 비상업무기관에 통보. 이런 세부사항은 사고 시간과 관련된 항공기 기종을 포함한다. 탑승객수, 탑재연료, 항공기 운영자와 기내의 위험물질과 알 수 있다면 위험물질의 양과 위치를 포함한 세부 사항을 제공하여 이 정보를 확대할 수 있다.

4.2.3.3 공항 구조 및 소방업무, 경찰과 보안업무, 공항당국과 의료업무기관에게 공항비상계획 절차에 따라 통보를 하고 관련 격자지도 제공

4.2.3.4 필요하다면 가능한 빨리 다음과 같은 항공고시보(NOTAM) 발령 "공항 구조 및 소방업무는 추후 통보가 있을 때까지 ( )등급으로 하향조정"

4.2.3.5 위의 역할이 완료되면 서면 체크리스트로 통보시간과 역할완료자의 이름을 기재하여 확인

4.2.4 공항 구조 및 소방기관의 역할

4.2.4.1 공항 밖 항공기 사고의 통보는 보통 항공교통관제, 지방경찰 또는 지방 소방대로부터 받는다. 지정된 차량은 상호지원 소방대 협정에 따라 출동한다.

4.2.4.2 공항 구조 및 소방기관은

    ⓐ 진출입도로를 책임지고 있는 지방경찰과 협조하여 공항 밖 사고현장으로 가장 적절한 경로를 통하여 출동한다.

    ⓑ 상호지원 소방대와 협조한다.

    ⓒ 출동 중에 다음과 관련한 지역에 관할권을 가지고 있는 소방대와 정보를 교환한다.

        ① 집결지/대기지역

        ② 대처할 인력 및 장비

        ③ 기타 적절한 정보

4.2.4.3 선임 공항소방대장은 그 지역에 관할권을 가지고 있는 소방대의 선임대장에게 보고하고 지시를 요청한다.

4.2.4.4 어디에서 항공기나 건물의 화재를 진압할 장비를 잘 갖추고 있는지에 따라 공항 구조 및 소방대, 지방 소방대와 상호지원 소방대는 사전 협정을 체결하여야 한다. 추가적으로 항공기와 공항건물이 포함된 사고시 어느 기관이 지휘권을 가질 것인지 협정을 하여야 한다.

4.2.5 경찰과 보안기관의 역할

4.2.5.1 현장에 도착한 선임 보안/경찰은 보안에 대한 책임자가 되고, 비상차량을 위한 진출입도로에 자유로운 교통차선을 설치하고, 필요에 따라 지원을 요청한다. 그 지역의 사법권을 가지고 있는 법률집행기관이 임무를 면해줄 때까지 보안지휘권을 가지고 있는다.

4.2.5.2 교통흐름과 현장보안의 책임은 일차적으로 경찰과 보안요원에게 있다. 그들은 사고위치와 적절한 진출입 방법을 통신센터에 통보하여야 한다. 현장지휘자와 협의한 후에 출동하는 비상차량을 지원하기 위하여 교통통제 수단을 강구하여야 한다.

4.2.5.3 보안요원 및 경찰관은 사고현장 주변의 교통을 통제하고 사고현장 주변에 흩어져 있는 물질들이 교통을 방해하지 않도록 정리하여야 한다.

4.2.5.4 비상사태 현장은 방해자, 기자, 구경꾼 및 기념품 수집광들을 접근하지 못하도록 가능한 빨리 경계선을 설치한다. 모든 사람들이 현장에 접근 시 치명적인 부상을 당할 수 있는 위험이 있다는 것을 알 수 있도록 적절한 표시를 하여야 한다. 연료의 발화를 방지하기 위하여 사고현장 100m 내에서 폭발물질을 사용하여서는 안된다.

4.2.5.5 모든 보안점검 지역과 지휘소 또는 비상운영센터간의 통신은 가능한 빨리 사용 가능하여야 한다.

4.2.5.6 기타 다른 기관에의 통보도 가능하면 빨리 수행되어야 한다.

4.2.5.7 통제기관은 식별완장, 현장출입증, 인식표 등을 발행하고 보안 및 경찰관이 점검하여야 한다.

4.2.5.8 비행자료와 조종사 음성기록장치를 보호하고, 우편물을 보호하고, 혹시 있을 수 있는 위험물질을 안전하게 하고, 필요시 방사능 유출로부터 인명을 보호하기 위하여 특수한 보안조치가 필요할 수 있다.

4.2.6 공항당국의 역할

주변기관과의 비상사태 상호지원 협정으로 공항당국은 다음과 같은 역할을 수행한다.
ⓐ 사고현장에 출동
ⓑ 공항 비상운영센터와 이동 지휘소 개설
ⓒ 공항 밖 사고의 지휘권을 가지고 있는 사법기관의 요청에 따라 비상지원 확대
ⓓ 관련된 항공기 운영자에게 통보
ⓔ 기타 기관들에게 통보
ⓕ 의료장비와 인력을 제공

4.2.7 의료업무기관의 역할

4.2.7.1 민방위와 지역기관은 보통 의료대응 조치반을 결성하는 것을 책임지고 있다. 그러나 공항 내 의료업무기관으로부터의 의료조치는 공항 밖에서의 사고가 대형사고일 때 이용할 수 있다.

4.2.7.2 주변기관과의 상호지원 비상협정에 따라 공항당국은 요청받거나 유용하다면 의료장비, 공급품(즉, 구급장비, 들것, 바디백, 이동 보호소 등)과 구급요원 보조자를 사고현장에 제공할 수 있다.

4.2.8 병원의 역할

4.2.8.1 의사, 간호사와 수술실, 집중보호와 수술팀은 항공기 사고를 포함한 비상상황에서 사용할 수 있도록 확보한다.

4.2.8.2 그들은 도착하여 부상자들에게 의료서비스 제공

4.2.9 항공기 운영자의 역할

4.2.9.1 항공기 운영자의 선임대표나 지명된 사람은 책임자와 항공기 운영자 활동을 조정하기 위하여 지휘소에 보고한다.

4.2.9.2 항공기 운영자의 선임대표는 탑승여객, 비행승무원 보충과 위험물질의 존재 및 적재 위치에 관한 정보를 제공한다. 위험물질이란 폭발물, 압축 또는 액화가스(발화성 또는 독성이 있는), 인화성 액체 또는 고체, 독극물, 전염물, 방사성물질 또는 부식물질 등을 포함한다. 위험물질과 관련한 정보는 가능한 빨리 소방대장과 의료조정자에게 알려야 한다.

4.2.9.3 선임 항공기 운영자 대표자는 부상당하지 않은 사람을 사고현장에서 지정된 대기지역 으로 수송을 위해 필요한 준비를 하여야 한다. 현장에서 "보행 가능한 부상자"의 수송은 의료조정자와의 협의 후에 실시하여야 한다.

4.2.9.4 항공기 운영자 직원은 지정된 부상당하지 않은 사람들 대기 장소로 출동한다. 이 대기 장소에서 선임 항공기 운영자 대표자는 직원들 중에서 접수자, 등록자와 복지후생담 당자를 지정한다.

4.2.9.5 부상당하지 않은 사람들 대기 장소의 지휘를 맡고 있는 항공기 운영자 대표자는 추가 적인 의료서비스, 보급품, 의류, 전화시설 등의 준비를 위한 감독을 하여야 한다.

4.2.9.6 접수자는 사고현장에 도착하면 수송차량을 만나서 수속 받을 등록데스크로 여객들을 인도하여야 한다. 접수자는 화장실, 전화, 의류, 음료수 등과 같은 지원시설이 어디에 있는지를 알고 있어야 한다.

4.2.9.7 등록자는 분명한 여객의 이름을 기록하고 호텔숙박, 항공교통 또는 기타 수송수단 등 과 같은 필요한 예약사항을 결정한다. 등록자는 여객의 육체적/정신적 상태와 잠정계획 을 알려야 할 사람들 목록을 작성하여야 한다. 등록자는 신원확인 꼬리표나 스티커를 여객에게 부착한다. 등록자는 등록이 끝나면 여객을 복지후생담당자에게 인도한다.

4.2.9.8 항공기 운영자 또는 대표자는 항공기 사고를 다음 기관들에게 알려야 한다.
ⓐ 사고조사기관
ⓑ 보건 및 후생기관
ⓒ 세관
ⓓ 법무부
ⓔ 우체국
ⓕ 환경기관

4.2.9.9 선임 항공기 운영자 직원은 친척과 친구들에게 초기에 통보하는 것을 책임진다.

4.2.9.10 항공기 운영자의 보도자료는 공항 홍보담당 직원과 사고에 관련된 기타 기관의 연락 관들과의 조정을 통하여 준비한다.

4.2.9.11 항공기 운영자는 항공기 사고조사기관으로부터 허가를 받은 뒤에 파괴되거나 기동불
능항공기의 처리를 책임진다.

4.2.10 정부기관의 역할

다음의 정부기관들은 그들의 비상계획에 따라 적절한 역할을 수행하여야 한다.
ⓐ 정부 사고조사 요원
ⓑ 보건 및 후생
ⓒ 우체국
ⓓ 세관, 법무부, 농림부
ⓔ 환경기관

4.2.11 홍보기관의 역할

4.2.11.1 공항 밖 비상사태에 관한 보도자료 배포의 책임은 다음에 있다.
        ⓐ 항공기 운영자의 대표자
        ⓑ 지휘권이 있는 정부기관이 지정한 홍보직원
        ⓒ 공항당국이 지정한 홍보대표자

4.2.11.2 프레스카드를 소지한 기자, 프리랜서 리포터와 사진기자들만이 브리핑지역과 지정된
        보도 대기지역 또는 사고 현장으로의 수송이 허용된다.

4.2.11.3 일반적으로 항공기 사고와 관련된 보도자료 배포의 책임은 다음과 같은 사람이어야
        한다.
        ⓐ 공항당국이 지정한 홍보담당자
        ⓑ 관련된 항공기 운영자의 대표자

4.2.11.4 어떠한 상황에서도 모든 구조활동이 종료되고 현장지휘자나 소방대장이 현장에 들어
        가는 것이 안전하다고 선포할 때까지는 인명구조나 소방업무에 포함되지 않는 기자나
        기타 요원들은 안전선 안으로 들어가도록 허용되서는 안 된다.

4.3 완전 비상사태

4.3.1 일반사항

공항비상계획에 포함된 기관들은 "완전 비상사태" 상황에 주의를 하여야 한다. 이것은 공항으
로 접근하는 항공기가 사고의 가능성이 있는 위험에 있거나 위험이 예상되는 경우이다.

4.3.2 항공교통관제기관의 역할

4.3.2.1 공항 구조 및 소방대가 예정된 활주로에 맞는 미리 계산한 대기장소에서 준비하도록 통지하고 다음과 같은 세부사항을 가능한 많이 제공한다.
    ⓐ 항공기 기종
    ⓑ 기내 연료
    ⓒ 장애자, 지체부자유자, 시각 및 청각장애자등과 같은 특별 탑승객을 포함한 탑승객수
    ⓓ 사고종류
    ⓔ 예정 활주로
    ⓕ 착륙 예정시간
    ⓖ 필요시 항공기 운영자
    ⓗ 양과 위치를 포함한 기내의 위험물질

4.3.2.2 공항비상계획에 명시된 절차에 따라 상호지원 소방대와 기타 적절한 기관에 통보하고 필요하다면 사용될 집결지와 공항입구를 제공한다.

4.3.3 기타 기관의 역할

공항 내 항공기 사고에 대응하는 4.1.2부터 4.1.10에서 설명된 다양한 기관의 책임과 역할은 "완전 비상사태"에도 지방운영기관의 요구에 따라 비슷하다.

4.4. 지역 대기

4.4.1 일반사항

공항비상계획에 포함된 기관들은 "지역 대기" 상황에 주의를 하여야 한다. 이것은 공항으로 접근하는 항공기에 결함이 있는 것으로 알려지거나, 예상은 되나 안전착륙에는 심각한 위험이 포함되어 있지 않은 위험상황이다.

4.4.2 항공교통관제기관의 역할

공항 구조 및 소방대가 조종사의 요청에 따라 또는 지역 공항협정에 따라 예정된 활주로에 맞는 미리 계산한 대기 장소에서 준비하도록 통지하고 다음과 같은 세부사항을 가능한 많이 제공한다.
ⓐ 항공기 기종
ⓑ 기내 연료
ⓒ 장애자, 지체부자유자, 시각 및 청각장애자등과 같은 특별 탑승객을 포함한 탑승객수
ⓓ 사고종류

ⓔ 예정 활주로

ⓕ 착륙 예정시간

ⓖ 필요시 항공기 운영자

ⓗ 양과 위치를 포함한 기내의 위험물질

4.4.3 기타 기관의 역할

공항 내 항공기 사고에 대응하는 4.1.2부터 4.1.10에서 설명된 다양한 기관의 책임과 역할은 "지역 대기"에도 지방운영기관의 요구에 따라 비슷하다.

4.5 공항비상사태와 관련된 비항공기 사고

4.5.1 일반사항

4.5.1.1 공항비상사태에 관련된 비항공기 사고에 대처하기 위해 개발된 절차와 기술은 항공기 사고 비상사태를 다루는 기술과 비슷하다. 많은 사람들이 일하거나 모여 있는 어느 장소에서라도 의료 및 화재 비상사태는 발생할 수 있다는 것을 명심하여야 한다. 출발/도착하는 여객과 관광객의 일반지역 활동과 여객편의시설(자동보도와 주차지역, 레스토랑, 바, 수하물처리 및 저장지역 등) 사용에 관련된 노출 때문에 이것은 매우 심각한 문제이다. 추가적으로 공항은 나쁜 의도에 의해 단체나 특정 활동에 대한 반대를 과시하기 위한 장소로 선택될 수 있다.

4.5.1.2 공항당국은 항공여행을 하는 사람들의 다양한 특성 때문에 심장박동정지, 복통, 화상, 창상, 찰과상과 기타 의료문제를 처리할 비상의료 서비스를 준비하여야 한다. 그런 상황은 즉각적인 치료시설과 외부기관과의 상세한 상호지원 계획을 필요로 한다.

4.6 민간항공에 대한 불법적 행위

4.6.1 일반사항

4.6.1.1 불법적 간섭행위를 다루는 절차에 대한 상세한 정보는 ICAO 보안 매뉴얼에 나와 있다. 비상사태에 대응하기 위해 4.1.2에서부터 4.1.10까지 설명된 다양한 기관의 책임과 역할은 필요에 따라 지방운영기관의 요구와 ICAO 보안매뉴얼에 기술된 절차에 따라 개발되어야 한다.

4.6.1.2 사보타지나 불법적 납치의 위험이 있는 항공기는 불법적 행위가 끝날 때까지 격리된 항공기 주기장에 주기시켜야 한다. 그런 지역은 부속서 14에 명시된 것처럼 다른 항공기 주기장, 건물 또는 기타 공공장소에서 최소 100m는 떨어져서 위치하여야 한다. 그런 경우에 여객청사에서 제공되는 탑승교의 도움 없이 여객을 대피시킬 필요가 있다. 현장으로 이동할 수 있는 이동탑승교를 사용할 수 있고 그렇지 않으면 항공기 스탭카 또는 항공기 슬라이드를 사용할 수 있다.

4.7 위험물을 포함한 사고

4.7.1 일반사항

4.7.1.1 위험물을 포함한 사고를 처리하기 위한 절차의 상세한 정보는 ICAO 위험물질을 포함한 항공기 사고에 대한 비상대응지침(Doc9481)에 나와 있다.

4.7.1.2 다양한 종류의 위험물이 항공기에 적재될 수 있다. 위험물이란 폭발물, 압축 또는 액화가스(발화성 또는 독성이 있는), 인화성 액체 또는 고체, 독극물, 전염물, 방사성물질 또는 부식물질 등을 포함한다. 위험물질이 들어 있는 화물은 공항 화물청사, 항공기 적재트랩, 기내의 화물칸 등에 있을 수 있다. 구조 및 소방요원은 위험물의 잠재적 위험성을 인지하고 있어야 하고 관련되는 비상사태를 처리할 준비를 하여야 한다. 위험물질을 수송하는 항공기와 관련된 사고는 그런 화물의 존재가 즉시 알려지지는 않지만 특별한 구조 및 화재통제 문제를 일으킨다. 항공기 운영자는 사고에 관련된 항공기에 위험물의 존재 또는 존재 가능성을 즉시 보고하여야 한다. 위험물이 들어있는 화물은 다이아몬드 모양의 위험물질 표시 라벨로 구별할 수 있게 하여야 한다. 구조 및 소방요원은 다양한 라벨을 인지하고 있어야 한다.

4.7.1.3 방사능 물질이 들어 있는 화물이 찢어져서 누출이 발생했다면, 그 지역의 근처로 지나가거나 통과하여 가는 차량이나 사람들은 오염될 수 있다. 만일 방사능 물질이 누출되었다면 바람이나 항공기 엔진의 뜨거운 열로 인해 방사능 물질을 먼 지역까지 퍼지게 하여 광범위한 지역을 위험하게 할 수 있다. 비상계획 절차에 대응요원과 장비를 소독하기 위한 준비를 포함시켜야 한다. 방사능 물질이 들어있는 화물이 손상되었다면 방사능 전문가의 지원이 지체 없이 요구된다. 그런 지원을 제공할 수 있는 가장 적절한 기관이 결정되어야 한다. 이것은 3.1.1에 열거되어 있는 기관들 중의 하나가 될 것이다.

4.7.1.4 항공기 탑승객이나 구조요원의 건강에 손상을 주거나 영향을 줄 수 있는(특히 방사능, 병원균 또는 독성물질) 손상된 컨테이너가 발견된 곳에는 특별한 예방조치가 취해져야 한다. 그런 특별한 문제를 처리하는 훈련을 받은 요원이 활용되어야 한다. 손상된 위험물질 화물이 발견되면, 특히 그것이 방사능, 전염성 또는 독성물질이라면, 항공기 탑승객과 구

조요원의 건강을 안전하게 하기 위한 사전 조치가 취해져야 한다. 소방대원과 기타 구조요원들은 발생할 수 있는 특수한 위험상황을 처리할 수 있는 훈련을 받아야 한다.

4.7.1.5 방사능 물질인 경우로 의심이 가는 경우에는 다음과 같은 절차를 따라야 한다.

    ⓐ 가장 가까운 핵에너지 시설, 방사능시설이 있는 병원, 군대 또는 민방위대는 방사능팀을 현장으로 급파시키도록 한다.

    ⓑ 방사능 물질과 접촉한 사람은 방사능팀이 검사할 때까지 격리시킨다.

    ⓒ 의심 가는 물질이 확인되어야 하나 공인요원이 검사 및 공개하고 나서 처리한다. 사고현장에서 사용된 의류와 장비는 방사능비상팀이 공개할 때까지 격리시킨다.

    ⓓ 오염된 것으로 의심이 가는 음식물과 음료수는 사용해서는 안 된다.

    ⓔ 적절한 복장을 갖춘 구조 및 소방요원만이 현장에 남아 있고, 기타 다른 사람들은 현장에서 가능한 멀리 떨어져야 한다.

    ⓕ 모든 병원에게 방사능 물질이 포함되어 있음을 알려서 병원에 방사능 해독실을 설치할 수 있도록 한다.

4.7.1.6 모든 종류의 운송수단에 의한 방사능 물질 수송에 관한 기본 규정은 국제원자력기구(IAEA)에서 발행하였다. 이 규정은 많은 국가들의 규정에 기본이 되고 있다.

4.7.1.7 병원균 또는 독성물질에 의해 오염이 의심 가는 음식과 음료수는 사용하여서는 안 된다. 공중보건 및 동물보건 당국은 즉시 이 사실을 알려야 한다.

4.7.1.8 위험물에 노출된 부상자나 사람들은 발생현장에서 격리하여 적절한 치료를 위해 의료시설로 가능한 빨리 수송해야 한다.

4.7.1.9 많은 발행물들이 위험물처리를 다루는데 사용되고 있다. 이것은 ICAO 항공에 의한 위험물의 안전한 수송을 위한 기술적 지침(Doc9284), IATA 위험물 규정, IAEA 방사능 물질의 안전한 수송을 위한 규정과 방사능 물질을 포함한 교통사고에 대한 비상대응계획 등이다. 소방대에 유용한 것으로 미국 국가소방협회의 위험물에 대한 화재보호 지침이 있다.

4.8 자연재해

4.8.1 일반사항

4.8.1.1 공항이 영향을 받을 수 있는 자연재해는 폭풍, 지진과 해일이다. 이런 것들에 대한 공항의 취약성은 지리적 영향을 받는다. 왜냐하면 더 위험한 사고들이 어떤 지역이나 지대로 한정되기 때문이다. 자연재해를 막을 방법은 없기 때문에 피해를 최소화하고 항공기 운영의 조속한 재개를 위한 행동을 취해야 한다.

4.8.1.2 기상형태의 개발, 폭풍의 예견과 진행방향과 잠재적 위험을 대중에게 알리는 업무는 보통 그 지역의 기상대에서 수행한다.

4.8.1.3 공항비상계획은 초기 보호방법, 지역 재난에 관련 있는 비상보급품, 인명 대피소와 폭풍 후의 청소 및 복구를 위한 준비를 하여야 한다.

4.8.1.4 폭풍경보를 받자마자 공항에 주둔하는 모든 항공기 소유자에게 통보하여야 한다. 경보는 공항으로 운항중인 조종사에게도 알려야 한다. 항공기 소유자와 조종사는 그들 항공기에 대한 책임을 지고 있다. 가능하면 지상의 모든 항공기는 폭풍지역 밖의 공항으로 대피시켜야 한다. 비행중인 항공기는 대체 목적지로 회항하도록 한다. 대피할 수 없는 지상의 항공기는 바람을 정면에서 받을 수 있도록 엄호물 밑에 두거나 묶어야 한다.

4.8.1.5 발전설비의 손상 또는 전송선의 절단 등에 의한 전력중단은 자연재해 기간 중에 빈번히 발생한다. 심한 폭풍지역에 위치한 공항은 대기 발전기를 준비하거나 2중 동력원을 준비하여 전력공급 중단을 최소화 할 수 있는 방법을 강구하여야 한다.

4.8.1.6 강풍에 의해 날아갈 수 있는 모든 헐거운 물건들을 모으거나 안전하게 하기 위한 건물보호를 책임지는 특별 요원을 비상계획에 포함시켜야 한다. 범람의 가능성이 있으면 모래주머니를 쌓거나 채워 놓을 필요가 있다.

4.8.1.7 자연재해는 지진, 홍수, 해일 등에 사용하기 위한 많은 양의 특수 장비를 필요로 한다. 각 개별 기관으로서 사용 가능한 비상보급품의 양과 종류를 조사하여 지역에서 필요한 보급품의 확정목록을 제공하도록 하여야 한다.

4.9. 수역과 가까운 공항의 비상사태

4.9.1 일반사항

많은 공항들은 추가적인 비상업무가 필요한 대형 수역에 근접한 곳에 위치하고 있다. 항공기가 급속히 가라앉아 익사의 위험 상황이 되거나 탑승객의 저체온증이 주요 문제가 된다. 일부 항공기는 구명조끼, 부대 또는 슬라이드 등의 장비가 갖춰지지 않고 있다. 공항을 정기적으로 사용하는 대형항공기의 탑승객을 수송하는데 충분한 부력장치는 신속히 배치할 수 있는 수륙양용 구조 차량으로 사용할 수 있다.

제5장 비상운영센터 및 이동지휘소

5.1. 일반사항

고정된 비상운영센터는 각 공항에서 비상상황을 처리하는데 이용되어야 한다. 특정 비상상황은 현장의 이동지휘소를 필요로 하는데 통상적으로 공항당국의 현장지휘관의 지휘 하에 있다.

5.2 비상운영센터

5.2.1 이 시설의 주요 특징은 다음과 같다.
ⓐ 고정된 장소
ⓑ 항공기 사고 및 준사고를 담당하는 이동지휘소에서 현장지휘자를 지원
ⓒ 항공기의 불법적 납치 및 폭탄위협에 대한 지휘, 조정 및 통신센터
ⓓ 24시간 운영

5.2.2 비상운영센터의 위치는 이동지역과 격리된 항공기 주기장이 잘 보이는 곳이면 어느 곳이나 가능하다.

5.2.3 이동지휘소는 모든 지휘 및 통신기능과 잘 협조되어야 한다. 비상운영센터는 사고/준사고, 항공기의 불법적 납치 그리고 폭탄위협 사건에 지원과 조정을 하는데 사용하기 위하여 공항에 지정한 지역이다. 이 센터는 운용할 때에 이동지휘소를 포함하여 비상사태에 관련된 적절한 기관들과 통신하기 위한 필요장비와 인원을 갖추고 있어야 한다. 통신 및 전자장비는 매일 점검하여야 한다.

5.3 이동지휘소

5.3.1 이동지휘소는 협력기관장들이 정보를 받거나 제공하고 구조작업과 관련된 결정을 내리는 곳이다. 이 시설의 특징은 다음과 같다.
ⓐ 신속히 배치할 수 있는 이동시설이다.
ⓑ 항공기 사고/준사고를 위한 지휘, 조정 및 통신센터로 사용된다.
ⓒ 항공기 사고/준사고 기간 동안 운영된다.
ⓓ 바람과 지형상황에 따라 적절하게 위치를 잡는다.

5.3.2 사고/준사고가 발생하면 지정된, 잘 보이고 쉽게 찾을 수 있는 이동지휘소가 급선무이다. 이동지휘소는 가능한 빨리 설치되어야 하고 소방 및 구조활동과 동시에 설치되는 것이 바람직하다. 이동지휘소에 보고하는 개별 기관들이 각각의 임무를 수행하기 전에 상황을 적절히 보고 받을 수 있도록 하기 위하여 지휘의 연속성은 유지되어야 한다.

5.3.3 이동지휘소는 비상운영센터를 포함하여 비상사태에 관련된 모든 기관과 통신을 할 수 있도록 필요한 장비와 인원을 갖춰야 한다. 통신 및 전자장비는 매달 점검하여야 한다.

5.3.4 여러 개의 라디오 주파수와 전화기를 사용하는 지휘소에서 여러 다른 기관들이 같이 일하기 때문에 생기는 혼란과 오전달을 제거하기 위하여 각 참여자가 헤드폰을 끼거나 소음흡수 칸막이를 사용하여 볼륨의 소음을 제거하는 것이 필수적이다.

5.3.5 지도, 차트, 기타 관련 장비와 정보는 이동지휘소에서 즉시 활용할 수 있어야 한다.

5.3.6 이동지휘소 위치는 가지각색의 깃발, 색깔 있는 교통삼각봉, 풍선 또는 회전하는 전등과 같은 눈에 띄는 표시를 준비하여 쉽게 인지할 수 있어야 한다.

5.3.7 부지휘소를 설치하는 것이 필요할 수 있다. 이것이 필요할 때 한 장소는 부지휘소와 적절한 통신망과 함께 "주"지휘소로서 지정되어야 한다.

제6장 계획의 지휘자와 조정자

6.1 일반사항

6.1.1 일단 사고가 발생되면, 구조 및 소방대운영의 초기 지휘와 통제는 공항 구조 및 소방대 요원에게 책임이 있다. 구조 및 소방요원들이 현장에 처음으로 도착할 것이다. 그러므로 일정기간동안 이 요원에게 지휘권이 있는 것이다. 그러나 구조 및 소방요원은 현장 지휘자가 도착하자마자 구조 및 소방운영활동에 들어간다. 현장지휘자는 공항비상계획에 수립되어 있는 것처럼 지휘권을 갖는다. 권한과 지휘책임의 이양은 사전에 비상계획에 포함되어야 하고 적절히 연습을 실시할 필요가 있다.

6.1.2 공항 밖 사고는 주변기관과 사전에 협정된 상호지원협정에 따른 기관의 지휘와 통제 하에 있다.

6.1.3 계획은 특수한 기능을 수행할 기타 조정자를 지정하도록 하고 있다.

제7장 격자지도

7.1 개요

7.1.1 공항과 그 주변의 상세한 격자지도(개정일자 포함)가 비상운영센터에 제공되어야 한다. 동일한 소규모 지도가 관제탑, 소방대, 구조 및 소방차량과 비상사태에 대응하는 기타 지원차량에서 사용되어야 한다. 복사본은 계획에 관련된 기관들에게도 배포되어야 한다.

7.1.2 두 가지의 격자지도가 제공되는 것이 바람직하다. 하나는 공항접근도로, 용수지의 위치, 집결지, 대기지역 등이 표시된 지도이다. 다른 지도는 주변지역을 나타내고 있고, 공항 중심에서 반경 8km 이내에 있는 적절한 의료기관, 접근도로, 집결지 등이 기술되어야 한다.

7.1.3 하나 이상의 격자지도가 사용되는 경우에 격자지도들이 서로 상충되지 않아야 하는 것은 필수적인 사항이다. 격자지도는 참가하는 모든 기관들에게 동일한 것을 제공하여야 한다. 다른 색깔의 격자를 사용하는 것은 격자지도의 오역을 배제한다.

7.1.4 의료시설 유용성을 나타내는 격자지도는 다른 병원의 잠재적 침대 가용량과 의료 특수 시설에 대한 정보를 포함하여야 한다. 각각의 개별적인 병원의 수를 세어야 하고, 특수한 처리는 침대, 인원 등과 같은 명백한 자료와 함께 표시되어야 한다.

7.1.5 격자지도가 갱신될 때마다 개정된 격자지도를 모든 참가기관들에게 배포하여야 하고 구 지도는 폐기하여야 한다.

제8장 연락해야 할 기관에 대한 정보

8.1 일반사항

8.1.1 통제흐름도는 비상사태 시 신속한 통신을 하는데 도움이 된다. 물론 여기에는 필수적인 전화번호를 포함하여야 한다. 분리된 통제흐름도는 계획에 포함되어 있는 비상사태의 유형에 따라 개발되어야 한다. 통보방법은 공항비상계획에 명백하게 명시되는 것이 중요하다.

8.1.2 전화번호는 매월 점검하여야 하고 변경이 발생하면 갱신된 리스트를 배포하여야 한다. 변경이 있을시 단 한 페이지만 재배포하기 위하여 각 통제흐름도는 한 장에 포함되어야 하고 날짜를 기입한다.

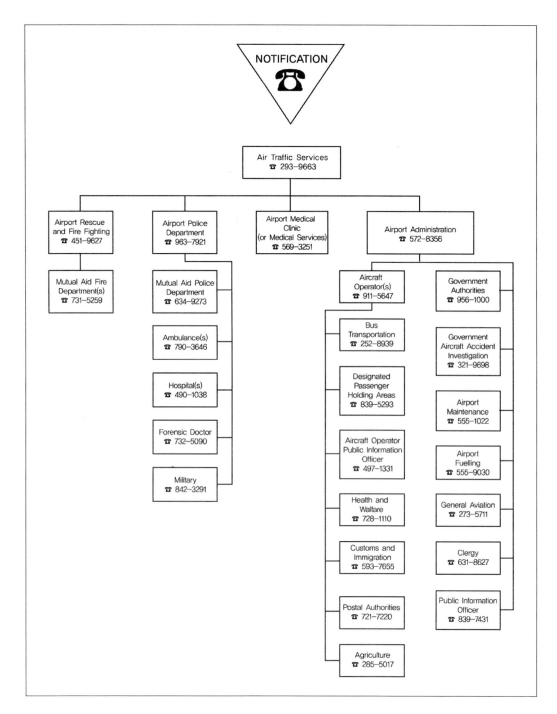

그림 8-1. 흐름도 – 공항에서의 항공기 사고

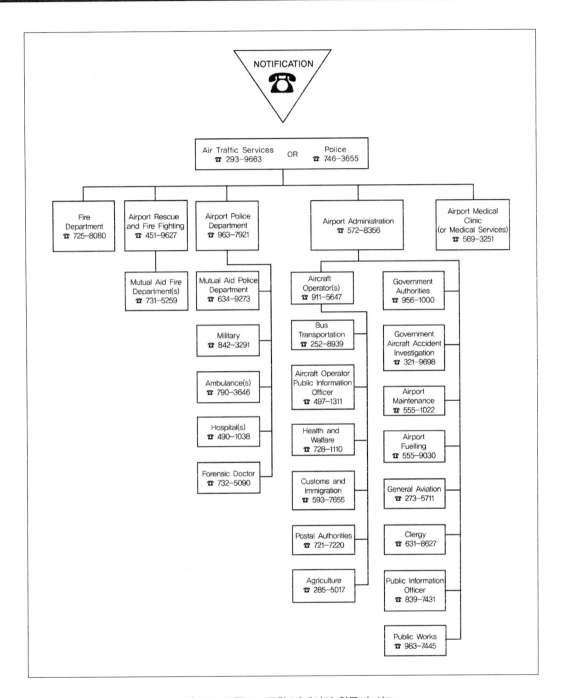

그림 8-2 흐름도 - 공항 밖에서의 항공기 사고

제9장

사상자 분류 및 의료치료

9.1 항공기사고 시 부상자 치료를 위한 즉각적인 필요

항공기 사고 후에, 훈련된 구조요원들에 의해 즉각적인 의료 활동이 제공되지 않는다면 많은 생명을 잃을 수 있고 부상자들은 더욱 악화될 수 있다. 생존자들은 상태에 따라 분류를 하고, 필요한 비상 의료지원을 제공한 다음 즉시 적절한 의료시설로 보내야 한다.

9.2 분류원칙(모든 비상사태)

9.2.1 "분류"란 치료와 수송을 위한 우선순위를 결정하기 위하여 부상자를 분류하고 등급을 주는 것이다.

9.2.2 부상자는 4단계로 구분한다.

Ⅰ등급 : 즉시 치료

Ⅱ등급 : 차후 치료

Ⅲ등급 : 경미한 치료

Ⅳ등급 : 사망

9.2.3 현장에 맨 처음 도착한 자격이 있는 의료 훈련을 받은 요원은 즉시 초기 분류를 실시하여야 한다. 이 사람은 좀 더 능숙한 사람이나 지정된 공항분류요원이 오기 전까지 분류작업을 계속 수행하여야 한다. 희생자는 명확한 치료를 받기 전에 분류지역에서 치료대기지역으로 이동시켜야 한다. 부상자는 치료대기지역에서 안정을 취한 다음 적절한 시설로 이송되어야 한다.

9.2.4 Ⅰ등급 부상자들이 우선 치료를 받아야 하고 안정을 찾았을 때 앰뷸런스 수송의 우선권을 받도록 모든 노력을 기울여야 한다. 이것은 분류요원에게 책임이 있다.

9.2.5 분류는 현장에서 가장 효율적으로 수행되어야 한다. 그러나 사고현장의 상황에 따라 분류를 하기 전에 즉각적인 부상자의 이송이 필요할 수도 있다. 그런 경우에 부상자는 가능한 가까운 거리로 이동하고, 소방작업을 하는 곳으로부터는 충분히 거리를 두고, 현장으로부터 맞바람을 받거나 오르막 쪽으로 이동하여야 한다.

9.2.6 부상자의 분류는 부상자를 분류하여 지정된 병원으로 수송하는 데 도움이 되는 부상인식표 사용을 포함하여야 한다. 이 기술은 특히 다국적 언어를 사용하는 상황에 적합하다.

9.3 표준화된 부상인식표와 사용법

9.3.1 표준화된 인식표가 필요하다. 부상인식표는 가능한 단순한 색상과 기호로 표준화되어야 한다. 인식표는 대량 부상자를 신속하게 처리하는 데 도움을 주고 부상자들을 의료시설로 신속하게 이송할 수 있게 한다.

9.3.2 인식표 도안. 표준화된 인식표는 들어갈 최소한의 정보를 필요로 하며, 나쁜 날씨에서도 사용할 수 있어야 하고 방수가 되어야 한다. 인식표에는 다음과 같은 부상자의 의료우선등급을 나타내는 숫자와 기호가 표시되어 있다.

Ⅰ등급 또는 즉시 치료 : 빨간색 인식표,

로마숫자 Ⅰ,

토끼 기호

Ⅱ등급 또는 차후 치료 : 노란색 인식표,

로마숫자 Ⅱ,

거북이 기호

Ⅲ등급 또는 경미한치료 : 녹색 인식표,

로마숫자 Ⅲ,

X기호와 함께 앰뷸런스 기호

Ⅳ등급 또는 사망 : 검정색 인식표

9.3.3 인식표를 사용할 수 없는 곳에서 부상자는 접착테이프나 이마 또는 노출된 피부에 우선순위 또는 치료필요성 등을 로마숫자를 이용, 직접 표시하여 분류된다. 표시하는 펜을 이용할 수 없을 때는 립스틱이 사용될 수 있다. 끝이 펠트로된 펜은 빗물이나 눈에 번질 수 있고 낮은 온도에서 얼 수 있기 때문에 사용하여서는 안 된다.

9.4 치료원칙

9.4.1 심각한 부상자의 안정을 현장에서 취해야 한다. 안정을 취하기 전에 심각한 부상자의 즉각적인 수송은 피해야 한다.

9.4.2 공항이나 그 주변에서 사고가 발생하면 구조 및 소방요원은 보통 현장에서 첫 번째 비상요원이 된다. 이들은 심각한 부상자들은 가능하면 빨리 자리를 잡고 안정을 취하는 것이 급선무라는 것을 알고 있어야 한다. 화재진압 또는 방재에 모든 구조 및 소방요원들이 필요하지 않는 경우에 가용 인원은 외상 치료전문자격이 있는 요원의 지휘에 따라 현장에서 부상자가 안정을 취할 수 있도록 하여야 한다. 첫 번째로 대응하는 구조차량에는 부상자 치료장비의 초기 공급품을 구비하여야 하며, 이런 장비는 인공 통풍로, 압박붕대, 붕대, 산소와 기타 질식환자와 심한 외상환자의 안정을 취하는데 필요한 장비

를 포함하고 있다. 구조 및 소방요원들이 충분한 산소를 사용할 수 있도록 준비하여야 한다. 그러나 연료가 누유되었거나 연료가 묻은 옷이 있는 곳에서는 폭발 위험 때문에 산소를 사용하여서는 안된다.

9.4.3 의료치료를 시작한 첫 몇 분 동안 취해진 역할은 좀 더 전문적인 의료치료가 가능할 때까지 부상자를 안정시켜야 한다. 전문적인 외상치료팀이 도착하면 좀 더 정교한 의료치료(심장 소생 등)가 제공된다.

9.4.4 분류절차와 그 후속 의료치료는 단일 기관, 지정된 의료조정자의 지휘 하에 행하여져야 한다. 이에 앞서, 지휘하는 구조 및 소방대장이 지정한 개인에게 분류지휘권이 주어지며 사전 지정된 의료 조정자가 지휘권을 면해줄 때까지 계속 지휘한다.

9.4.5 의료조정자는 사고의 모든 의료 측면에 대한 책임을 지고 있고 현장 책임자에게 직접 보고하여야 한다. 의료조정자의 우선 기능은 부상자를 치료하는 의료팀의 참가자로서가 아닌 관리자 기능이다.

9.4.6 의료조정자를 쉽게 구분할 수 있는 방법으로 흰색 안전모와 앞, 뒤에 번쩍거리는 붉은색 글씨로 "의료조정자"라고 쓰여진 눈에 잘 띄는 코트나 조끼를 의료조정자는 입어야 한다.

9.4.7 I등급(즉시 치료) 부상은 다음의 부상형태를 포함한다.
ⓐ 대형 출혈
ⓑ 심각한 질식
ⓒ 가슴과 목-턱뼈 등 안면부 부상
ⓓ 혼수상태의 두개골 외상과 급작스런 쇼크
ⓔ 복합골절
ⓕ 심한 화상(30% 이상)
ⓖ 충돌 부상
ⓗ 기타형태의 쇼크
ⓘ 척추부상

9.4.8 다음과 같은 행동이 권고된다.
ⓐ 응급치료(숨통 이물질 제거, 지혈패드를 사용한 출혈방지, 회복장소로 부상자 이동)
ⓑ 인공호흡으로 소생
ⓒ 연료 또는 연료가 묻은 옷이 있는 지역을 제외한 곳에서 산소공급
ⓓ 대피소로 부상자 안치

9.4.9 Ⅱ등급(차후 치료) 부상은 다음의 부상형태를 포함한다.

    ⓐ 질식이 없는 흉부 외상

    ⓑ 팔다리의 폐쇄골절

    ⓒ 부분 화상(30% 이하)

    ⓓ 혼수상태나 쇼크가 없는 두개골 외상

    ⓔ 부드러운 부분의 부상

9.4.10 생명을 유지하기 위해 즉각적인 비상 구급치료를 요하지 않는 부상자의 치료는 Ⅰ등급 부상자들이 안정을 취한 후로 미룰 수 있다. 최소한의 현장치료 후에 Ⅱ등급 부상자를 수송하여야 한다.

9.4.11 Ⅲ등급(경미한 치료) 부상자들의 치료

    이런 종류의 부상자는 단지 경미한 치료만을 요한다. 사고/준사고는 여객이 경미한 부상을 입거나 부상이 없는 경우로 발생하거나 부상자가 발생하지 않을 수도 있다. 이런 부상자들은 기타 급선무와 상황진행에 방해를 할 수 있으므로 사고/준사고 현장에서 재검진을 받기 위한 지정된 대기지역으로 수송을 하는 것이 중요하다.

9.4.12 치료, 안정과 Ⅲ등급 부상자의 구별을 위한 준비를 하는 것이 중요하다. 이것은 공항 운영, 항공기 운영자(포함된 곳에서) 또는 국제구조기구(적십자 등)등에서 준비하여야 한다. 빈 격납고, 여객청사내의 지정장소, 소방대 또는 적절한 규모의 가용시설(호텔, 학교) 등과 같은 특별 처리지역이 이런 목적으로 사전 지정되어야 한다. 이런 지역으로 선택된 곳은 냉/온방시스템, 전기 및 동력, 급수, 전화 및 화장실 시설을 갖추고 있어야 한다. 사고가 발생했을 때 이동거리와 수요공간(부상자 수를 포함)의 기준에 따라 가장 적절한 지역이 선택될 수 있도록 사전선택된 지역을 활용하여야 한다. 모든 항공기 운영자 직원과 공항 입주자들은 그런 지정된 시설의 위치를 알고 있어야 한다.

9.5 부상자들 흐름 통제

9.5.1 부상자는 적절한 장소에 있으며 쉽게 구별이 되는 4개 지역을 통과하여야 한다.

    ⓐ 모집지역-잔해에서 심각한 부상자들의 초기 모집을 수행하는 지역. 사고형태와 사고지역 주변의 환경에 따라 이 지역 설치의 필요성이 결정된다. 부상자의 관리는 이 지역에서 구조 및 소방요원에서부터 의료업무기관으로 보통 이양된다. 그러나 대부분의 경우에 이양은 분류지역에서 이행된다.

    ⓑ 분류지역-분류지역은 화재나 연기에 노출을 피하기 위해 사고지점에서 맞바람이 부는 쪽으로 최소 90m 정도 떨어져 있어야 한다. 필요하다면 하나 이상의 분류지역이 설치될 수 있다.

ⓒ 치료지역-초기에 치료지역은 하나 준비되어 있다. 차후에 3개의 부상등급에 따라 3개의 지역으로 구분되어야 한다. 즉 즉시치료(Ⅰ등급), 차후치료(Ⅱ등급), 경미한 치료(Ⅲ등급)로 구분된다. 치료지역으로 구별을 위해 색상표를 사용할 수 있다.(붉은색-즉시치료, 노란색-차후치료, 녹색-경미한 치료). 색깔이 있는 교통삼각뿔, 깃발 등이 사용될 수 있다.

ⓓ 수송지역-기록과 급파, 생존자의 후송을 위한 수송지역은 치료지역과 출구도로 사이에 위치하여야 한다. 그러나 하나 이상의 수송지역이 있다면 지역 간에 통신장비를 설치하는 것이 필수적이다.

9.5.2 Ⅰ·Ⅱ등급 부상자의 안정과 치료를 위한 이동시설이 권고된다. 이런 시설은 30분 정도 운영하여야 한다. 이들 시설의 구조는 현장으로의 신속한 이송과 부상자를 받는데 신속한 행동을 할 수 있도록 되어있어야 한다. 이들 시설은 다음과 같이 구성되어야 한다.

ⓐ 일반 또는 소생 앰뷸런스 : 소생 앰뷸런스는 Ⅰ등급 부상자에게 좋은 구호소이다. 부상자는 여기에서 치료를 받을 수 있고 차후에 곧바로 병원으로 후송된다.

ⓑ 심각하거나 극도로 긴급한 환자를 수용할 수 있는 붉은색 텐트 : 난방과 전등시설이 갖추어진 이 시설은 필요한 의료장비와 함께 현장으로 수송될 수 있다.

ⓒ Ⅱ등급 부상자를 수용할 수 있는 노란색 텐트 : 수송할 수 있는 이동병원 또는 앰뷸런스는 모든 부상자들에게 안정된 치료를 제공하기 위해 사용될 수 있다

제10장 보행 가능한 생존자의 치료

10.1 일반사항

10.1.1 이런 목적을 위해 선택된 공항당국, 항공기 운영자(관련된 곳에서)와 기타 사전 지정된 기관들은 다음과 같은 책임이 있다.

ⓐ 공항비상계획에서 사전지정된 장소로부터 비상사태를 위한 가장 적절한 대기지역을 선택한다.

ⓑ 사고현장에서 지정된 대기지역으로 부상당하지 않은 사람들을 위한 수송수단 제공

ⓒ 부상당하지 않은 사람들을 검사하고 치료하기 위한 구급전문가로 구성된, 특히 신경외상과 질식환자를 위한 의사, 간호사 또는 팀을 준비

ⓓ 책임목적을 위한 완전한 여객과 승무원명단 제공

ⓔ 부상당하지 않은 사람들과 인터뷰하고 이름, 주소, 차후 72시간 이내에 연락할 수 있는 전화번호 기록

ⓕ 친척과 필요하다고 생각되는 친족에게 연락

ⓖ 지정된 국제구조기구(적십자 등)와 상호조정

ⓗ 비인가자들이나 상황진행에 공식적으로 관련이 없는 자들에 의한 방해를 차단

10.1.2 사고현장에서 지정된 대기지역으로 "보행가능한 부상자"를 버스나 기타 운송수단에 의해서 즉시 후송할 수 있는 사전준비가 마련되어야 한다. 이 계획은 비상사태의 통보 후에 바로 이행되어야 한다. 구급훈련을 받은 간호사나 요원이 대기지역까지 이들과 동행하여야 한다. 모든 여객과 승무원은 신경외상과 질식검사를 받아야 한다. 혹독한 추위에는 그들의 보호와 안정을 위해 추가적인 준비를 필요로 한다.

10.1.3 탈출슬라이드를 이용하여 항공기를 탈출한 여객은 맨발이거나 또는 적절한 옷을 입고 있지 않을 수 있다. 물이나 습지지역에서 항공기 사고가 발생한 곳에서는 사람들은 젖을 수 있고 안정을 못 찾을 수 있다. 이런 문제는 의류, 신발과 즉시 사용할 수 있는 담요를 제공해야 할 것이 예측된다. 저체온증을 막기 위해 온기와 의류를 제공할 수 있는 특별한 대기지역을 준비하는 것이 필요하고, 지정된 이동 대기 장소로 후송되기 전에 검사를 하기 위한 장소로 사용될 수 있다.

10.1.4 국제구조기구와 군 장비는 앞에서 말한 필요사항들을 제공한다.

제11장 사망자 관리

11.1 사망자 처리(검정색 꼬리표)

11.1.1 항공기 사고현장에서 사망자를 처리할 때는 증거가 보존되어야 한다. 가장 믿을 만한 증거를 제공하기 위해서는 사고현장이 방해받지 않도록 잘 보존하여 원인과 비슷한 사고 발생을 방지할 수 있는 장래 교정활동을 결정하도록 하는 것이 중요하다. 계획은 비상사태 현장에서 사망자를 관리하는 비상대책을 포함하여야 한다. 계획은 법의학 의사와 연락하고 조정하는 책임이 있는 직원을 지정할 필요가 있다. 공항소방요원 및 기타 구조요원은 항공기 사고조사에 사용되는 기술 및 절차와 기본적인 필요성을 이해하고 있어야 한다. 잔해는 적절한 사고조사기관이 도착할 때까지 손대지 않고 보존하여야 한다.

11.1.2 사망자 주변지역은 완전한 보안이 유지되어야 한다. 다수의 사망자 또는 절단된 시체가 있는 지역은 법의학 의사와 항공기 사고조사자 또는 지명된 사람이 오기 전까지 방해받지 않은 상태로 보존되어야 한다.

11.1.3 시체의 잔해를 나르는 들것을 운반하는 사람들이 1회용 비닐장갑과 가죽장갑을 사용할 수 있도록 공급하여야 한다. 1회용 비닐장갑이 적절하지만 이것들은 항공기 파편이나 잔해에 의해 쉽게 찢어지고 헤어진다. 가죽장갑은 찢어지거나 헤어지지는 않는데 신체 분비물을 흡수하고 촉각을 떨어뜨린다. 비닐장갑과 가죽장갑 한 켤레씩을 들것 운반자에게 공급하거나 두 명을 한 팀으로 하여 작업시키는 것이 권고된다. 신체조각을 모으는데 사용한 모든 장갑은 나중에 소각시켜야 한다.

11.1.4 시체의 잔해나 신체일부를 옮겨야 할 필요가 있으면 잔해 안에 있는 시체나 신체일부의 위치를 나타내는 사진을 찍도록 하고 옮기기 전에 그들 각자의 위치를 스케치하여야 한다. 추가로 꼬리표를 각 시체나 신체일부에 부착하고, 대응꼬리표를 잔해에서 신체일부가 발견된 곳에 부착하여야 한다. 모든 꼬리표를 기록하여 유지하여야 한다. 조종석 부분에는 어떤 방해도 받지 않도록 특별한 주의가 고려된다. 비행통제장치를 옮겨놓을 필요가 있을 때는 옮기기 전에 사진, 그림 또는 메모 등의 작업을 수행하여야 한다.

11.1.5 사망자는 유리시켜야하고 법의학 의사나 적절한 기관이 도착하기 전에 잔해로부터 개인물품을 제거하여 화재나 기타 요소로부터 손상되는 것을 방지하여야 한다. 시체가 옮겨져야 할 때는 사전에 이야기한 주의사항들이 실행되어야 한다. 개인물품 뿐만 아니라 모든 신체를 담을 수 있는 충분한 시체 운반용 부대(바디백)를 준비하여야 한다.

11.1.6 시체 운반용 부대(바디백)는 보통 관 공급자, 장의사와 장의용품 장비 공급업체에서 구할 수 있고 근처의 군대에서도 구할 수 있다. 각 공항마다 시체 운반용 부대(바디백)를 비축하는 것도 바람직하다.

11.1.7 시체 신원확인과 사망원인 결정은 지정된 기관과 동시에 수행한다. 이 작업은 보통 법의학 팀과 기타 전문가들과의 공조로 이루어진다.

11.1.8 많은 수의 사망자를 낸 사고는 보통 시체공시소 시설에 부담을 너무 많이 지운다. 지체가 되거나 온도가 피부조직의 손상을 유발할 수 있는 지역에서는 냉동저장시설이 사용되어야 한다. 이것은 영구 냉동시설과 냉동트레일러에 의해 제공될 수 있다. 시체검시를 위한 지역은 냉동저장시설 근처에 있어야 하고 높은 등급의 보안이 유지될 수 있도록 준비하여야 한다. 전력과 급수, 초기 시체분류를 위한 넓은 작업시설이 요구된다.

11.1.9 시체공시소는 격리되어 있어야 하고 친척들이나 일반들이 접근하는 지역과 멀리 떨어져 있어야 한다.

11.1.10 사망자의 신원을 확인한 다음 가까운 친족에게 연락을 하여야 한다. 항공기 운영자, 공공서비스기관(국제구조기구와 경찰 등)과 같은 기관들이 활용된다.

11.1.11 사고조사팀은 보통 시체검시, 승무원들과 특별한 경우에는 여객의 독극물 분석을 요구하는 권한과 필요성을 가지고 있다. 이런 테스트에 대한 필요성은 신체를 방면하기 전에 결정되어야 한다.

11.1.12 비상사태가 실시되자마자 소방 및 구조에 참가하는 모든 요원들은 브리핑을 받아야 한다. 적절한 기관은 그들의 관찰을 기록하여야 한다. 원래의 위치에서 이동된 시체와 일부분의 꼬리표에 대한 상세한 내용뿐만 아니라 스케치, 다이어그램, 사진, 기록필름과 테이프와 비디오 기록은 조사자들에게 가치 있는 도구들이다.

11.1.13 책임지고 있는 법의학요원은 눈에 잘 띄는 글씨로 앞, 뒤에 "법의학 반장"이라고 쓰여진 어두운 갈색(다크브라운) 안전모와 조끼 기타 의상을 입어야 한다.

제12장 통신

12.1 통신서비스

비상계획에 관련된 모든 공항기관들이 사용할 수 있는 쌍방향 통신이 준비되어야 한다. 계획에는 비상사태에 대응하는 공항외부 기관과의 통신망을 유지하는 것도 포함되어야 한다. 참가하는 모든 기관들과 지속적인 통신이 가능한 장비를 갖춘 지휘소와 비상운영센터가 계획에 포함되어야 한다. 계획 절차 중에 통신 백업모드가 확인되어야 한다.

12.2 통신망

12.2.1 공동작용 통신망은 하나 이상의 관할권으로부터 기관들이 포함되어 있는 주요 운영에는 필수적인 사항이다.

12.2.2 공동작용 통신망은 충분한 라디오 수신기, 전화와 기타 통신장비로 구성되어야 하며, 통신의 1차 및 2차 수단으로 유지되어야 한다. 이들 통신망은 비상운영센터와 지휘소를 참가하는 모든 기관들 뿐만 아니라 각각의 기관들과 연결되어야 한다.

12.2.3 통신망은 다음 기관들 간의 효율적인 직접통신을 위한 1차적인 또는 필요한 곳에서는 대체수단을 제공하여야 한다.
ⓐ 정보기관(관제탑 또는 운항서비스센터, 공항경영자, 고정기지 운영자 또는 항공사)과 공항에 있는 구조 및 소방대

ⓑ 항공교통관제탑, 운항서비스센터, 적절한 화재담당 경보실/출동센터와 항공기 비상사태지역으로 출동하거나 사건/사고현장으로 출동하는 화재 및 구조요원

ⓒ 대응하도록 되어 있는 모든 보조 요원들을 위한 경보절차를 포함한 공항 내외에 위치한 적절한 상호지원기관

ⓓ 각각의 RFF 차량의 요원들 사이에 통신기능을 포함한 RFF 차량

12.3 통신장비

12.3.1 비상사태에 요원과 장비의 신속한 대응을 보장하기 위한 충분한 수의 통신장비를 제공하는 것이 중요하다. 다음의 통신장비는 비상사태에 즉각적인 사용이 가능하도록 하여야 한다.

12.3.2 휴대용 무전기. 충분한 수의 휴대용, 쌍방향 무전기가 모든 참가 기관들이 지휘소와 통신할 수 있도록 사용이 가능하여야 한다.

12.3.3 비상주파수의 혼잡을 피하기 위하여 엄격한 통신원칙이 지켜져야 한다. 각 기관은 각자의 주파수를 운영하여야 하고 지정된 지휘주파수가 있어야 한다.

12.3.4 항공기 또는 필요하다면 지상 통제소와 직접 통신할 수 있는 무전기가 지휘소에는 설치되어야 한다. 이들 무전기는 다양한 주파수에서 사용할 때 나오는 소음과 혼란을 감소하기 위하여 헤드폰이 장착되어 있어야 한다.

12.3.5 조종실과 지상라인을 사용하여 조종사 또는 항공기 조종실 사이에 직통 통신이 설치되어야 한다. 이것은 적절한 커넥터, 전선, 송화기와 헤드폰 등을 필요로 한다. 공항 구조 및 소방업무와 개별 항공기 운영자 사이의 공동운영 및 상호조정이 이런 종류의 통신성능을 구비하는데 필요하다. 보통 통신성능은 인터폰 잭을 꽂아서 쓰는 지상서비스 헤드폰을 사용함으로써 얻을 수 있다.

12.3.6 충분한 수의 전화선(등록과 비등록된 모두)이나 휴대전화가 공항 내 뿐만 아니라 공항 외부 기관들과 직접 통신할 수 있도록 지휘소에서 사용가능 하여야 한다. 직통선은 시간을 절약하고 무전기 통신채널의 과부하 가능성을 줄여준다.

12.3.7 의료시설 및 앰뷸런스는 의료계 내에서 진보된 생명지원시스템을 효과적으로 이용할 수 있도록 하는 통신성능을 필요로 한다.

12.3.8 필요한 통신장비와 자가발전기를 갖춘 정교한 차량은 좋은 통신시스템의 장점이 될 수 있다. 장비가 잘 갖춰진 통신차량은 효율적이고 잘 관리되는 지휘소의 필수 불가결한 부분이다. 계획에는 항상 훌륭한 차량 운전자/운영자가 포함되어야 한다.

12.3.9 운영센터와 이동지휘소에는 시간삽입장치와 함께 모든 통신내용을 차후 분석을 위해 녹음 하는 기록장치를 설치하는 것이 바람직하다. 활자화된 통신내용을 포함하여 모든 비상통신내용을 기록하는 것이 바람직하다.

12.3.10 일시적인 통신장애가 있을시 사용자는 다른 종류의 통신수단을 증가시키도록 지휘소에 위임하여야 한다. 휴대용 메가폰이 사용 가능하다.

12.4 계류장과 청사지역 비상사태

12.4.1 통신시스템은 청사지역에서 발생하는 사고/사건에 비상 장비를 신속하게 제공할 수 있도록 공항당국이나 항공기 운영자가 설치하여야 한다. 계류장사고는 항공기 내 화재, 연료 누유 및 화재, 항공기 및 차량 충돌 및 의료비상사태를 포함한다.

12.4.2 가능한 많은 계류장 요원 그러나 최소한의 모든 감독요원은 중앙통제시설과 직접적인 통신망을 확보하기 위하여 쌍방향 무전기를 소지하여야 한다.

12.4.3 모든 항공기 탑승게이트나 젯트웨이는 탑승층과 계류장층에 전화기를 장착하여야 한다. 비상전화번호는 선명하게 표출되어야 한다.

12.5 검사와 확인

12.5.1 모든 무전기와 전화망의 운영상태를 확인하기 위해 통신시스템은 매일 검사하여야 한다.

12.5.2 기관 사이의 정확한 최신전화번호를 비상사태에 대응하는 모든 기관들과 요원들이 사용할 수 있도록 하여야 한다. 이들 전화번호가 정확한지를 확인하기 위해 매월 점검하여야 한다. 갱신된 리스트를 모든 비상계획 참여자들에게 배포하여야 한다.

제13장 공항비상계획훈련

13.1 목적

13.1.1 공항비상계획훈련의 목적은 다음과 같은 사항을 확인하기 위해서이다.
ⓐ 관련된 모든 요원들의 대응
ⓑ 비상계획 및 절차
ⓒ 비상장비 및 통신

13.1.2 그러므로 계획에는 공항비상계획을 시험하여야 한다는 요구사항을 절차에 포함시키는 것이 중요하다. 이 시험은 가능한 많은 불충분한 점을 교정하여야 하고 관련된 모든 요원과 기관들이 공항환경, 다른 기관 및 비상계획에서의 그들 역할에 익숙토록 하여야 한다.

13.1.3 공항비상계획은 공항과 지역 소방대, 보안, 의료와 기타 자원들이 공항비상사태에 효율적이고 상호조정된 대응에 참가할 수 있도록 기본 골격을 제공한다. 공항비상계획훈련의 다양한 형태를 사용하여 공항운영자와 지역 비상자원 관리자는 먼저 필요성과 비상사태 위치에 근거한 대응에 관한 통합된 비상계획을 산출하고, 두 번째로 최소의 시간 안에 효율적인 비상대응을 수행하는 데 필요한 절차와 조정을 훈련한다. 추가로 공항운영자는 계획을 연구하고, 개정하고, 다시 연구하고 시험하기 전까지 공항의 계획에 확신을 가질 수 없다. 계획에 심각한 오류가 있을 수 있으므로 시험은 필수적이다. 예를 들면 계획에 포함된 일부 개인들이 계획에 대하여 오해나 의견 차이를 가지고 있을 수 있고, 서류상으로는 적절한 것으로 보이는 절차가 실제에서는 맞지 않을 수 있고, 예정시간, 거리, 또는 가용자원이 정확하지 않아 문제를 야기할 수 있다. 계획을 시험하는 것은 공항에서 비상 대응하는 요원들에게 서로를 잘 알 수 있고 다른 기관이 어떻게 활동하는지 알 수 있는 기회를 제공한다. 공항 외부에서 비상 대응하는 요원들에게 공항직원들을 만나서 알 수 있고, 공항시설, 자원, 교통형태 및 위험지역과 친숙해질 수 있는 기회를 제공한다. 훈련은 주간, 해질녘, 야간과 다양한 기상 및 시계상태하에서 실시되어야 한다.

13.2 공항비상계획훈련 형태

13.2.1 공항비상계획을 시험하는 방법은 세 가지가 있다.
  ⓐ 전체훈련
  ⓑ 부분훈련
  ⓒ 도상훈련

13.2.2 이들 시험방법은 다음과 같은 스케줄에 따라 이루어진다.
  ⓐ 전체훈련 : 최소 2년에 한 번
  ⓑ 부분훈련 : 전체훈련이 열리지 않거나 숙달을 할 필요가 있을 시 매년 한 번
  ⓒ 도상훈련 : 전체훈련이 열리는 6개월 동안은 제외한 매 6개월마다 한 번

13.3 도상훈련

13.3.1 도상훈련은 전체훈련 시 발생되는 비용이나 서비스의 중단 없이 비상대응자원의 완성과 성능을 시험하는 것이다. 이 훈련은 전체훈련에 앞서 실시하는 상호조정 훈련으로 열리거나, 절차, 정책, 전화번호, 무전기 주파수와 주요 인물의 교체를 재확인하기 위하여 열릴 수 있다.

13.3.2 도상훈련은 회의실, 공항을 나타내는 큰 지도, 참가하는 기관의 선임 대표자들만을 필요로 하는 가장 단순한 형태의 훈련방법이다. 예상된 사고위치가 지도상에서 선택되고, 각 참가자들은 그들의 기관이 어떻게 대응할 것인가를 설명한다. 이 훈련은 통신 주파수혼란, 장비부족, 전문용어 및 관할지역의 혼란 등과 같은 운영상 문제점들을 쉽게 드러낸다. 이 훈련은 6개월마다 실시되어야 하나 다른 훈련들과 겹쳐서는 안 된다.

13.4 부분훈련

부분비상훈련은 새로운 요원을 교육시키고, 새로운 장비나 기술을 평가하고, 정기적인 훈련을 수행하기 위하여 일부 참가기관이 요구된다. 이들 훈련은 한정된 범위 때문에 경제적이고 높은 수준의 수행능력을 유지하기 위하여 가능한 자주 반복될 수 있다. 이 훈련들은 구조 및 소방서비스 또는 의료기관 같은 하나의 기관만 포함되거나 필요에 따라서는 몇 개 기관으로 구성된 하나의 통합팀을 포함할 수 있다. 이들 훈련은 전체훈련기간 중에 발견된 오류 등을 교정할 수 있도록 하기 위하여 전체 훈련이 열리지 않는 매년도마다 최소 한 번씩 개최하여야 한다.

13.5 전체훈련

13.5.1 공항비상계획은 2년을 초과하지 않는 간격으로 모든 시설과 관련기관들을 시험할 수 있는 전체훈련을 포함하여야 한다. 훈련은 전체 브리핑과 평가 및 분석을 수반하여야 한다. 훈련에 참가하는 모든 기관의 대표들은 평가에 적극적으로 참여하여야 한다.

13.5.2 전체비상훈련 계획의 첫 번째 단계는 모든 공항과 관련된 지역기관들의 지원을 받는 것이다. 고려되어야 할 부서와 요원들은 3.1에 열거되어 있다.

13.5.3

ⓐ 목표 : 공항전체훈련을 수행하는데 있어 가장 기본적이고 첫 번째 단계는 공항 및 지역비상대응 계획가 및 실무자가 무엇을 달성해야 하는지 정확히 결정하여야 하는 것이다. 기금과 인원을 확보하기 어려우므로 관리자는 세부적인 목표를 달성할 수 있도록 계획을 수립하여야 한다.

ⓑ 목표선택 : 비상훈련을 위해서 여러 개의 목표가 설정되어 있을 수 있다. 예를 들면, 야간상황 하에서 대응요원의 행동을 시험하기 위하여 밤에 훈련을 하는 것도 바람직할 수 있다. 비슷하게 항공기 화물칸에 있는 위험물질의 발견을 위한 행동에 대하여 지역비상대응팀의 능력을 시험하는 것도 바람직하다.

ⓒ 목표의 한계설정 : 훈련도중 하나 이상의 목표를 달성할 수 있다. 여러 가지 목표를 혼합하는 데에는 뜻하지 않은 함정이 성취될 수 있는 것보다 설정되기가 쉽다. 목표 설정의 일부분으로 계획가는 조사되어야 되는 문제의 범위를 한정하거나, 대응요원을 혼란스럽게 하거나 실패하게 하는 위험을 감수하여야 한다. 실제 비상훈련은 혼란과 실패를 야기할 수 있으나 훈련연습 중에 혼란과 실패가 부정적인 학습경험을 도출할 수 있다. 이것은 공항기획가가 잘못 사용된 기회를 나타내는 것이며 실제 비상사태에 대응하는 기관의 능력을 감소시킬 수 있다.

ⓓ 결과 평가 : 훈련 후에 알게 된 자세한 기술, 발견된 새로운 주변상황, 시도해본 통신 시스템, 비상계획에 포함되어 있는 추가적인 상호지원 기관, 사용된 새로운 장비와 기타 장단점을 검토하고 확인하여야 한다.

13.5.4 모든 기관의 지도부는 공항비상계획에 완전히 익숙하여야 하고 일반계획과 상호 조정하여 개별 기관에 대한 계획을 수립하여야 한다. 기관 지도부는 정기적으로 만나서 그들 기관의 책임에 대한 이해와 다른 기관과의 상호조정 시 필요사항을 개발하여야 한다.

13.5.5 공항훈련의 실제감을 더해주고 항공기에서 부상자를 구출하는 문제에 대하여 모든 참가자가 친숙해질 수 있도록 대형 항공기를 사용하여야 한다. 만일 항공기를 사용할 수 없으면 버스나 비슷한 대형 차량이 이용될 수 있다.

13.5.6 비상훈련은 공항운영 방해를 최소로 하면서 최대의 실제감을 줄 수 있는 장소에서 하여야 한다. 다양한 시나리오가 연출될 수 있다. 훈련은 공항의 낮이나 밤에, 활주로나 안전지대에서, 또는 주변 지역에서 시행할 수 있다. 사고에 포함된 시나리오는 다음 사항을 포함한다.

ⓐ 항공기/구조물
ⓑ 항공기/항공기
ⓒ 항공기/지상차량

모든 항공기 사고의 80% 정도가 활주로, 활주로말단 안전지역 또는 접근 및 착륙지역에서 발생하므로 대부분의 훈련은 앞서 말한 지역에서 이루어져야 한다. 항공기를 사용할 수 없는 지역에서는, 훈련 장소에 작은 화재를 발생시켜 소방차량에 실제감을 더해줄 수 있다. 자원 부상자들은 의료진들에게 실제감을 제공하기 위하여 뮬라즈를 하여야 한다.

13.5.7 계획된 전체 비상훈련 최소 120일전에 공항당국은 주요 참가기관들의 모든 핵심지휘자들과 회의를 가져야 한다. 이때, 훈련 목표의 개요를 설명하고, 시나리오를 구상하고, 과업을 할당하고, 모든 기관의 요원들의 의무를 한정하여야 한다. 시간 스케줄과 체크리스트는 다음과 같다

D-120일 참가기관들의 지휘자들이 모여서 목표를 설정하고, 시나리오를 구상하고, 작업을 할당하고 비상계획 조정자를 선택하기 위하여 회의를 소집한다.

D-90일 조정에 대한 첫 번째 진행보고

D-70일 모든 참가기관들의 1차 회의(개별 기관 대표자들)

D-60일 전체 비상훈련 장소 또는 대기지역 조정. 시나리오 완성

D-50일 뮬라즈팀을 위한 훈련 개시. 개별기관 대표자들의 2차 회의. 뮬라즈팀장이 병원, 구조 및 소방요원, 민방위대, 군부대에서 선택될 수 있다.

D-40일 수송, 식량, 들것, 자원봉사자들을 위한 조정 완료

D-30일 개별기관 대표자들의 3차 회의. 사전 준비통신훈련 개시

D-21일 개별기관 대표자들의 4차 회의. 사전 팀 훈련을 하지 않은 요원들을 위한 보충 및 자원부상자들을 위한 조정 완료

D-14일 평가팀을 포함하여 모든 참가자들을 위한 최종회의 및 브리핑

D-7일 과업을 검토하기 위한 지휘자들의 최종회의

D-0일 훈련

D+1~7일 모든 참가자들이 관람자들의 보고를 들을 수 있도록 훈련에 따른 평가

D+30일 관람자들과 참가자들이 제출한 평가서를 검토하기 위한 지휘자 회의, 훈련 중에 나타난 실수와 단점들을 보완하기 위한 절차 수정

13.5.8 시나리오를 준비하는데 있어서 항공기 운영자의 실제 이름과 실제 항공기종은 피해야 한다. 이것은 민간항공회사 또는 기관들의 난처함을 방지하기 위함이다.

13.5.9 전체비상훈련에서 최대 이득을 얻기 위해서는 전체 절차를 검토하는 것이 중요하다. 대형사고 절차에 익숙한 직원들로 구성된 관람자 평가팀이 구성되어야 한다. 팀리더가 지명되어야 하고, 모든 회의에 참석하여야 한다. 팀은 최종회의(훈련 전 7일)에 참석하여야 하고, 책임지고 있는 기관과 협의하여 훈련상 중요한 문제점들을 소개할 수 있어야 한다. 평가팀의 각 요원들은 훈련 전체를 관람하여야 하고 적절한 비상훈련 평가서를 작성하여야 한다. 훈련 후 편리한 시간에(7일이 경과되지 않은), 평가회의를 개최하여서 팀원들이 그들의 관전평과 공항비상계획 절차 및 관련된 공항비상계획 서류들의 개선을 위한 권고안을 발표하도록 한다.

14.1 일반사항

14.1.1 계획평가. 훈련은 공항운영자와 훈련계획가들에게 훈련의 효과와 효율성을 평가할 수 있는 기회를 제공한다. 평가의 유용성을 최대화하기 위하여 계획가는 평가시스템을 신중하게 설계하여야 한다.

14.1.2 계획 … 훈련의 목적과 일치하게 계획가는 피드백을 포함시키고, 이익을 증명하고, 훈련이 실시되기 전에 평가자의 서비스를 얻을 수 있는 평가시스템을 개발하여야 한다.
ⓐ "피드백" : 프로젝트는 계획되고, 이행되고, 평가(피드백 실시)된다. 순환이 다시 시작된 후에 필요한 곳에서 피드백은 변경을 시킬 수 있다.
ⓑ 이익 : 어떠한 규모의 공항 비상대응훈련을 위한 효과적인 평가시스템을 계획하는 것은 훈련 자체의 문제점을 감지하는 것뿐만 아니라, 더욱 중요한 것은 개선할 필요가 있는 공항이나 지역 비상대응계획을 찾아내는 것이다.
ⓒ 평가관 : 훈련은 눈에 잘 띄는 옷을 입고 있는 평가관 그룹에게 완전히 공개되어야 한다. 평가관은 훈련의 계획이나 실행하는데에 포함되어서는 안 된다. 보통 정부기관, 다른 공항과 민간항공기구 등이 공항훈련과 공항들에게 이익을 줄 수 있는 경험 있는 평가관들을 제공할 수 있다. 평가관들은 훈련 전에 신분을 증명할 필요가 있고 평가와 보고지침을 포함한 공항계획에 익숙하여야 할 필요가 있다.

14.1.3 준비 … 공항운영, 비상대응과 비상훈련에 경험 있는 평가관은 훈련계획가가 실시하는 훈련을 필요로 하지는 않는다. 그러나 훈련의 규모와 목적을 자세하게 나타내는 사전회의는 평가관으로 하여금 업무를 효율적으로 할 수 있도록 하여 궁극적으로 공항에 큰 이익이 된다.
ⓐ 평가관 준비 : 평가관은 훈련이 시작되기 전에 정보자료와 평가서를 받아야 한다. 평가관에게 지휘, 통제와 통신을 평가하는 업무를 위임하고 비상대응의 주요 요소를 자세히 관찰할 수 있도록 비상대응지역을 안전하게 하여야 한다. 다른 평가관은 전 훈련을 평가할 수 있도록 위임받아야 한다. 평가관은 현장을 돌아다니면서 모든 기능지역과 대응노력을 관찰한다. 계획가가 평가를 하기 전에 결정을 하여야 하는 외부 평가관이나 보안 또는 의료와 같은 특정분야의 전문가를 선택하는 것이 선호된다.
ⓑ 평가용지 : 평가용지는 비상훈련의 평가에 상당히 도움이 된다. 설명을 붙일 수 있는 충분한 공간과 함께 각 기능지역을 나타내는 부분으로 나뉘어져 있다면 아주 효과적이다. 질문은 일반적이어야 하는데 너무 자세한 내용이면 평가관의 시간을 소모할 수 있고 훈련 전체적인 부분을 관찰하는 것을 방해할 수 있기 때문이다.

ⓒ 브리핑 : 계획가는 평가관에게 훈련 이틀 전에 그들의 기능과 마지막 변경사항을 브리핑하여야 한다. 이때에 계획가는 최종 훈련정보와 평가용지를 평가관들에게 주고, 구별이 잘되는 조끼, 복장, 모자, 뱃지 또는 기타 신분증명 수단들을 배포한다. 평가관들은 또한 언론과 대응기관의 브리핑에도 참여하여 계획에 대하여 질문을 하고 훈련참가자들을 확인하고, 각 비상대응기관들을 구별해주는 표시 또는 복장에 익숙해지도록 하여야 한다.

14.1.4 피드백 … 훈련의 일반적인 세 가지 피드백 시스템은 현장 또는 즉시 피드백, 평가회의 그리고 서면보고서등이 있다. 이들 시스템중의 하나 또는 그 이상이 사용된다.

ⓐ 현장 또는 즉시피드백 : 현장 피드백은 훈련이 끝난 후에 즉시 모든 참가기관들의 대표자들을 모아서 훈련에 대한 기억이 생생할 때 그들의 의견을 듣는 것이다. 평가관들이 몇 시간 동안의 상세한 활동내역을 5분 구두보고로 요약하는 과정에서 많은 상세한 내용들이 누락될 수 있다. 평가관들은 다른 대응요원들의 설명과 비교할 때까지는 다른 자세한 내용은 간과할 수 있다. 현장 피드백의 가장 큰 장점은 모든 사람들의 관심이 절정에 있다는 것이고 아주 심각한 문제가 즉시 발견될 수 있다는 것이다. 현장 피드백을 수행하기 위해서는 공항운영자와 훈련계획가는 발언기회를 방해하지 않는 것을 보장하는 규칙을 세워야 한다. 속기사 또는 음성기록자는 차후 검토를 위해 회의내용을 기록하여야 한다.

ⓑ 피드백 회의 : 피드백 회의는 훈련과 계획에 참여했던 다양한 대응기관들의 계획가와 관리자들을 포함한다. 계획가는 훈련 후 일주일이 넘지 않는 기간 내에 스케줄을 잡아야 한다. 관리자는 그들의 직원들과 피드백 회의를 열고 회의에서 토론할 중대한 정보를 수집하는데 최소 일주일은 필요하다. 지역 비상사태 조정자는 지역 자원의 활용에 있어서 공항에 이익을 주고 공항의 경험으로부터 지역의 이익을 보장하기 위하여 피드백 회의에 참석하여야 한다.

ⓒ 서면 보고서 : 훈련과 평가에 경험 있는 평가자들은 그들의 관찰내용을 보고서로 작성하여야 한다. 계획가는 또한 다른 사람들에게도 보고서를 요청하여야 한다. 참가자들이 외부의 의견에 민감할 수 있는 현장 피드백 회의에서 나온 의견보다 서면 보고서가 훨씬 솔직할 수 있다. 공항당국은 실제 항공기 사고에 참가했던 다른 공항당국들과 전체 비상훈련을 수행했던 공항당국들과의 접촉에 노력을 기울여서 공항비상계획을 수정하고 향상시킬 수 있는 자료와 절차를 수집하여야 한다.

14.2 사고에 뒤따르는 검토

사고에 뒤따르는 실제적인 것으로 대응기관은 그들의 참가하는 모든 요원들로부터 구두 및 서면보고서를 받아서 전체 대응운영을 망라하는 서류를 작성하여야 한다. 그 다음에 도상회의가 열려야 하며, 필요하다면 미래 비상사태를 위해 대응능력을 향상시킬 필요가 있다고 판단되는 비상계획을 수정하여야 한다.

부록 1 용어정리

• 항공기 사고

항공기 운영 중에 발생한 것으로 관련된 사람이 죽음이나 심각한 부상을 당하거나 항공기가 심각한 손상을 입은 경우

• 항공기 준사고

사고를 제외하고 항공기 운항 중에 발생한 사건으로서 개선되지 않을 경우 안전운항에 악영향을 미치거나 미칠 수 있는 경우를 말한다. 준사고는 인원의 심각한 부상이나 항공기의 손상을 유발하지는 않는다.

• 항공기 운영자

항공기 운항에 종사하거나 그에 관련된 사람, 단체 또는 기업

• 항공사 조정자

항공기나 항공사의 재산이 관련된 비상사태 기간동안 항공사의 책임을 나타내기 위하여 항공사가 지정한 대표기관

• 공항 비상계획

공항이나 그 주변에서 발생하는 비상사태에 대응하는데 있어서 공항운영자와 주변지역의 다른 기관과 상호 협조 및 조정을 위한 절차를 말한다.

• 공항 비상훈련

계획의 효율성을 개선하기 위한 비상계획의 시험 및 결과의 검토

• 공항 비행정보 서비스

공항 비행정보 서비스, 수색 및 구조, 통제하지 않는 공항의 항공기에 대한 경보서비스와 비상상황 시 항공기에 지원을 제공하는 항공교통 서비스 기관

• 공항관리자

공항의 운영과 안전에 관리적 책임을 가지고 있는 사람. 관리자는 공항 구조 및 소방서비스에 행정적 통제를 할 수 있으나, 구조 및 소방문제의 운영적인 측면에서는 권한을 갖지 않는다.

• 에어사이드

지형과 건물 또는 통제되는 접근지역에 가까운 비행장의 이동지역

• 항공교통관제업무

비행정보서비스, 경보서비스, 항공교통업무, 항공교통관제, 지역통제, 접근관제 또는 비행장관제업무 등 다양한 의미

• 공항 관제탑

공항교통을 위한 항공교통관제를 제공하기 위해 설치된 시설

• 경보 및 출동센터

비상업무의 신속한 출동을 위해 많은 대도시 지역에서 사용중인 시설. 이 시설은 단순한 세자리 전화번호를 사용하여 일반인들이 접촉할 수 있다.

• 생물학 매개체

사람, 식물, 동물에 병을 일으키거나 물질의 부식을 일으키는 미생물

• 혈액신장기

육체적 혈액손실을 보충하기 위해 정맥주사로 주입되는 살균용액

• 치료지역

부상자에게 첫 번째 의료치료를 제공하는 장소

• 모집지역

초기에 심각한 부상자를 모으는 장소

• 지휘소(CP)

현장지휘자가 자리를 잡고 있고, 지휘, 조정, 통제와 통신이 집중된 비상사태 현장의 지휘장소

• 긴급경보

관련 비상업무기관에게 임박한 또는 실제 비상사태를 동시에 알려주는 시스템

• 위험물

이 용어는 모든 수송수단에 국제적으로 사용되고 "위해물질"과 "제한물품"의 동의어로 쓰인다. 이 용어는 폭발물, 압축 또는 액화가스(발화성이 있거나 독성이 있는), 발화성 액체 및 고체, 산화물, 독성물질, 감염물질, 방사능 물질 또는 부식성물질을 포함한다.

• 지정된 여객 대기지역

부상당하지 않은 항공기 탑승객들을 수송하기 위한 장소

• 비상운영센터

공항비상사태발생시 대응조치를 지원하고 조정 등의 업무를 수행하기 위해 지정된 공항 내 장소훈련. 계획의 효율성을 개선하기 위하여 공항비상계획을 시험하고 결과를 검토

• 법의학 의사(의료시험관/검시관)

주요 의무가 자연요인이 아닌 다른 추정요인이 있는 죽음의 원인을 검시를 통하여 조사하고 알아내는 공무원. 획득된 자료는 의료사실을 법적인 문제와 연결시켜 처리한다.

• 전체 비상훈련

실제 비상상황에서 사용할 수 있고 사용되는 모든 자원의 취합과 활용

• 격자지도

지리적 위치를 확인하기 위해 작성된 장방형 좌표형 격자모양을 지도위에 겹쳐놓은 것

• 비행 중 비상사태

항공기가 비행 중에 탑승객이나 완전한 운영상에 영향을 미칠 수 있는 비상사태

• 내부방어선

효율적인 지휘, 통신 및 조정통제를 하고, 비상대응 차량 및 요원의 신속한 진출입을 포함한 비상사태시 안전한 운영을 보장하는 지역

• 조사

정보의 수집 및 분석, 원인결정을 포함한 결론 도출, 필요할 때 안전한 권고를 하는 것을 포함한 사고방지를 위해 수행되는 절차

• 의료수송지역

의료수송직원의 감독 하에 부상자들을 의료시설로 수송하기 위하여 대기하는 곳에서 선별지역의 일부분

• 이동 비상병원

사고현장에서 의사가 심각한 부상자에게 치료를 제공할 의료장비를 제공할 수 있도록 장착된 특수한 차량

• 이동숙소

사고현장으로 신속히 이송되도록 지정되어 있고 부상자들을 자연력으로부터 보호하기 위해 사용되는 피난시설. 부속시설로 전기와 온방시설을 갖추고 있다. 수송방법은 이 피난시설의 주요 요소로 간주되고 있다.

• 물라즈

비상사태훈련에서 실제적인 부상상황을 연출하기 위해 자원 부상자들에게 부착하는 피부 상처, 종양, 부상 또는 기타 병리 상태의 모조품

• 이동지역

항공기의 운동지역과 계류장으로 구성된 항공기가 이륙하고, 착륙하고 유도되는 데 사용되는 비행장의 일부분

• 상호지원비상협정

초기 통보와 대응역할에 대하여 주변지역의 적절한 기관들이 설정한 협정

• 현장지휘자

전체적인 비상사태운영에 대하여 책임을 지고 있는 사람

• 외부방어벽

인가받지 않았거나 통제받지 않은 간섭으로부터 벗어나 있는 즉각적인 지원운영을 보장하는 내부방어벽의 바깥지역

• 부분훈련

효율성을 개선하기 위한 필요에 따라 공항비상계획의 하나 또는 그 이상이 참가하는 훈련

• 집결지

비상사태에 대응하는 요원/차량이 대기지역 또는 사고/사건지역으로의 방향을 받기 위하여 초기에 진출하는 도로교차로, 십자로 또는 기타 특정지역 같이 사전 약속된 지점

• 안정

환자의 생존을 보장하고 장래 치료를 원활히 하기 위해 기본적인 생리적 균형을 되찾기 위해 사용된 의학적 방법

• 대기지역

대응요원, 차량과 기타 장비들이 비상사태 기간 중에 사용될 수 있도록 준비를 하고 있는 사전 약속된 전략적 지역

• 도상훈련

가장 단순하고 비용이 적게 드는 훈련. 비상대응자원의 통합과 능력을 시험하기 위해서 사용되므로 야외에서 직접 훈련을 하기 전에 기획하고 평가하고 다양한 대응방법을 개선하는 단순한 방법

• 꼬리표부착

즉시치료(Ⅰ등급), 지연치료(Ⅱ등급), 경미한 치료(Ⅲ등급) 또는 사망 등에 필요한 부상자를 구별하는 데 사용하는 방법

• 사상자 분류

부상상태와 정도에 따라 부상자를 분류하는 것

• 사상자 분류구역

부상사태와 정보에 따라 부상자를 분류하는 것

• 사상자 분류 꼬리표

부상상태와 정도에 따라 부상자의 분류에 사용되는 꼬리표

• 해일

지진활동에 의해 발생되는 거대한 파도

공항비상계획의 개요

1. 이 지침은 공항비상계획의 수립에 있어서 일관성을 보장하기 위한 것이다. 공항당국은 공항의 특성과 운영에 적용할 수 있는 비상사태를 위한 계획 및 절차를 수립하는데 책임이 있고, 이 지침의 범위 내에서 다음 사항을 수행하여야 한다.

   ⓐ 공항당국과 기타 참가 기관들의 책임을 결정

   ⓑ "cascade"정보를 책임지고 있는 사람/기관을 포함한 "cascade"호출시스템을 구분할 수 있는 효율적인 통신라인과 적절한 통신시설을 설치. 가능한 24시간 유지되어야 한다.

   ⓒ 공항에서 비상기간동안 사용할 수 있는 고정된 비상운영센터와 이동지휘소를 사용할 수 있도록 준비

   ⓓ 소방서, 보안, 의료, 민방위, 정부기관과 지방 아마추어 무선기구등과 같은 지역 지원 기관으로부터 지원을 통합

   ⓔ 비상활동과 관련된 항공관제업무기관(공항관제탑 또는 공항비행정보업무기관)의 기능을 설명

   ⓕ 사고/사건에 대응을 위한 지침제공

2. 공항비상계획 서류는 지역 공항 및 지역사회 상황에 관련된 주요 문제의 증명이 용이하도록 기록되어야 한다.

3. 비상계획 및 절차는 공항에 영향을 미치는 비상사태에 참여하거나 참여할 수 있는 공항 내외의 모든 기관이나 인원의 책임을 결정하고 조정할 수 있는 공항 또는 적절한 기관이 발행하여야 한다.

4. 비상계획 및 절차 수립에 있어, 준비는 단순하고 공항비상계획에 관련된 모든 이들이 쉽게 이해할 수 있어야 한다.

비상계획문서의 구성양식

제1부 비상전화번호
제1부는 다음을 포함하여 현장에서 필요한 필수적인 전화번호로 제한되어야 한다.

ⓐ 항공교통관제기관

ⓑ 구조 및 소방기관(소방대)

ⓒ 경찰 및 보안기관

ⓓ 의료기관

　① 병원

　② 앰뷸런스

　③ 의사 – 사무실/집

ⓔ 항공기 운영자

ⓕ 정부기관

ⓖ 민방위

ⓗ 기타

제2부 공항에서의 항공기 사고

ⓐ 항공교통관제기관의 역할(공항관제탑 또는 공항 비행정보업무기관)

ⓑ 구조 및 소방대의 역할

ⓒ 경찰 및 보안기관의 역할

ⓓ 공항당국의 역할

　① 차량 호위

　② 유지보수

ⓔ 의료기관의 역할

　① 병원

　② 앰뷸런스

　③ 의사

　④ 의료요원

ⓕ 관련된 항공기 운영자의 역할

ⓖ 비상운영센터 및 이동지휘소의 역할

ⓗ 정부기관의 역할

ⓘ 통신망(비상운영센터와 이동지휘소)

ⓙ 상호지원 비상협정에 포함된 기관의 역할

ⓚ 수송기관의 역할(육, 해, 공)

ⓛ 홍보기관의 역할

ⓜ 구조물이 포함되어 있을 때 지역소방서의 역할

ⓝ 기타 모든 기관의 역할

제3부 공항 밖에서의 항공기 사고

ⓐ 항공교통관제기관의 역할(공항관제탑 또는 공항 비행정보업무기관)

ⓑ 구조 및 소방대의 역할

ⓒ 지역 소방서의 역할

ⓓ 경찰 및 보안기관의 역할

ⓔ 공항당국의 역할

ⓕ 의료기관의 역할

　　① 병원

　　② 앰뷸런스

　　③ 의사

　　④ 의료요원

ⓖ 상호지원 비상협정에 포함된 기관의 역할

ⓗ 관련된 항공기 운영자의 역할

ⓘ 비상운영센터 및 이동지휘소의 역할

ⓙ 정부기관의 역할

ⓚ 통신망(비상운영센터와 이동지휘소)의 역할

ⓛ 수송기관의 역할(육, 해, 공)

ⓜ 홍보기관의 역할

ⓝ 기타 모든 기관의 역할

제4부 비행중인 항공기의 이상(완전비상사태 또는 지역대기)

ⓐ 항공교통관제기관의 역할(공항관제탑 또는 공항 비행정보업무기관)

ⓑ 구조 및 소방대의 역할

ⓒ 경찰 및 보안기관의 역할

ⓓ 공항당국의 역할

ⓔ 의료기관의 역할

　　① 병원

　　② 앰뷸런스

　　③ 의사

　　④ 의료요원

ⓕ 관련된 항공기 운영자의 역할

ⓖ 비상운영센터 및 이동지휘소의 역할

ⓗ 기타 모든 기관의 역할

제5부 구조물 화재

ⓐ 항공교통관제기관의 역할(공항관제탑 또는 공항 비행정보업무기관)

ⓑ 구조 및 소방대의 역할(지역소방서)

ⓒ 경찰 및 보안기관의 역할

ⓓ 공항당국의 역할

ⓔ 의료기관의 역할

　　① 병원

　　② 앰뷸런스

　　③ 의사

　　④ 의료요원

ⓕ 관련된 항공기 운영자의 역할

ⓖ 비상운영센터 및 이동지휘소의 역할

ⓗ 홍보기관의 역할

ⓘ 기타 모든 기관의 역할

제6부 폭탄위협을 포함한 사보타지(항공기 또는 구조물)

ⓐ 항공교통관제기관의 역할(공항관제탑 또는 공항 비행정보업무기관)

ⓑ 비상운영센터 및 이동지휘소의 역할

ⓒ 경찰 및 보안기관의 역할

ⓓ 공항당국의 역할

ⓔ 구조 및 소방업무의 역할

ⓕ 의료기관의 역할

　　① 병원

　　② 앰뷸런스

　　③ 의사

　　④ 의료요원

ⓖ 관련된 항공기 운영자의 역할

ⓗ 정부기관의 역할

ⓘ 격리된 항공기 주기장

ⓙ 탈출

ⓚ 개나 훈련 요원의 탐색

ⓛ 수하물 및 기내 화물의 처리 및 확인

ⓜ 폭탄의 처리 및 분해

ⓝ 홍보기관의 역할

ⓞ 기타 모든 기관의 역할

제7부 항공기의 불법적 납치

ⓐ 항공교통관제기관의 역할(공항관제탑 또는 공항 비행정보업무기관)

ⓑ 구조 및 소방업무의 역할

ⓒ 경찰 및 보안기관의 역할

ⓓ 공항당국의 역할

ⓔ 의료기관의 역할

　　① 병원

　　② 앰뷸런스

　　③ 의사

　　④ 의료요원

ⓕ 관련된 항공기 운영자의 역할

ⓖ 정부기관의 역할

ⓗ 비상운영센터 및 이동지휘소의 역할

ⓘ 격리된 항공기 주기장

ⓙ 홍보기관의 역할

ⓚ 기타 모든 기관의 역할

제8부 공항에서의 준사고

공항에서의 준사고는 제2부 "공항에서의 항공기 사고"에 상세히 설명된 일부 또는 전체의 역할을 필요로 한다. 공항당국이 고려해야 할 사건의 예는 램프지역의 연료 누유, 여객 탑승교, 연료저장시설, 화물처리지역의 위험물품 발견, 구조물의 붕괴, 차량/항공기 추돌 등이다.

제9부 기관 직원-현장 역할

다음에 제한 받지 않고 지역필요성에 따라 포함

ⓐ 공항 내

　　① 공항 소방대장

　　② 공항당국

　　③ 경찰 및 보안 – 담당책임자

　　④ 의료 조정자

ⓑ 공항 외
① 지역소방대장
② 정부기관
③ 경찰 및 보안 – 담당책임자

현장지휘자는 사전 준비된 상호지원 비상협정 내에서 요구에 따라 지정된다.

사고현장에서 지휘자를 구별하는 것에 혼란이 온다면 심각한 문제라는 것을 경험상 알고 있다. 이땐 안전모와 조끼 또는 의복을 입도록 하는 것이 권고된다. 권고되는 색들은 다음과 같다.

- 붉은색 – 소방대장
- 파란색 – 경찰대장
- 흰색(붉은 글씨) – 의료조정자
- 오렌지색 – 공항 행정관
- 라임그린색 – 수송담당관
- 어두운 갈색(다크브라운) – 법의학대장

현장지휘자는 전체 비상운영의 지휘권이 있는 사람으로 임명한다. 현장지휘자는 쉽게 구별이 되어야 하며, 위의 사람들이나 대응기관 직원 중의 한명이 될 수 있다.

부록 3 공항의료업무

일반사항

1. 적절한 의료업무와 공급이 공항에서는 가능하여야 한다. 의료서비스의 준비는 인력자원과 물건들이 일상적으로 사용되는 대도시 근처의 공항이나 대형공항에서는 큰 어려움이 없을 것이다. 지역 내에서 비상의료지원 시스템과의 상호조정이 이루어져야 한다. 공항에서 지정된 의료조정자는 의료장비의 준비와 검사에 책임을 지고 있다.

2. 주거지역 가까이에 위치하지 않은 소규모 공항에서는 의료업무의 준비에 어려움이 있을 수 있다. 그러나 이들 공항은 공항을 이용하는 가장 큰 항공기를 염두에 두고 항공기 사고 시 적절한 의료장비를 제공할 수 있는 비상의료업무를 운용하여야 한다.

3. 공항지역의 의료품은 공항비상계획의 일부분이 되어야 한다. 다음의 사항을 고려하여야 한다.
   ⓐ 공항 내외부의 인력자원, 즉 의사, 구급치료 자격이 있는 팀, 들것 나르는 사람, 간호사
   ⓑ 공항 내외부의 의료 장비 및 시설, 즉 병원, 앰뷸런스

4. 위의 재원들이 공항에서 멀리 떨어진 지역에서만 가져와야 하는 공항에서, 의료장비 및 시설을 현장으로 수송할 헬리콥터 등을 사용하여 필요한 대응을 획득할 수 있도록 폭 넓은 비상계획을 공항비상계획에 포함시켜야 한다.

공항에서의 비상의료업무

5. 권고 기준 … 공항에서의 비상의료업무는 의료요원과 공항 규모에 알맞은 의료시설이 공항에 설치되어야 하고 상호지원 비상협정이 개발되어야 한다는 개념을 바탕으로 하고 있다. 가능한 항공기 사고 뿐만 아니라 공항에 일상적으로 발생(근무 중 사고, 심장마비 등)하는 의료비상사태를 처리하도록 충분한 의료 공급이 공항시설에서 유지되어야 한다.

6. 공항직원의 비상의료 훈련 … 구조의무가 있는 모든 직원과 "민원접촉" 공항직원은 구급 및 CPR(인공호흡)훈련을 받아야 한다.

7. 구조 및 소방요원은 심하게 부상당한 사람을 안정시킬 수 있는 능력이 있어야 한다. 공항 구조 및 소방서비스 또는 다른 공항내 직원의 근무조당 최소 2명의 풀타임 직원이 지역 의료기관이 결정한 비상의료 처리수준까지 훈련을 받아야 한다. 추가로 가능한 많은 구조 및 소방요원이 의료숙련의 최소기준과 가장 높은 구급처리 자격이 있는 요원 또는 그와 비슷한 수준까지 도달할 수 있도록 훈련을 받는 것이 권고된다. 그들은 그들의 즉각적인 배치장소에서 충분한 의료서비스가 현장에서 가능하거나 적절한 의료시설로 부상자를 수송할 수단이 제공될 때까지 환자들의 안정을 취할 수 있도록 충분한 의료장비를 가지고 있어야 한다.

8. 가능한 많은 공항 구조 및 소방요원들은 적절한 의료기관에서 교육시키는 CPR(인공호흡) 훈련을 받아야 한다. 정기적인 CPR기술의 훈련과 연습은 수준을 유지하는 데 필수적이다.

9. 공항에서의 일상적인 의료문제는 공항상주 비상요원의 의료능력의 수준을 향상시키고 확보하게 해줄 수 있다. 비상의료기술의 능력은 끊임없는 연습을 통해서만 유지될 수 있다는 것을 알아야 한다. 만일 매일 진보된 생명지원 시스템을 제공하지 않는다면 능력은 감소하거나 사라질 것이다.

10. 공항은 구조 및 소방요원을 제외하고 비상사태로 인해 발생하는 부상자들을 도와주기 위해 공항직원들부터 즉각적인 대응을 제공하기 위한 자원자를 모집할 수 있다. 자원자들은 인가된 기관으로부터 구급 및 구조대응에 대한 교육을 받아야 한다. 비상사태 시에 자원자들은 의료조정자가 올 때까지 소방대장과 같은 현장 지휘자의 감독 하에 있어야 한다. 각각의 기관은 보수와 책임에 관한 사항을 제출하여야 한다.

11. 비상 의료보급품 및 장비 … 공항당국은 공항을 사용히는 기장 큰 항공기의 여객 및 승무원의 인원을 처리할 수 있는 충분한 의료품을 공항 및 그 주변에서 사용 가능토록 준비하여야 한다. 그러나 한 대 이상의 항공기가 항공기 사고에 포함될수 있다는 것도 전례를 보면 알 수 있다. 결과적으로 이런 가능성들을 고려하여 의료품을 준비하여야 한다. 그런 의료품의 종류와 양은 통계정보를 사용하여 공항의 주요 의료기관이 결정하여야 한다.

12. 항공기 사고로부터 수집한 통계자료에 따르면 항공기 탑승객의 약 75% 정도가 생존부상자로 예측된다. 이들 치료를 위한 필요사항이 다음과 같이 배분될 것임을 예측할 수 있다.
    20%-즉시치료(붉은색-Ⅰ등급)
    30%-지연치료(노란색-Ⅱ등급)
    50%-경미한 치료(녹색-Ⅲ등급)
    공항에 발생하는 항공기 사고로 발생한 부상자의 추정 최대숫자는 이 부록의 〈표 3-1〉에 나와 있다.

〈표 3-1〉 공항에서의 항공기 사고시 부상자의 최대숫자 예측

항공기탑승객	부상자수	부상자의 20% 즉시치료 Ⅰ등급	부상자의 30% 지연치료 Ⅱ등급	부상자의 50% 경미한 치료 Ⅲ등급
500	375	75	113	187
450	338	68	101	169
400	300	60	90	150
350	263	53	79	131
300	225	45	68	112
250	188	38	56	94
200	150	30	45	75
150	113	23	34	56
100	75	15	23	37
50	38	8	11	19

이 수치는 공항이나 그 주변에서 발생하는 항공기 사고 시 생존 부상자의 최대 수는 항공기 탑승객의 약 75% 정도 된다는 가정 하에 기초를 두고 있다.

13. 공항에서는 사고현장을 수송될 수 있도록 적절한 차량(트레일러)에 적절히 저장되어 있는 들것, 담요, 백보드와 고정된 매트리스 등을 사용할 수 있어야 한다. 담요는 부상자가 쇼크나 안 좋은 기상 상태에 노출되는 것을 경감시키기 위하여 필요하다. 항공기 사고에서 외상 환자들은 심각한 골절상을 입을 수 있으므로, 부상자를 항공기에서 이동시킬 때 발생할 수 있는 추가적인 뼈 손상의 가능성을 감소시키기 위하여 백보드와 목보호대를 사용

하여야 한다. 백보드는 접근로와 상업 또는 사업항공기의 복도에 맞게 설계된 형태여야 한다. 백보드는 환자를 보드위에서 안전하게 할 수 있도록 묶을 수 있는 가죽 끈이 있어야 한다. 이송하는 요원이 쉽게 들 수 있도록 백보드의 하단 쪽에 크리트가 부착되어 있어야 한다.

14. 충분한 비상산소와 호흡장비가 연기에 질식한 환자들을 치료하기 위해 사용할 수 있어야 한다.

15. 공항의 의료 비상사태와 관련된 비사고의 대다수는 심장에 관련된 사항이 포함되어 있기 때문에 향상된 인명지원 시스템을 사용할 수 있어야 한다.

16. 이동 비상병원 또는 부풀게 할 수 있는 텐트 또는 구호소는 즉시치료(Ⅰ등급-붉은색), 지연치료(Ⅱ등급-노란색) 부상자의 현장치료를 위해 사용된다. 부상자는 현장에서 처리될 수 있고, 안정을 취하고, 적절한 병원까지 수송될 수 있다.

17. 소생 앰뷸런스는 즉시치료(Ⅰ등급-붉은색)환자를 위한 좋은 구호소로 사용될 수 있다.

18. 부풀릴 수 있는 텐트는 조명과 온방장치를 가지고 있어야 한다. 대형 텐트는 보통 10명의 심각한 환자를 수용할 수 있고, 기타 필요장비와 함께 대형 다목적 차량에 의해 수송된다.

19. 대형항공기가 포함된 비상사태에 대응하기 위해서 3-1리스트에 설명된 일반적인 비상의료품과 장비는 공항에서 사용할 수 있고 외부에서도 사용할 수 있다. 3-1리스트는 현재에 B747, DC-10, 에어버스와 같은 상업항공수송에 사용되는 대형 기종에 대응할 수 있도록 준비된다. 단지 소형항공기만의 운영이 장래에 계획되어 있다면 조건에 맞는 의료품과 장비가 공항에서 운영이 예상되는 대형항공기에 적용할 수 있도록 준비되어야 한다.

20. 다음 물건들은 3-1 리스트에 포함된 일부 항목들을 설명한 것이다.

고정된 매트리스(진공 매트리스로 불리기도 함) : 이 기구는 매트리스처럼 생긴 플라스틱가방으로 구성되어 있고 아주 작은 공들로 가득 채워져 있다. 매트리스를 공기압력으로 압축시키고 회반죽처럼 단단하게 하기 위하여 흡입기(기계적인 또는 기타)가 공기를 빼기 위해 사용된다. 매트리스를 압축하기 전에 부분적으로 싸여진 신체일부는 완전히 싸여진다. 머리, 팔다리와 척추는 움직일 수 없게 되서 옆 부분의 밧줄을 사용하여 어느 형태의 이송도 가능케 한다. 이 기구는 엑스레이를 통과한다. 규격은 다양하지만 보통 길이는 1.80에서 1.90m 사이이고 폭은 0.80에서 0.90m 사이이다.

백보드 : 긴 백보드와 짧은 백보드로 구분된다. 긴 백보드의 대략적인 크기는 그림 A3-1A에 나타나 있다. 1.9m의 백보드가 나와 있지만, 1.83m 길이의 백보드가 51cm 폭과 91.5cm 높이의 가장 작은 항공기의 비상문에서 사용할 수 있어야 한다. 7.5cm 폭의 벨크로 접착테이프가 붙어있는 가죽 끈이 다리, 엉덩이, 윗가슴과 머리를 묶기 위해 필요하다.

짧은 백보드의 대략적이 크기는 그림 A3-1B에 나타나 있다. 7.5cm 폭의 벨크로 접착테이프가 붙어있는 가죽 끈이 아래가슴과 위 가슴을 묶기 위해 필요하다.

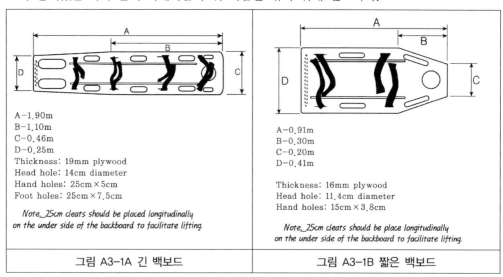

A-1.90m	A-0.91m
B-1.10m	B-0.30m
C-0.46m	C-0.20m
D-0.25m	D-0.41m
Thickness: 19mm plywood	Thickness: 16mm plywood
Head hole: 14cm diameter	Head hole: 11.4cm diameter
Hand holes: 25cm×5cm	Hand holes: 15cm×3.8cm
Foot holes: 25cm×7.5cm	

Note. 25cm cleats should be placed longitudinally on the under side of the backboard to facilitate lifting.

Note. 25cm cleats should be place longitudinally on the under side of the backboard to facilitate lifting.

| 그림 A3-1A 긴 백보드 | 그림 A3-1B 짧은 백보드 |

3-1 리스트 – 일반적인 비상 공급품 및 장비

수량	종류
500	분류라벨
100	가장 일반적으로 사용되는 앰뷸런스에 적합한 들것
10	척추골절환자를 위한 고정 매트리스
10	척추골절환자를 위한 백보드
50	다양한 형태의 골절상을 위한 일반적 또는 부풀릴수 있는 부목
50	10개 꼬리표 1셀, 지혈패드, 지혈대, 호흡튜브, 가위, 붕대, 소독된 화상팩 등으로 구성된 구급킷
20	20명의 부상자를 위한 현장 삽관법, 주입과 산소장비를 포함하고 있는 소생체스트
2∼3	심전도 기록계 또는 심전도 장비
2∼3	수동 또는 기계적 호흡기
10	동맥주입 팩(보통 염수 또는 헤마셀)
2∼3	흡입장비
2	마취약 실린더
300∼500	사망자를 위한 플라스틱가방 또는 관

21. 비상 의료통신 시스템 … 통신은 공항 비상의료 계획의 1차적인 필수사항이다. 공항 의료 서비스 통신시스템은 비상기간동안 경고 정보를 알려주고 지원 운영을 확보하기 위한 적절한 통신을 보장하여야 한다. 통신이 없이는 병원은 수용해야 할 부상자의 수와 증상을 알 수가 없고 앰뷸런스는 필요한 치료를 할 수 있는 시설로 갈 수가 없으며, 외부로부터 사용할 수 있는 공급품을 요구할 수 없으며, 의료요원들은 그들을 가장 필요로 하는 장소로 갈 수가 없다.

22. 참가 병원은 쌍방향 통신망을 이용하여 다른 기관과 통신할 수 있는 성능을 가지고 있어야 한다. 각 병원은 개별 병원을 호출할 수 있는 성능을 가지고 있고 또는 상황이 발생하면 전 병원을 동시에 호출할 수 있는 성능을 가지고 있어야 한다. 이 성능은 특정 혈액이나 장비가 부족했던 비상사태를 경험한 병원에게는 아주 중요한 것이다. 의료조정자는 참가하는 병원들과 직접 통신할 수 있는 성능을 갖추도록 하는 것이 권고된다.

23. 비상의료 수송시설. 부상자를 사고현장에서 병원으로 후송하는 것은 병원의료요원, 의료전문분야, 사용할 수 있는 침대를 고려하여야 한다. 각 공항은 일반적인 의료비상사태에 최소 하나의 앰뷸런스를 호출하여 사용할 수 있어야 한다. 앰뷸런스를 가지고 있는 공항 외부와의 서면 협정이 비상수송서비스를 제공받기 위하여 준비되어야 한다.

24. 헬리콥터와 고정익 항공기와 같은 항공수송장비는 비상탈출이나 의료서비스 및 장비를 병원에서 현장으로 수송하기 위하여 고려될 수 있다.

25. 많은 부상자를 공항외부의 의료시설로 수송할 필요가 있기 때문에 현장에 도착하는 앰뷸런스는 집결지 또는 대기지역과 지정된 수송 직원에게 보고를 하여야 한다. 이 직원은 수송이 필요한 부상자의 수, 필요한 앰뷸런스의 수와 종류, 부상자를 수용할 각 의료시설의 가용성 및 수용능력들을 확인하는 데 책임을 지고 있다. 복합 부상 사고의 경우에 수송책임자(또는 팀의 멤버)는 탑승, 부상자의 이름과 상처 기록, 개별 차량과 부상자의 병원으로의 노선 등을 감독한다.

26. 대형 비상상황에서 다른 형태의 수송은 앰뷸런스를 대체할 수 있다. 밴, 버스, 자동차, 스테이션 왜곤, 또는 기타 적절한 공항 차량들이 사용될 수 있다. 부상당하지 않은 사람을 지정된 대기지역으로 이동을 시키기 위한 즉각적인 수송에도 사용할 수 있어야 한다.

27. 공항 및 주변지역의 격자지도(가장 최근에 개정된)가 모든 구조 차량에 제공되어야 한다. 모든 의료시설들은 격자지도 상에 명백히 표시되어 있어야 한다.

공항 의료치료시설(의료진료소 또는 구급실)

28. 필요성에 영향을 미치는 일반 요소 … 공항 구급실 또는 공항 의료진료소의 필요성에 영향을 미치는 일반적인 요소들이 많이 있다. 고려되어야 할 요소들은 다음을 포함하고 있다.

   ⓐ 연간 이용 여객이 수 및 공항에 상주하는 직원의 수

   ⓑ 공항과 그 주변지역의 산업활동

   ⓒ 적절한 의료시설로부터의 거리

   ⓓ 상호지원 의료서비스 협정

29. 일반적으로 공항 의료진료소는 공항직원이 1,000명 이상일 경우에 운영을 하고 공항 구급실은 모든 공항에서 운영하도록 권고되고 있다. 공항 의료진료소 또는 구급실 요원과 시설은 공항비상계획에 통합되어야 한다.

30. 공항 직원에게 비상의료 치료를 제공하는 것에 추가하여 공항 의료진료소는 지역사회에 비상시설이 없다면 공항 주변의 지역사회에 비상치료를 확대할 수 있다.

31. 공항 의료진료소는 지역 비상서비스 기구 및 계획에 포함될 수 있다. 공항 외 지역의 대형비상사태의 경우에 공항 의료진료소는 의료지원의 지휘를 위한 조정자로서 기능을 수행할 수 있다.

32. 공항 의료시설의 위치 … 시설은 공항터미널, 일반 공공시설, 비상수송장비(앰뷸런스, 헬리콥터 등)에 쉽게 접근할 수 있어야 한다. 부상당한 사람을 공항 청사건물의 혼잡한 지역을 통과하여 이송하여야 하는 문제를 피하여 부지선정을 하여야 한다. 가능한 편리한 경로를 통해서 비상차량이 시설에 접근하기 위해서 공항으로 진출입하는 일반 접근 도로를 우회할 수 있다. 의료시설은 공항청사건물의 에어사이드로부터 접근이 이루어지도록 위치를 잡도록 권고되는데 이것은 비상장비를 방해하는 비공인된 차량을 통제하기가 용이하기 때문이다.

33. 공항 의료시설 직원 … 훈련된 직원의 수와 각 개인이 필요한 전문성의 등급은 공항의 특별한 요구사항에 달려 있다. 공항 의료진료소의 직원은 공항 비상계획을 위한 의료서비스 계획의 핵심을 이루고 있다(또한 계획의 의료분야 이행에 대한 책임이 있다). 적어도 공항구급실에는 높은 등급의 자격이 있는 구급요원이 직원으로 구성되어야 한다.

34. 일반적으로 공항운영시간 중 다음을 처리할 수 있도록 훈련받은 최소 한 명이 근무를 하여야 한다.

   ⓐ 인공호흡(CPR)

   ⓑ 외상으로부터의 출혈

   ⓒ 하임리히 처리(숨막힘)

ⓓ 골절 및 비골

ⓔ 화상

ⓕ 쇼크

ⓖ 조산을 포함한 비상 산아 및 신생아의 치료

ⓗ 상처에 영향을 미칠 수 있는 일반적인 의료 상태(알레르기, 고혈압, 당뇨, 페이스메이커 등)

ⓘ 방사능 물질, 독성 또는 독극물질의 누출에 따른 처리와 보호를 위한 기본방법

ⓙ 정신분열증상의 처리

ⓚ 독성, 부식, 과민성 쇼크를 위한 인지 및 구급

ⓛ 부상자 수송기술

이 사람은 필요시에 병원수송을 명령할 권한이 있고 필요한 수송수단을 준비할 권한이 있다.

35. 공항당국은 구급실을 위한 배정과 장비설계를 특정공항의 예상되는 수요에 맞춰야 됨에 따라 비상의료 의사의 자문과 지시를 받아야 한다.

36. 공항 의료진료소 장비와 의료품은 진료를 담당하고 있는 의사 또는 의사팀에 의해서 결정되어야 한다. 항공기 비상사태에 대응하는 것이 주요한 문제임을 기억하여야 한다.

37. 공항 의료시설은 심장정지와 기타 형태의 부상과 산업의약과 관련된 질병을 다룰 수 있도록 장비를 갖춰야 한다. 만일 약이 유지되어진다면 완전한 안전을 보장하도록 준비하여야 한다.

38. 충분한 비상산소와 호흡장비가 연기에 질식한 환자를 다룰 수 있도록 준비되어야 한다.

39. 공항에서 사고와 관련 없는 의료비상사태의 대다수가 심장문제를 포함하고 있기 때문에 산소, 산소공급기와 기타 심장치료에 관련된 장비들을 포함한 첨단 생명지원 시스템이 사용될 수 있어야 한다. 추가로 구급장비(의약품, 여러 종류의 붕대와 부목, 수혈장비, 화상 및 분만 기구를 포함), 체인, 로프, 쇠지레와 금속절단기 등을 사용할 수 있어야 한다.

의료시설이 없는 공항

40. 의료시설(진료소 또는 구급실)이 없는 공항에서 공항당국은 공항운영시간동안 모든 활동을 처리할 수 있는 향상된 구급법을 교육받은 충분한 인원을 가용할 수 있도록 준비하여야 한다. 이들 공항에서 구급을 위한 장비는 최소한 비상의료가방으로 구성되어야 한다. 이 가방은 지정된 공항 비상사태 차량에 의해서 운반되어 쉽게 사용할 수 있어야 하고 적어도 다음 사항들을 포함하고 있어야 한다.

-4개의 스파이크가 딜린 하나의 플리스틱 시트(1.80m×1.80m)

-7개 지혈제(1팩은 3개, 1팩은 4개)

-붕대 2필드(45cm×56cm, 56cm×91cm)

-10개 복부패드(2개짜리 5팩)

-40개의 10cm×10cm 거즈패드(10개짜리 4팩)

-2개의 지혈대

-1개의 인공통풍로

-3개의 일회용 통풍로(각각 2번, 4번, 5번)

-2개의 도뇨관과 함께 1개의 진공 주사기(12번, 14번FR)

-2개의 대형 붕대가위

-25번GA 1.6cm 바늘에 20개의 일회용 주사기

-12개의 에이스 붕대(15cm 2개, 7.5cm 4개, 5cm 6개)

-12개의 알콜 스폰지 팩

-거즈 붕대 4롤(7.5cm 2개, 5cm 2개)

-접착테이프 2롤

-4개의 바세린거즈 붕대(15cm×91cm)

-100개들이 밴드 상자

-1개의 혈압커프와 거즈

-2개의 클립보드(22cm×28cm)

-6개의 연필

-충분한 수의 부상자 인식표

-부풀릴 수 있는 부목 1셀

-1개의 호흡튜브

-1개의 짧은 척추보드

-1개의 후레쉬

-2개의 목보호대

-1개의 바이트스틱 쐐기

-1개의 일회용 산과 도구

-1개의 고정 매트리스

부록4 **항공기 사고조사를 위한 증거 보존**

1. 공항 소방대원 및 기타 구조요원은 항공기 사고조사의 기본적 필요성과 사고조사에 사용되는 기술 및 절차를 이해하여야 한다. 가능한 잔해는 항공기 사고조사 팀이 도착할 때까지 손대지 않고 보존하여야 한다. 그러나 구조 또는 화재진압 활동에 절대적으로 필요할 경우 잔해를 건드릴 수는 있다. 그것은 최소한으로 하여야 한다.

2. 사망자의 몸체는 발견된 장소에 그대로 두어야 한다. 시체나 잔해의 일부를 옮길 필요가 있을 때는 이동시키기 전에 그들의 위치에 대한 스케치 계획을 가능한 만들어야 한다. 가능한 네 가지 각도의 사진을 잔해안의 시체나 일부분의 위치를 나타내기 위하여 찍어야 한다. 추가로 꼬리표를 옮겨진 각각의 시체나 일부분에 부착하고, 대응표식이나 꼬리표를 잔해 안에서 발견된 지점에 부착하여야 한다. 조종실 지역은 어떤 것도 건드리지 않도록 사전 조치를 취해야 한다. 만약 자의적으로 또는 고의적으로 위치를 바꿔야 한다면, 발생된 사항은 기록을 하여야 하고, 사고조사기관이 주의를 갖도록 하여야 한다.

3. 잔해 내에서의 격리와 보안조치는 가능한 빨리 수행되어야 한다. 모든 인가받은 요원은 공항비상계획의 요구에 따라 적절한 "비상출입" 증명서를 휴대하고 제시하여야 한다.

4. 모든 보안요원은 적절한 신분증명 절차를 브리핑 받아야 한다. 현장의 적절한 기관과의 쌍방향 무전통신이 신분이 불확실한 사람의 출입을 확인하는데 도움이 된다.

5. 사고현장은 발화성 연료의 잔존, 위험물질 및 잔해의 조각들로 인해 매우 위험한 지역이 될 수 있다. 비상지역 내에서의 모든 필요한 안전절차가 엄격하게 수행되어야 한다. 화재 진압 및 모든 구조 노력을 하는 도중에 훌륭한 판단을 연습하는 것도 포함한다. 참여하는 요원들이 안전장비와 보호의상을 모두 착용을 하여야 한다.

6. 비상사태 후에 소방 및 구조에 참여한 사람들은 보고를 하고 그들의 관찰은 적절한 기관이 기록을 하여야 한다. 시체나 일부분을 옮기면서 붙인 꼬리표에 대한 자세한 설명뿐만 아니라 현장에서 만든 스케치, 다이어그램, 사진, 영화필름과 녹음된 테이프 및 비디오는 조사자들에게 아주 훌륭한 도구가 되고, 이들이 도착하면 조사 책임관에게 인계하여야 한다.

부록 5 상호지원 비상협정

1. 공항이 주변지역과 가까운 거리에 있고 공항외부에서의 항공기 사고 가능성 때문에 비상지원 비상협정의 필요성이 발생한다.

2. 상호지원 비상협정은 초기 통보와 대응임무를 명시하고 있다. 그러나 관련된 기관의 책임은 비상계획에 포함되어 있으므로 명시하지 않는다.

3. 상호지원 비상협정은 사전 준비되어야 하고 공식적으로 인정을 받아야 한다. 공항당국은 만일 좀 더 복잡한 사법적 또는 다수 기관의 협정이 필요하다면 조정기관으로서 역할을 수행하여야 한다. 이 부록에는 공항 내외부에서 발생하는 사고에 대한 지역 소방서와의 상호지원 비상협정의 준비를 지원하기 위한 지침이 포함되어 있다.

4. 지역 소방서의 절차-공항의 항공기 사고

   ⓐ 대응이 개시되면 상호지원 소방서는 공항의 집결지나 대기지역으로 곧바로 출동한다. 공항경찰/보안팀이 집결지 또는 대기지역에서 사고현장으로 호위를 제공한다.

   ⓑ 공항이 항공기 운영을 종료하지 않는다면 공항지역에서 호위 없이 이동하는 것은 매우 위험하고 항공기 이동에 마찰을 일으킬 수 있다는 것을 상호지원 소방서가 인지하는 것이 필수적이다.

   ⓒ 사고현장에 도착하면

   ① 상호지원을 받을 공항 구조 및 소방서의 선임직원이 현장의 전체 지휘권을 가지고 있다.

   ② 소방서 상호지원통신은 사전 지정된 통신 채널에 따라 수행된다.

   ③ 통신발신은 공항 구조 및 소방/지역 소방서 호출번호에 따라 시작된다.

5. 지역 소방서의 절차-공항 밖의 항공기 사고

   ⓐ 공항 밖 항공기 사고에 대한 호출은 보통 항공관제 서비스 또는 경찰로부터 받는다. 그런 경우가 아니라면 지역 소방서는 무전기 또는 전화를 통해서 항공교통관제업무나 경찰에게 사고가 발생했다는 것을 알리고 격자지도상의 근접 지점을 가르쳐 준다.

   ⓑ 사고현장에 도착하면 지역소방서는

   ① 상호지원 비상협정이 개시되었는지 확인하고

   ② 지휘소를 설치(공항당국의 이동지휘소가 운영될 때까지 임시지휘소가 될 수 있다.)

   ③ 모든 통신이 지정된 항공기 사고 채널에 맞춰졌는지 확인

   ⓒ 지역소방서는 항공교통관제업무 및 경찰서에 다음 사항의 정보를 제공한다.

   ① 사고현장의 정확한 위치

   ② 지휘소의 위치

   ③ 소방대가 대응하여야 할 격자지도상의 특정장소/집결지

   ④ 필요하다면 특수한 장비를 요청

수상의 항공기 사고

1. 공항이 대형 수역(강과 호수 같은) 근처에 있거나 해안에 위치하고 있는 곳에서는 수역에서 항공기 사고/사건의 경우에 대비하여 구조 및 소방운영을 위한 특별한 준비를 하여야 한다. 구조 및 소방을 위한 특별한 장비는 소방/구조 보트, 공기부상식 차량, 헬리콥터, 해안경비 보트 또는 수륙양용 차량을 포함할 수 있다.

2. 특이한 지형과 조수간만과 습지 같은 수역상태를 고려하면 이런 상황에 맞는 차량의 형태를 선택할 수 있다. 일반적인 선박뿐만 아니라 헬리콥터, 공기부상차량과 수륙양용 차량은 이런 특별한 서비스를 제공하기 위하여 사용된다.

3. 수중 구조서비스를 개발하는 데 있어 가용할 수 있고 지원을 받을 수 있는 공공구조기관 (군 수색 및 구조대, 해안경찰 또는 소방서) 및 민간 구조대(구조대, 전력 및 통신회사, 해양석유 운영자 또는 선박 및 운하운영자)를 고려하여야 한다. 비상사태 시간 및 공공서비스기관에게 경보를 알리는 신호시스템은 사전에 약속되어져야 한다.

4. 많은 항공기들은 기내에 개인별 부유장치를 싣고 있지 않으며, 특히 수중 위로 비행할 계획이 없는 항공기는 더욱 그러하다. 그런 부유장치는 공항을 이용하는 가장 큰 항공기의 최대 여객 수용량의 수요에 충분한 수를 준비하여야 한다. 대형 항공기가 수중위로의 비행에 대비하여 장비를 잘 갖춘 곳에서 공항은 개인별 부유장치 수를 줄일 수 있다.

5. 화재 가능성 … 수중에서 사고가 발생한 곳에서는 물과의 접촉으로 인해 발화 근원이 억제되고 가열된 표면이 식음으로서 화재가능성이 줄어들 수 있다. 화재가 발생한 상황에서는 통제와 소화작업은 특별한 장비의 이용을 필요로 한다.

6. 수면에 연료의 누유 … 항공기가 수면에 부딪치면서 연료 탱크와 연료관의 파열이 예상된다. 일정량의 연료가 수면 위에 떠있다는 것을 가정하는 것이 타당하다. 수면에서 배출가스를 내는 보트가 이런 상황에서 운영된다면 발화 위험을 내포하고 있는 것이다. 화재가 난 곳에서는 바람 방향과 풍속, 조류를 고려한 후에 접근하여야 한다. 화재는 호스물줄기를 이용한 휩쓸어내는 기술을 이용하여 화재지역에서 몰아낼 수 있다. 포말과 기타 소화용액은 필요한 곳에서 사용될 수 있다. 물에 떠있는 연료를 처리하고 구조작업에 위험을 줄 수 있는 지역으로 이동하는 것을 방지하기 위하여 바람과 조류를 고려하여야 한다. 가능한 연료 덩어리는 고압 노즐로 작게 부수거나 이동을 시키고, 포말 또는 불활성 물질로 덮은 다음 중화시키거나, 흡수, 희석, 제거하기 전에 안전지대에서 연료를 담기 위하여 방재를 설치하여야 한다. 사전계획에 의하여 수질오염 통제기관은 이 작업 기간에 비상지원을 제공할 수 있다.

7. 구명보트 … 구명보트는 얕은 수중에서도 운영할 수 있어야 한다. 젯트추진력에 의해 구동되는 보트는 부풀려진 장비에 구멍을 내거나 구조작업 중 생존자에게 상처를 줄 수 있는 프로펠러의 위험을 줄인다. 일반적인 프로펠러에 의해 구동되는 보트는 팬형태의 보호대나 집풍기를 씌워서 장비에 구멍을 내거나 생존자에게 상처를 주는 위험을 방지할 수 있다. 부풀려서 사용하는 보트는 잔해나 바나클에 의해 구멍이 날수 있다.

8. 만일 수면이 얼 수 있는 상황이라면, 얼음 위에서 작동이 용이한 차량(호버크래프트, 에어보트 등)이 사용될 수 있다.

9. 보트 및 기타 구조 차량은 최소의 시간 안에 행동을 취할 수 있도록 위치해 있어야 한다. 특별한 보트하우스나 출동램프가 대응시간을 줄이기 위해 제공되어야 한다.

10. 보트는 승무원을 위한 적절한 공간과 함께 부유장비를 실을 수 있도록 크기가 충분하여야 한다. 부유장비의 신속한 소산을 위해 충분한 작업공간이 제공되어야 한다. 부풀리는 구명부대는 가장 중요한 부유장비이다 ; 공항을 이용하는 가장 큰 항공기의 최대 여객수를 수용할 수 있는 충분한 양이 있어야 한다. 일단 이 부유장비가 배포되면, 구조 과정에서 배로 가져온 일정한 수의 들것을 수용할 충분한 공간이 있어야 한다.

11. 적절한 쌍방향 무전장비가 헬리콥터, 공기부양 또는 수륙양용장비와 수역에 기지를 둔 장비와 같은 다른 구조대와 통신을 할 수 있도록 모든 구조장비에 제공되어야 한다.

12. 최소 두 개의 투광조명기가 야간 운영을 위해서 제공되어야 한다.

13. 레이더가 항해와 접촉을 용이하게 위하여 사용되어야 한다.

14. 항공기의 탑승부분이 일부 가라앉는다 해도 생명을 유지하기에 충분한 공기가 내부에 있을 가능성이 크다. 다이버들의 입수는 가능한 가장 깊은 곳에서 이루어져야 한다.

15. 잠수 구조대/다이버 이용 구성 … 잠수구조대가 현장으로 급파되어야 한다. 필요할 때 실제현장으로 다이버들의 수송을 용이하게 하기 위하여 헬리콥터가 사용될 수 있다. 이런 형태의 임무를 위해 소집될 수 있는 다이버들은 스쿠버다이빙과 수중 탐색 및 복구기술을 훈련받아야 한다. 정부 또는 자치적인 수중 탐색 및 복구팀을 운영하지 않는 곳에서는 사설 다이빙클럽과 협정을 맺을 수 있다. 다이버들이 물속에서 작업하고 있는 모든 곳에는 표준 잠수깃발을 세워야하고 이 지역에서 운영하는 보트들은 극도로 주의를 하도록 경고를 받아야 한다.

16. 희생자들은 사고현장의 바람방향 쪽이나 하류에서 발견되는 경우가 예상된다. 이런 사항은 작업을 계획할 때 고려하여야 한다. 사고현장의 주변에 도착이 이루어진 곳에서 다이버는 표준 수중 탐색형태를 이용하여야 하고 표시부유물을 이용하여 항공기의 주요 위치

를 표시하여야 한다. 충분한 다이버를 활용할 수 없을 때는 항공기 표면에서 드래깅 작업을 수행하여야 한다. 드래깅과 잠수작업을 동시에 수행할 수는 없다.

17. 지휘소는 해안근처의 가장 알맞은 장소에 설치되어야 한다. 이것은 사법권을 가진 기관이 설립한 지침에 따라 공항/지역사회 비상계획을 수행을 용이하게 할 수 있는 장소에 위치를 잡아야 한다.

부록7 항공기 운영자

일반사항

1. 항공기 사고에 관련된 항공기 운영자가 취해야 할 행동과 제공되어야 할 업무를 설명하고 있다.

2. 항공기 운영요원은 비상사태에 항공기 탑승객의 수요에 대응하는데 사용할 수 있는 협력집단을 구성한다.

3. 항공기 운영자 비상계획은 항공기 운영요원이 공항이 위임한 책임이 무엇인지 알고 항공기 운영자에게 요구되는 대응이 무엇인지 알기 위하여 공항비상계획과 상호조정을 하여야 한다. 항공기 운영자는 회사 조정자가 사용하도록 체크리스트 양식을 만들어야 한다. 이 양식에 사고의 통보시간, 회사 통신, 개인임무, 대응 및 기타 취해야 할 행동들을 상세히 기록하여야 한다. 이 기록으로부터 항공기 운영자와 공항비상계획의 평가팀은 미래 개선을 위해 분석할 수 있어야 한다.

4. 항공기 운영자는 모든 회사직원이 비상사태에 대비하여 준비할 수 있도록 교육을 시켜야 한다. 모든 비상사태에서 관련된 여객들은 일반적으로 겪어 보지 않았던 엄격한 압력을 받을 수 있다. 모든 비상요원들은 여객들의 보기 드문 압박감과 불안에 대한 일반적인 대응에 친숙해져야 하고 불안해하는 사람들에게 효율적으로 대처하는 것이 필수적이다. 비상상황 하에서 효과적으로 행동하기 위한 가장 가능한 준비는 교육과 연습이다. 교육은 본성에 대한 교훈과 불안해하는 사람의 행동 그리고 예상되는 일반적인 형태의 반응을 포함한다. 항공기 운영요원은 비상상황 하에서의 효율적인 행동형태를 확립하고 "심리학적 구급치료"의 기본원칙을 연습하기 위하여 모의 비상훈련에 참가하여야 한다.

5. 관련된 항공기 운영자는 들어오는 비상전화 요청을 적절히 처리할 수 있도록 준비를 하여야 한다. 언론매체에 대한 정보의 준비는 다수의 전화요청을 피하기 위해 고려되어야 한다.

6. 부상당하지 않은 사람들을 위한 대기지역은 비상사태 시 부상을 당하지 않거나 명백히 부상이 없는 사람들을 모으고 처리하기 위하여 지정되어야 한다. 선택된 지역은 여객 안정과 방송매체로 부터의 보안을 제공하여야 한다.

7. 사고가 통보되면 지정된 항공기 운영요원은 사고현장에서 탈출한 여객들을 받을 수 있도록 지정된 대기지역에 즉시 보고하여야 한다. 항공기 운영요원은 여객이 도착하기 전에 대기지역에 있어야 한다. 구급장비가 준비되어야 하고 여객 서비스기관 대표자들이 그들의 임무를 효율적으로 수행할 수 있도록 쉽게 사용할 수 있어야 한다. 탈출자들을 기다리는 동안 지휘를 하는 항공기 운영자 직원은 다음에게 권한을 위임하는 조직회의를 개최하여야 한다.
    ⓐ 접수자
    ⓑ 등록원
    ⓒ 생존자를 위한 복지후생 조정자

8. 다음에 기구와 임무에 필요한 설명이 나와 있다.
    ⓐ 지휘자 : 사고에 관련된 항공기 운영자의 선임대표자가 지휘자가 된다. 임시편이나 회항 항공기의 경우에 그 항공기에 지상서비스를 제공하도록 지정된 항공기 운영자의 대표자가 지휘권을 갖는다. 공항에 상주하는 직원이 없는 항공기 운영자나 영공통과 비행기의 경우에 지휘권한은 공항당국에게 있다. 지휘자는 항공기 운영자의 운영센터와 비상운영센터와의 무전통신망을 가지고 있어야 한다. 전화가 여객 대기지역에서 사용할 수 있어야 한다. 지휘를 하는 항공기 운영자는 모든 운영을 감독하고 필요하다면 추가적인 의료서비스를 위한 준비를 하여야 한다.
    ⓑ 접수자 : 접수자는 사고현장에서 버스가 도착하면 버스를 만나서, 여객들을 그들이 진행해야 될 등록자의 테이블로 보내야 한다. 접수자는 어디에 화장실 시설이 있는지 알고 있어야 한다.
    ⓒ 등록자 : 등록자는 사용할 수 있는 구급장비를 가지고 있어야 한다. 2명이 하나의 등록팀을 구성한다. 여러 개의 팀이 신속하고 효율적인 여객 진행을 위해 필요할 것이다. 한 명이 등록자 양식에 여객의 이름을 적고, 호텔등록 또는 다른 항공편의 예약, 교통편, 의복 등 무엇이 필요한지 결정하고, 환자의 상태와 차후 계획에 대하여 통보받아야 할 사람을 결정한다. 등록팀의 다른 한 명은 신분증명 꼬리표나 스티커(구급장비에서 사용할 수 있는)를 발행하여 환자에게 부착한다. 이것은 수용시설이 준비될 때 여객을 확인하는 데 도움이 된다. 더욱 중요한 것이 여객이 처리되고 있다는 것을 알려준다. 등록자는 부상당하지 않은 생존들을 복지후생 조정자에게 연결시켜 준다.

ⓓ 복지후생 조정자 : 복지후생 조정자는 "심리학적 구급치료"의 핵심적인 사람들이다. 그들은 여객 대화를 자극하도록 시도하여야 한다. 단체에 어울리지 못하는 사람들에게는 특별한 관심을 보여야 한다. 심리학적 구급치료를 하는데 있어서 일부 사람들은 다른 사람들보다 더욱 심하게 불안해한다는 것을 알 수 있다. 연민에 압도받은 사람은 그들 자신을 더욱더 도움이 필요 없다고 느끼게 하고 그들의 상태를 최악의 걱정으로 단정 짓게 한다. 신체를 떨거나 급한 호흡을 하거나 호흡이 짧은 증상을 나타내는 사람은 대화를 하게 만들고 가능한 빨리 전문적인 의료 치료를 받도록 하여야 한다.

9. 대부분 공항운영자는 제시된 직원구조대의 규모를 제공할 수 있으나, 소규모 운영을 하는 공항에서는 문제가 발생할 수 있다. 결과적으로 모든 항공기 운영요원(필요하다면 공항에 상주하는 기타 공항입주자)의 상호지원 프로그램이 설치되어야 한다. 지역 국제구조기구 (적십자 등)로부터 훈련을 받을 수 있다. 이 훈련은 광범위한 것은 아니나 비상사태에 여객서비스를 위한 교육을 제공할 수 있다.

구급장비

10. 각 항공기 운영자는 전 운영시간동안 항공기 운영요원이 손쉽게 사용할 수 있는 구급장비를 준비하여야 한다. 모든 회사직원은 구급장비의 위치를 알고 있어야 한다. 구급장비는 다음 정보를 적을 수 있는 기록지나 양식을 포함하고 있어야 한다.

ⓐ 이름, 주소, 여객의 집 전화번호

ⓑ 여객의 상태를 통보받을 사람의 이름 및 전화번호

ⓒ 여객에게 필요한 사항 준비(즉 차후 항공편, 호텔, 지역내의 교통편 등)

ⓓ 다음 72시간 동안 연락할 수 있는 사람.

누가 처리 되었는지와 누구를 위하여 준비되었는지 환자를 증명하기 위한 접착 가능한 이름표를 구급장비는 포함하고 있어야 한다.

11. 다음의 전화번호를 사용할 수 있도록 구급장비 안에 있어야 한다.

ⓐ 경상자를 위해 참여할 의사 : 각 항공기 운영자는 지정된 대기지역에 대응할 의사와의 협정서를 가지고 있어야 한다.

ⓑ 여객이 숙박할 수 있는 호텔 : 여객을 같은 호텔이나 적어도 호텔 그룹 내에 머물게 하는 것이 좋다.

ⓒ 24시간 운용할 수 있는 언어에 능통한 사람(신속한 대응을 위해 공항에 근무하는 직원이 선호됨) : 지역 학교 또는 사립 어학당과 연결할 수 있다.

ⓓ 요리 소달사(만일 보급항목이 필요하다면)

ⓔ 모든 지역 항공기운영자 예약사무소

ⓕ 여객이 예상치 않게 수송이 필요한 경우에 앰뷸런스 회사

ⓖ 택시회사

ⓗ 부상자의 가족에게 전화를 하거나 정보를 받을 수 있는 라디오나 TV방송사에 제공 되어진 비상전화번호

12. 최신 항공사 가이드 책자가 구급장비 안에 있어야 한다. (지역항공사 스케줄은 차후 항공편을 준비하는 등록자에게 아주 도움이 많이 된다.)

제20절 공항비상계획

제123조(일반)

① 공항운영자는 공항 또는 그 주변지역 8km 범위 내에서 발생하는 비상사태에 신속하게 대처하고 공항기능 장애를 최소화 할 수 있도록 공항비상계획을 수립하여야 한다.

② 공항비상계획은 실제 적용이 가능한 문서로 유지되고 정기적으로 개정 및 검증이 이루어져야 하며, 모든 관계요원이 언제든 사용할 수 있어야 한다.

③ 공항운영자는 공항비상계획을 작성함에 있어 그 내용이 쉽게 이해할 수 있도록 작성하여야 하며, 관계자가 동 계획의 내용을 충분히 숙지하고 각자의 임무를 절차대로 수행할 능력을 갖도록 하여야 한다.

④ 공항비상계획의 세부내용은 공항운영규정에 달리 규정된 경우를 제외하고 이 절에서 규정한 바에 따른다.

⑤ 공항운영자는 공항에서 행해지는 운항 및 그 외 활동과 조화된 공항비상계획을 수립하여야 한다.

⑥ 공항비상계획 수립 시에는 비상상황 발생 시 비상상황에 참여하는 기관 및 업체들에게 신속하게 최적의 대응을 할 수 있도록 하기 위하여 다음의 인적요소를 고려하여야 한다.
1. 유관기관 및 부서 간 유기적 협조에 관한 사항
2. 기후 및 근무환경(현장지휘관 등)에 관한 사항
3. 현장 활동시 주변 환경요인 고려에 관한 사항
4. 구조·소방시 조별협동에 관한 사항 등

제124조(공항비상계획에 포함되어야 할 내용)

① 공항운영자는 다음의 사항을 포함하여 공항비상계획을 수립하여야 한다.
1. 비상사태의 유형
2. 공항 비상계획에 포함되는 기관 및 업체
3. 각각의 비상유형별 비상운영센터, 지휘본부, 각 기관 및 업체의 역할과 책임
4. 비상사태 발생 시 연락망(직원 또는 사무실 명칭과 전화번호)
5. 공항 격자지도

② 공항운영자는 다음의 정보 및 절차를 공항비상계획에 수록하여야 한다.

1. 다음의 정보
   가. 비상지원 협정기관(의료시설, 구조 및 소방, 중장비)의 명칭, 위치 및 전화번호
   나. 비상지원 협정기관의 지원능력
   다. 부상자, 사망자 및 기타 승객을 수용할 수 있는 공항내의 수용시설 또는 인접지역의 수용시설
   라. 비상사태 발생 시 일반인 통제업무를 제공키로 합의한 기관의 명칭 및 위치
   마. 기동불능항공기의 처리 책임 부서와 기관의 명칭, 위치와 전화번호
   바. 그 밖의 공항비상계획의 업무와 관련된 기관의 정보

2. 다음의 업무절차
   가. 비상운영센터 · 지휘본부의 설치 및 운영절차
   나. 부상당하지 않은 사람과 보행 가능한 부상자에 대한 분류, 안내, 수송 및 보호절차
   다. 기동불능항공기 처리절차
   라. 비상경보체계 및 절차
   마. 비상대응과 관련하여 공항운영자와 관제탑간의 협조절차
   바. 비상계획과 관련된 기관 및 직원에게 항공기 사고지점, 사고관련자의 수 및 기타 사고의 대처에 필요한 정보를 통보하는 절차
   사. 수상 또는 늪지의 항공기 사고 피해자를 구조하기 위한 절차 (해당 공항의 활주로 시단으로부터 1,000m 범위 내에 접근 · 출발구역이 수면 또는 늪지 위에 놓이거나 수면 또는 늪지가 공항에 인접한 경우에 한한다)
   아. 공항 인근에 수상, 늪지 또는 위험지형이 있는 경우 전문가들의 구조업무 수행을 위한 대응계획의 점검 및 평가절차

제125조(비상사태의 유형)

공항운영자가 해당 공항에서 대비하여야 할 비상사태의 유형은 다음과 같다.

1. 공항 내에서의 항공기 사고
2. 공항 밖에서의 항공기 사고
3. 비행중인 항공기의 고장 등 (완전 비상사태 및 준비상사태)
4. 건물 등 시설물 화재
5. 항공기 및 공항시설을 포함한 폭파위협 등
6. 항공기에 대한 불법적 행위
7. 자연 재해
8. 위험물(dangerous goods) 관련 사고
9. 수상의 항공기 사고(해당 공항의 이 · 착륙로가 폭 1,000m 이상인 수면 또는 늪지 위에

놓이거나 수면 또는 늪지가 공항에 인접한 경우에 한한다)

10. 국제항공운송에 의한 전염병 확산 등 공중보건비상(public health emergency) (국제선 운항에 사용되는 공항에 한한다)

제126조(비상운영센터 및 이동지휘소의 운영)

① 공항운영자는 공항 비상사태 발생 시 비상운영센터(Emergency operations center) 및 이동지휘소(mobile command post)를 운영하여야 한다.

② 공항운영자는 정부기관에 의하여 달리 지휘 통제되지 않는 한 규정에 의한 비상운영센터 및 이동지휘소에 지휘책임자를 지정하여 신속히 초기대응을 할 수 있어야 한다.

③ 비상운영센터는 공항시설에 상시 설치되어 있어야 하며, 비상사태 발생 시 비상업무 총괄 및 전체적인 협조업무를 수행하여야 한다.

④ 이동지휘소는 비상상황 발생장소까지 신속히 이동할 수 있어야 하며, 비상 관련기관(부서) 간의 국지적 협조업무를 수행할 수 있어야 한다. 다만, 공항운영자는 해당 공항의 운영특성에 맞게 이동지휘소의 형태나 규모를 자율적으로 정할 수 있다.

제127조(비상통신시스템)

① 공항운영자는 비상운영센터 및 이동지휘소를 포함하여 모든 비상대응 관련기관 간 양방향 통신이 가능하도록 하여야 한다. (이 경우 보조장치를 포함한다)

② 공항운영자는 비상시 지원 출동한 외부기관 등에 제공하기 위한 적정 수의 무선통신기를 확보하여야 한다.

③ 공항운영자는 비상계획과 관련되는 무선통신기 및 전화망 등 통신시스템을 매일 점검하고 기록을 유지하여야 한다.

제128조(공항비상계획의 협의 및 훈련)

① 공항운영자는 공항비상계획의 수립 및 변경 시에는 지방항공청, 항공사, 경찰, 구조 소방기관, 의료기관 공항의 주요 상주기관 및 모든 관련자와 협의하여야 한다.

② 공항운영자는 열거된 기관 및 관련자가 비상계획의 수립 및 개정과정에 참여할 수 있도록 하여야 한다.

③ 공항운영자는 비상계획에 관한 책임과 임무가 부여되어 있는 관계자가 긱자의 임무를 숙지하고 적절히 훈련되도록 하여야 한다.

④ 공항운영자는 매년 12월 말까지 해당 공항의 익년 비상훈련계획을 수립하여 국토교통부장관 및 지방항공청장에게 보고하여야 한다.

⑤ 공항운영자는 공항비상계획의 훈련을 다음의 기준에 따라 실시하여야 한다.

1. 종합훈련은 2년 간격으로 실시하여야 하며 부분훈련은 종합훈련시 발견된 문제점을 보완하기 위하여 종합훈련을 하지 않은 해에 실시하여야한다.

2. 종합훈련 및 부분훈련을 실시하지 않고 3년 주기로 모듈을 구성하여 첫해에 첫 번째 모듈테스트를 시작하여 3년이 되는 마지막 해에 종합훈련을 실시하여야 하며, 실제 비상 또는 종합 · 부분훈련 이후 발견된 문제점은 공항비상계획을 재검토하여 보완하여야 한다.

3. 도상훈련 : 6개월 1회 이상 (1 또는 2의 훈련을 실시한 반기에는 생략할 수 있다)

   주 1) 종합훈련의 주된 목적은 공항비상계획이 각종 유형의 비상상황에 대응하기에 적합한가를 평가하기 위한 것이며, 부분훈련은 통신체계와 같은 공항비상계획의 일부 또는 개별기관의 대응이 적합한가를 평가하는 것이다.

   주 2) 모듈러테스트의 목적은 수립된 비상계획의 특정요소에 노력을 집중하기 위함이다.

⑥ 공항운영자는 종합훈련을 실시하는 경우에는 훈련실시일 최소 14일전까지 국토교통부장관 및 관할 지방항공청장에게 훈련실시계획을 알리고, 공항안전검사관의 배석 하에 종합훈련을 실시하여야 한다.

⑦ 공항운영자는 종합훈련 및 부분훈련을 실시한 후에는 실시일로부터 14일 이내에 그 결과를 국토교통부장관 및 관할 지방항공청장에게 보고하여야 한다.

제129조(비상연락망 관리)

공항운영자는 비상사태 발생 시 관련기관 및 업체에 신속 · 정확하게 전파 할 수 있도록 비상연락망을 다음의 기준에 따라 관리하여야 한다.

1. 비상연락망에 작성일자를 표기할 것
2. 비상연락 전화번호는 현장에서 필요한 필수적인 번호로 제한할 것
3. 매월 1회 이상 점검하고 기록할 것(점검자 및 점검일시 포함)
4. 비상연락망이 변경되는 때에는 수정사항을 관련기관 및 부서에 즉시 배포할 것

제130조[공항 격자지도(Airport Grid Map)]

① 공항운영자는 비상계획의 첨부물로서 공항 내부 및 외부를 나타내는 격자지도를 준비하여야 한다.

② 공항운영자가 준비하여야 할 공항 격자지도에는 다음의 내용이 포함되어야 한다.

   1. 공항 내부 격자지도

      가. 유도로

      나. 급수전의 위치

      다. 집결지 및 대기구역

      라. 공항 접근도로

      마. 공항 경계

      바. 개정일자 등

   2. 공항반경 8km지역까지의 공항 외부 격자지도

      가. 공항의 경계

      나. 주변 지역

      다. 접근도로

      라. 집결지

      마. 의료기관(치료범위 및 이용 가능한 병상 수 포함)

      바. 개정일자 등

③ 공항운영자는 준비한 격자지도를 소방 및 구조, 경찰, 의료기관 등 비상지원 협정기관과 관련부서에 배포하여야 한다.

④ 공항운영자는 격자지도를 다음의 장소 및 차량에 비치 또는 게시하여야 한다.

   1. 항공교통업무기관(관제탑, 계류장관제소 및 해당공항을 관할하는 접근관제소)

   2. 항공정보업무기관

   3. 소방대

   4. 구조 및 소방차량

   5. 비상에 대응하는 모든 차량

제131조(격리주기위치의 지정)

① 공항운영자는 불법간섭행위를 받거나 그러한 우려가 있는 것으로 판단되는 항공기의 처리 등 비상시 사용하기 위한 격리주기위치 또는 구역을 지정하여야 하며, 이를 항공교통업무기관 및 항공정보업무기관에 통보하여야 한다.

② 공항운영규정에 달리 규정된 경우를 제외하고 격리주기위치 또는 구역의 지정기준은 다음과 같다.

   1. 주변 주기장, 건물 및 기타 사람이 많은 장소로부터 최소한 100m 이상 안전거리를 확보할 것

   2. 지하에 항공연료, 전기 및 통신케이블과 같은 시설이 매설된 곳은 피할 것

③ 해딩 공항의 특성 상 지징기준을 충족하지 못하는 경우, 공항운영자는 지하의 항공연료 등을 신속히 차단할 수 있는 절차 등을 마련하여 공항운영규정에 수록하고, 관련 직원에 대한 교육을 실시하여야 한다. 다만, 교육훈련에 관련 사항이 포함된 교육을 받은 경우에는 이 조에 따른 교육 및 훈련을 받은 것으로 본다.

제21절 구조 및 소방

제132조(일반)

① 공항운영자는 공항 내 또는 그 주변에서 발생하는 항공기 사고 및 준사고 등이 발생하는 때에 신속히 대응할 수 있는 구조·소방업무체계를 갖추어야 한다.

② 해당 공항이 수상, 늪지 또는 산악 등 접근이 어려운 지형에 인접하거나 해당 공항을 이용하는 항공기 이·착륙로가 폭이 500m 이상인 수면 또는 늪지위에 놓인 경우에는 수상구조체계 등 특별구조체계를 함께 갖추어야 한다.

③ 공항운영자는 해당 공항에 취항하는 항공기의 규모에 적정한 구조소방등급을 정한 후, 공항운영규정에 포함하여 국토교통부장관으로부터 사전인가를 받아야 하며, 이를 변경하는 경우에도 같다.

④ 공항운영자는 결정된 구조소방등급에 적합한 차량, 장비, 자재, 인원 등을 갖추고 이에 적합한 교육 및 훈련을 실시하여야 한다.

⑤ 공항운영자는 결정된 해당 공항의 구조소방등급을 항공정보업무기관, 항공교통업무기관 및 해당 공항에 취항하는 항공사 등에 알려 해당 공항을 이용하려는 항공기에 제공될 수 있도록 하여야 하며, 이를 변경한 경우에도 같다.

⑥ 공항운영자는 해당 공항에 항공기가 운항하는 동안 결정된 구조소방등급에 따른 항공기 구조 및 소방능력을 유지하여야 한다.

⑦ 해당 공항에 불가피하게 현행 구조소방등급을 초과하는 항공기의 운항이 계획된 경우에는 해당 항공기 규모에 적합한 물의 양을 재산출하고, 포말을 만들기 위한 물의 양과 분사율을 해당 항공기에게 적합하도록 증가시켜야 한다. 이 경우 공항운영자는 항공기 운항일 최소 25일 전까지 국토교통부장관에게 보고하고 관련사항에 대한 적합성 검토를 받아야 한다. 다만, 해당공항을 교체공항으로 사용하려는 경우에는 공항의 구조소방등급이 교체공항으로 이용하려는 항공기를 기준으로 결정된 구조소방등급보다 2단계 낮은 등급 이상을 충족하는 경우 적용하지 아니할 수 있다.

제133조(공항 구조소방등급의 결정)

① 공항운영자는 해당 공항을 이용하는 항공기의 전장, 동체 폭 및 운항횟수를 근거로 하여 해당 공항의 구조소방등급을 정하여야 한다.

② 구조소방등급은 해당 공항을 취항하는 항공기의 크기에 따라 결정되며 그 세부기준은 다음과 같다.

1. 구조소방등급은 해당 공항에 취항하는 가장 긴 항공운송사업용 항공기를 기준으로 하되, 해당 항공기의 전장, 및 항공기 최대 동체 폭을 기준으로 〈표 9〉에 따라 결정하여야 한다.

〈표 9〉 공항 구조소방등급 결정기준

구조소방등급	항공기 전장	항공기 최대 동체 폭
1	9m 미만	2m 이하
2	9m 이상 12m 미만	2m 이하
3	12m 이상 18m 미만	3m 이하
4	18m 이상 24m 미만	4m 이하
5	24m 이상 28m 미만	4m 이하
6	28m 이상 39m 미만	5m 이하
7	39m 이상 49m 미만	5m 이하
8	49m 이상 61m 미만	7m 이하
9	61m 이상 76m 미만	7m 이하
10	76m 이상 90m 미만	8m 이항

2. 구조소방등급 결정시에는 해당 공항에 취항하는 가장 긴 항공운송사업용 항공기의 전장에 해당하는 등급을 먼저 선택하고, 만약 해당 항공기의 동체 폭이 〈표 9〉의 등급에 해당되는 최대 동체폭 보다 더 큰 경우라면 해당 공항의 구조소방등급은 한 등급 높여 적용하여야 한다.

3. 해당 공항에 항공운송사업용 항공기가 취항하지 않는 경우에는 최근 1년간 해당 공항을 이용한 가장 긴 항공기와 그 항공기의 최대 동체폭을 기준으로 해당 공항의 구조소방등급을 결정하여야 한다.

4. 구조소방등급을 위한 항공기의 분류는 [별표 11]에 따르고, [별표 11]에 수록되어 있지 않은 항공기의 경우 제작사의 항공기 제원자료에 근거하여야 한다.

[별표 11] 공항 구조소방등급을 위한 항공기 분류

항공기	전장(m)	최대 동체 폭(m)
구조소방 5등급 이하	$0 \leq L < 28$	$W \leq 4$
Beech Bonanza 35	7.67	1.07*
Cessna 150	7.01	1.05*
Cessna 210H Centurion	8.61	1.08*
Aero Commander 500A	10.69	1.32*
Beaver DHC-2	9.22	1.30*
Beechcraft Model 18	10.71	1.32*
Beech Duke 60	10.21	1.28*
Cessna 310	9.74	1.30*
Islander BN2	10.87	1.19*
Piper Navajo PA-31	9.92	1.30*
Beech 99 Airliner	13.58	1.40
Dassault Fan Jet Falcon	17.15	1.87*
Handley Page Jetstream HP 137	14.37	1.85*
Hansa Jet HFB320	16.61	1.90*
Hawker Siddeley HS125, Srs 3	14.45	1.80*
Heron DH-114	14.68	1.90*
Otter DHC-3	12.75	1.58*
Short Skyvan, Srs 3	12.21	1.98*
Twin Otter DH-6, Srs 300	15.77	1.61
Antonov AN24V, Srs 11	23.53	2.76*
Canadair CL 600/601	20.85	2.69
Ilyushin IL-14	22.25	2.50*
Lockheed Jet Star	18.42	2.16*
BAe ATP	26.00	2.46
BAe 146 Srs 100	26.16	3.56*
Dash 8 DHC-8	22.25	2.69
Fairchild Packet	26.38	3.00*
Fokker Fellowship F-28, MK 1000	27.40	3.30
Fokker F-50	25.25	2.70
Grumman Gulfsteam Ⅱ	24.36	2.39
C560	14.91	1.50
C525	12.98	1.49
G-Ⅳ	26.92	2.39
CL-601	20.86	2.69
C172S	8.29	1.00

PA34−220T	8.71	1.30
C90GT	10.85	1.36
M20J	7.51	1.10
AT502	9.99	1.98
T207A	9.80	1.07
C152	7.33	2.13
R172	8.22	2.43
SF−600	12.21	1.47
C208	12.06	1.57
TB−9	7.72	2.13
PA44−180	8.41	1.01
P68C	9.55	1.16
6등급	$28 \leq L < 39$	$W \leq 5$
Airbus A320	37.57	3.95
BAC One−Eleven Except Srs 500	28.50	3.40
BAC One−Eleven Srs 500	32.61	3.40
BAe 146 Srs 200	28.55	3.56
Boeing 737−100	28.65	3.76
Boeing 737−200	30.48	3.76
Boeing 737−300	33.40	3.76
Boeing 737−400	36.45	3.76
DC 9−10, 20	31.82	3.34
DC 9−30	36.36	3.34
DC 9−40	38.28	3.34
Fokker Fellowship F−28, MK 2000	29.61	3.30
Fokker F100	35.53	3.30
Ilyushin IL−18	35.90	3.23
Tupolev TU−104A	38.50	3.20*
Tupolev TU−124	30.58	2.70*
Tupolev TU−134A	34.30	2.71*
Vickers Vanguard 950	37.41	3.26*
BD700−1A10	30.33	2.51
B737−600	31.2	3.8
B737−700	33.6	3.8
A319	33.02	3.95
A320−200	37.57	3.95

/ 등급	39≤L<49	W≤5
BAC VC 10	48.36	3.76
Boeing 707-120	44.22	3.76
Boeing 707-120	44.04	3.76
Boeing 707-320, 320B.C, 420	46.61	3.76
Boeing 720	41.50	3.76
Boeing 720B	41.68	3.76
Boeing 727-100, 100C	40.59	3.76
Boeing 727-200	46.68	3.76
Convair CL-44 J	41.70	3.66
Convair 880	39.44	3.25*
Convair 990 Coronando	42.50	3.25*
DC 8 Srs 10 to 50	45.87	3.75
DC 8-62, 62F	47.98	3.75
DC 8-55, 55F	45.90	3.75
DC 9-50	40.72	3.34
Trident HS121, Srs 3B	39.98	3.70
Tupolev TU-154	47.90	3.80
B757-200	47.30	3.80
B737-800	39.5	3.76
B737-900	42.1	3.76
A321-100, A321-200	44.51	3.95
TU-204	40.19	3.8
8등급	49≤L<61	W≤7
Airbus A 300 B, Model B2SB4	53.61	5.64
Airbus A 310	46.66	5.64
BAC Super VC 10	52.32	3.76
Boeing 747 SP	56.31	6.50
Boeing 767-200	48.50	5.03
DC 8-61, 61F, 63, 63F	57.12	3.73
DC 10 Srs 10	55.55	6.02
DC 10 Srs 30, 30 CF	55.35	6.02
DC 10 Srs 40, 40 CF	55.54	6.02
Ilyushin IL-62	53.12	3.75
Lockheed L-1011 Tristar	54.44	5.97
Tupolev TU-114	54.00	3.92*
Ilyushin IL 86	59.54	6.08
A300-600F	53.85	5.6

A300-600R	54.08	5.64
A330-200	58.69	5.64
B767-300, B767-300F	54.94	5.03
MD11F	58.65	6.02
9등급	61≤L<76	W≤7
A330-300	63.69	5.64
B747, B747Combi, B747BCF, B747F, B747ER, B-747ERF	70.66	6.5
Tupolev TU-144	65.70	2.70*
B777-200, B777-200ER	63.73	6.2
B777-300, B777-300ER	73.9	6.2
A340-600	73.9	6.2
10 등급	76≤L<90	W≤8
AN-225	84.00	6.40
AN-124	69.9	7.3
C-5	75.5	7.1
B747-8	76.3	6.5
A380-800	72.7	7.1

* 약 (근사값)

③ 최근 1년 중 가장 교통량이 많은 연속되는 3개월 동안에 가장 높은 등급에 해당하는 항공기의 이착륙 횟수가 700회 미만인 경우에는 해당 공항의 구조소방등급을 한 단계 낮추어 정할 수 있다. 단, Class I 공항에 대하여는 그러하지 아니하다.

제134조(소화제의 유형)

① 공항운영자는 주소화제 및 보조소화제를 준비하여야 한다. 이 경우 주소화제는 수분이상 사용할 수 있는 반영구적인 것이고 보조소화제는 보통 순간적인 화재진압을 위해서 사용된다.

② 주소화제는 다음의 어느 하나에 해당된다.
   1. 최소성능등급 'A'(단백포말)를 충족시킬 수 있는 포말
   2. 최소성능등급 'B'(수성막형성포말 또는 불소단백포말)를 충족시킬 수 있는 포말
   3. 최소 성능등급 'C'를 충족하는 포말
   4. 1～3까지의 혼합물
   단, 비행장 구조소방등급이 1부터 3 등급까지인 경우 최소성능등급 'B' 또는 'C'를 충족하여야 한다.

③ 보조소화제는 탄화수소 화재(hydrocarbon fire)를 진화하는데 적절한 건조화학분말소화제이어야 하며, 국제표준기구(ISO)의 적정규격에 부합하는 것이어야 한다. 다만, 국내에서 ISO 국제규격에 적합한 제품이 생산되기 이전에는 「포소화약제의 형식승인 및 검정기술기준」(소방방재청 고시)에 적합한 제품을 사용할 수 있다.

제135조(소화제의 양)

공항운영자는 소화제에 관하여 다음의 요건을 충족하여야 한다.

1. 구조·소방차량에 제공할 보조소화제나 포말을 만들기 위한 물의 양은 해당 공항의 구조소방등급에 맞게 확보하여야 한다.
2. 구조소방등급 1등급 및 2등급의 경우에는 물을 보조소화제로 전부 대체할 수 있다.
3. 보조소화제 대체를 위해 1kg의 보조약제는 성능수준 A 포말에 필요한 물의 양 1.0L와 같다.
4. 건조화학분말소화제를 다른 소화제로 대체하려는 경우에는, 보조소화제가 사용될 수 있는 모든 화재에 대하여 보조소화제의 방재능력 이상의 성능을 가지는 소화제로만 대체하여야 한다.
5. 공항운영자가 해당 공항의 구조소방등급에 따라 사용하여야 할 최소한도의 소화제 양은 〈표 10〉과 같다. 그럼에도 불구하고, 공항운영자는 추가로 확보하여야 할 예비소화제를 공항 내에 비축하여야 한다.

〈표 10〉 소화제의 최소 사용량

구조소방 등급	A급 포말		B급 포말		C급 포말		보조소화제	
	물(l)	분사율(l/분)	물(l)	분사율(l/분)	물(l)	분사율(l/분)	건조화학 분말(kg)	분사율(l/분)
1	350	350	230	230	160	160	45	2.25
2	1,000	800	670	550	460	360	90	2.25
3	1,800	1,300	1,200	900	820	630	135	2.25
4	3,600	2,600	2,400	1,800	1,700	1,100	135	2.25
5	8,100	4,500	5,400	3,000	3,900	2,200	180	2.25
6	11,810	6,000	7,900	4,000	5,800	2,900	225	2.25
7	18,200	7,900	12,100	5,300	8,800	3,800	225	2.25
8	27,300	10,800	18,200	7,200	12,800	5,100	450	4.5
9	36,400	13,500	24,300	9,000	17,100	6,300	450	4.5
10	48,200	16,600	32,300	11,200	22,800	7,900	450	4.5

※ 포말산출을 위해 정해진 물의 양은 성능등급 A 포말에서는 $8.2l/min/m^3$, 등급 B에서는 $5.5l/min/m^3$, 등급 C에서는 $3.75l/min/m^3$의 적용률을 기초로 한다.

6. 포말 산출을 위해 차량에 별도로 탑재된 포말 농축액의 양은 채워진 물과 선택된 포말 농축액의 양에 비례하여야 한다.

7. 차량에 적재된 포말 농축액의 양은 적어도 분사용액을 2회분 산출하는데 충분하여야 한다.

8. 항공기 사고현장에서는 구조·소방차량에 신속하게 물을 보충하기 위해서는 추가적인 물 공급이 제공되어야 한다. 소화전 등을 통한 신속한 물 공급이 어려운 경우에는 물탱크차와 같이 물을 적시에 공급할 수 있는 장비를 갖추어야 한다.

9. 포말 성능 등급이 다른 포말을 혼합할 때 물의 총량은 각 포말 등급에 맞게 산출하여야 한다. 또한, 각 소방 차량에는 산출된 양과 포말방식을 적은 서류를 비치해야 하며, 모든 구조소방요건에 적용되어야 한다.

10. 구조소방등급 보다 더 큰 항공기의 운항을 계획하는 경우, 사용하는 물의 양을 재 산정하고 포말산출에 필요한 물의 양과 방사율을 더 큰 항공기에 맞춰 증가시켜야 한다.

제136조(분사율)

① 포말용액의 분사율은 〈표 10〉에 나타난 수치보다 높아야 한다. 이 경우 실제위험지역에서 1분 동안 화재를 통제할 수 있는 양이 바람직한 분사량이고 각 구조소방등급별 분사율을 결정할 때는 실제 위험지역 면적에 적용비율을 곱한 값으로 한다.

② 보조소화제의 분사율은 〈표 10〉에 나타난 수치보다 높아야 한다.

제137조(소화제의 확보 및 보관)

① 공항운영자는 〈표 10〉의 200%에 해당하는 포말농축액을 구조소방차량에 보충할 수 있도록 공항에 비축하여야 하며, 포말농축액의 양이 〈표 10〉에 따른 양을 초과하여 소방차량에 적재된 경우, 포말 농축액은 예비 비축량에 포함한다.

② 공항운영자는 〈표 10〉의 100%에 해당하는 보조소화제 예비품을 차량 보충용으로 비축해야 하며, 비축 보조소화제는 충분한 활용을 위해 압축불활성 가스가 포함되어야 한다.

③ 보조소화제를 100%의 물로 대체하는 구조소방등급 1 및 2의 공항은 보조소화제의 200%의 물을 보유하여야 한다.

④ 예비 소화제의 대규모 보충 지연이 예상되는 경우, 공항운영자는 위험평가를 실시하고 위험평가 결과에 따라 예비 비축량을 보유해야 한다.

⑤ 소방차량이 출동할 때 포말탱크는 항상 가득 채운 상태이어야 한다. 단백포말 농축액의 경우에는 정기적으로 방출시켜 변질된 단백포말이 남아 있지 않도록 용기 전체를 깨끗이 씻어 주어야 한다.

⑥ 인명 구조 및 화재장비를 사용하여 활주로에 포말을 살포할 때에는 연이은 항공기 사고/사건에 대처하지 못할 정도로 사용해서는 안 된다. 활주로에 포말 살포시설이 있는 경우에는 이 시설에 필요한 추가 포말(단백포말이나 배수특성을 지닌 포말)의 공급이 가능하도록 하여야 한다.

⑦ 보관중인 소화제는 최소 6개월에 1회 이상 농도측정 또는 비중측정을 하여 이상 유무를 확인하여야 한다.

⑧ 소화제의 보관은 적정온도와 습도를 관리할 수 있는 장소에서 보관하여야 한다.

제138조(구조장비 및 비상의료장비)

① 공항운영자는 해당 공항의 구조소방등급에 상응하는 구조장비를 구조·소방차량에 탑재하여야 한다.

② 구조·소방차량에 탑재하여야 할 최소 구조장비는 [별표 12]와 같다.

[별표 12] 구조·소방차량에 탑재하여야 할 최소 구조장비목록

구조용 장비	공항구조소방등급			
	1~2등급	3~5등급	6~7등급	8~10등급
조절형 렌치	1	1	1	1
도끼(구조용, 대형, non-wedge형)	–	1	1	1
도끼(구조용, 소형, non-wedge/항공기용)	1	2	4	4
볼트(bolt)절단기 61cm	1	1	1	1
금속 지렛대 : 95cm	1	1	1	1
금속 지렛대 : 1.65m	–	–	1	1
치즐(끌) : 2.5cm	–	1	1	1
플레쉬/손전등	2	3	4	8
해머 : 1.8kg	–	1	1	1
구조용 훅(집게식)	1	1	1	1
톱(금속절단/쇠톱, 강력한 성능, 스페어 날 처리)	1	1	1	1
방화 담요	1	1	2	3
연장형 사다리(사용 항공기에 적합한 전체길이)	–	1	2	2~3
밧줄 : 15m	1	1	–	–
밧줄 : 30m	–	–	1	1
플라이어 side cutting : 17.8cm	1	1	1	1
플라이어 slip joint 25cm	1	1	1	1
각종 스크루 드라이버(세트)	1	1	1	1
절단기(Snippers) : 주석	1	1	1	1

초크(Chocks) : 15cm	–	–	1	1
초크(Chocks) : 10cm	1	1	–	–
동력절단기(스페어 날2개포함)/기체형 일체식 구조 끌	1	1	1	2
좌석 벨트/장구 절단 도구	1	2	3	4
방화 장갑(개인별로 지급되지 않는 경우)	2	3	4	8
호흡기와 실린더	근무요원 1인당 1세트			
산소호흡기	–	1	1	1
유압/기압으로 작동되는 구조장비	–	1	1	1
의료 응급 키트	1	1	2	3
방수천(Tarpaulin)	1	1	2	3
환기, 냉각용 팬		1	2	3
보호복	근무요원 1인당 1세트			
들것	1	2	2	2

③ 공항운영자는 [별표 14]에서 정하는 최소 비상의료장비를 확보하고 차량으로 운반할 수 있어야 한다.

[별표 14] 최소 비상의료장비

1. 의료시설이 있는 공항에서 갖추어야 할 비상 의료장비

   가. 분류표지 500개

   나. 들것 : 최대기종 좌석의 25%

   다. 척추골절 환자를 위한 백보드 10개

   라. 다양한 형태의 골절상을 위한 일반적 또는 부풀릴 수 있는 부목 50개

   마. 지혈패드, 지혈대, 호흡튜브, 가위, 붕대 및 소독된 화상 팩 각 50개 또는 해당 품목들로 구성된 구급키트 50개

   바. 20명 이상의 부상자에게 현장에서 산소공급을 하기 위한 삽관과 산소마스크 20개

   사. 자동 산소 소생기 2 ~ 3개

   아. 사망자를 위한 플라스틱 가방 플라스틱 가방, 관 또는 시신 낭 : 최대기종 좌석의 25%

2. 의료시설이 없는 공항에서 갖추어야 할 비상의료장비

   가. 들것 : 최대기종 좌석의 25%

   나. 지혈제 7개

   다. 일반붕대(15cm 2개, 7.5cm 6개, 5cm 8개) 16개

   라. 압박붕대(7.5cm×215cm, 10cm×215cm) 3개

마. 복부패드(2개짜리 5팩) 10개

바. 10cm×10cm 거즈패드 (10개짜리 4팩) 40개

사. 지혈대 2개

아. 대형 붕대가위 2개

자. 알콜 스폰지 팩 12개

차. 반창고 2롤

카. 화상 키트 1세트

타. 100개들이 밴드 상자

파. 혈압커프와 거즈 1개

하. 클립보드 (22cm×28cm) 2개

거. 연필 6개

너. 충분한 수의 부상자 인식표

더. 부풀릴 수 있는 부목 1셀

러. 호흡튜브 1개

머. 짧은 척추보드 1개

버. 후레쉬 1개

서. 목보호대 2개

어. 바이트 블록 1개

저. 고정 매트리스 1개

처. 일회용 산과 도구 1개

커. 인공 통풍로 1개

터. 일회용 통풍로(각각 2번, 4번, 5번) 3개

퍼. 도뇨관과 함께 1개의 진공 주사기 2개 (12번, 14번FR)

허. 23번GA 1.6cm 바늘에 20개의 일회용 주사기

주) 2의 "처" 내지 "허"는 공항으로부터 8km 거리 이내에 위치한 지원협정 병원에서 해당 품목을 보유한 경우에는 제외한다.

제139조(비상대응 요건)

① 공항운영자는 구조·소방능력을 갖추는데 있어 다음의 요건을 충족하도록 하여야 한다.

  1. 항공기 운항기간 중에 발생하는 각 비상사태에 신속히 대응을 할 수 있어야 한다.

  2. 국토교통부장관으로부터 요청이 있는 때에는 비상대응에 관한 시범을 보여야 한다.

② 구조·소방차량의 출동시간 기준은 다음과 같다.

  1. 구조 또는 소방을 위한 비상대응 시간은 최적의 시계와 노면조건에서 운영 중인 활주로의 모든 지점과 항공기 이동지역까지 도달하는 시간이 3분을 초과하지 아니할 것

주) 대응시간이란 최초로 구조나 화재진압 출동요청을 받고 나서 첫 출동 차량이 포말 분사율의 50% 비율로 포말을 분사할 수 있는 상태에 도달할 때까지 걸리는 시간을 말한다.

2. 저시정 운영 등 최적의 시정조건에 못 미치는 경우에도 가능한 한 비상대응 시간을 충족하도록 구조·소방에 필요한 지침, 장비 및 절차를 구비 할 것

3. 첫 출동차량 이외의 표10의 소화재를 탑재한 구조소방차량은 최초 출동요청을 받은 후 최소 4분 이내에는 현장에 도착하고 지속적인 소화제 분사가 가능하여야 한다.

③ 공항운영자는 구조·소방차량의 차량의 수명기간동안 출동시간 기준을 충족하고 관련 장비의 성능이 발휘될 수 있도록 예방정비체계를 구비하여야 한다.

제140조(비상 접근 도로)

① 공항운영자는 구조·소방 차량이 출동시간 기준을 충족할 수 있도록 비상접근도로를 제공하여야 한다.

주) 공항운영자는 활주로 시단으로부터 1,000m까지의 진입구역 또는 적어도 공항 경계 내 지역에 대하여는 언제든지 신속한 접근이 가능하도록 하여야 한다.

주) 울타리가 설치되어 있는 경우는 그 외부구역으로 출입 가능하도록 하여야 한다.

② 비상접근도로는 다음의 요건에 충족하여야 한다.

1. 해당 공항 사용차량 중 최대 중량의 차량에 견딜 수 있어야 하고 어떠한 기상조건에서도 사용할 수 있어야 한다.

2. 활주로로부터 90m 이내에 있는 도로는 침식되지 않도록 표면 덧씌우기가 실시되고 그 파편이 활주로까지 이동되는 것을 방지하여야 한다.

3. 비상접근도로상에 장애물이 있는 경우에는 대형차량이 상방의 장애물로부터 영향을 받지 않도록 충분한 수직 이격거리를 유지하여야 한다.

4. 도로의 표면이 주위지역을 판별할 수 없는 경우 또는 눈으로 덮혀 도로의 위치가 불분명하게 될 우려가 있는 지역에 있어서는 가장자리 표시물을 약 10m 간격으로 설치하여야 한다.

③ 공항운영자는 규정에 적합하도록 비상접근도로를 정기적으로 점검하여야 한다.

제141조(소방대의 설치)

① 공항운영자는 구조·소방업무를 위한 소방대를 설치하여야 하며, 공항 내에서 모든 구조·소방차량은 특별히 필요한 경우를 제외하고 소방대에 위치하도록 하여야 한다.

② 소방대를 설치하는 경우, 1개의 소방대로 출동시간 기준을 충족할 수 없을 때에는 보조소방대를 설치하여야 한다.

③ 소방대의 위치는 구조·소방차량이 선회 주행 횟수를 최소로 하면서 활주로지역에 장애를 받지 아니하고 신속히 진입할 수 있는 곳이어야 한다.

④ 소방대에는 가능한 한 넓은 공항내의 이동지역을 관찰할 수 있는 상황실을 설치하여야 한다.

제142조(통신 및 경보시스템)

① 공항운영자는 소방대와 관제탑, 공항내의 다른 소방대 및 구조·소방차량을 연결하는 독립적인 통신체계를 구비하여야 한다.

② 모든 소방대 및 공항관제탑에는 구조 및 소방요원을 위한 경보장치가 설치되어야 한다.

③ 공항운영자는 구조·소방용 차량에 다음의 교신이 가능한 양방향 무선통신기를 장착하여야 한다.
   1. 구조·소방이외의 기타 필요한 비상 차량과의 교신
   2. 공항 내에서 관제탑과의 교신
   3. 공항비상계획에 명시된 기타 관련 부서와의 교신

제143조(차량준비 요건)

① 공항운영자는 구조·소방용 차량에 대하여 다음의 요건에 적합하도록 관리하여야 한다.
   1. 차량 및 관련설비는 항공기 운항 중에 이 절에서 요구하는 제 기능을 수행할 수 있어야 한다.
   2. 공항이 장기간동안 영하 이하의 기온으로 되기 쉬운 지역 및 계절에는 결빙 상태에서의 장비 운영 및 분사를 위해 덮개 또는 그 밖의 수단이 차량에 지원되어야 한다.
   3. 요건을 충족할 수 없게 된 차량은 48시간 이내에 동급 능력의 차량 및 관련설비로 대체되어야 한다.
   4. 대체 차량 및 설비를 즉시 이용할 수 없는 경우에는 공항상태보고절차에 따라 공항을 이용하는 각 항공기에 알려야 한다.
   5. 차량보유대수는 다음 〈표 11〉에서 정하는 공항 구조소방등급별 최소 보유대수보다 적어서는 아니된다.
      가. 다음 〈표 11〉에서 정하는 공항 소방등급별 구조 및 소방차량의 수

<표 11> 공항 구조소방등급별 구조 · 소방차량의 최소 보유기준

구조소방등급	구조 · 소방 차량 최소 보유기준(대)
1	1
2	1
3	1
4	1
5	1
6	2
7	2
8	3
9	3
10	3

② 구조 · 소방차량에 탑재하여야 할 최소 구조장비목록 및 구조 · 소방차량의 최소 성능요건은 [별표 12] 및 [별표 13]과 같다.

[별표 13] 구조 · 소방 차량의 최소 성능요건

번호	기능	4,500L 이하 차량	4,500L 초과 차량
1	모니터	구조소방 1~2등급 : 선택 구조소방 3~10등급 : 필요	필요
2	설계 특징	고방출 능력	고, 저방출 능력
3	범위	공항에서 운용중인 가장 긴 항공기에 적절한 범위	공항에서 운용중인 가장 긴 항공기에 적절한 범위
4	수동 호스	필요	필요
5	트럭하부 노즐	선택	필요
6	범퍼 포탑	선택	선택
7	가속	정상적 운용온도에서 25초 이내에서 80km/h	정상적 운용온도에서 40초 이내에서 80km/h
8	최고 속도	최소 105km/h	최소 100km/h
9	모든 바퀴의 구동력 (All wheel drive)	필요	필요
10	자동 또는 반자동 변속	필요	필요
11	단일 뒷바퀴 구성	구조소방 1~2등급 : 선택 구조소방 3~10등급 : 필요	필요
12	접근과 이탈 최소 각	30°	30°
13	경사(정지) 최소 각	30°	28°
14	전천후 기동가능 타이어	필요	필요

주) 9, 11 및 14의 요건은 신규로 도입되는 차량부터 적용한다.

③ 구조 · 소방차량은 악천후 시 비포장지역에서 기동할 수 있어야 한다.

제144조(차량 표지 및 조명)

공항운영자는 구조 · 소방용 차량에 다음의 표지 및 조명을 장착하여야 한다.
  1. 섬광등 또는 경광등
  2. 주변 환경과의 색채 대비, 주야간의 식별이 용이한 도색 및 표시

제145조(구조 및 소방 직원)

① 공항운영자는 해당 공항에 운항중인 항공기 기종을 고려하여 인명구조 및 화재진압 등에 관한 교육훈련 및 경험 등 자격을 갖춘 구조 · 소방 직원을 확보하여야 한다.

② 공항운영자는 항공기 운항 중에 충분히 훈련받은 구조 · 소방 직원들을 배치하고, 구조 · 소방차량에 신속하게 탑승하여 구조 · 소방 장비를 효율적으로 사용할 수 있도록 하여야 한다.

③ 구조 · 소방차량 탑승인원은 차량의 성능에 따라 적정한 인원이 탑승하여야 한다.

④ 직원의 배치를 하는 경우에는 최근 12월 이내에 구조 · 소방관련 업무경험을 지닌 자 또는 최근 12월 이내에 구조 · 소방에 관한 교육훈련을 이수한 자로 편조하여야 한다.

⑤ 공항운영자는 구조 · 소방직원을 배치하는 경우 항공기 구조 · 소방에 관련된 급수관, 사다리 및 기타 구조소방장비 등을 원활히 운용할 수 있도록 고려하여야 한다.

⑥ 공항운영자는 구조 · 소방업무의 직무분석을 통해 구조 · 소방에 필요한 최소 인원수를 결정하고 직원의 수준과 인원수를 공항운영규정에 수록하여야 한다.

⑦ 공항운영자는 각 구조소방인원의 능력, 교육, 훈련, 인적요소 등을 고려하여 근무조를 편성하여야 한다.

제146조(구조 및 소방직원의 보호장비)

공항운영자는 현장에서 구조 및 소방활동에 임하는 모든 구조 · 소방 직원에게 임무수행에 적합한 보호 의복과 호흡장비 등을 지급하여야 한다.

제147조(구조 및 소방직원의 교육훈련)

① 공항운영자는 모든 구조 · 소방 직원의 임무수행에 적합하도록 훈련하여야 하며, 훈련 과정에는 다음의 내용을 포함하여야 한다.
  1. 공항 관숙(Airport Familiarization)
  2. 항공기 관숙(Aircraft Familiarization)

가. 일반문과 비상문의 위치 및 사용

　　나. 좌석배치

　　다. 유류의 종류 및 유류탱크의 위치

　　라. 배터리의 위치

　　마. 비상시 항공기를 부수고 들어갈 수 있는 위치

　3. 구조·소방 직원의 안전

　4. 항공기 화재경보를 포함한 공항에서의 비상통신 시스템

　5. 소방호스, 노즐, 터렛 및 기타 장비의 사용

　6. 소화작용제 유형 및 특성

　7. 항공기 비상탈출 지원

　8. 화재진압절차

　9. 항공기 소방구조를 위한 구조적인 소방구조 장비의 적용과 사용

　10. 위험물

　11. 공항 비상계획상의 소방대원의 임무

　12. 보호복 및 보호장비 사용

② 모든 구조·소방 직원들은 연료화재를 포함하여 매 12개월마다 최소한 1회 이상의 실제 화재 훈련에 참가하여야 한다. 다만, 실제화재진압에 참가한 직원에 대하여는 해당 훈련을 생략할 수 있다.

③ 공항운영자는 해당 공항에 새로운 기종의 항공기의 취항이 계획된 경우, 구조소방직원에 대하여 해당 항공기에 대한 제원 및 비상대응계획 등에 관한 별도의 교육을 실시하여야 한다.

④ 항공기 운항 시간대에는 근무직원 중에는 기초응급치료훈련을 받은 자 또는 응급구조사가 최소 1명 이상 포함되어야 한다. 이 경우 훈련에 관하여는 최소한 다음의 내용을 포함하여 40시간(응급구조사의 경우 보수교육 이수)을 충족하여야 한다.

　1. 출혈

　2. 심폐 소생

　3. 쇼크

　4. 환자조사

　5. 두개골, 척추, 폐, 그리고 사지의 부상

　6. 내부손상

　7. 환자이송

　8. 화상

　9. 사상자 분류(Triage)

⑤ 공항운영자는 구조·소방 직원의 비상대응이 용이하도록 사이렌, 기타 경보장치 등을 구비하여야 한다.

⑥ 구조 및 소방직원의 훈련 프로그램은 팀워크와 인적요소를 고려하여 수립되어야 한다.

제148조[위험지역(Critical area)]

공항운영자는 항공기의 화재 또는 사고 등 발생 시 항공기와 탑승객의 안전을 위하여 다음의 요건에 충족하도록 해당 공항에서 취항하는 모든 운송용 항공기 종류에 따른 위험지역을 설정하여야 한다.

1. 이론상의 위험지역은 항공기의 전장을 1변으로, 동체의 길이와 폭을 더하여 다른 한 변으로 하는 직사각형으로 나타낸다.

2. 항공기 전체를 화재로부터 보호하기 위해서 위험지역을 정할 때에는 항공기 전장을 고려하여야 한다.

3. 이론적 위험지역의 산출 공식은 〈표 12〉와 같다.

〈표 12〉 위험지역의 산출 공식

전장	이론적 위험지역(AT)
$L < 12$m	$L \times (12\text{m} + W)$
$12\text{m} \leq L < 18\text{m}$	$L \times (14\text{m} + W)$
$18\text{m} \leq L < 24\text{m}$	$L \times (17\text{m} + W)$
$L \geq 24$m	$L \times (30\text{m} + W)$

※ L : 항공기 전장, W : 기체 폭

제149조(구조소방등급의 변경)

① 공항운영자가 해당 공항에 취항하는 항공기 규모 또는 운항횟수가 변경되어 해당 공항의 구조소방등급을 변경할 경우에는 해당 공항의 구조소방등급을 정한 후, 공항운영규정에 포함하여 국토교통부장관으로부터 사전에 변경인가를 받아야 한다. 이 경우, 해당 항공기 취항시기 및 AIP 발간 기간을 고려하여 변경인가를 신청하여야 한다.

② 구조소방등급을 변경 신청하려는 경우에는 다음에 해당하는 서류를 첨부하여 국토교통부장관에게 제출하여야 한다.

1. 구조소방등급의 변경의 구체적인 사유

2. 만약 해당 공항에 취항하는 최장 항공기의 규모가 상향된 경우에는 해당 구조소방등급의 항공기의 취항 또는 운항계획을 증빙할 수 있는 서류

3. 만약 해당 공항에 취항하는 최장 항공기의 규모가 하향된 경우에는 최근 1년간 해당구조소방 등급의 항공기가 운항하지 않았다는 것을 증빙할 수 있는 서류

4. 만약 해당 공항의 구조소방등급과 동일한 등급에 해당하는 항공기의 운항횟수가 감소하여 해당 공항의 구조소방등급을 한 단계 하향 조정하려는 경우에는 최근 1년 중 가장 교통량이 많은 연속되는 3개월 동안에 해당 구조소방등급에 해당하는 항공기의 총 이착륙 횟수

5. 구조소방등급 변경에 따른 차량, 장비, 자재, 인원 등의 변경사항

6. 만약 등급을 상향하고자 경우에는 항공기 규모 상향에 따른 구조소방직원의 적정한 교육 및 훈련 실시사항

7. 구조소방등급 및 등급결정항공기 변경에 따른 협정병원, 중장비 지원, 협정 소방서 등 지원협정 상 변경 사항 등

1 다음은 '항공기 사고'에 대한 정의이다. 빈칸에 들어갈 적절한 용어를 순서대로 바르게 연결한 것은?

> 항공기 운영중에 발생한 것으로 관련된 사람이 (　　)이나 심각한 (　　)을 당하거나 항공기가 심각한 (　　)을 입은 경우

① 죽음 – 부상 – 파손
② 죽음 – 부상 – 손상
③ 사망 – 사상 – 손상
④ 사망 – 사상 – 파손

 항공기 사고(Aircraft accident) … 항공기 운영 중에 발생한 것으로 관련된 사람이 죽음이나 심각한 부상을 당하거나 항공기가 심각한 손상을 입은 경우

2 사고현장에서 지휘자를 구별하는 것에 혼란이 온다면 심각한 문제가 된다. 이를 방지하기 위해 서로 다른 색깔의 안전모와 조끼 또는 의복을 입도록 권고되는데, 그 색깔과 지휘자의 연결이 틀린 것은?

① 붉은색 – 소방대장
② 파란색 – 경찰대장
③ 흰색 – 법의학대장
④ 오렌지색 – 공항 행정관

 ③ 흰색에 붉은 글씨의 안전모 등을 착용한 사람은 의료조정자이다. 법의학대장은 어두운 갈색을 사용한다. 이 외에 라임그린색은 수송담당관을 표시한다.

3 공항비상계획을 수립함으로써 보장하는 사항이 아닌 것은?

① 정상적인 상황에서 비상상황으로 질서 있고 효율적인 변경

② 비상책임의 할당

③ 계획에 포함되지 않은 활동에서 핵심요원들의 권한

④ 항공기 운영의 안전한 지속 또는 가능한 빨리 정상운영으로 복귀

 공항비상계획의 목적은 다음과 같은 사항을 보장하는 것이다.
㉠ 정상적인 상황에서 비상상황으로 질서 있고 효율적인 변경
㉡ 공항 비상기관의 대표
㉢ 비상책임의 할당
㉣ 계획에 포함된 활동에서 핵심요원들의 권한
㉤ 비상사태에 대응할 수 있는 조정 노력
㉥ 항공기 운영의 안전한 지속 또는 가능한 빨리 정상운영으로 복귀

4 공항비상계획 관련 기관과 그에 대한 설명이 잘못 연결된 것은?

① 의료기관 : 치료우선순위선택, 안정, 구급, 의료치료와 같은 의료서비스의 준비와 부상자를 병원으로 수송하는 것은 가능한 가장 신속한 방법으로 수행되어야 하는 것이 필수적이다.

② 수송기관 : 버스, 트럭, 보수차량과 자동차 같은 공항에서 활용할 수 있는 모든 수송장비는 목록이 작성되어야 하고 비상사태 시의 임무가 포함되어야 한다.

③ 구조조정센터 : 항공기, 헬기와 특수구조장비를 제공하는 구조대를 포함한 그들의 책임지역내의 모든 구조대와 즉각적인 연락을 취할 수 있는 방법을 가지고 있어야 한다.

④ 홍보요원 : 부상자와 가족들에게 안락함을 제공하고 필요한 곳과 시간에 종교적 서비스를 수행할 목적으로 홍보요원과의 연락이 이루어져야 한다.

 ④ 홍보요원은 방송매체에 실제적인 정보를 조정하고 배포하여야 하고 또한 모든 관련된 분야들 사이의 홍보자료를 조정하여야 한다. 부상자와 가족들에게 안락함을 제공하고 필요한 곳과 시간에 종교적 서비스를 수행할 목적으로 성직자와의 연락이 이루어져야 한다.

Answer ➟ 1.② 2.③ 3.③ 4.④

5　공항에서의 항공기 사고 시 의료기관의 역할이 아닌 것은?

① 상호지원의료의 통지와 구급차 업무 그리고 구급차 업무의 집결지나 대기지역으로의 도착을 확인한다.

② 부상자의 흐름을 통제하고 수송관과 함께 부상자들을 적절한 수송수단을 사용하여 병원으로 후송하는 것을 확인한다.

③ 의료진이 사고현장에 도착하여 부상자들을 치료한다.

④ 경찰과 함께 사망자를 위한 접수시설을 설치한다.

 ③ 병원의 역할에 해당한다.

6　공항외부에서의 항공기 사고 시 주변 기관과의 비상사태 상호지원협정으로 공항당국이 수행하는 역할이 아닌 것은?

① 공항 비상운영센터와 이동지휘소 개설

② 공항 밖 사고의 지휘권을 가지고 있는 사법기관의 요청에 따라 비상지원 확대

③ 관련된 항공기 운영자에게 통보

④ 위험물질 존재 및 적재위에 관한 정보 제공

 ④ 항공기 운영자의 역할이다.

7　위험물을 포함한 사고와 관련하여 구조 및 소방요원은 위험물의 잠재적 위험성을 인지하고 관련되는 비상사태를 처리할 준비를 하여야 한다. 이와 관련하여 위험물질 표시 라벨은 어떤 모양인가?

① 원　　　　　　　　　　　② 다이아몬드

③ 스페이드　　　　　　　　④ 클로버

 위험물이 들어있는 화물은 다이아몬드 모양의 위험물질 표시 라벨을 구별할 수 있게 하여야 한다. 구조 및 소방요원은 다양한 라벨을 인지하고 있어야 한다.

8 폭풍경보 발생 시 대처로 옳지 않은 것은?

① 공항에 주둔하는 모든 항공기 소유자에게 통보한다.

② 공항으로 운항중인 조종사에게 알린다.

③ 가능하면 지상의 모든 항공기는 폭풍지역 밖의 공항으로 대피시킨다.

④ 대피할 수 없는 지상의 항공기는 바람을 측면에서 받을 수 있도록 엄호물 밑에 두거나 묶어야 한다.

 ④ 대피할 수 없는 지상의 항공기는 바람을 정면에서 받을 수 있도록 엄호물 밑에 두거나 묶어야 한다.

9 다음 빈칸에 들어갈 용어가 순서대로 바르게 연결된 것은?

> 현장에 맨 처음 도착한 자격이 있는 의료 훈련을 받은 요원은 즉시 초기 분류를 실시하여야 한다. 이 사람은 좀 더 능숙한 사람이나 지정된 공항분류요원이 오기 전까지 분류작업을 계속 수행하여야 한다. 희생자는 명확한 치료를 받기 전에 (   )에서 (   )으로 이동시켜야 한다. 부상자는 (   )에서 안정을 취한 다음 적절한 시설로 이송되어야 한다.

① 분류지역 – 치료대기지역 – 치료대기지역

② 분류지역 – 치료대기지역 – 치료지역

③ 분류지역 – 분류지역 – 치료지역

④ 모집지역 – 분류지역 – 의료수송지역

 현장에 맨 처음 도착한 자격이 있는 의료 훈련을 받은 요원은 즉시 초기 분류를 실시하여야 한다. 이 사람은 좀 더 능숙한 사람이나 지정된 공항분류요원이 오기 전까지 분류작업을 계속 수행하여야 한다. 희생자는 명확한 치료를 받기 전에 분류지역에서 치료대기지역으로 이동시켜야한다. 부상자는 치료대기지역에서 안정을 취한 다음 적절한 시설로 이송되어야 한다.

Answer 5.③ 6.④ 7.② 8.④ 9.①

10 이동지휘소의 특징으로 옳지 않은 것은?

① 신속히 배치할 수 있는 이동시설이다.

② 항공기 사고/준사고를 위한 지휘, 조정 및 통신센터로 사용된다.

③ 항시 운영된다.

④ 바람과 지형상황에 따라 적절하게 위치를 잡는다.

 ③ 항공기 사고/준사고 기간 동안 운영된다.

11 부상인식표 사용법에 대한 설명으로 틀린 것은?

① 표준화된 인식표는 들어갈 최소한의 정보를 필요로 한다.

② 나쁜 날씨에서도 사용할 수 있어야 하고 방수가 되어야 한다.

③ 표시하는 펜을 이용할 수 없을 때는 립스틱이 사용될 수 있다.

④ 끝이 펠트로 된 펜은 낮은 온도에서 사용하기 좋다.

 ④ 끝이 펠트로 된 펜은 빗물이나 눈에 번질 수 있고 낮은 온도에서 얼 수 있기 때문에 사용하여서는 안 된다.

12 Ⅰ등급(즉시치료) 부상에서 권고되는 행동이 아닌 것은?

① 숨통 이물질 제거

② 인공호흡으로 소생

③ 연료가 있는 지역에서 산소공급

④ 대피소로 부상자 안치

 Ⅰ등급(즉시치료) 부상에서 권고되는 행동
ⓐ 응급치료 (숨통 이물질 제거, 지혈패드를 사용한 출혈방지, 회복장소로 부상자 이동)
ⓑ 인공호흡으로 소생
ⓒ 연료 또는 연료가 묻은 옷이 있는 지역을 제외한 곳에서 산소공급
ⓓ 대피소로 부상자 안치

13 III등급(경미한 치료) 부상자들은 기타 급선무와 상황진행에 방해가 될 수 있다. 따라서 사고/준사고 현장에서 재검진을 받기 위한 수송이 요구되는데 이때 수송되는 곳은?

① 치료지역　　　　　　　　　　② 의료수송지역

③ 지정된 대기지역　　　　　　　④ 모집지역

 ① **치료지역** : 부상자에게 첫 번째 의료치료를 제공하는 장소
② **의료수송지역** : 부상자들을 의료시설로 수송하기 위하여 대기하는 곳에서 선별지역의 일부분
④ **모집지역** : 초기에 심각한 부상자를 모으는 장소

14 기록과 급파, 생존자의 후송을 위한 수송지역의 위치로 적절한 것은?

① 모집지역과 분류지역 사이

② 분류지역과 치료지역 사이

③ 치료지역과 출구도로 사이

④ 출구도로 바깥

 기록과 급파, 생존자의 후송을 위한 수송지역은 치료지역과 출구도로 사이에 위치하여야 한다.

15 사망자의 물품뿐만 아니라 모든 신체를 담을 수 있는 시체 운반용 부대를 일컫는 용어는?

① 바디백　　　　　　　　　　　② 콥스백

③ 데스백　　　　　　　　　　　④ 패싱백

 사망자의 물품뿐만 아니라 모든 신체를 담을 수 있는 시체 운반용 부대는 바디백(body bag)이라고 한다. 시체 운반용 부대(바디백)는 보통 관 공급자, 장의사와 장의용품 장비 공급업체에서 구할 수 있고 근처의 군대에서도 구할 수 있다. 각 공항마다 시체 운반용 부대(바디백)를 비축하는 것도 바람직하다.

Answer → 10.③　11.④　12.③　13.③　14.③　15.①

16 비상사태에는 요원과 장비의 신속한 대응을 보장하기 위한 충분한 수의 통신장비를 제공하는 것이 중요하다. 통신장비에 대한 설명으로 옳지 않은 것은?

① 충분한 수의 휴대용, 쌍방향 무전기가 모든 참가 기관들이 지휘소와 통신할 수 있도록 사용이 가능하여야 한다.

② 비상주파수의 혼잡을 피하기 위하여 엄격한 통신원칙이 지켜져야 한다.

③ 조종실과 지상라인을 사용하여 조종사 또는 항공기 조종실 사이에 직통 통신이 설치되어야 한다.

④ 비상운영센터와 이동지휘소에는 시간삽입장치를 설치하는 것이 바람직하나 녹음·기록장치는 요구되지 않는다.

 ④ 비상운영센터와 이동지휘소에는 시간삽입장치와 함께 모든 통신내용을 차후 분석을 위해 녹음하는 기록장치를 설치하는 것이 바람직하다.

17 공항비상계획을 시험하기 위한 전체훈련의 스케줄에 대한 설명으로 옳은 것은?

① 최소 2년에 한 번

② 최소 1년에 한 번

③ 숙달을 할 필요가 있을 시 매년 한 번

④ 매 6개월마다 한 번

 공항비상계획을 시험하는 훈련은 다음과 같은 스케줄에 따라 이루어진다.
ㄱ **전체훈련** : 최소 2년에 한 번
ㄴ **부분훈련** : 전체훈련이 열리지 않거나 숙달을 할 필요가 있을 시 매년 한 번
ㄷ **도상훈련** : 전체훈련이 열리는 6개월 동안은 제외한 매 6개월마다 한 번

18 전체훈련에 대한 설명으로 옳지 않은 것은?

① 훈련은 전체 브리핑과 평가 및 분석을 수반하여야 한다.

② 훈련에 참가하는 모든 기관의 대표들은 평가에 적극적으로 참여하여야 한다.

③ 항공기에서 부상자를 구출하는 문제에 대하여 모든 참가자가 친숙해질 수 있도록 소형항공기를 사용하여야 한다.

④ 훈련은 공항운영 방해를 최소로 하면서 최대의 실제감을 줄 수 있는 장소에서 하여야 한다.

③ 공항훈련의 실제감을 더해주고 항공기에서 부상자를 구출하는 문제에 대하여 모든 참가자가 친숙해질 수 있도록 대형항공기를 사용하여야 한다. 만일 항공기를 사용할 수 없으면 버스나 비슷한 대형 차량이 이용될 수 있다.

19 다음 그림은 긴 백보드(Long backboard)이다. A~D의 수치로 알맞지 않은 것은?

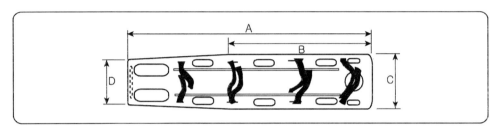

① A − 1.90m

② B − 1.00m

③ C − 0.46m

④ D − 0.25m

 ② B − 1.10m

20 다음 빈칸에 적절한 내용은?

> 일반적으로 공항 의료진료소는 공항직원이 (　　　)명 이상일 경우에 운영을 하고 공항 구급실은 모든 공항에서 운영하도록 권고되고 있다. 공항 의료진료소 또는 구급실 요원과 시설은 공항비상계획에 통합되어야 한다.

① 200

② 500

③ 700

④ 1,000

 일반적으로 공항 의료진료소는 공항직원이 1,000명 이상일 경우에 운영을 하고 공항 구급실은 모든 공항에서 운영하도록 권고되고 있다. 공항 의료진료소 또는 구급실 요원과 시설은 공항비상계획에 통합되어야 한다.

Answer 16.④ 17.① 18.③ 19.② 20.④

21 다음은 공항안전운영기준 제123조 제1항의 내용이다. 빈칸에 들어갈 내용으로 알맞은 것은?

> 공항운영자는 공항 또는 그 주변지역 (   )km 범위 내에서 발생하는 비상사태에 신속하게 대처하고 공항기능 장애를 최소화 할 수 있도록 공항비상계획을 수립하여야 한다.

① 5　　　　　　　　　　　　　　② 8

③ 10　　　　　　　　　　　　　④ 12

 공항운영자는 공항 또는 그 주변지역 8km 범위 내에서 발생하는 비상사태에 신속하게 대처하고 공항기능 장애를 최소화 할 수 있도록 공항비상계획을 수립하여야 한다〈공항안전운영기준 제123조(일반) 제1항〉.

22 공항비상계획에 포함되어야 할 내용을 모두 고르면 몇 개인가?

> ㉠ 비상사태의 유형
> ㉡ 공항 비상계획에 포함되는 기관 및 업체
> ㉢ 각각의 비상유형별 비상운영센터, 지휘본부, 각 기관 및 업체의 역할과 책임
> ㉣ 비상사태 발생 시 연락망(직원 또는 사무실 명칭과 전화번호)
> ㉤ 공항 격자지도

① 2개　　　　　　　　　　　　② 3개

④ 3개　　　　　　　　　　　　④ 5개

 공항비상계획에 포함되어야 할 내용〈공항안전운영기준 제124조 제1항〉
㉠ 비상사태의 유형
㉡ 공항 비상계획에 포함되는 기관 및 업체
㉢ 각각의 비상유형별 비상운영센터, 지휘본부, 각 기관 및 업체의 역할과 책임
㉣ 비상사태 발생시 연락망(직원 또는 사무실 명칭과 전화번호)
㉤ 공항 격자지도

23 다음 빈칸에 들어갈 수 있는 사람이 아닌 것은?

> 공항운영자는 종합훈련을 실시하는 경우에는 훈련실시일 최소 14일 전까지 (   )
> 및 관할 (   )에게 훈련실시계획을 알리고, (   )의 배석 하에 종합훈련을 실
> 시하여야 한다.

① 국토교통부장관 ② 지방항공청장

③ 한국공항공사장 ④ 공항안전검사관

 공항운영자는 종합훈련을 실시하는 경우에는 훈련실시일 최소 14일 전까지 국토교통부장
관 및 관할 지방항공청장에게 훈련실시계획을 알리고, 공항안전검사관의 배석 하에 종합훈
련을 실시하여야 한다〈공항안전운영기준 제128조(공항비상계획의 협의 및 훈련) 제6항〉.

24 항공기 전장이 18m 이상 24m 미만이고 항공기 최대 동체폭이 4m 이하인 경우 공항 구조소방등급
결정기준에 따른 구조소방등급은 몇 등급인가?

① 2등급 ② 3등급

③ 4등급 ④ 5등급

 공항 구조소방등급 결정기준〈공항안전운영기준 제133조(공항 구조소방등급의 결정) 제2항 제1호〉

구조소방등급	항공기 전장	항공기 최대 동체폭
1	9m 미만	2m 이하
2	9m 이상 12m 미만	2m 이하
3	12m 이상 18m 미만	3m 이하
4	18m 이상 24m 미만	4m 이하
5	24m 이상 28m 미만	4m 이하
6	28m 이상 39m 미만	5m 이하
7	39m 이상 49m 미만	5m 이하
8	49m 이상 61m 미만	7m 이하
9	61m 이상 76m 미만	7m 이하
10	76m 이상 90m 미만	8m 이하

Answer → 21.② 22.④ 23.③ 24.③

25 소화제의 양에 대한 설명으로 옳지 않은 것은?

① 구조소방등급 1등급 및 2등급의 경우에는 물을 보조소화제로 전부 대체할 수 있다.

② 보조소화제 대체를 위해 1kg의 보조약제는 성능수준 A 포말에 필요한 물의 양 1.0L와 같다.

③ 포말 산출을 위해 차량에 별도로 탑재된 포말 농축액의 양은 채워진 물과 선택된 포말 농축액의 양에 반비례한다.

④ 차량에 적재된 포말 농축액의 양은 적어도 분사용액을 2회분 산출하는데 충분하여야 한다.

> **Tip** ③ 포말 산출을 위해 차량에 별도로 탑재된 포말 농축액의 양은 채워진 물과 선택된 포말 농축액의 양에 비례하여야 한다〈공항안전운영기준 제135조(소화제의 양) 제6호〉.

26 소화제의 확보 및 보관에 대한 설명으로 옳지 않은 것은?

① 소방차량이 출동할 때 포말탱크는 항상 가득 채운 상태이어야 한다.

② 단백포말 농축액의 경우에는 정기적으로 방출시켜 변질된 단백포말이 남아 있지 않도록 용기 전체를 깨끗이 씻어 주어야 한다.

③ 인명 구조 및 화재장비를 사용하여 활주로에 포말을 살포할 때에는 연이은 항공기 사고/사건에 대처하지 못할 정도로 사용해서는 안 된다.

④ 보관중인 소화제는 최소 3개월에 1회 이상 농도측정 또는 비중측정을 하여 이상 유무를 확인하여야 한다.

> **Tip** ④ 보관중인 소화제는 최소 6개월에 1회 이상 농도측정 또는 비중측정을 하여 이상 유무를 확인하여야 한다〈공항안전운영기준 제137조(소화제의 확보 및 보관) 제7항〉.

27 구조·소방차량의 출동시간 기준에 대한 설명으로 옳은 것은?

① 구조 또는 소방을 위한 비상대응 시간은 최적의 시계와 노면조건에서 운영 중인 활주로의 모든 지점과 항공기 이동지역까지 도달하는 시간이 4분을 초과하지 않아야 한다.

② 대응시간이란 최초로 구조나 화재진압 출동요청을 받고 나서 첫 출동 차량이 포말 분사율의 100% 비율로 포말을 분사할 수 있는 상태에 도달할 때까지 걸리는 시간을 말한다.

③ 저시정 운영 등 최적의 시정조건에 못 미치는 경우에도 가능한 한 비상대응 시간을 충족하도록 구조·소방에 필요한 지침, 장비 및 절차를 구비해야 한다.

④ 첫 출동차량 이외에 소화재를 탑재한 구조소방차량은 최초 출동요청을 받은 후 최소 7분 이내에는 현장에 도착하고 지속적인 소화제 분사가 가능하여야 한다.

 ① 구조 또는 소방을 위한 비상대응시간은 최적의 시계와 노면조건에서 운영 중인 활주로의 모든 지점과 항공기 이동지역까지 도달하는 시간이 3분을 초과하지 않아야 한다.
② 대응시간이란 최초로 구조나 화재진압 출동요청을 받고 나서 첫 출동 차량이 포말 분사율의 50% 비율로 포말을 분사할 수 있는 상태에 도달할 때까지 걸리는 시간을 말한다.
④ 첫 출동차량 이외에 소화재를 탑재한 구조소방차량은 최초 출동요청을 받은 후 최소 4분 이내에는 현장에 도착하고 지속적인 소화제 분사가 가능하여야 한다.

Answer 25.③ 26.④ 27.③

28 공항 구조소방등급별 구조 · 소방차량의 최소 보유기준으로 잘못 연결된 것은?

① 1등급 – 1대

② 3등급 – 1대

③ 4등급 – 2대

④ 7등급 – 2대

 공항 구조소방등급별 구조 · 소방차량의 최소 보유기준〈공항안전운영기준 제143조(차량준비 요건) 제1항 제5호〉

구조소방등급	구조 · 소방차량의 최소 보유기준(대)
1	1
2	1
3	1
4	1
5	1
6	2
7	2
8	3
9	3
10	3

29 항공기 운항 시간대에는 근무직원 중 기초응급치료훈련을 받은 자 또는 응급구조사가 최소 1명 이상 포함되어야 한다. 이 경우 훈련에 관하여는 최소한 40시간(응급구조사의 경우 보수교육 이수)을 충족하여야 하는데, 이에 포함되어야 하는 내용이 아닌 것은?

① 심폐소생

② 환자이송

③ 사망원인 결정

④ 사상자 분류

 항공기 운항 시간대에는 근무직원 중 기초응급치료훈련을 받은 자 또는 응급구조사가 최소 1명 이상 포함되어야 한다. 이 경우 훈련에 관하여는 최소한 다음의 내용을 포함하여 40시간(응급구조사의 경우 보수교육 이수)을 충족하여야 한다〈공항안전운영기준 제147조(구조 및 소방직원의 교육) 제4항〉.
㉠ 출혈
㉡ 심폐소생
㉢ 쇼크
㉣ 환자조사
㉤ 두개골, 척추, 폐, 그리고 사지의 부상
㉥ 내부손상
㉦ 환자이송
㉧ 화상
㉨ 사상자 분류(Triage)

30 공항의 구조소방등급 변경을 신청하려는 경우에는 서류를 첨부하여 국토교통부장관에게 제출하여 야 한다. 이때 첨부하여야 하는 서류에 대한 설명으로 틀린 것은?

① 구조소방등급 변경을 신청하는 대강의 사유

② 공항에 취항하는 최장 항공기의 규모가 상향된 경우에는 해당 구조소방등급의 항공 기의 취항 또는 운항계획을 증빙할 수 있는 서류

③ 구조소방등급 변경에 따른 차량, 장비, 자재, 인원 등의 변경사항

④ 구조소방등급 및 등급결정항공기 변경에 따른 협정병원, 중장비 지원, 협정 소방서 등 지원협정 상 변경사항

 구조소방등급 변경신청 시 첨부하여야 하는 서류〈공항안전운영기준 제149조(구조소방등급의 변경) 제2항〉
　　㉠ 구조소방등급의 변경의 구체적인 사유
　　㉡ 만약 해당 공항에 취항하는 최장 항공기의 규모가 상향된 경우에는 해당 구조소방등급의 항공기의 취항 또는 운항계획을 증빙할 수 있는 서류
　　㉢ 만약 해당 공항에 취항하는 최장 항공기의 규모가 하향된 경우에는 최근 1년간 해당 구조소방등급의 항공기가 운항하지 않았다는 것을 증빙할 수 있는 서류
　　㉣ 만약 해당 공항의 구조소방등급과 동일한 등급에 해당하는 항공기의 운항횟수가 감소하여 해당 공항의 구조소방등급을 한 단계 하향 조정하려는 경우에는 최근 1년 중 가장 교통량이 많은 연속되는 3개월 동안에 해당 구조소방등급에 해당하는 항공기의 총 이착륙 횟수
　　㉤ 구조소방등급 변경에 따른 차량, 장비, 자재, 인원 등의 변경사항
　　㉥ 만약 등급을 상향하고자 경우에는 항공기 규모 상향에 따른 구조소방직원의 적정한 교육 및 훈련 실시사항
　　㉦ 구조소방등급 및 등급결정항공기 변경에 따른 협정병원, 중장비 지원, 협정 소방서 등 지원협정상 변경사항 등

PART

IV

인성검사

01 인성검사의 개요

1 허구성 척도의 질문을 파악한다.

인정성검사의 질문에는 허구성 척도를 측정하기 위한 질문이 숨어있음을 유념해야 한다. 예를 들어 '나는 지금까지 거짓말을 한 적이 없다.' '나는 한 번도 화를 낸 적이 없다.' '나는 남을 헐뜯거나 비난한 적이 한 번도 없다.' 이러한 질문이 있다고 가정해보자. 상식적으로 보통 누구나 태어나서 한번은 거짓말을 한 경험은 있을 것이며 화를 낸 경우도 있을 것이다. 또한 대부분의 구직자가 자신을 좋은 인상으로 포장하는 것도 자연스러운 일이다. 따라서 허구성을 측정하는 질문에 다소 거짓으로 '그렇다'라고 답하는 것은 전혀 문제가 되지 않는다. 하지만 지나치게 좋은 성격을 염두에 두고 허구성을 측정하는 질문에 전부 '그렇다'고 대답을 한다면 허구성 척도의 득점이 극단적으로 높아지며 이는 검사항목전체에서 구직자의 성격이나 특성이 반영되지 않았음을 나타내 불성실한 답변으로 신뢰성이 의심받게 되는 것이다. 다시 한 번 인성검사의 문항은 각 개인의 특성을 알아보고자 하는 것으로 절대적으로 옳거나 틀린 답이 없으므로 결과를 지나치게 의식하여 솔직하게 응답하지 않으면 과장 반응으로 분류될 수 있음을 기억하자!

2 '대체로', '가끔' 등의 수식어를 확인한다.

대체로', '종종', '가끔', '항상', '대개' 등의 수식어는 대부분의 인성검사에서 자주 등장한다. 이러한 수식어가 붙은 질문을 접했을 때 구직자들은 조금 고민하게 된다. 하지만 아직 답해야 할 질문들이 많음을 기억해야 한다. 다만, 앞에서 '가끔', '때때로'라는 수식어가 붙은 질문이 나온다면 뒤에는 '항상', '대체로'의 수식어가 붙은 내용은 똑같은 질문이 이어지는 경우가 많다. 따라서 자주 사용되는 수식어를 적절히 구분할 줄 알아야 한다.

3　솔직하게 있는 그대로 표현한다.

　인성검사는 평범한 일상생활 내용들을 다룬 짧은 문장과 어떤 대상이나 일에 대한 선호를 선택하는 문장으로 구성되었으므로 평소에 자신이 생각한 바를 너무 골똘히 생각하지 말고 문제를 보는 순간 떠오른 것을 표현한다. 또한 간혹 반복되는 문제들이 출제되기 때문에 일관성 있게 답하지 않으면 감점될 수 있으므로 유의한다.

4　모든 문제를 신속하게 대답한다.

　인성검사는 시간제한이 없는 것이 원칙이지만 기업체들은 일정한 시간제한을 두고 있다. 인성검사는 개인의 성격과 자질을 알아보기 위한 검사이기 때문에 정답이 없다. 다만, 기업체에서 바람직하게 생각하거나 기대되는 결과가 있을 뿐이다. 따라서 시간에 쫓겨서 대충 대답을 하는 것은 바람직하지 못하다.

5　자신의 성향과 사고방식을 미리 정리한다.

　기업의 인재상을 기초로 하여 일관성, 신뢰성, 진실성 있는 답변을 염두에 두고 꼼꼼히 풀다보면 분명 시간의 촉박함을 느낄 것이다. 따라서 각각의 질문을 너무 골똘히 생각하거나 고민하지 말자. 대신 시험 전에 여유 있게 자신의 성향이나 사고방식에 대해 정리해보는 것이 필요하다.

6　마지막까지 집중해서 검사에 임한다.

　장시간 진행되는 검사에 지칠 수 있으므로 마지막까지 집중해서 정확히 답할 수 있도록 해야 한다.

02 실전 인성검사

┃1~250┃ 다음 제시된 문항이 당신에게 해당한다면 YES, 그렇지 않다면 NO를 선택하시오.

	YES	NO
1. 조금이라도 나쁜 소식은 절망의 시작이라고 생각해 버린다.	( )	( )
2. 언제나 실패가 걱정이 되어 어쩔 줄 모른다.	( )	( )
3. 다수결의 의견에 따르는 편이다.	( )	( )
4. 혼자서 커피숍에 들어가는 것은 전혀 두려운 일이 아니다.	( )	( )
5. 승부근성이 강하다.	( )	( )
6. 자주 흥분해서 침착하지 못하다.	( )	( )
7. 지금까지 살면서 타인에게 폐를 끼친 적이 없다.	( )	( )
8. 소곤소곤 이야기하는 것을 보면 자기에 대해 험담하고 있는 것으로 생각된다.	( )	( )
9. 무엇이든지 자기가 나쁘다고 생각하는 편이다.	( )	( )
10. 자신을 변덕스러운 사람이라고 생각한다.	( )	( )
11. 고독을 즐기는 편이다.	( )	( )
12. 자존심이 강하다고 생각한다.	( )	( )
13. 금방 흥분하는 성격이다.	( )	( )
14. 거짓말을 한 적이 없다.	( )	( )
15. 신경질적인 편이다.	( )	( )
16. 끙끙대며 고민하는 타입이다.	( )	( )
17. 감정적인 사람이라고 생각한다.	( )	( )
18. 자신만의 신념을 가지고 있다.	( )	( )
19. 다른 사람을 바보 같다고 생각한 적이 있다.	( )	( )
20. 금방 말해버리는 편이다.	( )	( )
21. 싫어하는 사람이 없다.	( )	( )
22. 대재앙이 오지 않을까 항상 걱정을 한다.	( )	( )
23. 쓸데없는 고생을 사서 하는 일이 많다.	( )	( )
24. 자주 생각이 바뀌는 편이다.	( )	( )
25. 문제점을 해결하기 위해 여러 사람과 상의한다.	( )	( )

26. 내 방식대로 일을 한다. ···( )( )

27. 영화를 보고 운 적이 많다. ··( )( )

28. 어떤 것에 대해서도 화낸 적이 없다. ··( )( )

29. 사소한 충고에도 걱정을 한다. ···( )( )

30. 자신은 도움이 안되는 사람이라고 생각한다. ·····························( )( )

31. 금방 싫증을 내는 편이다. ···( )( )

32. 개성적인 사람이라고 생각한다. ··( )( )

33. 자기 주장이 강한 편이다. ···( )( )

34. 산만하다는 말을 들은 적이 있다. ···( )( )

35. 학교를 쉬고 싶다고 생각한 적이 한 번도 없다. ·······················( )( )

36. 사람들과 관계맺는 것을 보면 잘하지 못한다. ··························( )( )

37. 사려깊은 편이다. ··( )( )

38. 몸을 움직이는 것을 좋아한다. ···( )( )

39. 끈기가 있는 편이다. ···( )( )

40. 신중한 편이라고 생각한다. ···( )( )

41. 인생의 목표는 큰 것이 좋다. ···( )( )

42. 어떤 일이라도 바로 시작하는 타입이다. ··································( )( )

43. 낯가림을 하는 편이다. ··( )( )

44. 생각하고 나서 행동하는 편이다. ···( )( )

45. 쉬는 날은 밖으로 나가는 경우가 많다. ···································( )( )

46. 시작한 일은 반드시 완성시킨다. ···( )( )

47. 면밀한 계획을 세운 여행을 좋아한다. ······································( )( )

48. 야망이 있는 편이라고 생각한다. ···( )( )

49. 활동력이 있는 편이다. ··( )( )

50. 많은 사람들과 와자지껄하게 식사하는 것을 좋아하지 않는다. ······( )( )

51. 돈을 허비한 적이 없다. ··( )( )

52. 운동회를 아주 좋아하고 기대했다. ··( )( )

53. 하나의 취미에 열중하는 타입이다. ··( )( )

54. 모임에서 회장에 어울린다고 생각한다. ····································( )( )

55. 입신출세의 성공이야기를 좋아한다. ···( )( )

56. 어떠한 일도 의욕을 가지고 임하는 편이다. ····························( )( )

57. 학급에서는 존재가 희미했다. ··( )( )

YES   NO

58. 항상 무언가를 생각하고 있다. ···( )( )
59. 스포츠는 보는 것보다 하는 게 좋다. ···························( )( )
60. '참 잘했네요'라는 말을 듣는다. ·································( )( )
61. 흐린 날은 반드시 우산을 가지고 간다. ·······················( )( )
62. 주연상을 받을 수 있는 배우를 좋아한다. ·····················( )( )
63. 공격하는 타입이라고 생각한다. ·································( )( )
64. 리드를 받는 편이다. ···( )( )
65. 너무 신중해서 기회를 놓친 적이 있다. ·······················( )( )
66. 시원시원하게 움직이는 타입이다. ·····························( )( )
67. 야근을 해서라도 업무를 끝낸다. ·······························( )( )
68. 누군가를 방문할 때는 반드시 사전에 확인한다. ·············( )( )
69. 노력해도 결과가 따르지 않으면 의미가 없다. ···············( )( )
70. 무조건 행동해야 한다. ···( )( )
71. 유행에 둔감하다고 생각한다. ·································( )( )
72. 정해진 대로 움직이는 것은 시시하다. ·······················( )( )
73. 꿈을 계속 가지고 있고 싶다. ·································( )( )
74. 질서보다 자유를 중요시하는 편이다. ·······················( )( )
75. 혼자서 취미에 몰두하는 것을 좋아한다. ·····················( )( )
76. 직관적으로 판단하는 편이다. ·································( )( )
77. 영화나 드라마를 보면 등장인물의 감정에 이입된다. ·········( )( )
78. 시대의 흐름에 역행해서라도 자신을 관철하고 싶다. ·········( )( )
79. 다른 사람의 소문에 관심이 없다. ·····························( )( )
80. 창조적인 편이다. ···( )( )
81. 비교적 눈물이 많은 편이다. ···································( )( )
82. 융통성이 있다고 생각한다. ···································( )( )
83. 친구의 휴대전화 번호를 잘 모른다. ·························( )( )
84. 스스로 고안하는 것을 좋아한다. ·····························( )( )
85. 정이 두터운 사람으로 남고 싶다. ·····························( )( )
86. 조직의 일원으로 별로 안 어울린다. ·························( )( )
87. 세상의 일에 별로 관심이 없다. ·······························( )( )
88. 변화를 추구하는 편이다. ·······································( )( )
89. 업무는 인간관계로 선택한다. ·································( )( )

90. 환경이 변하는 것에 구애되지 않는다. ······························(   )(   )

91. 불안감이 강한 편이다. ···(   )(   )

92. 인생은 살 가치가 없다고 생각한다. ·······························(   )(   )

93. 의지가 약한 편이다. ···(   )(   )

94. 다른 사람이 하는 일에 별로 관심이 없다. ·····················(   )(   )

95. 사람을 설득시키는 것은 어렵지 않다. ···························(   )(   )

96. 심심한 것을 못 참는다. ···(   )(   )

97. 다른 사람을 욕한 적이 한 번도 없다. ···························(   )(   )

98. 다른 사람에게 어떻게 보일지 신경을 쓴다. ···················(   )(   )

99. 금방 낙심하는 편이다. ···(   )(   )

100. 다른 사람에게 의존하는 경향이 있다. ·························(   )(   )

101. 그다지 융통성이 있는 편이 아니다. ···························(   )(   )

102. 다른 사람이 내 의견에 간섭하는 것이 싫다. ···············(   )(   )

103. 낙천적인 편이다. ···(   )(   )

104. 숙제를 잊어버린 적이 한 번도 없다. ·························(   )(   )

105. 밤길에는 발소리가 들리기만 해도 불안하다. ···············(   )(   )

106. 상냥하다는 말을 들은 적이 있다. ·······························(   )(   )

107. 자신은 유치한 사람이다. ···(   )(   )

108. 잡담을 하는 것보다 책을 읽는 게 낫다. ·····················(   )(   )

109. 나는 영업에 적합한 타입이라고 생각한다. ···················(   )(   )

110. 술자리에서 술을 마시지 않아도 흥을 돋울 수 있다. ·······(   )(   )

111. 한 번도 병원에 간 적이 없다. ···································(   )(   )

112. 나쁜 일은 걱정이 되어서 어쩔 줄을 모른다. ···············(   )(   )

113. 금세 무기력해지는 편이다. ···(   )(   )

114. 비교적 고분고분한 편이라고 생각한다. ·······················(   )(   )

115. 독자적으로 행동하는 편이다. ·······································(   )(   )

116. 적극적으로 행동하는 편이다. ·······································(   )(   )

117. 금방 감격하는 편이다. ···(   )(   )

118. 어떤 것에 대해서는 불만을 가진 적이 없다. ···············(   )(   )

119. 밤에 못 잘 때가 많다. ···(   )(   )

120. 자주 후회하는 편이다. ···(   )(   )

121. 뜨거워지기 쉽고 식기 쉽다. ·······································(   )(   )

122. 자신만의 세계를 가지고 있다. ··( )( )

123. 많은 사람 앞에서도 긴장하는 일은 없다. ·······································( )( )

124. 말하는 것을 아주 좋아한다. ···( )( )

125. 인생을 포기하는 마음을 가진 적이 한 번도 없다. ·······················( )( )

126. 어두운 성격이다. ··( )( )

127. 금방 반성한다. ··( )( )

128. 활동범위가 넓은 편이다. ···( )( )

129. 자신을 끈기 있는 사람이라고 생각한다. ·······································( )( )

130. 좋다고 생각하더라도 좀 더 검토하고 나서 실행한다. ··················( )( )

131. 위대한 인물이 되고 싶다. ···( )( )

132. 한 번에 많은 일을 떠맡아도 힘들지 않다. ····································( )( )

133. 사람과 만날 약속은 부담스럽다. ··( )( )

134. 질문을 받으면 충분히 생각하고 나서 대답하는 편이다. ··············( )( )

135. 머리를 쓰는 것보다 땀을 흘리는 일이 좋다. ·······························( )( )

136. 결정한 것에는 철저히 구속받는다. ··( )( )

137. 외출 시 문을 잠갔는지 몇 번을 확인한다. ····································( )( )

138. 이왕 할 거라면 일등이 되고 싶다. ··( )( )

139. 과감하게 도전하는 타입이다. ···( )( )

140. 자신은 사교적이 아니라고 생각한다. ···( )( )

141. 무심코 도리에 대해서 말하고 싶어진다. ·······································( )( )

142. '항상 건강하네요'라는 말을 듣는다. ···( )( )

143. 단념하면 끝이라고 생각한다. ···( )( )

144. 예상하지 못한 일은 하고 싶지 않다. ···( )( )

145. 파란만장하더라도 성공하는 인생을 걷고 싶다. ····························( )( )

146. 활기찬 편이라고 생각한다. ···( )( )

147. 소극적인 편이라고 생각한다. ···( )( )

148. 무심코 평론가가 되어 버린다. ···( )( )

149. 자신은 성급하다고 생각한다. ···( )( )

150. 꾸준히 노력하는 타입이라고 생각한다. ···( )( )

151. 내일의 계획이라도 메모한다. ···( )( )

152. 리더십이 있는 사람이 되고 싶다. ··( )( )

153. 열정적인 사람이라고 생각한다. ··( )( )

154. 다른 사람 앞에서 이야기를 잘 하지 못한다. ……………………………(　)(　)

155. 통찰력이 있는 편이다. ……………………………………………………(　)(　)

156. 엉덩이가 가벼운 편이다. …………………………………………………(　)(　)

157. 여러 가지로 구애됨이 있다. ……………………………………………(　)(　)

158. 돌다리도 두들겨 보고 건너는 쪽이 좋다. ……………………………(　)(　)

159. 자신에게는 권력욕이 있다. ……………………………………………(　)(　)

160. 업무를 할당받으면 기쁘다. ……………………………………………(　)(　)

161. 사색적인 사람이라고 생각한다. ………………………………………(　)(　)

162. 비교적 개혁적이다. ………………………………………………………(　)(　)

163. 좋고 싫음으로 정할 때가 많다. ………………………………………(　)(　)

164. 전통에 구애되는 것은 버리는 것이 적절하다. ………………………(　)(　)

165. 교제 범위가 좁은 편이다. ………………………………………………(　)(　)

166. 발상의 전환을 할 수 있는 타입이라고 생각한다. ……………………(　)(　)

167. 너무 주관적이어서 실패한다. …………………………………………(　)(　)

168. 현실적이고 실용적인 면을 추구한다. …………………………………(　)(　)

169. 내가 어떤 배우의 팬인지 아무도 모른다. ……………………………(　)(　)

170. 현실보다 가능성이다. ……………………………………………………(　)(　)

171. 마음이 담겨 있으면 선물은 아무 것이나 좋다. ………………………(　)(　)

172. 여행은 마음대로 하는 것이 좋다. ……………………………………(　)(　)

173. 추상적인 일에 관심이 있는 편이다. …………………………………(　)(　)

174. 일은 대담히 하는 편이다. ………………………………………………(　)(　)

175. 괴로워하는 사람을 보면 우선 동정한다. ……………………………(　)(　)

176. 가치기준은 자신의 안에 있다고 생각한다. …………………………(　)(　)

177. 조용하고 조심스러운 편이다. …………………………………………(　)(　)

178. 상상력이 풍부한 편이라고 생각한다. …………………………………(　)(　)

179. 의리, 인정이 두터운 상사를 만나고 싶다. ……………………………(　)(　)

180. 인생의 앞날을 알 수 없어 재미있다. …………………………………(　)(　)

181. 밝은 성격이다. ……………………………………………………………(　)(　)

182. 별로 반성하지 않는다. …………………………………………………(　)(　)

183. 활동범위가 좁은 편이다. ………………………………………………(　)(　)

184. 자신을 시원시원한 사람이라고 생각한다. ……………………………(　)(　)

185. 좋다고 생각하면 바로 행동한다. ………………………………………(　)(　)

186. 좋은 사람이 되고 싶다. ……………………………………………………( )( )

187. 한 번에 많은 일을 떠맡는 것은 골칫거리라고 생각한다. ……………( )( )

188. 사람과 만날 약속은 즐겁다. ……………………………………………( )( )

189. 질문을 받으면 그때의 느낌으로 대답하는 편이다. ……………………( )( )

190. 땀을 흘리는 것보다 머리를 쓰는 일이 좋다. …………………………( )( )

191. 결정한 것이라도 그다지 구속받지 않는다. ……………………………( )( )

192. 외출 시 문을 잠갔는지 별로 확인하지 않는다. ………………………( )( )

193. 지위에 어울리면 된다. ……………………………………………………( )( )

194. 안전책을 고르는 타입이다. ………………………………………………( )( )

195. 자신은 사교적이라고 생각한다. …………………………………………( )( )

196. 도리는 상관없다. ……………………………………………………………( )( )

197. '침착하네요'라는 말을 듣는다. …………………………………………( )( )

198. 단념이 중요하다고 생각한다. ……………………………………………( )( )

199. 예상하지 못한 일도 해보고 싶다. ………………………………………( )( )

200. 평범하고 평온하게 행복한 인생을 살고 싶다. …………………………( )( )

201. 몹시 귀찮아하는 편이라고 생각한다. …………………………………( )( )

202. 특별히 소극적이라고 생각하지 않는다. ………………………………( )( )

203. 이것저것 평하는 것이 싫다. ……………………………………………( )( )

204. 자신은 성급하지 않다고 생각한다. ……………………………………( )( )

205. 꾸준히 노력하는 것을 잘 하지 못한다. ………………………………( )( )

206. 내일의 계획은 머릿속에 기억한다. ……………………………………( )( )

207. 협동성이 있는 사람이 되고 싶다. ………………………………………( )( )

208. 열정적인 사람이라고 생각하지 않는다. ………………………………( )( )

209. 다른 사람 앞에서 이야기를 잘한다. ……………………………………( )( )

210. 행동력이 있는 편이다. ……………………………………………………( )( )

211. 엉덩이가 무거운 편이다. …………………………………………………( )( )

212. 특별히 구애받는 것이 없다. ……………………………………………( )( )

213. 돌다리는 두들겨 보지 않고 건너도 된다. ……………………………( )( )

214. 자신에게는 권력욕이 없다. ……………………………………………( )( )

215. 업무를 할당받으면 부담스럽다. ………………………………………( )( )

216. 활동적인 사람이라고 생각한다. ………………………………………( )( )

217. 비교적 보수적이다. ………………………………………………………( )( )

218. 손해인지 이익인지로 정할 때가 많다. ······································(　)(　)

219. 전통을 견실히 지키는 것이 적절하다. ·····································(　)(　)

220. 교제 범위가 넓은 편이다. ··(　)(　)

221. 상식적인 판단을 할 수 있는 타입이라고 생각한다. ······················(　)(　)

222. 너무 객관적이어서 실패한다. ···(　)(　)

223. 보수적인 면을 추구한다. ··(　)(　)

224. 내가 누구의 팬인지 주변의 사람들이 안다. ······························(　)(　)

225. 가능성보다 현실이다. ···(　)(　)

226. 그 사람이 필요한 것을 선물하고 싶다. ···································(　)(　)

227. 여행은 계획적으로 하는 것이 좋다. ·······································(　)(　)

228. 구체적인 일에 관심이 있는 편이다. ·······································(　)(　)

229. 일은 착실히 하는 편이다. ··(　)(　)

230. 괴로워하는 사람을 보면 우선 이유를 생각한다. ··························(　)(　)

231. 가치기준은 자신의 밖에 있다고 생각한다. ······························(　)(　)

232. 밝고 개방적인 편이다. ···(　)(　)

233. 현실 인식을 잘하는 편이라고 생각한다. ··································(　)(　)

234. 공평하고 공적인 상사를 만나고 싶다. ·····································(　)(　)

235. 시시해도 계획적인 인생이 좋다. ···(　)(　)

236. 적극적으로 사람들과 관계를 맺는 편이다. ·······························(　)(　)

237. 활동적인 편이다. ··(　)(　)

238. 몸을 움직이는 것을 좋아하지 않는다. ·····································(　)(　)

239. 쉽게 질리는 편이다. ···(　)(　)

240. 경솔한 편이라고 생각한다. ··(　)(　)

241. 인생의 목표는 손이 닿을 정도면 된다. ···································(　)(　)

242. 무슨 일도 좀처럼 시작하지 못한다. ·······································(　)(　)

243. 초면인 사람과도 바로 친해질 수 있다. ···································(　)(　)

244. 행동하고 나서 생각하는 편이다. ···(　)(　)

245. 쉬는 날은 집에 있는 경우가 많다. ···(　)(　)

246. 완성되기 전에 포기하는 경우가 많다. ·····································(　)(　)

247. 계획 없는 여행을 좋아한다. ···(　)(　)

248. 욕심이 없는 편이라고 생각한다. ···(　)(　)

249. 활동력이 별로 없다. ···(　)(　)

250. 많은 사람들과 왁자지껄하게 식사하는 것을 좋아한다. ····················(　)(　)

PART

V

면접

01 면접의 기본

1 **면접준비**

(1) 면접의 기본 원칙

① **면접의 의미** … 면접이란 다양한 면접기법을 활용하여 지원한 직무에 필요한 능력을 지원자가 보유하고 있는지를 확인하는 절차라고 할 수 있다. 즉, 지원자의 입장에서는 채용직무수행에 필요한 요건들과 관련하여 자신의 환경, 경험, 관심사, 성취 등에 대해 기업에 직접 어필할 수 있는 기회를 제공받는 것이며, 기업의 입장에서는 서류전형만으로 알수 없는 지원자에 대한 정보를 직접적으로 수집하고 평가하는 것이다.

② **면접의 특징** … 면접은 기업의 입장에서 서류전형이나 필기전형에서 드러나지 않는 지원자의 능력이나 성향을 볼 수 있는 기회로, 면대면으로 이루어지며 즉흥적인 질문들이 포함될 수 있기 때문에 지원자가 완벽하게 준비하기 어려운 부분이 있다. 하지만 지원자 입장에서도 서류전형이나 필기전형에서 모두 보여주지 못한 자신의 능력 등을 기업의 인사담당자에게 어필할 수 있는 추가적인 기회가 될 수도 있다.

[서류 · 필기전형과 차별화되는 면접의 특징]

- 직무수행과 관련된 다양한 지원자 행동에 대한 관찰이 가능하다.
- 면접관이 알고자 하는 정보를 심층적으로 파악할 수 있다.
- 서류상의 미비한 사항과 의심스러운 부분을 확인할 수 있다.
- 커뮤니케이션 능력, 대인관계 능력 등 행동 · 언어적 정보도 얻을 수 있다.

③ **면접의 유형**
　㉠ **구조화 면접**: 구조화 면접은 사전에 계획을 세워 질문의 내용과 방법, 지원자의 답변 유형에 따른 추가 질문과 그에 대한 평가 역량이 정해져 있는 면접 방식으로 표준화 면접이라고도 한다.
　　• 표준화된 질문이나 평가요소가 면접 전 확정되며, 지원자는 편성된 조나 면접관에 영향을 받지 않고 동일한 질문과 시간을 부여받을 수 있다.

- 조직 또는 직무별로 주요하게 도출된 역량을 기반으로 평가요소가 구성되어, 조직 또는 직무에서 필요한 역량을 가진 지원자를 선발할 수 있다.
- 표준화된 형식을 사용하는 특성 때문에 비구조화 면접에 비해 신뢰성과 타당성, 객관성이 높다.

 © 비구조화 면접 : 비구조화 면접은 면접 계획을 세울 때 면접 목적만을 명시하고 내용이나 방법은 면접관에게 전적으로 일임하는 방식으로 비표준화 면접이라고도 한다.

- 표준화된 질문이나 평가요소 없이 면접이 진행되며, 편성된 조나 면접관에 따라 지원자에게 주어지는 질문이나 시간이 다르다.
- 면접관의 주관적인 판단에 따라 평가가 이루어져 평가 오류가 빈번히 일어난다.
- 상황 대처나 언변이 뛰어난 지원자에게 유리한 면접이 될 수 있다.

④ 경쟁력 있는 면접 요령

 ㉠ 면접 전에 준비하고 유념할 사항

- 예상 질문과 답변을 미리 작성한다.
- 작성한 내용을 문장으로 외우지 않고 키워드로 기억한다.
- 지원한 회사의 최근 기사를 검색하여 기억한다.
- 지원한 회사가 속한 산업군의 최근 기사를 검색하여 기억한다.
- 면접 전 1주일간 이슈가 되는 뉴스를 기억하고 자신의 생각을 반영하여 정리한다.
- 찬반토론에 대비한 주제를 목록으로 정리하여 자신의 논리를 내세운 예상답변을 작성한다.

 ㉡ 면접장에서 유념할 사항

- 질문의 의도 파악 : 답변을 할 때에는 질문 의도를 파악하고 그에 충실한 답변이 될 수 있도록 질문사항을 유념해야 한다. 많은 지원자가 하는 실수 중 하나로 답변을 하는 도중 자기 말에 심취되어 질문의 의도와 다른 답변을 하거나 자신이 알고 있는 지식만을 나열하는 경우가 있는데, 이럴 경우 의사소통능력이 부족한 사람으로 인식될 수 있으므로 주의하도록 한다.
- 답변은 두괄식 : 답변을 할 때에는 두괄식으로 결론을 먼저 말하고 그 이유를 설명하는 것이 좋다. 미괄식으로 답변을 할 경우 용두사미의 답변이 될 가능성이 높으며, 결론을 이끌어 내는 과정에서 논리성이 결여될 우려가 있다. 또한 면접관이 결론을 듣기 전에 말을 끊고 다른 질문을 추가하는 예상치 못한 상황이 발생될 수 있으므로 답변은 자신이 전달하고자 하는 바를 먼저 밝히고 그에 대한 설명을 하는 것이 좋다.

- 지원한 회사의 기업정신과 인재상을 기억 : 답변을 할 때에는 회사가 원하는 인재라는 인상을 심어주기 위해 지원한 회사의 기업정신과 인재상 등을 염두에 두고 답변을 하는 것이 좋다. 모든 회사에 해당되는 두루뭉술한 답변보다는 지원한 회사에 맞는 맞춤형 답변을 하는 것이 좋다.
- 나보다는 회사와 사회적 관점에서 답변 : 답변을 할 때에는 자기중심적인 관점을 피하고 좀 더 넓은 시각으로 회사와 국가, 사회적 입장까지 고려하는 인재임을 어필하는 것이 좋다. 자기중심적 시각을 바탕으로 자신의 출세만을 위해 회사에 입사하려는 인상을 심어줄 경우 면접에서 불이익을 받을 가능성이 높다.
- 난처한 질문은 정직한 답변 : 난처한 질문에 답변을 해야 할 때에는 피하기보다는 정면 돌파로 정직하고 솔직하게 답변하는 것이 좋다. 난처한 부분을 감추고 드러내지 않으려 회피하려는 지원자의 모습은 인사담당자에게 입사 후에도 비슷한 상황에 처했을 때 회피할 수도 있다는 우려를 심어줄 수 있다. 따라서 직장생활에 있어 중요한 덕목 중 하나인 정직을 바탕으로 솔직하게 답변을 하도록 한다.

(2) 면접의 종류 및 준비 전략

① 인성면접

　㉠ 면접 방식 및 판단기준
- 면접 방식 : 인성면접은 면접관이 가지고 있는 개인적 면접 노하우나 관심사에 의해 질문을 실시한다. 주로 입사지원서나 자기소개서의 내용을 토대로 지원동기, 과거의 경험, 미래 포부 등을 이야기하도록 하는 방식이다.
- 판단기준 : 면접관의 개인적 가치관과 경험, 해당 역량의 수준, 경험의 구체성·진실성 등

　㉡ 특징 : 인성면접은 그 방식으로 인해 역량과 무관한 질문들이 많고 지원자에게 주어지는 면접질문, 시간 등이 다를 수 있다. 또한 입사지원서나 자기소개서의 내용을 토대로 하기 때문에 지원자별 질문이 달라질 수 있다.

ⓒ 예시 문항 및 준비전략

• 예시 문항

> • 3분 동안 자기소개를 해 보십시오.
> • 자신의 장점과 단점을 말해 보십시오.
> • 학점이 좋지 않은데 그 이유가 무엇입니까?
> • 최근에 인상 깊게 읽은 책은 무엇입니까?
> • 회사를 선택할 때 중요시하는 것은 무엇입니까?
> • 일과 개인생활 중 어느 쪽을 중시합니까?
> • 10년 후 자신은 어떤 모습일 것이라고 생각합니까?
> • 휴학 기간 동안에는 무엇을 했습니까?

• 준비전략 : 인성면접은 입사지원서나 자기소개서의 내용을 바탕으로 하는 경우가 많으므로 자신이 작성한 입사지원서와 자기소개서의 내용을 충분히 숙지하도록 한다. 또한 최근 사회적으로 이슈가 되고 있는 뉴스에 대한 견해를 묻거나 시사상식 등에 대한 질문을 받을 수 있으므로 이에 대한 대비도 필요하다. 자칫 부담스러워 보이지 않는 질문으로 가볍게 대답하지 않도록 주의하고 모든 질문에 입사 의지를 담아 성실하게 답변하는 것이 중요하다.

② 발표면접

㉠ 면접 방식 및 판단기준
• 면접 방식 : 지원자가 특정 주제와 관련된 자료를 검토하고 그에 대한 자신의 생각을 면접관 앞에서 주어진 시간 동안 발표하고 추가 질의를 받는 방식으로 진행된다.
• 판단기준 : 지원자의 사고력, 논리력, 문제해결력 등

㉡ 특징 : 발표면접은 지원자에게 과제를 부여한 후, 과제를 수행하는 과정과 결과를 관찰·평가한다. 따라서 과제수행 결과뿐 아니라 수행과정에서의 행동을 모두 평가할 수 있다.

ⓒ 예시 문항 및 준비전략

• 예시 문항

[신입사원 조기 이직 문제]

※ 지원자는 아래에 제시된 자료를 검토한 뒤, 신입사원 조기 이직의 원인을 크게 3가지로 정리하고 이에 대한 구체적인 개선안을 도출하여 발표해 주시기 바랍니다.

※ 본 과제에 정해진 정답은 없으나 논리적 근거를 들어 개선안을 작성해 주십시오.

• A기업은 동종업계 유사기업들과 비교해 볼 때, 비교적 높은 재무안정성을 유지하고 있으며 업무강도가 그리 높지 않은 것으로 외부에 알려져 있음.

• 최근 조사결과, 동종업계 유사기업들과 연봉을 비교해 보았을 때 연봉 수준도 그리 나쁘지 않은 편이라는 것이 확인되었음.

• 그러나 지난 3년간 1~2년차 직원들의 이직률이 계속해서 증가하고 있는 추세이며, 경영진 회의에서 최우선 해결과제 중 하나로 거론되었음.

• 이에 따라 인사팀에서 현재 1~2년차 사원들을 대상으로 개선되어야 하는 A기업의 조직문화에 대한 설문조사를 실시한 결과, '상명하복식의 의사소통'이 36.7%로 1위를 차지했음.

• 이러한 설문조사와 함께, 신입사원 조기 이직에 대한 원인을 분석한 결과 파랑새 증후군, 셀프홀릭 증후군, 피터팬 증후군 등 3가지로 분류할 수 있었음.

〈동종업계 유사기업들과의 연봉 비교〉   〈우리 회사 조직문화 중 개선되었으면 하는 것〉

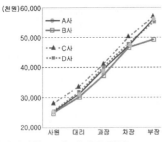

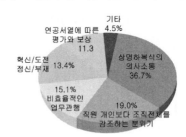

〈신입사원 조기 이직의 원인〉

• 파랑새 증후군
- 현재의 직장보다 더 좋은 직장이 있을 것이라는 막연한 기대감으로 끊임없이 새로운 직장을 탐색함.
- 학력 수준과 맞지 않는 '하향지원', 전공과 적성을 고려하지 않고 일단 취업하고 보자는 '묻지마 지원'이 파랑새 증후군을 초래함.

• 셀프홀릭 증후군
- 본인의 역량에 비해 가치가 낮은 일을 주로 하면서 갈등을 느낌.

• 피터팬 증후군
- 기성세대의 문화를 무조건 수용하기보다는 자유로움과 변화를 추구함.
- 상명하복, 엄격한 규율 등 기성세대가 당연시하는 관행에 거부감을 가지며 직장에 답답함을 느낌.

- 준비전략 : 발표면접의 시작은 과제 안내문과 과제 상황, 과제 자료 등을 정확하게 이해하는 것에서 출발한다. 과제 안내문을 침착하게 읽고 제시된 주제 및 문제와 관련된 상황의 맥락을 파악한 후 과제를 검토한다. 제시된 기사나 그래프 등을 충분히 활용하여 주어진 문제를 해결할 수 있는 해결책이나 대안을 제시하며, 발표를 할 때에는 명확하고 자신 있는 태도로 전달할 수 있도록 한다.

③ 토론면접

㉠ 면접 방식 및 판단기준
- 면접 방식 : 상호갈등적 요소를 가진 과제 또는 공통의 과제를 해결하는 내용의 토론 과제를 제시하고, 그 과정에서 개인 간의 상호작용 행동을 관찰하는 방식으로 면접이 진행된다.
- 판단기준 : 팀워크, 적극성, 갈등 조정, 의사소통능력, 문제해결능력 등

㉡ 특징 : 토론을 통해 도출해 낸 최종안의 타당성도 중요하지만, 결론을 도출해 내는 과정에서의 의사소통능력이나 갈등상황에서 의견을 조정하는 능력 등이 중요하게 평가되는 특징이 있다.

㉢ 예시 문항 및 준비전략
- 예시 문항

> - 군 가산점제 부활에 대한 찬반토론
> - 담뱃값 인상에 대한 찬반토론
> - 비정규직 철폐에 대한 찬반토론
> - 대학의 영어 강의 확대 찬반토론
> - 워크숍 장소 선정을 위한 토론

- 준비전략 : 토론면접은 무엇보다 팀워크와 적극성이 강조된다. 따라서 토론과정에 적극적으로 참여하며 자신의 의사를 분명하게 전달하며, 갈등상황에서 자신의 의견만 내세울 것이 아니라 다른 지원자의 의견을 경청하고 배려하는 모습도 중요하다. 갈등상황을 일목요연하게 정리하여 조정하는 등의 의사소통능력을 발휘하는 것도 좋은 전략이 될 수 있다.

④ 상황면접

㉠ 면접 방식 및 판단기준
- 면접 방식 : 상황면접은 직무 수행 시 접할 수 있는 상황들을 제시하고, 그러한 상황에서 어떻게 행동할 것인지를 이야기하는 방식으로 진행된다.
- 판단기준 : 해당 상황에 적절한 역량의 구현과 구체적 행동지표

ⓒ **특징**: 실제 직무 수행 시 접할 수 있는 상황들을 제시하므로 입사 이후 지원자의 업무수행능력을 평가하는 데 적절한 면접 방식이다. 또한 지원자의 가치관, 태도, 사고 방식 등의 요소를 통합적으로 평가하는 데 용이하다.

ⓒ 예시 문항 및 준비전략

• 예시 문항

> 당신은 생산관리팀의 팀원으로, 생산팀이 기한에 맞춰 효율적으로 제품을 생산할 수 있도록 관리하는 역할을 맡고 있습니다. 3개월 뒤에 제품A를 정상적으로 출시하기 위해 생산팀의 생산 계획을 수립한 상황입니다. 그러나 원가가 곧 실적으로 이어지는 구매팀에서는 최대한 원가를 줄여 전반적 단가를 낮추려고 원가절감을 위한 제안을 하였으나, 연구개발팀에서는 구매팀이 제안한 방식으로 제품을 생산할 경우 대부분이 구매팀의 실적으로 산정될 것이므로 제대로 확인도 해보지 않은 채 적합하지 않은 방식이라고 판단하고 있습니다. 당신은 어떻게 하겠습니까?

• 준비전략: 상황면접은 먼저 주어진 상황에서 핵심이 되는 문제가 무엇인지를 파악하는 것에서 시작한다. 주질문과 세부질문을 통하여 질문의 의도를 파악하였다면, 그에 대한 구체적인 행동이나 생각 등에 대해 응답할수록 높은 점수를 얻을 수 있다.

⑤ **역할면접**

㉠ **면접 방식 및 판단기준**

• 면접 방식: 역할면접 또는 역할연기 면접은 기업 내 발생 가능한 상황에서 부딪히게 되는 문제와 역할을 가상적으로 설정하여 특정 역할을 맡은 사람과 상호작용하고 문제를 해결해 나가도록 하는 방식으로 진행된다. 역할연기 면접에서는 면접관이 직접 역할연기를 하면서 지원자를 관찰하기도 하지만, 역할연기 수행만 전문적으로 하는 사람을 투입할 수도 있다.

• 판단기준: 대처능력, 대인관계능력, 의사소통능력 등

㉡ **특징**: 역할면접은 실제 상황과 유사한 가상 상황에서의 행동을 관찰함으로서 지원자의 성격이나 대처 행동 등을 관찰할 수 있다.

㉢ 예시 문항 및 준비전략

• 예시 문항

> [금융권 역할면접의 예]
> 당신은 ○○은행의 신입 텔러이다. 사람이 많은 월말 오전 한 할아버지(면접관 또는 역할담당자)께서 ○○은행을 사칭한 보이스피싱으로 500만 원을 피해 보았다며 소란을 일으키고 있다. 실제 업무상황이라고 생각하고 상황에 대처해 보시오.

• 준비전략 : 역할연기 면접에서 측정하는 역량은 주로 갈등의 원인이 되는 문제를 해결 하고 제시된 해결방안을 상대방에게 설득하는 것이다. 따라서 갈등해결, 문제해결, 조정 · 통합, 설득력과 같은 역량이 중요시된다. 또한 갈등을 해결하기 위해서 상대방에 대한 이해도 필수적인 요소이므로 고객 지향을 염두에 두고 상황에 맞게 대처해야 한다.

역할면접에서는 변별력을 높이기 위해 면접관이 압박적인 분위기를 조성하는 경우가 많기 때문에 스트레스 상황에서 불안해하지 않고 유연하게 대처할 수 있도록 시간과 노력을 들여 충분히 연습하는 것이 좋다.

2 면접 이미지 메이킹

(1) 성공적인 이미지 메이킹 포인트

① 복장 및 스타일

㉠ 남성

• 양복 : 양복은 단색으로 하며 넥타이나 셔츠로 포인트를 주는 것이 효과적이다. 짙은 회색이나 감청색이 가장 단정하고 품위 있는 인상을 준다.
• 셔츠 : 흰색이 가장 선호되나 자신의 피부색에 맞추는 것이 좋다. 푸른색이나 베이지색은 산뜻한 느낌을 줄 수 있다. 양복과의 배색도 고려하도록 한다.
• 넥타이 : 의상에 포인트를 줄 수 있는 아이템이지만 너무 화려한 것은 피한다. 지원자의 피부색은 물론, 정장과 셔츠의 색을 고려하며, 체격에 따라 넥타이 폭을 조절하는 것이 좋다.
• 구두 & 양말 : 구두는 검정색이나 짙은 갈색이 어느 양복에나 무난하게 어울리며 깔끔하게 닦아 준비한다. 양말은 정장과 동일한 색상이나 검정색을 착용한다.
• 헤어스타일 : 머리스타일은 단정한 느낌을 주는 짧은 헤어스타일이 좋으며 앞머리가 있다면 이마나 눈썹을 가리지 않는 선에서 정리하는 것이 좋다.

ⓛ 여성

- 의상 : 단정한 스커트 투피스 정장이나 슬랙스 슈트가 무난하다. 블랙이나 그레이, 네이비, 브라운 등 차분해 보이는 색상을 선택하는 것이 좋다.
- 소품 : 구두, 핸드백 등은 같은 계열로 코디하는 것이 좋으며 구두는 너무 화려한 디자인이나 굽이 높은 것을 피한다. 스타킹은 의상과 구두에 맞춰 단정한 것으로 선택한다.
- 액세서리 : 액세서리는 너무 크거나 화려한 것은 좋지 않으며 과하게 많이 하는 것도 좋은 인상을 주지 못한다. 착용하지 않거나 작고 깔끔한 디자인으로 포인트를 주는 정도가 적당하다.
- 메이크업 : 화장은 자연스럽고 밝은 이미지를 표현하는 것이 좋으며 진한 색조는 인상이 강해 보일 수 있으므로 피한다.
- 헤어스타일 : 커트나 단발처럼 짧은 머리는 활동적이면서도 단정한 이미지를 줄 수 있도록 정리한다. 긴 머리의 경우 하나로 묶거나 단정한 머리망으로 정리하는 것이 좋으며, 짙은 염색이나 화려한 웨이브는 피한다.

② 인사

ⓐ 인사의 의미 : 인사는 예의범절의 기본이며 상대방의 마음을 여는 기본적인 행동이라고 할 수 있다. 인사는 처음 만나는 면접관에게 호감을 살 수 있는 가장 쉬운 방법이 될 수 있기도 하지만 제대로 예의를 지키지 않으면 지원자의 인성 전반에 대한 평가로 이어질 수 있으므로 각별히 주의해야 한다.

ⓛ 인사의 핵심 포인트

- 인사말 : 인사말을 할 때에는 밝고 친근감 있는 목소리로 하며, 자신의 이름과 수험번호 등을 간략하게 소개한다.
- 시선 : 인사는 상대방의 눈을 보며 하는 것이 중요하며 너무 빤히 쳐다본다는 느낌이 들지 않도록 주의한다.
- 표정 : 인사는 마음에서 우러나오는 존경이나 반가움을 표현하고 예의를 차리는 것이므로 살짝 미소를 지으며 하는 것이 좋다.
- 자세 : 인사를 할 때에는 가볍게 목만 숙인다거나 흐트러진 상태에서 인사를 하지 않도록 주의하며 절도 있고 확실하게 하는 것이 좋다.

③ 시선처리와 표정, 목소리

　㉠ **시선처리와 표정** : 표정은 면접에서 지원자의 첫인상을 결정하는 중요한 요소이다. 얼굴표정은 사람의 감정을 가장 잘 표현할 수 있는 의사소통 도구로 표정 하나로 상대방에게 호감을 주거나, 비호감을 사기도 한다. 호감이 가는 인상의 특징은 부드러운 눈썹, 자연스러운 미간, 적당히 볼록한 광대, 올라간 입 꼬리 등으로 가볍게 미소를 지을 때의 표정과 일치한다. 따라서 면접 중에는 밝은 표정으로 미소를 지어 호감을 형성할 수 있도록 한다. 시선은 면접관과 고르게 맞추되 생기 있는 눈빛을 띄도록 하며, 너무 빤히 쳐다본다는 인상을 주지 않도록 한다.

　㉡ **목소리** : 면접은 주로 면접관과 지원자의 대화로 이루어지므로 목소리가 미치는 영향이 상당하다. 답변을 할 때에는 부드러우면서도 활기차고 생동감 있는 목소리로 하는 것이 면접관에게 호감을 줄 수 있으며 적당한 제스처가 더해진다면 상승효과를 얻을 수 있다. 그러나 적절한 답변을 하였음에도 불구하고 콧소리나 날카로운 목소리, 자신감 없는 작은 목소리는 답변의 신뢰성을 떨어뜨릴 수 있으므로 주의하도록 한다.

④ 자세

　㉠ 걷는 자세

　　• 면접장에 입실할 때에는 상체를 곧게 유지하고 발끝은 평행이 되게 하며 무릎을 스치듯 11자로 걷는다.

　　• 시선은 정면을 향하고 턱은 가볍게 당기며 어깨나 엉덩이가 흔들리지 않도록 주의한다.

　　• 발바닥 전체가 닿는 느낌으로 안정감 있게 걸으며 발소리가 나지 않도록 주의한다.

　　• 보폭은 어깨넓이만큼이 적당하지만, 스커트를 착용했을 경우 보폭을 줄인다.

　　• 걸을 때도 미소를 유지한다.

　㉡ 서있는 자세

　　• 몸 전체를 곧게 펴고 가슴을 자연스럽게 내민 후 등과 어깨에 힘을 주지 않는다.

　　• 정면을 바라본 상태에서 턱을 약간 당기고 아랫배에 힘을 주어 당기며 바르게 선다.

　　• 양 무릎과 발뒤꿈치는 붙이고 발끝은 11자 또는 V형을 취한다.

　　• 남성의 경우 팔을 자연스럽게 내리고 양손을 가볍게 쥐어 바지 옆선에 붙이고, 여성의 경우 공수자세를 유지한다.

ⓒ 앉은 자세

• 남성

> • 의자 깊숙이 앉고 등받이와 등 사이에 주먹 1개 정도의 간격을 두며 기대듯 앉지 않도록 주의한다. (남녀 공통 사항)
> • 무릎 사이에 주먹 2개 정도의 간격을 유지하고 발끝은 11자를 취한다.
> • 시선은 정면을 바라보며 턱은 가볍게 당기고 미소를 짓는다. (남녀 공통 사항)
> • 양손은 가볍게 주먹을 쥐고 무릎 위에 올려놓는다.
> • 앉고 일어날 때에는 자세가 흐트러지지 않도록 주의한다. (남녀 공통 사항)

• 여성

> • 스커트를 입었을 경우 왼손으로 뒤쪽 스커트 자락을 누르고 오른손으로 앞쪽 자락을 누르며 의자에 앉는다.
> • 무릎은 붙이고 발끝을 가지런히 하며, 다리를 왼쪽으로 비스듬히 기울이면 단정해 보이는 효과가 있다.
> • 양손을 모아 무릎 위에 모아 놓으며 스커트를 입었을 경우 스커트 위를 가볍게 누르듯이 올려놓는다.

(2) 면접 예절

① 행동 관련 예절

ⓐ 지각은 절대금물 : 시간을 지키는 것은 예절의 기본이다. 지각을 할 경우 면접에 응시할 수 없거나, 면접 기회가 주어지더라도 불이익을 받을 가능성이 높아진다. 따라서 면접장소가 결정되면 교통편과 소요시간을 확인하고 가능하다면 사전에 미리 방문해 보는 것도 좋다. 면접 당일에는 서둘러 출발하여 면접 시간 20~30분 전에 도착하여 회사를 둘러보고 환경에 익숙해지는 것도 성공적인 면접을 위한 요령이 될 수 있다.

ⓑ 면접 대기 시간 : 지원자들은 대부분 면접장에서의 행동과 답변 등으로만 평가를 받는다고 생각하지만 그렇지 않다. 면접관이 아닌 면접진행자 역시 대부분 인사실무자이며 면접관이 면접 후 지원자에 대한 평가에 있어 확신을 위해 면접진행자의 의견을 구한다면 면접진행자의 의견이 당락에 영향을 줄 수 있다. 따라서 면접 대기 시간에도 행동과 말을 조심해야 하며, 면접을 마치고 돌아가는 순간까지도 긴장을 늦춰서는 안 된다. 면접 중 압박적인 질문에 답변을 잘 했지만, 면접장을 나와 흐트러진 모습을 보이거나 욕설을 한다면 면접 탈락의 요인이 될 수 있으므로 주의해야 한다.

ⓒ 입실 후 태도 : 본인의 차례가 되어 호명되면 또렷하게 대답하고 들어간다. 만약 면접장 문이 닫혀 있다면 상대에게 소리가 들릴 수 있을 정도로 노크를 두세 번 한 후 대답을 듣고 나서 들어가야 한다. 문을 여닫을 때에는 소리가 나지 않게 조용히 하며 공손한 자세로 인사한 후 성명과 수험번호를 말하고 면접관의 지시에 따라 자리에 앉는다. 이 경우 착석하라는 말이 없는데 먼저 의자에 앉으면 무례한 사람으로 보일 수 있으므로 주의한다. 의자에 앉을 때에는 끝에 앉지 말고 무릎 위에 양손을 가지런히 얹는 것이 예절이라고 할 수 있다.

ⓔ 옷매무새를 자주 고치지 마라. : 일부 지원자의 경우 옷매무새 또는 헤어스타일을 자주 고치거나 확인하기도 하는데 이러한 모습은 과도하게 긴장한 것 같아 보이거나 면접에 집중하지 못하는 것으로 보일 수 있다. 남성 지원자의 경우 넥타이를 자꾸 고쳐 맨다거나 정장 상의 끝을 너무 자주 만지작거리지 않는다. 여성 지원자는 머리를 계속 쓸어 올리지 않고, 특히 짧은 치마를 입고서 신경이 쓰여 치마를 끌어 내리는 행동은 좋지 않다.

ⓜ 다리를 떨거나 산만한 시선은 면접 탈락의 지름길 : 자신도 모르게 다리를 떨거나 손가락을 만지는 등의 행동을 하는 지원자가 있는데, 이는 면접관의 주의를 끌 뿐만 아니라 불안하고 산만한 사람이라는 느낌을 주게 된다. 따라서 가능한 한 바른 자세로 앉아 있는 것이 좋다. 또한 면접관과 시선을 맞추지 못하고 여기저기 둘러보는 듯한 산만한 시선은 지원자가 거짓말을 하고 있다고 여겨지거나 신뢰할 수 없는 사람이라고 생각될 수 있다.

② 답변 관련 예절

ⓐ 면접관이나 다른 지원자와 가치 논쟁을 하지 않는다. : 질문을 받고 답변하는 과정에서 면접관 또는 다른 지원자의 의견과 다른 의견이 있을 수 있다. 특히 평소 지원자가 관심이 많은 문제이거나 잘 알고 있는 문제인 경우 자신과 다른 의견에 대해 이의가 있을 수 있다. 하지만 주의할 것은 면접에서 면접관이나 다른 지원자와 가치 논쟁을 할 필요는 없다는 것이며 오히려 불이익을 당할 수도 있다. 정답이 정해져 있지 않은 경우에는 가치관이나 성장배경에 따라 문제를 받아들이는 태도에서 답변까지 충분히 차이가 있을 수 있으므로 굳이 면접관이나 다른 지원자의 가치관을 지적하고 고치려 드는 것은 좋지 않다.

ⓛ 답변은 항상 정직해야 한다. : 면접이라는 것이 아무리 지원자의 장점을 부각시키고 단점을 축소시키는 것이라고 해도 절대로 거짓말을 해서는 안 된다. 거짓말을 하게 되면 지원자는 불안하거나 꺼림칙한 마음이 들게 되어 면접에 집중을 하지 못하게 되고 수많은 지원자를 상대하는 면접관은 그것을 놓치지 않는다. 거짓말은 그 지원자에 대한 신뢰성을 떨어뜨리며 이로 인해 다른 스펙이 아무리 훌륭하다고 해도 채용에서 탈락하게 될 수 있음을 명심하도록 한다.

ⓒ 경력직을 경우 전 직장에 대해 험담하지 않는다. : 지원자가 전 직장에서 무슨 업무를 담당했고 어떤 성과를 올렸는지는 면접관이 관심을 둘 사항일 수 있지만, 이전 직장의 기업문화나 상사들이 어땠는지는 그다지 궁금해 하는 사항이 아니다. 전 직장에 대해 험담을 늘어놓는다든가, 동료와 상사에 대한 악담을 하게 된다면 오히려 지원자에 대한 부정적인 이미지만 심어줄 수 있다. 만약 전 직장에 대한 말을 해야 할 경우가 생긴다면 가능한 한 객관적으로 이야기하는 것이 좋다.

ⓔ 자기 자신이나 배경에 대해 자랑하지 않는다. : 자신의 성취나 부모 형제 등 집안사람들이 사회·경제적으로 어떠한 위치에 있는지에 대한 자랑은 면접관으로 하여금 지원자에 대해 오만한 사람이거나 배경에 의존하려는 나약한 사람이라는 이미지를 갖게 할 수 있다. 따라서 자기 자신이나 배경에 대해 자랑하지 않도록 하고, 자신이 한 일에 대해서 너무 자세하게 얘기하지 않도록 주의해야 한다.

3 면접 질문 및 답변 포인트

(1) 가족 및 대인관계에 관한 질문

① 당신의 가정은 어떤 가정입니까?

면접관들은 지원자의 가정환경과 성장과정을 통해 지원자의 성향을 알고 싶어 이와 같은 질문을 한다. 비록 가정 일과 사회의 일이 완전히 일치하는 것은 아니지만 '가화만사성'이라는 말이 있듯이 가정이 화목해야 사회에서도 화목하게 지낼 수 있기 때문이다. 그러므로 답변 시에는 가족사항을 정확하게 설명하고 집안의 분위기와 특징에 대해 이야기하는 것이 좋다.

② 아버지의 직업은 무엇입니까?

아주 기본적인 질문이지만 지원자는 아버지의 직업과 내가 무슨 관련성이 있을까 생각하기 쉬워 포괄적인 답변을 하는 경우가 많다. 그러나 이는 바람직하지 않은 것으로 단답형으로 답변하면 세부적인 직종 및 근무연한 등을 물을 수 있으므로 모든 걸 한 번에 대답하는 것이 좋다.

③ 친구 관계에 대해 말해 보십시오.

지원자의 인간성을 판단하는 질문으로 교우관계를 통해 답변자의 성격과 대인관계능력을 파악할 수 있다. 새로운 환경에 적응을 잘하여 새로운 친구들이 많은 것도 좋지만, 깊고 오래 지속되어온 인간관계를 말하는 것이 더욱 바람직하다.

(2) 성격 및 가치관에 관한 질문

① 당신의 PR포인트를 말해 주십시오.

PR포인트를 말할 때에는 지나치게 겸손한 태도는 좋지 않으며 적극적으로 자기를 주장하는 것이 좋다. 앞으로 입사 후 하게 될 업무와 관련된 자기의 특성을 구체적인 일화를 더하여 이야기하도록 한다.

② 당신의 장·단점을 말해 보십시오.

지원자의 구체적인 장·단점을 알고자 하기 보다는 지원자가 자기 자신에 대해 얼마나 알고 있으며 어느 정도의 객관적인 분석을 하고 있나, 그리고 개선의 노력 등을 시도하는지를 파악하고자 하는 것이다. 따라서 장점을 말할 때는 업무와 관련된 장점을 뒷받침할 수 있는 근거와 함께 제시하며, 단점을 이야기할 때에는 극복을 위한 노력을 반드시 포함해야 한다.

③ 가장 존경하는 사람은 누구입니까?

존경하는 사람을 말하기 위해서는 우선 그 인물에 대해 알아야 한다. 잘 모르는 인물에 대해 존경한다고 말하는 것은 면접관에게 바로 지적당할 수 있으므로, 추상적이라도 좋으니 평소에 존경스럽다고 생각했던 사람에 대해 그 사람의 어떤 점이 좋고 존경스러운지 대답하도록 한다. 또한 자신에게 어떤 영향을 미쳤는지도 언급하면 좋다.

(3) 학교생활에 관한 질문

① 지금까지의 학교생활 중 가장 기억에 남는 일은 무엇입니까?

가급적 직장생활에 도움이 되는 경험을 이야기하는 것이 좋다. 또한 경험만을 간단하게 말하지 말고 그 경험을 통해서 얻을 수 있었던 교훈 등을 예시와 함께 이야기하는 것이 좋으나 너무 상투적인 답변이 되지 않도록 주의해야 한다.

② 성적은 좋은 편이었습니까?

면접관은 이미 서류심사를 통해 지원자의 성적을 알고 있다. 그럼에도 불구하고 이 질문을 하는 것은 지원자가 성적에 대해서 어떻게 인식하느냐를 알고자 하는 것이다. 성적이 나빴던 이유에 대해서 변명하려 하지 말고 담백하게 받아드리고 그것에 대한 개선노력을 했음을 밝히는 것이 적절하다.

③ 학창시절에 시위나 집회 등에 참여한 경험이 있습니까?

기업에서는 노사분규를 기업의 사활이 걸린 중대한 문제로 인식하고 거시적인 차원에서 접근한다. 이러한 기업문화를 제대로 인식하지 못하여 학창시절의 시위나 집회 참여 경험을 자랑스럽게 답변할 경우 감점요인이 되거나 심지어는 탈락할 수 있다는 사실에 주의한다. 시위나 집회에 참가한 경험을 말할 때에는 타당성과 정도에 유의하여 답변해야 한다.

(4) 지원동기 및 직업의식에 관한 질문

① 왜 우리 회사를 지원했습니까?

이 질문은 어느 회사나 가장 먼저 물어보고 싶은 것으로 지원자들은 기업의 이념, 대표의 경영능력, 재무구조, 복리후생 등 외적인 부분을 설명하는 경우가 많다. 이러한 답변도 적절하지만 지원 회사의 주력 상품에 관한 소비자의 인지도, 경쟁사 제품과의 시장점유율을 비교하면서 입사동기를 설명한다면 상당히 주목 받을 수 있을 것이다.

② 만약 이번 채용에 불합격하면 어떻게 하겠습니까?

불합격할 것을 가정하고 회사에 응시하는 지원자는 거의 없을 것이다. 이는 지원자를 궁지로 몰아넣고 어떻게 대응하는지를 살펴보며 입사 의지를 알아보려고 하는 것이다. 이 질문은 너무 깊이 들어가지 말고 침착하게 답변하는 것이 좋다.

③ 당신이 생각하는 바람직한 사원상은 무엇입니까?

직장인으로서 또는 조직의 일원으로서의 자세를 묻는 질문으로 지원하는 회사에서 어떤 인재상을 요구하는 가를 알아두는 것이 좋으며, 평소에 자신의 생각을 미리 정리해 두어 당황하지 않도록 한다.

④ 직무상의 적성과 보수의 많음 중 어느 것을 택하겠습니까?

이런 질문에서 회사 측에서 원하는 답변은 당연히 직무상의 적성에 비중을 둔다는 것이다. 그러나 적성만을 너무 강조하다 보면 오히려 솔직하지 못하다는 인상을 줄 수 있으므로 어느 한 쪽을 너무 강조하거나 경시하는 태도는 바람직하지 못하다.

⑤ 상사와 의견이 다를 때 어떻게 하겠습니까?

과거와 다르게 최근에는 상사의 명령에 무조건 따르겠다는 수동적인 자세는 바람직하지 않다. 회사에서는 때에 따라 자신이 판단하고 행동할 수 있는 직원을 원하기 때문이다. 그러나 지나치게 자신의 의견만을 고집한다면 이는 팀원 간의 불화를 야기할 수 있으며 팀 체제에 악영향을 미칠 수 있으므로 선호하지 않는다는 것에 유념하여 답해야 한다.

⑥ 근무지가 지방인데 근무가 가능합니까?

근무지가 지방 중에서도 특정 지역은 되고 다른 지역은 안 된다는 답변은 바람직하지 않다. 직장에서는 순환 근무라는 것이 있으므로 처음에 지방에서 근무를 시작했다고 해서 계속 지방에만 있는 것은 아님을 유의하고 답변하도록 한다.

(5) 여가 활용에 관한 질문

① 취미가 무엇입니까?

기초적인 질문이지만 특별한 취미가 없는 지원자의 경우 대답이 애매할 수밖에 없다. 그래서 가장 많이 대답하게 되는 것이 독서, 영화감상, 혹은 음악감상 등과 같은 흔한 취미를 말하게 되는데 이런 취미는 면접관의 주의를 끌기 어려우며 설사 정말 위와 같은 취미를 가지고 있다하더라도 제대로 답변하기는 힘든 것이 사실이다. 가능하면 독특한 취미를 말하는 것이 좋으며 이제 막 시작한 것이라도 열의를 가지고 있음을 설명할 수 있으면 그것을 취미로 답변하는 것도 좋다.

(6) 지원자를 당황하게 하는 질문

① 성적이 좋지 않은데 이 정도의 성적으로 우리 회사에 입사할 수 있다고 생각합니까?

비록 자신의 성적이 좋지 않더라도 이미 서류심사에 통과하여 면접에 참여하였다면 기업에서는 지원자의 성적보다 성적 이외의 요소, 즉 성격·열정 등을 높이 평가했다는 것이라고 할 수 있다. 그러나 이런 질문을 받게 되면 지원자는 당황할 수 있으나 주눅 들지 말고 침착하게 대처하는 면모를 보인다면 더 좋은 인상을 남길 수 있다.

② 우리 회사 회장님 함자를 알고 있습니까?

회장이나 사장의 이름을 조사하는 것은 면접일을 통고받았을 때 이미 사전 조사되었어야 하는 사항이다. 단답형으로 이름만 말하기보다는 그 기업에 입사를 희망하는 지원자의 입장에서 답변하는 것이 좋다.

③ 당신은 이 회사에 적합하지 않은 것 같군요.

이 질문은 지원자의 입장에서 상당히 곤혹스러울 수밖에 없다. 질문을 듣는 순간 그렇다면 면접은 왜 참가시킨 것인가 하는 생각이 들 수도 있다. 하지만 당황하거나 흥분하지 말고 침착하게 자신의 어떤 면이 회사에 적당하지 않는지 겸손하게 물어보고 지적당한 부분에 대해서 고치겠다는 의지를 보인다면 오히려 자신의 능력을 어필할 수 있는 기회로 사용할 수도 있다.

④ 다시 공부할 계획이 있습니까?

이 질문은 지원자가 합격하여 직장을 다니다가 공부를 더 하기 위해 회사를 그만 두거나 학습에 더 관심을 두어 일에 대한 능률이 저하될 것을 우려하여 묻는 것이다. 이때에는 당연히 학습보다는 일을 강조해야 하며, 업무 수행에 필요한 학습이라면 업무에 지장이 없는 범위에서 야간학교를 다니거나 회사에서 제공하는 연수 프로그램 등을 활용하겠다고 답변하는 것이 적당하다.

⑤ 지원한 분야가 전공한 분야와 다른데 여기 일을 할 수 있겠습니까?

수험생의 입장에서 본다면 지원한 분야와 전공이 다르지만 서류전형과 필기전형에 합격하여 면접을 보게 된 경우라고 할 수 있다. 이는 결국 해당 회사의 채용 방침상 전공에 크게 영향을 받지 않는다는 것이므로 무엇보다 자신이 전공하지는 않았지만 어떤 업무도 적극적으로 임할 수 있다는 자신감과 능동적인 자세를 보여주도록 노력하는 것이 좋다.

02 면접기출

1 한국공항공사 면접기출

(1) 영어면접

① 지금의 기분에 대해 이야기해보시오.

② 영어면접을 몇 번이나 해보았는가?

③ 지원 동기를 이야기해보시오.

④ 대학 생활에 관해 이야기해보시오.

⑤ 어떤 부서에서 일하고 싶은지 이야기해보시오.

(2) 인성면접

① 자기소개를 해보시오.

② 지원 동기를 말해보시오.

③ 자신의 가족 소개를 해보시오.

④ 한국공항공사에서 당신을 뽑아야 하는 이유를 말해보시오.

⑤ 한국공항공사에 대해 아는 대로 말해보시오.

⑥ 상사나 동료와 마찰이 생기는 경우 어떻게 대처할 것인지 말해보시오.

⑦ 만약 공사에 지원하지 않고 일반 기업에 취직을 할 경우 어떠한 부서에서 일하고 싶은가?

⑧ 학교에서의 동아리 활동 또는 봉사활동 경험에 대해 말해보시오.

⑨ 본인이 잘 할 수 있는 것에 대해 이야기해보시오.

⑩ 살아오면서 역량을 발휘하여 문제를 해결한 경험이 있는지 이야기해보시오.

⑪ 학창시절 자신이 낸 아이디어와 그 결과물에 대해 이야기해보시오.

⑫ (이전 경력이 있는 경우) 이전 회사에서 퇴직한 이유를 말해보시오.

⑬ (이전 경력이 있는 경우) 이전 회사의 단점에 대해 말해보시오.

2 공기업 면접기출

① 상사가 부정한 일로 자신의 이득을 취하고 있다. 이를 인지하게 되었을 때 자신이라면 어떻게 행동할 것인가?

② 본인이 했던 일 중 가장 창의적이었다고 생각하는 경험에 대해 말해보시오.

③ 직장 생활 중 적성에 맞지 않는다고 느낀다면 다른 일을 찾을 것인가? 아니면 참고 견뎌 내겠는가?

④ 자신만의 특별한 취미가 있는가? 그것을 업무에서 활용할 수 있다고 생각하는가?

⑤ 면접을 보러 가는 길인데 신호등이 빨간불이다. 시간이 매우 촉박한 상황인데, 무단횡단을 할 것인가?

⑥ 원하는 직무에 배치 받지 못할 경우 어떻게 행동할 것인가.

⑦ 상사와 종교·정치에 대한 대화를 하던 중 본인의 생각과 크게 다른 경우 어떻게 하겠는가?

⑧ 타인과 차별화 될 수 있는 자신만의 장점 및 역량은 무엇인가?

⑨ 자격증을 한 번에 몰아서 취득했는데 힘들지 않았는가?

⑩ 오늘 경제신문 첫 면의 기사에 대해 브리핑 해보시오.

⑪ 무상급식 전국실시에 대한 본인의 의견을 말하시오.

⑫ 타인과 차별화 될 수 있는 자신만의 장점 및 역량은 무엇인가?

⑬ 자격증을 한 번에 몰아서 취득했는데 힘들지 않았는가?

⑭ 외국인 노동자와 비정규직에 대한 자신의 의견을 말해보시오.

⑮ 장래에 자녀를 낳는다면 주말 계획은 자녀와 자신 중 어느 쪽에 맞춰서 할 것인가?

⑯ 공사 진행과 관련하여 민원인과의 마찰이 생기면 어떻게 대응하겠는가?

⑰ 직장 상사가 나보다 다섯 살 이상 어리면 어떤 기분이 들겠는가?

⑱ 현재 심각한 취업난인 반면 중소기업은 인력이 부족하다는데 어떻게 생각하는가?

⑲ 영어 자기소개, 영어입사동기

⑳ 지방이나 오지 근무에 대해서 어떻게 생각하는가?

㉑ 상사에게 부당한 지시를 받으면 어떻게 행동하겠는가?

㉒ 최근 주의 깊게 본 시사 이슈는 무엇인가?

㉓ 자신만의 스트레스 해소법이 있다면 말해보시오.

㉔ 방사능 유출에 대한 획기적인 대책을 제시해보시오.

㉕ 고준위 폐기물 재처리는 어떻게 하는 것이 바람직하다고 생각하는가?

당신의 꿈은 뭔가요?

MY BUCKET LIST !

꿈은 목표를 향해 가는 길에 필요한 휴식과 같아요.

여기에 당신의 소중한 위시리스트를 적어보세요. 하나하나 적다보면 어느새 기분도

좋아지고 다시 달리는 힘을 얻게 될 거예요.

- [ ] _____
- [ ] _____
- [ ] _____
- [ ] _____
- [ ] _____
- [ ] _____
- [ ] _____
- [ ] _____
- [ ] _____
- [ ] _____
- [ ] _____
- [ ] _____
- [ ] _____
- [ ] _____
- [ ] _____
- [ ] _____
- [ ] _____
- [ ] _____
- [ ] _____
- [ ] _____
- [ ] _____
- [ ] _____
- [ ] _____
- [ ] _____
- [ ] _____
- [ ] _____

창의적인 사람이 되기 위해서

정보가 넘치는 요즘, 모두들 창의적인 사람을 찾죠.
정보의 더미에서 평범한 것을 비범하게 만드는 마법의 손이 필요합니다.
어떻게 해야 마법의 손과 같은 '창의성'을 가질 수 있을까요. 여러분께만 알려 드릴게요!

01. 생각나는 모든 것을 적어 보세요.

아이디어는 단번에 솟아나는 것이 아니죠. 원하는 것이나, 새로 알게 된 레시피나, 뭐든 좋아요.
떠오르는 생각을 모두 적어 보세요.

02. '잘하고 싶어!'가 아니라 '잘하고 있다!'라고 생각하세요.

누구나 자신을 다그치곤 합니다. 잘해야 해. 잘하고 싶어.
그럴 때는 고개를 세 번 젓고 나서 외치세요. '나, 잘하고 있다!'

03. 새로운 것을 시도해 보세요.

신선한 아이디어는 새로운 곳에서 떠오르죠. 처음 가는 장소, 다양한 장르에 음악, 나와 다른 분야의 사람.
익숙하지 않은 신선한 것들을 찾아서 탐험해 보세요.

04. 남들에게 보여 주세요.

독특한 아이디어라도 혼자 가지고 있다면 키워 내기 어렵죠.
최대한 많은 사람들과 함께 정보를 나누며 아이디어를 발전시키세요.

05. 잠시만 쉬세요.

생각을 계속 하다보면 한쪽으로 치우치기 쉬워요. 25분 생각했다면 5분은 쉬어 주세요.
휴식도 창의성을 키워 주는 중요한 요소랍니다.